Informatik aktuell

Herausgeber: W. Brauer
im Auftrag der Gesellschaft für Informatik (GI)

Informatik aktuell

Herausgeber: W. Brauer
im Auftrag der Gesellschaft für Informatik (GI)

Clemens H. Cap (Hrsg.)

JIT'99
Java-Informations-Tage 1999

Düsseldorf, 20./21. September 1999

Springer

Herausgeber

Clemens H. Cap
Lehrstuhl für Informations- und Kommunikationsdienste
Fachbereich Informatik, Universität Rostock
Albert-Einstein-Strasse 21, 18059 Rostock

Die Deutsche Bibliothek - CIP-Einheitsaufnahme

JIT '99 [Medienkombination] : Düsseldorf, 20./21. September 1999 /
Java-Informations-Tage 1999. Hrsg.: Clemens H. Cap. - Berlin ;
Heidelberg ; New York ; Barcelona ; Hongkong ; London ; Mailand ;
Paris ; Singapur ; Tokio : Springer
    (Informatik aktuell)

Buch. 1999
brosch.

Additional material to this book can be downloaded from http://extras.springer.com.

ISBN 978-3-540-66464-2   ISBN 978-3-642-60247-4 (eBook)
DOI 10.1007/978-3-642-60247-4

CR Subject Classification (1999): D.3.2, D.3.3, D.1.5, H.3.4

ISSN 1431-472-X

Satz: Reproduktionsfertige Vorlage vom Autor/Herausgeber
Druck- u. Bindearbeiten: Weihert-Druck GmbH, Darmstadt
SPIN: 10726357   33/3142-543210 – Gedruckt auf säurefreiem Papier

Vorwort

Die Java-Informations-Tage (JIT) wenden sich als wissenschaftliche Diskussionsplattform an den Fachinformatiker, der die Java Technologie selber nutzt, durch eigene Beiträge weiterentwickelt oder sich über die neuesten Entwicklungen informieren will. Als "heiß" diskutiertes Thema findet Java seinen Weg in die Hochglanzprospekte von Herstellern. Für den Entwickler ist daher die Frage nach einer kritisch-realistischen Beurteilung der Situation von besonderer Bedeutung. Als herstellerunabhängige Veranstaltung wollen die Java-Informations-Tage sich dieser Fragestellung annehmen und über den Einsatz der Technologie berichten. Im Vordergrund steht dabei die fachlich fundierte, objektive, kritische und durch Tatsachen untermauerte Betrachtungsweise.

Mit dieser Zielsetzung konnten die Java-Informations-Tage (JIT) 1998 eine Lücke in der deutschen Tagungslandschaft füllen: So gab es 1998 etliche kleinere Workshops zu besonderen Themen um Java, viele kommerzielle Veranstaltungen, aber keine wissenschaftlich fundierte, große Tagung zu Java. Das Bedürfnis nach einer solchen Tagung war in der Tat recht groß: Nachdem diese Idee in kleinem Kreis anläßlich der ARCS 97 in Rostock diskutiert worden war, gab es bald von vielen Fachgliederungen der Gesellschaft für Informatik (GI) und der Informationstechnischen Gesellschaft (ITG) Signale, an einer solchen Veranstaltung aktiv mitwirken zu wollen. Mit rund 1000 Teilnehmern und einer Vielzahl hochwertiger Vorträge wurde die Tagung 1998 dann auch ein bemerkenswerter Erfolg. Besonderen Anteil an diesem Erfolg hatte die gemeinsame Veranstaltung der JIT zusammen mit der DJEK, der Deutschen Java Entwickler Konferenz, unter dem gemeinsamen Dach der JavaDays, und in enger Kooperation mit der Firma Sun Microsystems.

Es wurde daher beschlossen, die Tagung 1999 mit ähnlichem Konzept zu wiederholen, und die Idee einer großen Gemeinschaftstagung von Industrie und Hochschule zu zentralen Themen der Informatik auch in anderen Umfeldern aufzugreifen. Die beiden Teile einer solchen Tagung gestatten den Teilnehmern sowohl einen Einblick in die Welt der Produkte, eine kritische und herstellerneutrale Sicht ist aber ebenfalls möglich. Die separate inhaltliche Organisation beider Teile sichert dabei wissenschaftliche Qualität und Produktnähe der jeweiligen Vorträge.

1999 hat das Programmkomitee der JIT aus 71 eingereichten Papieren 27 Beiträge zur Präsentation auf der Tagung vorgeschlagen. Das entspricht einer Annahmequote von 38% (im Vergleich zu 43% im Jahr 1998). Im Auswahlprozeß wurden zu jedem eingereichten Beitrag drei Fachgutachten eingeholt und ausführlich innerhalb des Komitees diskutiert. Dadurch erfreut sich auch die JIT'99 einer durchweg hohen inhaltlichen Qualität. Leider mußten auch etliche gute Beiträge abgelehnt werden, da sie nicht den Konsens aller Fachgutachter finden konnten.

Wesentliches Augenmerk wurde auf die Originalität der Arbeiten gelegt und auf ihre Aussagekraft für den zu erwartenden Zuhörerkreis. Die Zusammensetzung des Programmkomitees garantierte dabei, daß sowohl akademisch-wissenschaftliche als auch industriell-praktische Maßstäbe angelegt wurden. Dem Call for Papers entsprechend, wurden neben akademischen Beiträgen auch Erfahrungsberichte aufgenommen, die für den Praktiker wesentliche Erkenntnisse enthalten.

Das Programmkomitee dankt allen Autoren aus Industrie und Universität für ihre rege Beteiligung und ihr Engagement bei dieser Tagung.

Die inhaltliche Organisation einer Tagung ist ein aufwendiges Unterfangen. Frau Anke Hänler und Herr Wolfram Bütow, Systemingenieure am Institut für Technische Informatik der Universität Rostock, sowie Heiko Kopp und Heiko Buchholz, wissenschaftliche Hilfskräfte, übernahmen große Teile der Korrespondenz und eine Vielzahl organisatorischer Tätigkeiten. Ihnen gilt ein besonderer Dank. Herr Hermann Engesser vom Springer-Verlag übernahm die Veröffentlichung der Proceedings und war mit seinen Mitarbeitern in allen Anliegen ein sehr hilfreicher Gesprächspartner. Herr Falk Langhammer war neben seiner Aktivität im Steering Komitee auch bei der Erstellung der CD-ROM mit den Tagungsbeiträgen mit Rat, Tat und ästhetischem Geschick aktiv. Frau Christine Paulus gewährleistete den Kontakt zur Presse. Durch den Einsatz der Universität Düsseldorf, speziell von Herrn Prof. Knop und Herrn Haverkamp, konnten auch Tutorials auf der Tagung angeboten werden. Allen Mitarbeitern der Firma Sun, insbesondere Herrn Häring, dem Leiter des Java Zentrums Herrn Fehr, Frau Knaus und Herrn Scherand sei für die Koordination dieser Tagung mit der DJEK gedankt.

Abschließend ist es mir ein persönliches Anliegen, allen Mitgliedern des Programmkomitees und des Steeringkomitees sowie den weiteren Fachgutachtern für die Unterstützung und den großen Einsatz zu danken, welche die JIT'99 ermöglicht haben. In dieser kooperativen und engagierten Gruppe war es eine Freude und besondere Ehre, die fachliche Leitung zu übernehmen.

Rostock, im Juli 1999   Clemens H. Cap

Steering Committee
C. Cap, Universität Rostock
F. Langhammer, Living Pages Research
C. Müller-Schloer, Universität Hannover
H. Schmeck, Universität Karlsruhe

Program Committee
C. Cap, Universität Rostock (Vorsitz)
G. Engels, Universität Paderborn
M. Franz, Siemens AG
K. Geihs, Universität Frankfurt
U. Kastens, Universität Paderborn
U. Kelter, Universität Siegen
J. Kleinöder, Universität Erlangen-Nürnberg
R. Kölsch, Kölsch & Altmann
F. Langhammer, Living Pages Research
S. Maffeis, SoftWired AG
F. Mattern, TU Darmstadt
C. Müller-Schloer, Universität Hannover
M. Philippsen, Universität Karlsruhe
L. Richter, Universität Zürich
W. Rosenstiel, Universität Tübingen
H. Scherand, Sun Microsystems
H. Schmeck, Universität Karlsruhe
S. Seehusen, FH Lübeck
D. Tavangarian, Universität Rostock
M. Weber, Universität Ulm
M. Wiedeking, Mathema Software

Weitere Gutachter

Denis Antonioli
Andre Berten
Klaus Beschorner
Jürgen Brehm
Jochen Bruns
Ralph Depke
Bernd Freisleben
Stefan Fünfrocken
Jens Gaulke
Matthias Gimbel
Michael Guntsch
Thomas Haas
Bernhard Haumacher
Andre Hergenhan
Klaus Herrmann

Torsten Illmann
Frank Kargl
Roger Kehr
Bill Kelly
Markus Kieninger
Thilo Kielmann
Dietmar Koblitz
Holger Krisp
Tommy Kuhn
Hendrik Lehmann
Katharina Mehner
Daniel Merkle
Wolfgang Merzenich
Marc Monecke

Marie-Luise Moschgath
Matthias Müller
Dirk Ohst
Dirk Platz
David Reichmann
Stefan Sauer
Stefan Scherber
Rainer Schmidt
Steffen Schmitt
Harald Vogt
Clemens Wagner
Frank Witzigmann
Michael Zapf
Andreas Zeidler

Inhalt

Datenbanken

Compilation und Optimierung

Software Design

Frameworks

Embedded Java

Middleware

Sicherheit

Jini

Spracherweiterungen

Virtuelle Maschinen

Eine Fallstudie: Einbindung von Legacy-Datenbanken über JDBC

Dr. Rainer Kerth*

Object Technology Practice, IBM Unternehmensberatung GmbH

Zusammenfassung Wir stellen in diesem Artikel eine Architektur zur Einbindung von hierarchischen Legacy-Datenbanken in eine objektorientierte Anwendungsentwicklung in Java vor. Grundlage dieser Einbindung ist ein maßgeschneiderter JDBC-Treiber, mit dessen Hilfe ein Zugriff auf die komplexen Datenstrukturen auf der Legacy-Seite transparent vorgenommen werden kann. Der Treiber unterstützt einen großen Teil der Funktionalitäten von JDBC 1.22.

Die Vorteile dieses Ansatzes liegen im wesentlichen in der Bereitstellung der hierarchischen Daten unter einer standardisierten, relationalen Schnittstelle. Dadurch besteht insbesondere die Möglichkeit, die Daten durch kommerziell verfügbare objektrelationale Abbildungen in Objekte umzuwandeln. Die Schwierigkeiten des Ansatzes liegen z.Zt. noch im Bereich Transaktionskoordination.

Die Architektur wurde in einem Pilotprojekt in einem Unternehmen der Versicherungsbranche vollständig implementiert.

1 Projektkontext und Ziele

F In einem bundesdeutschen Versicherungsunternehmen wurde seit Mitte der siebziger Jahre eine traditionelle Anwendungsentwicklung in COBOL betrieben. Die im Laufe der Zeit angewachsenen Programmbibliotheken laufen problemlos auf einem Hostsystem, sind aber relativ schwer zu pflegen. Softwaretechnisch bestehen insofern Probleme, als daß die Programme sehr stark durch proprietäre Standards verschiedener Hersteller geprägt ist. Dies führt zu einer starken Abhängigkeit von diesen Herstellern und zu einem Mangel an Flexibilität bei Make or BuyEntscheidungen. Desweiteren ist in den gewachsenen Bibliotheken häufig eine Vermischung von Geschäfts-, Datenzugriffs- und Oberflächenlogik festzustellen. Dadurch wird in ganz erheblichem Maße die Wiederverwendung von bestehendem Code erschwert.

Um die beiden angesprochenen Problemkreise anzugehen, hat sich das genannte Unternehmen entschlossen, in einem Pilotprojekt die Möglichkeiten und Risiken einer alternativen Anwendungsentwicklung zu evaluieren. Vorgabe war zunächst eine möglichst weitgehende Ausrichtung an offenen Standards, um auf

---

* Dieser Artikel präsentiert Ergebnisse, die der Autor gemeinsam mit Richard Stubbs (UIST Consultants Ltd.) erarbeitet hat.

diese Weise die bestehenden Abhängigkeiten von proprietären Standards zu reduzieren. Auch bestand von Anfang an die klare Vorstellung, sich der objektorientierten Anwendungsentwicklung zu öffnen, die mehr und mehr eine führende Rolle als modernes Entwicklungsparadigma einnimmt.

Diese Öffnung sollte aber unter Berücksichtigung der bestehenden Strukturen im Legacy-Bereich vorgenommen werden. Insbesondere war ein entscheidendes Erfolgskriterium für das Pilotprojekt eine weitgehende Einbindung dieser Strukturen in die neue Anwendungsentwicklung. Damit war nicht nur die Integration des vorhandenen Hostsystems als Datenserver, sondern soweit möglich auch eine Integration existierender Host-Programme gemeint.

Die Anwendungsentwicklung im Rahmen des Pilotprojektes erfolgte auf PCs unter Windows NT 4.0. Als LAN Server diente ein AIX-Rechner der Firma Bull. Bei dem zu integrierenden Hostsystem handelte es sich ebenfalls um einen Rechner aus dem Hause Bull mit GCOS 8. Als relationale Datenbank wurde Informix auf AIX verwendet. Auf GCOS 8 standen die Stammdaten des Unternehmens in der hierarchische Datenbank IDS/2 zur Verfügung. Als CASE-Tool wurde Innovator 6.1 eingesetzt, als Entwicklungsumgebung diente Visual Age for Java 2.0 Enterprise. Der verwendete CORBA-ORB war VisiBroker 3.2.

2 Die Auswahl der Programmiersprache

Als Programmiersprache für die neu aufzusetzende Anwendungsentwicklung wurde Java gewählt. Die Gründe für diese Entscheidung waren die folgenden:

- die leichte Erlernbarkeit der Sprache: diese war für das Unternehmen, das zu Beginn des Projektes nur über geringe Erfahrungen in der Objekttechnologie verfügte, ein wichtiger Aspekt und hat aus heutiger Sicht viel zum Erfolg des Projektes beigetragen. Es bestanden in der Anfangsphase durchaus Einarbeitungsschwierigkeiten, die durch die neue Programmiersprache, aber auch durch ein neues Entwicklungsparadigma (Objekttechnologie) und durch eine neue Entwicklungsumgebung verursacht wurden. Diesen typischen Anfangsschwierigkeiten wurde aber frühzeitig durch gezielte Schulungsmaßnahmen und durch ein begleitendes Training-on-the-Job begegnet. Sie haben sich innerhalb von 3-6 Monaten weitgehend abbauen lassen.
- die Plattformunabhängigkeit: sie ermöglichte einen Entwicklungsbetrieb, der weitgehend von administrativen Maßnahmen freigehalten werden konnte. Die Anwendung wurde auf NT entwickelt und getestet, unter Verwendung von Werkzeugen, die auf anderen Plattformen nicht zur Verfügung stehen. Nach Abschluß der Entwicklung wurde ein Teil der Anwendung (ohne Neukompilation) auf AIX installiert. Damit lief dieser Teil auf der gleichen Maschine wie der Datenbankserver, was i.a. große Performancevorteile mit sich bringt. Die Netzwerktransparenz, die bei dieser Plattform-Migration implizit ausgenutzt wurde, wurde einerseits durch die Anwendungsarchitektur und andererseits durch einen CORBA-ORB [5] gewährleistet. Durch diese

Plattformunabhängigkeit von Java wird aber auch ein transparenter Austausch der zugrunde liegenden Hardware möglich. Dies gewährt eine zusätzliche Flexibilität bei Investitionsentscheidungen in diesem Bereich. Es sei deswegen nochmals hervorgehoben, daß im Rahmen des Projektes keinerlei Plattformabhängigkeiten der entwickelten Anwendung festgestellt wurden.

- die weitgehende Unterstützung von Java durch verschiedene Hersteller: sie spielte in diesem speziellen Projekt eine große Rolle, weil auch die Firma Bull für ihre Hostsysteme eine virtuelle Maschine für Java angekündigt hat. Damit wird es möglich, in Java entwickelte Programme auch direkt auf dem existierenden Hostsystem laufen zu lassen. Insofern eröffnet Java auch eine interessante Perspektive für die traditionelle Anwendungsentwicklung auf dem Host.

3   Übersicht über die Gesamtarchitektur des entwickelten Systems

Auch wenn die Gesamtarchitektur des entwickelten Systems nicht im Zentrum dieses Artikels steht, trägt eine kurze Beschreibung dieses Kontextes sicherlich zum Verständnis bei. Als Basis für eine stabile und offene Netzinfrastruktur wurde eine CORBA-Architektur [5] gewählt. Auf dieser Grundlage wurde ein verteiltes Model-View-Controller Pattern implementiert, das eine klare Trennung von Geschäfts-, Datenzugriffs- und Oberflächenlogik ermöglicht. Die Modellschicht wurde zu diesem Zweck nochmals in eine Geschäfts- und in eine Datenzugriffsschicht unterteilt.

- Die Geschäftslogik wurde sehr detailliert im o.g. CASE-Tool modelliert und über einen selbst entwickelten Generator in Form von Templates in die Implementierung eingebracht. Die Vervollständigung dieser Templates lieferte dann die Implementierung der Geschäftsschicht.
- In der Datenzugriffsschicht wurde eine objektrelationale Abbildung über ein existierendes Framework realisiert. Die dafür benötigten Klassen wurden ebenfalls durch den Generator aus dem Objektmodell im Innovator erzeugt.
- Die Oberflächen wurden unter Verwendung von standardisierten GUI-Bibliotheken (Swing 1.0, vergl. [6] entwickelt und lediglich an die speziellen Bedürfnisse des Projektes angepaßt. In diesem Bereich wurde schon während der Analyse auf die Bildung von graphischen Komponenten geachtet, die in verschiedenen Kontexten die Darstellung von Geschäftsobjekten übernehmen können. Diese Komponenten wurden dann mit o.g. GUI-Builder zu komplexen, situationsangepaßten Views zusammengesetzt. Die Oberflächenlogik wurde, soweit sie über reine Formatprüfungen hinausging, in Controller-Klassen implementiert.

Die Geschäftslogik wurde in Anlehnung an den Enterprise JavaBean (EJB) Standard [2] modelliert und implementiert. Wiewohl zum Zeitpunkt dieser Entscheidung der EJB Standard noch nicht sehr verbreitet war, ließ sich doch schon ein starker Trend in dieser Richtung beobachten. Leider enthält der Standard in seiner Version 1.0 noch nicht alle Festlegungen, die für eine solide Infrastruktur benötigt werden. Im Projekt machten sich insbesondere die Abwesenheit einer Spezifikation für die Themen "Navigation zwischen Entitäten" und "ereignisgesteuerte Kommunikation zwischen Server und Client" bemerkbar. Aus diesem Grunde wurde im Projekt auf einen Einsatz eines EJB Server verzichtet. Die Migration auf einen solchen Server wurde jedoch vorbereitet und sollte bei Bedarf, unter weitgehender Beibehaltung der Implementierungen, möglich sein.

Natürlich ließe sich noch sehr viel mehr über die Gesamtarchitektur sagen. Dieser Teil wird hier jedoch zugunsten einer Darstellung der Legacy-Anbindung zurückgestellt.

4 Das Persistenz-Framework der Datenzugriffsschicht

Unterhalb der Geschäftsobjekte kam ein Persistenz-Framework zum Einsatz, mit dessen Hilfe diese Objekte auf relationale Tabellen abgebildet wurde. Nach ersten, nicht sehr erfolgreichen Versuchen mit einem neu auf den Markt gekommenen Framework, das lediglich als Betaversion zur Verfügung stand, wurde im Projekt auf ein anderes Persistenz-Framework zurückgegriffen, das mit VisualAge ausgeliefert wurde. Hierbei handelte es sich dabei um VisualAge Persistence (VAP). Gründe für diese Auswahl waren

- eine starke Orientierung von VAP am EJB Standard: in diesem Standard sahen alle Projektbeteiligten eine strategische Perspektive für die Anwendungsentwicklung in Java.
- die Verfügbarkeit im Source-Code: dadurch war eine komfortable Entwicklung mit Unterstützung durch einen Debugger möglich. Dies war insbesondere bei der Generierung der Datenzugriffsklassen aus dem Objektmodell eine große Hilfe.
- die enge Integration mit VisualAge: in Vorwegnahme einer graphischen Programmierung von Transaktionen spielte auch dieser Punkt eine Rolle. Im weiteren Verlauf des Projektes wurde diese Möglichkeit dann jedoch nicht eingesetzt, da Transaktionen fest mit Prozeßobjekten verknüpft wurden.

Die Toolunterstützung von VAP, die eine Modellierung von Entitäten und Datenbankschemata gestattet und die eng mit VisualAge integriert ist, spielte bei der Bewertung des Frameworks eine eher untergeordnete Rolle; es war ohnehin vorgesehen, die Generierung der Datenzugriffsschicht direkt aus dem Objektmodell vorzunehmen. Eine Verwendung der Tools von VAP wäre allerdings, wenn sie gewünscht gewesen wäre, mit Schwierigkeiten verbunden gewesen, da aus den VAP-Tools heraus kein Zugriff auf das Objektmodell des CASE-Tools möglich war.

5 Die Schnittstelle zur relationalen und zur hierarchischen Datenbank

Das Persistenz-Framework VAP verwendet das standardisierte Interface Java Database Connectivity (JDBC) [3] für den Zugriff auf relationale Datenbanken. Das Interface wird typischerweise von einem kommerziell verfügbaren Treiber implementiert, der dem Persistenz-Framework zur Verfügung gestellt wird. Danach verwendet das Framework den Treiber implizit bei jedem Zugriff auf die relationale Datenbank.

In Bereich relationale Datenbanken wurde im Laufe des Projektes auf zwei Ebenen variiert. Zum einen kamen zwischenzeitlich zu Testzwecken auch andere Datenbanken als Informix zum Einsatz, zum anderen wurde dieselbe Datenbank durch verschiedene JDBC-Treiber angesprochen. Hierbei mußten einige Inkompatibilitäten zwischen verschiedenen Treibern und Datenbanken festgestellt werden. So reagierte etwa eine der verwendeten Datenbanken unterschiedlich, je nachdem, über welchen JDBC-Treiber sie angesprochen wurde. Daneben war auch die Syntax vieler SQL-Abfragen Datenbank-spezifisch.

Insgesamt erwies sich die relationale Datenbankanbindung als nicht sehr portabel. Nach unserer Erfahrung läßt es sich im Normalfall nicht vermeiden, bei Austausch einer der Komponenten dieser Anbindung auch eine Anpassung des Codes der Datenzugriffsschicht vorzunehmen. Diese kann allerdings in manchen Fällen auf ein Neuformulieren der SQL-Statements beschränkt sein.

VAP unterstützt neben JDBC aber auch andere Speichermechanismen, z.B. eine Integration von "Function Call Backends", für die auf einer etwas höheren Abstraktionsebene eine Anpassung des Frameworks vorgenommen werden kann. In diesem Fall werden Daten über direkte Funktionsaufrufe von einem Legacy-System abgefragt. Dieser Ansatz birgt aus Sicht des Projektes zwei Nachteile:

- Die dazu benötigten Schnittstellen des Persistenz-Frameworks sind, im Gegensatz zu JDBC, nicht standardisiert. Damit ist die in diesen Bereich des Frameworks investierte Arbeit verloren, falls das Persistenz-Framework ausgetauscht werden sollte. Dies wäre insbesondere bei einem Einsatz eines EJB Servers der Fall.
- Beim Zugriff auf Daten in der Legacy-Datenbank muß ein anderer Mechanismus verwendet werden als beim Zugriff auf relationalen Daten. Dies erschwert die Arbeit des Codegenerators, der auf Informationen aus dem Objektmodell aufsetzt.

Im Projekt wurde deshalb die Entscheidung getroffen, auch auf die Daten der Legacy-Datenbank über einen passenden JDBC-Treiber zuzugreifen. Damit werden die beiden o.g. Nachteile umgangen. Dieser Ansatz vereinfacht insbesondere die zu einem späteren Zeitpunkt eventuell vorzunehmende Migration nach EJB, da ein JDBC-Treiber sich prinzipiell auch unter einem EJB Server betreiben läßt. Allerdings bestehen in der aktuellen Implementierung des JDBC-Treibers gewisse Einschränkungen, die weiter unten erläutert werden. Es muß deswegen vor dem Einsatz unter einem EJB Server zunächst geprüft werden, ob eine dieser Einschränkungen einen effektiven Betrieb verhindert.

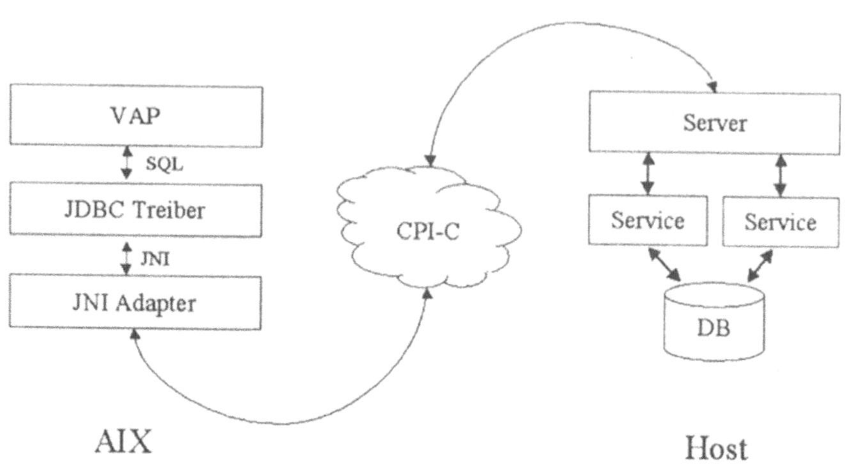

Abbildung1. Übersicht über die Host-Anbindung

6 Übersicht über die Host-Anbindung[1]

Für die Anbindung des Host-Systems wurde im Projekt ein spezieller JDBC-Treiber entwickelt, der den Zugriff auf die Legacy-Daten durch eine SQL-Schnittstelle ermöglicht. Die Details der Funktionalität des Treibers werden in den nachfolgenden Abschnitten erläutert. Hier soll zunächst nur ein kurzer Überblick über die verwendeten Komponenten gegeben werden.

Auf technischer Ebene kommt für die Kommunikation mit dem Host die Bibliothek CPI-C zum Einsatz, die die für den Zugriff erforderlichen Netzprotokolle kapselt. Da diese Bibliothek in C implementiert ist, wurde sie unter Verwendung des Java Native Interface (JNI) über eine dünne Adapterschicht in den JDBC-Treiber eingebunden. CPI-C übernimmt für den JDBC-Treiber die Session-Verwaltung und startet automatisch das erforderliche Transaktionsprogramm (TPR) auf dem Host. Die Aufrufparameter werden dabei dem TPR transparent zur Verfügung gestellt. Auf Host-Seite ist das empfangende TPR zunächst ein generisches Programm, der sog. Server, das in COBOL implementiert wurde. Es analysiert die Aufrufparameter und leitet sie dann an verschiedene, stärker spezialisierte Services weiter, von denen einige ebenfalls im Rahmen des Projektes implementiert wurden. Diese Services sind für den Zugriff auf die Legacy-Daten verantwortlich; sie führen in Kenntnis der genauen Struktur der Legacy-Datenbank die angefragten Operationen durch und geben eventuelle Ergebnisse an den Server zurück. Dieser reicht die Ergebnisse ohne weitere Verarbeitung zurück an die CPI-C-Bibliothek und damit an den JDBC-Treiber. Um die Implementierungsarbeiten auf dem Host zu reduzieren, werden even-

---

[1] Die Architektur auf Host-Seite wurde von Richard Stubbs entworfen.

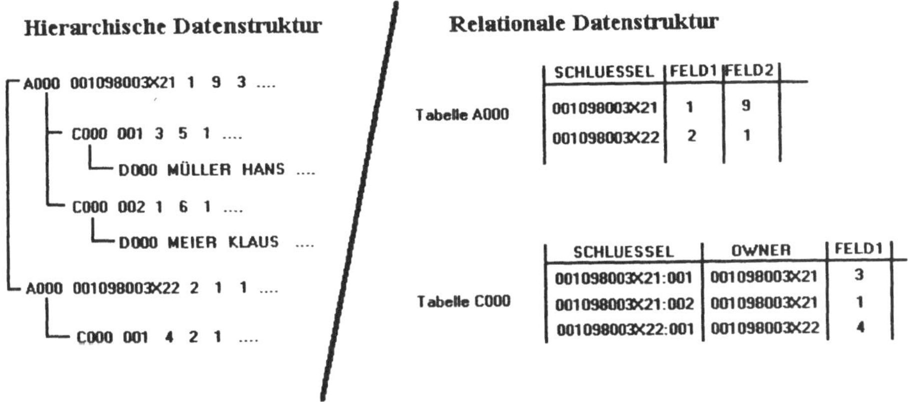

Abbildung2. Die Umsetzung von hierarchischen in relationale Daten

tuelle Ergebnisse auf Host-Seite kaum aufbereitet, sondern in ihrer bestehenden hierarchischen Struktur an den JDBC-Treiber zurückgegeben. Die Hierarchie der Datensätze wird dabei typischerweise durch eine gewisse Reihenfolge dargestellt.

Eine der wesentlichen Stärken dieser Unterteilung in Server und Services ist es, daß der Server jederzeit um neue Services erweitert werden kann. Letztere können je nach Bedarf wie traditionelle COBOL-Programme entwickelt werden und dann in den bestehenden Server integriert werden. Dadurch ist es ohne großen Aufwand möglich, weitere Zugriffsmodule für spezialisierte Auswertungen der Datenbank etc. zur Verfügung zu stellen.

Ausgehend von dieser grundsätzlichen Architektur wird in den folgenden Abschnitten die genaue Funktionsweise des JDBC-Treibers erläutert.

7 Die Umwandlung von hierarchischen in relationale Daten

Die Verwendung von JDBC zum Zugriff auf die Legacy-Datenbank impliziert, daß eine Umsetzung der Daten von einer hierarchischen in eine relationale Struktur erfolgen muß. Auf dieser relationalen Struktur müssen weiterhin SQL-Abfragen unterstützt werden, die es erlauben, die Daten unter relevanten Aspekten auszuwerten. Diese Funktionalität scheint auf den ersten Blick relativ aufwendig zu sein. Eine genauere Analyse zeigt jedoch, daß sie sich (unter gewissen Einschränkungen) durchaus realisieren läßt.

Die Umsetzung der Struktur erfolgt zur Laufzeit innerhalb des JDBC-Treibers. Dieser erhält als Ergebnis einer Abfrage vom Host Daten in einer hierarchischen Form, d.h. in einer bestimmten Reihenfolge. Die Umsetzung der Daten in eine relationale Struktur erfolgt nun unter Berücksichtigung dieser Reihenfolge, indem alle Datensätze eines festen Typs in passenden (Hauptspeicher-)Tabellen abgelegt werden und dabei mit einem künstlich erzeugten Primärschlüssel versehen werden. Die Hierarchie der Datensätze wird während dieser Umsetzung bewahrt, denn untergeordnete Datensätze speichern als Zusatzinformation neben dem eigenen Primärschlüssel auch den Primärschlüssel ihres übergeordneten Datensatz. Damit kann im weiteren durch einfache SQL-SELECT- Abfragen herausgefunden werden, welche der Datensätze in den verschiedenen Tabellen im Sinne der ursprünglichen Hierarchie zueinander in Beziehung stehen.

Bei der Übertragung der Daten vom Host werden auch gewisse Metadaten in einem proprietären Format übermittelt, wie etwa die Feldnamen eines Datensatzes oder die Typen der einzelnen Felder. Diese Typinformationen erlauben es, die Daten korrekt zu interpretieren und mit größtmöglicher Akkuratesse in entsprechende Java-Datentypen umzuwandeln.

8 Die Erzeugung der Primärschlüssel

Die Erzeugung des Primärschlüssels erfolgt während der Umsetzung unter Verwendung (einer Gruppe) von fachlichen Attributen der Datensätze. Der JDBC-Treiber erlaubt es, für jeden Datensatz Attribute zu konfigurieren, die diesen Datensatz auf einer gegebenen Hierarchieebene eindeutig identifizieren. Man beachte, daß diese Attribute normalerweise nicht hinreichend sein werden, um den Datensatz absolut, d.h. eindeutig in der gesamten Hierarchie, zu identifizieren. Um dies zu erreichen muß in hierarchischen Datenbanken vielmehr auch der Kontext des Datensatzes eindeutig identifiziert werden, d.h. der übergeordnete Datensatz. Ein Beispiel für diese Situation ist etwa der (relative) Primärschlüssel eines Vertragsstand-Datensatzes, der lediglich aus einer laufenden Nummer bestehen kann. Diese laufende Nummer ist jeweils eindeutig in Bezug auf einen gegebenen Vertrag, der den Kontext für den Vertragsstand definiert. Unterhalb eines anderen Vertrages kann es aber durchaus einen weiteren Vertragsstand mit derselben laufenden Nummer geben. In diesem Beispiel besteht eine absolute Identifikation eines Vertragsstandes also aus der Verknüpfung eines Primärschlüssels eines Vertrages mit einem Primärschlüssel eines Vertragsstandes. Es ist möglich, daß auch der Primärschlüssel des Vertrags in ähnlicher Art und Weise zusammengesetzt werden muß. Es gibt aber in jeder hierarchischen Datenbank eine Wurzel, für die dies nicht erforderlich ist und die ohne einen Kontext absolut adressiert werden kann.

Aus diesem Grund erfolgt die Erzeugung der Primärschlüssel innerhalb des JDBC-Treibers rekursiv: zunächst werden die Primärschlüssel der Wurzel-Datensätze unter Berücksichtigung der Konfigurationsinformationen ermittelt. Danach werden alle abhängigen Datensätze in fortschreitender Hierarchietiefe bearbeitet. Dabei werden auf jeder Ebene der Hierarchie die relativen Primärschlüssel, die sich aus der Konfiguration ergeben, durch den zugehörigen Primärschlüssel der vorhergehenden Hierarchiestufe qualifiziert.

9 Die Auswertung der relationalen Daten

Typischerweise werden nicht alle Felder eines Datensatzes benötigt, um die Attribute eines Objektes zu belegen. In einigen Fällen kann es sogar erforderlich sein, Felder aus verschiedenen Datensätzen in einem einzigen Objekt zusammenzufassen. Um diese Funktionalitäten zur Verfügung zu stellen, müssen die Daten nach ihrer Umwandlung in Tabellen noch weiter gefiltert werden.

Der JDBC-Treiber implementiert zu diesem Zweck einen einfachen SQL-Interpreter. Anhand einer SQL-Abfrage werden sowohl die Felder als auch die Bedingungen identifiziert, denen die Ergebnismenge genügen soll. Die so beschriebenen Inhalte werden dann in den vom Host erhaltenen Daten gesucht und dem Benutzer in Form einer separaten Tabelle zur Verfügung gestellt.

Der JDBC-Treiber unterstützt dabei SELECT-Abfragen für den Lesezugriff und UPDATE-, INSERT- und DELETE-Abfragen für den Schreibzugriff. Die syntaktischen Mittel bei der Formulierung der Abfragen umfassen neben den normalen Feld-, Tabellen- und Aliaslisten auch eingeschränkte WHERE Klauseln, in denen atomare Formeln durch logische Konjunktion verknüpft werden können. Eine Disjunktion oder eine Negation wird von der gegenwärtigen Implementierung seitens des JDBC-Treibers nicht unterstützt. Atomare Formeln sind in diesem Zusammenhang Vergleiche (bzgl. $=, <, \leq, >$ und $\geq$) zwischen Feldnamen und Konstanten. Es ist zulässig, daß in einer atomaren Formel zwei Feldnamen miteinander verglichen werden. Bei diesen Vergleichen werden natürlich die Datentypen der Felder berücksichtigt. Dies ist erforderlich, weil z.B. ein String-Vergleich der Werte '001' und '0001' ein anderes Ergebnis liefert als ein Integer-Vergleich der gleichen Werte.

Eine zulässige SQL-Abfrage könnte also z.B. die folgende Form haben:

SELECT T1.FELD1, T1.FELD2, T2.FELD3
FROM TABELLE1 T1, TABELLE2 T2
WHERE T1.SCHLUESSEL='001098003X21' AND
T2.OWNER=T1.SCHLUESSEL

Hiermit werden die Felder FELD1 und FELD2 der Tabelle TABELLE1 und das Feld FELD3 der Tabelle TABELLE2 für denjenigen Datensatz in TABELLE1 selektiert, dessen Primärschlüssel als String mit dem Wert 001098003X21 übereinstimmt. Der zugehörige Satz aus TABELLE2 wird dabei über die zweite Bedingung der WHERE-Klausel definiert: sie sagt aus, daß nur solche Datensätze der TABELLE2 bei der Auswahl berücksichtigt werden, deren übergeordneter Datensatz gerade der o.g. Datensatz ist. Man beachte, daß dies genau der Navigation über die Hierarchie der zugrundeliegenden Legacy-Datenbank entspricht. Damit sind auch komplexere Anfragen möglich, die den Legacy-Kontext eines Datensatzes berücksichtigen.

Um die selektierten Daten in Objekte umwandeln zu können, müssen sie dem Persistenz-Framework VAP in Form eines java.sql.ResultSet zur Verfügung gestellt werden. Während der Aufbereitung der Daten in dieser Form werden insbesondere auch die SQL-Metadaten erzeugt, die vom Persistenz-Framework für den Zugriff auf die Daten benötigt werden. Diese werden aus den (proprietären) Metadaten ermittelt, die vom Host übertragen wurden, soweit diese die benötigten Informationen bereitstellen.

Beim Zugriff auf die Daten des ResultSet erfolgt u.a. auch eine spezielle Verwaltung des SQL-Wertes NULL gemäß der JDBC-Spezifikation. Allerdings enthalten die ursprünglichen Legacy-Daten diesen speziellen Wert naturgemäß nicht. Des weiteren führt ein Schreibversuch über den JDBC-Treiber mit einem Attributwert NULL zu einer Fehlermeldung, da dieser Wert auf keinen bekannten Host-Typ abgebildet werden kann. Deswegen kann dieser Wert de facto nie beim Zugriff auf die Daten des ResultSet auftreten.

10 Unterstützung für Stored Procedures

Neben dem reinen Datenzugriff wurde im Rahmen des Pilotprojektes auch ein Zugriff auf Funktionen des Hosts implementiert. Für einen Prototyp wurde ein existierendes FORTRAN-Programm betrachtet. Der Zugriff auf dieses Programm folgt den gleichen technischen Prinzipien wie der Datenzugriff: zunächst wurde das FORTRAN-Programm über einen speziellen Service in die generische Serverarchitektur auf dem Host eingebunden. Dieser Service wurde dann vom JDBC-Treiber über eine entsprechende Abfrage angesprochen.

Abgesehen von einem Kommunikationsproblem zwischen dem in COBOL geschriebenen Service und dem FORTRAN-Programm ließ sich diese Einbindung auf der Host-Seite ohne nennenswerte Schwierigkeiten umsetzen. Auf Seiten des JDBC-Treibers waren allerdings einige Erweiterungen der Funktionalität erforderlich, um auch dieses Szenario abdecken zu können. Hierzu zählte vor allem eine neue Query-Syntax. Um einerseits die erforderlichen Parameter über die SQL-Schnittstelle in den JDBC-Treiber hineingeben zu können und andererseits die Ergebnisse nach der Abfrage dem Persistenz-Framework übergeben zu können, wurden "EXECUTE PROCEDURE"-Queries definiert. Diese lassen sich als sog. "Custom Queries" in VAP einbinden. Zur Laufzeit erfolgt ein Aufruf einer solchen Query in enger Anlehnung an die EJB-Architektur durch einen Aufruf einer geeigneten find-Methode auf einem Home-Objekt. Die Parameter, die für die Berechnung auf dem Host benötigt werden, werden dieser Methode in Form von geeigneten Objekten mitgegeben und dann innerhalb der Methode in eine SQL-Abfrage umgewandelt. Diese Abfrage wird dem JDBC-Treiber übergeben, der sie nach dem normalen Verfahren zum Host überträgt.

Bei der Rückübertragung der Daten müssen die Ergebnisse der Berechnung für das Persistenz-Framework verfügbar gemacht werden. Bei einem Aufruf einer StoredProcedure in einer relationalen Datenbank geschieht dies normalerweise über sog. Hostvariablen, die nach dem Aufruf der Prozedur mit den Ergebnissen belegt werden. Diese Infrastruktur steht jedoch innerhalb des Persistenz-Frameworks nicht zur Verfügung. Deswegen werden die Ergebnisse der Berechnung in Form eines java.sql.ResultSet vom JDBC-Treiber aufbereitet. VAP kann dann auf diese Darstellung zugreifen und die Ergebnisse der Berechnung mit den üblichen Mechanismen in passende Objekte überführen. Diese werden dann für die weitere Verwendung an den Aufrufer der find-Methode zurückgegeben. Man beachte, daß damit eine reine Objekt-Schnittstelle für den Zugriff auf Funktionen des Hosts besteht: sowohl die Parameter als auch die Ergebnisse der find-Methode sind, aus Sicht des Aufrufers, normale Objekte.

11 Performance

Die Performance des JDBC-Treibers beim Zugriff auf den Host war ein entscheidender Bewertungsfaktor für die vorgestellte Architektur. Gerade die skizzierte Zusatzfunktionalität des JDBC-Treibers, wie z.B. die Umwandlung von hierarchischen in relationale Daten, stellt einen Belastungsfaktor dar. Dazu kommen noch die Kosten für das Instantiieren von Objekten aus den Rohdaten, die die Gesamtperformance beeinträchtigen. Letztere treten allerdings natürlich auch bei relationalen Datenquellen auf und sind damit nicht spezifisch für die Einbindung der Legacy-Daten. Aus diesem Grund werden diese Kosten bei der folgenden Betrachtung nicht berücksichtigt.

Grundsätzlich ist die Architektur nur bedingt dazu geeignet, große Datenmengen vom Host abzugreifen. Hierbei würde zwar die Zeit, die für die Umwandlung in relationale Daten erforderlich ist, höchstens proportional zur Datenmenge bleiben; jedoch könnte die danach erforderliche Selektion von Daten, bei gleichzeitiger Auswertung von vorgegebenen logischen Bedingungen, zu einem Performance-Engpaß werden. Ob dies bei einer konkreten Abfrage tatsächlich der Fall ist, hängt stark von den auszuwertenden Bedingungen ab.

Nun ist aber der Zugriff auf große Datenmengen für ein Persistenz-Framework eher untypisch. Benötigt werden im Normalfall eher die Daten für einige wenige Objekte, die in der Folge der Abfrage dann instantiiert werden. Für diese Art von Zugriff ist die oben beschriebene Architektur relativ gut geeignet, da die Selektion der Daten bei kleinen Datenmengen entsprechend schnell durchlaufen werden kann.

Die in den Abbildungen 3 und 4 dargestellten Werte wurden auf einem P133 mit 128MB RAM unter NT 4.0 gemessen. Es wurden vier verschiedene VMs betrachtet, nämlich Sun's und IBM's JDK1.1.7 sowie die VM des Sun JDK 1.2 in der Classic- und in der HotSpot-Version. Es wurde ohne Netzverbindung zum Host-System gemessen, um eine Bewertung der reinen Performance des JDBC-Treibers vornehmen zu können. Der Testdatenbestand wurden deswegen im Host-Format aus einer Datei in den JDBC-Treiber eingelesen. In der Abbildung 3 werden die durchschnittlichen Zeiten für den Zugriff auf einen Datenbestand von ca. 9 KB bzw. ca. 90 KB dargestellt. 9 KB Daten entsprechen einem einfachen Versicherungsvertrag mit drei Vertragsständen und einigen weiteren Datensätzen; 90 KB Daten entsprechen 40 Verträgen mit jeweils 3 Vertragsständen und weiteren Datensätzen. Man beachte, daß eine um den Faktor 10 größere Datenmenge ausreicht, um das Vierzigfache an Information zu übertragen. Der Grund für diese Komprimierung liegt in der Homogenität der Ergebnismenge. Sie erlaubt es, die Metadaten für alle 40 Datensätze nur einmal in die Ergebnismenge einzufügen und dadurch die Datenmenge zu reduzieren.

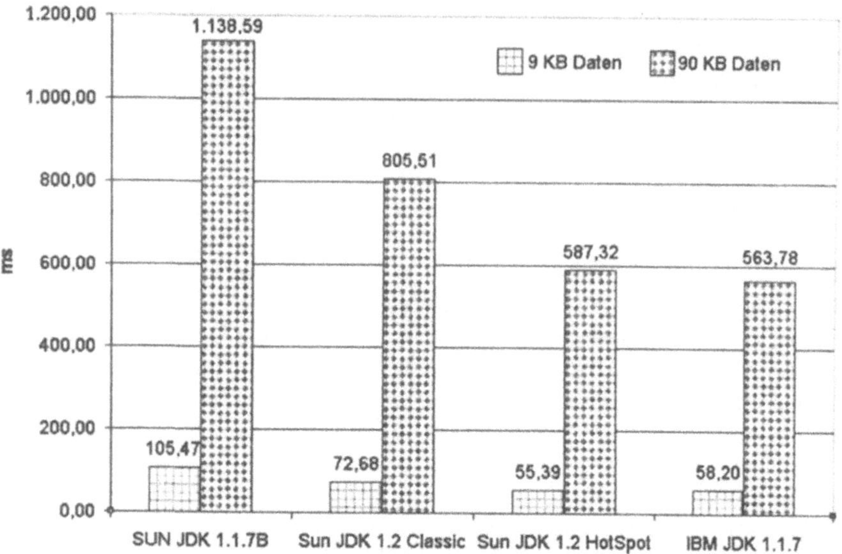

Abbildung3. Die Performance des JDBC-Treibers in verschiedenen JVMs auf NT 4.0 (Durchschnittliche Zugriffsdauer auf 9KB bzw 90 KB Daten bei 10000 Iterationen)

In jeder Iteration wurden die Daten aus der Testdatei eingelesen, in relationale Daten umgewandelt und folgende Abfrage wurde durchgeführt:

SELECT T1.FELD1, T1.FELD2, T1.SCHLUESSEL FROM TABELLE T1
WHERE T1.SCHLUESSEL = '001098003X21'

Die Testdaten waren so gestaltet, daß alle Datensätze der Tabelle TABEL-LE1 die angegebene Bedingung erfüllten. Das Ergebnis der Selektion wurde als ResultSet aufbereitet und dem Benutzer zurückgegeben.

Die angegebenen Werte wurden als Durchschnitt über 10000 Iterationen ermittelt. Die Schwankungen innerhalb der einzelnen Iterationen waren nach der Startphase gering; es ließ sich allerdings in der Startphase sehr deutlich das unterschiedliche Kompilationsverhalten der verschiedenen VMs beobachten, wie in Abbildung 4 dargestellt wird. So benötigten die adaptiv kompilierenden VMs[2] während der ersten hundert Iterationen zwischen 100 ms und 400 ms pro Zugriff (auf 9 KB Daten) bei relativ starken Schwankungen. Diese Schwankungen sind durch die Hintergrundtätigkeiten der VM zu erklären, die den Code

---

[2] IBM JDK 1.1.7 und Sun JDK 1.2 Hotspot; in Abbildung 4 werden wegen der besseren Vergleichbarkeit die Werte für Hotspot angegeben.

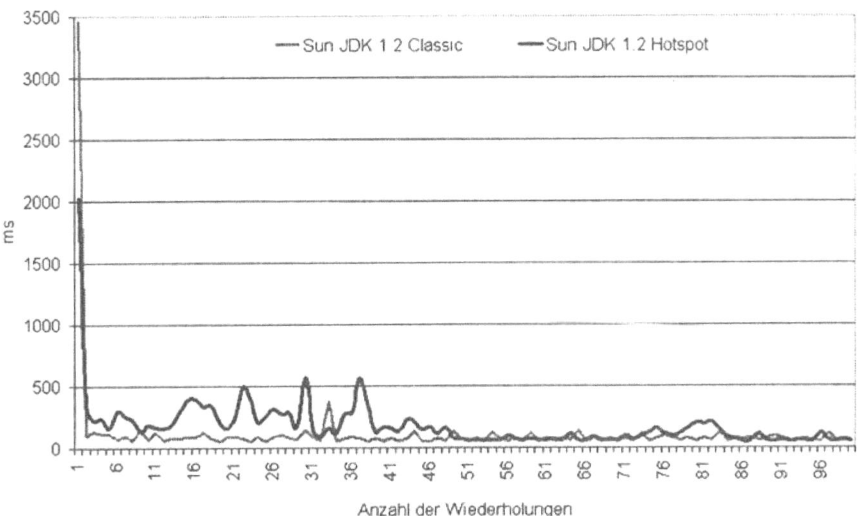

Abbildung4. Das Startup-Verhalten der Classic- und der Hotspot-Version des JDK
1.2
(beim Zugriff auf 9 KB Daten)

auf Performance-Engpässe hin analysiert. Die erste Iteration lag durch Initial-
isierungsoperationen in diesem Falle sogar bei ca. 2000 ms. Erst nachdem die
performancekritischen Teile des Codes identifiziert worden waren, erreichten die
adaptiven VMs die in Abbildung 3 angegebenen Werte. Dies war nach ca. 100
Iterationen der Fall.

Die mit einem Just-In-Time Compiler (JIT) arbeitenden VMs[3] wiesen hingegen eine signifikante Verzögerung in der ersten Iteration auf; hierfür benötigten
sie bis zu 3500 ms. Ab der zweiten Iteration erreichten sie dann jedoch stabil die
in der Abbildungen 3 genannten Werte. Dieses Verhalten ist dadurch zu erklren,
daß alle Klassen schon während der ersten Iteration kompiliert werden.

Beim Betrieb am Netz mit einer Online-Kommunikation mit dem Host ist
eine Performance von ca. 500 ms (beim Lesezugriff auf 9 KB Daten) zu messen.
Bei der Laufzeitumgebung handelt es sich in diesem Fall um das IBM JDK 1.1.6
auf AIX 4.1. Dieses JDK verfügt über einen integrierten JIT. In dieser Umgebung macht die Offline-Performance, die nicht exakt mit den oben dargestellten
Werten übereinstimmt, ca. 15% der Online-Performance aus, d.h. 70-90 ms. Die-

---

[3] Sun JDK 1.1.7 und Sun JDK 1.2 Classic; in Abbildung 4 werden wegen der besseren
Vergleichbarkeit die Werte für Classic angegeben.

ser Wert gilt jedoch erst nach dem Durchlaufen einer Anfangsphase, wie es bei JIT-Architekturen zu erwarten ist.

Um die Online-Performance weiter zu verbessern, wurde auf Seiten des JDBC-Treibers ein Cache-Mechanismus implementiert. Dabei werden innerhalb einer Transaktion alle vom Host abgefragten Daten in relationaler Form innerhalb des JDBC-Treibers zwischengespeichert. Damit ist es möglich, bei erneuter Anforderung der gleichen Daten innerhalb der gleichen Transaktion den Netzwerkzugriff zu vermeiden. Außerdem wird dadurch garantiert, daß einmal in der Transaktion gelesene Daten für die Dauer der Transaktion unverändert bleiben (Read-Stability). Mit dem Ende der Transaktion wird der Cache gelöscht.

12 Transaktionskoordination

Ein bisher noch offener Punkt in der Gesamtarchitektur zur Host-Anbindung ist die Transaktionskoordination zwischen dem Hostsystem und der Java-Anwendung. Die anzustrebende Lösung in diesem Bereich ist ein 2-Phase-Commit (2pc) [1], das eine volle Integration der Transaktionen in beiden System erlaubt. Die Umsetzung dieses Ansatzes ist z.Zt. jedoch noch mit Problemen behaftet, die in diesem Abschnitt näher erläutert werden.

Sowohl auf Seiten des Hosts als auch in der Java-Anwendung besteht grundsätzlich die Möglichkeit, transaktionsgesichert auf Daten zuzugreifen. Auf Host-Seite wird diese Funktionalität von einem traditionellen Transaktionsmonitor übernommen, der im wesentlichen kurze Transaktionen zuläßt. Eine Einbindung dieses Transaktionsmonitors in ein 2pc wird ab Mitte 99 möglich sein.

Auf Java-Seite bietet das Persistenz-Framework VAP seinen eigenen Transaktionsmechanismus an. Dieser verwendet zwar intern einen Zwei-Phasen-Mechanismus, um im ersten Durchlauf die Daten auf alle beteiligten Datenquellen zu verteilen und im zweiten Durchlauf die Transaktion durch ein Commit zu beenden. Trotzdem ist kein vollständiges 2pc implementiert, weil die JDBC-Version 1.22, auf der VAP basiert, diese Funktionalität noch nicht unterstützt. Dies ist erst in der sog. Standard-Erweiterung von JDBC 2.0 vorgesehen, die im Dezember 98 publiziert wurde. Die dafür zuständigen APIs werden im Java Transaction API (JTA) [4] zusammengefaßt.

Für die Implementierung eines 2pc muß also ein Persistenz-Framework (oder ein EJB-Server) eingesetzt werden, das JTA unterstützt. Ein erster EJB-Server, der diese Anforderung erfüllt, ist seit April 99 am Markt verfügbar. Daneben müssen die JDBC-Treiber für den Zugriff auf die relationalen Datenbanken an die JDBC-Version 2.0 und an JTA angepaßt werden. Mit einer Verfügbarkeit solcher Treiber ist im Laufe dieses Jahres zu rechnen. Schließlich ist auf Host-Seite noch eine Öffnung des Transaktionsmonitors für das 2pc-Protokoll erforderlich, die jedoch auch für dieses Jahr angekündigt wurde. Sobald diese Komponenten zur Verfügung stehen, kann ein vollständiges 2pc zwischen relationalen und hierarchischen Datenbanken implementiert werden.

In Ermangelung dieser Voraussetzungen wurde zunächst ein Schreibzugriff auf den Host im Rahmen von kurzen Transaktionen implementiert. Dabei werden Daten auf dem Host transaktionsgesichert in einen sog. Bewegungspool geschrieben, der zu einem späteren Zeitpunkt durch eine Batch-Prozedur in den eigentlichen Datenbestand überführt wird. Der Zugriff auf den Bewegungspool erfolgt durch einen Service auf Host-Seite; am Ende des Aufrufes dieses Service wird versucht, die Transaktion, in der dieser Zugriff stattgefunden hat, durch ein Commit zu beenden. Falls dies gelingt, so wird der Aufruf des Service fehlerfrei beendet und die Daten stehen im Bewegungspool; andernfalls wird eine Fehlermeldung an den JDBC-Treiber zurückgegeben und von diesem durch eine **SQLException** weitergemeldet. In letzterem Fall werden die Daten nicht im Bewegungspool gespeichert.

Problematisch ist an diesem Ansatz die Tatsache, daß u.U. die Transaktion auf Seiten von VAP mit einem Rollback beendet werden kann und trotzdem Daten in den Bewegungspool geschrieben werden. Dieser Fall tritt dann ein, wenn im Rahmen des internen Zwei-Phasen-Mechanismus von VAP zuerst Daten auf den Host geschrieben werden und anschließend von einer anderen Datenquelle eine Fehlermeldung zurückgegeben wird, die ein Rollback im Transaktionsprozeß von VAP auslöst.

Dieses Problem kann in der beschriebenen Form während der ersten Phase des internen Zwei-Phasen-Mechanismus auftreten. Es läßt sich ohne ein echtes 2pc nicht vollständig vermeiden; es kann aber auf die zweite Phase dieses Mechanismus verschoben werden. Um dies zu erreichen, werden die Schreibzugriffe, d.h. von Daten aus INSERT-, UPDATE- und DELETE-Queries, vorübergehend innerhalb des JDBC-Treiber in einem Cache gespeichert. Damit werden beim Absetzen der entsprechenden Queries die Daten zunächst nicht zum Host übertragen. Während der zweiten Phase des internen Protokolls ist es dann möglich, darüber zu entscheiden, ob der Schreibzugriff tatsächlich stattfinden soll oder nicht. Zu diesem Zeitpunkt haben alle anderen Datenquellen schon die erste Phase des internen Protokolls durchlaufen und sollten keine Fehlermeldungen mehr auslösen. In der aktuelle Implementierung des JDBC-Treibers werden bei einem Rollback in der zweiten Phase die Schreibdaten des Cache verworfen; eine Übertragung der Daten zum Host findet nicht statt. Damit können auch solche Daten noch nachträglich verworfen werden, die aus Sicht von VAP schon an den Host übertragen wurden und das oben beschriebene Problem tritt nicht mehr auf. Nur bei einem Commit in der zweiten Phase werden die Daten auch tatsächlich auf den Host geschrieben.

Dieses Vorgehen dient neben der verbesserten Transaktionskoordinierung auch der Performancesteigerung. Es hat zur Folge, daß zunächst sämtliche Schreibzugriffe auf den Host, nach Services gruppiert, in einem Cache angesammelt werden. Während der Verarbeitung des Commit können dann alle Daten für einen gegebenen Service auf einen Schlag zum Host übertragen werden. Dadurch wird die Netzlast weiter reduziert. Ein Nachteil dieses Vorgehens ist, daß die als Update-Count bezeichneten Rückgabewerte von Schreibzugriffen nicht mehr akkurat ermittelt werden können, da der Schreibzugriff effektiv erst im Laufe der Behandlung eines Commit erfolgt. Ein weiterer Nachteil ist, daß nach wie vor ein Fehler während des Commit zu inkonsistenten Datenbeständen führen kann.

Danksagung

Dieser Artikel enthält Ergebnisse, die der Author zusammen mit Richard Stubbs (UIST Consultants Ltd.) erarbeitet hat. Herr Stubbs hat die Architektur auf der Host-Seite konzipiert. Dr. Jürgen Uhl (IBM Unternehmensberatung GmbH) hat schon in einem frühen Stadium an intensiven Diskussionen über die Konzeption der Host-Anbindung teilgenommen und viele kritische Punkte frühzeitig adressiert. Die technische Umsetzung der Gesamtkonzeption war nur durch die intensive Unterstützung von Susanne Vogt und Alfons Janßen (Barmenia Versicherungen) möglich.

Literatur

1. Distributed Transaction Processing: The XA Specification, X/Open Document No. XO/CAE/91/300 oder ISBN 1 872630 24 3
2. Enterprise JavaBeans (EJB), http://java.sun.com/products/ejb
3. Java Database Connectivity (JDBC), http://java.sun.com/products/jdbc
4. Java Transaction API (JTA), http://java.sun.com/products/jta
5. Object Management Group (OMG), http://www.omg.org
6. Swing Connection (Swing), http://java.sun.com/products/jfc

Caching in Stubs und Events mit Enterprise Java Beans bei Einsatz einer objektorientierten Datenbank

Olaf Neumann, Christoph Pohl, Katrin Franze

TU Dresden, Lehrstuhl Rechnernetze
{neumann|pohl|kfranze}@ibdr.inf.tu-dresden.de

Abstract. In diesem Artikel soll gezeigt werden, wie mit Hilfe einer Erweiterung der EJB (Enterprise JavaBeans) - Spezifikation in [7] einfacher zu konstruierende verteilte Client-Server-Anwendungen mit weniger Netzbelastung erstellt werden können. Außerdem wird der Einsatz objektorientierter Datenbanken in EJB-Containern diskutiert. Als Anwendungsbeispiel soll ein Ausschnitt aus dem Dokumentenmodell des am Lehrstuhl Rechnernetze der TU Dresden entstandenen Teleteaching-Projektes genutzt werden.

1 Einführung

Die Einführung der EJB-Spezifikation 1.0 im April 1998 hat die Entwicklung von Middleware nachhaltig beeinflußt. Ziel dieser Spezifikation ist es, häufig auftretende Serverfunktionalität, wie z.B. Load Balancing, Transaktionen und Security Management von der eigentlichen Business-Logik zu trennen. Dieser Standard wird in Zukunft weitere Entwicklung erfahren. So soll dieser Artikel eine Anregung für mögliche Verbesserungen darstellen.

Ausgangspunkt bei der Entwicklung von EJB-Applikationen sind das Home Interface, welches Factory-Methoden zum Erzeugen, Löschen und Finden (nur bei EntityBeans) beinhaltet, das EJB-Remote Interface, das die Business-Funktionen definiert und das Bean, das entweder ein SessionBean (nur für eine Sitzung) oder ein EntityBean (persistentes Bean) darstellt. Mittels spezieller Werkzeuge werden die Remote- und Homeklassen erzeugt und entsprechende Stub- und Skeletonklassen generiert. Die Speicherung von EntityBeans kann entweder vom EntityBean selbst oder vom Container eines Werkzeuganbieters vorgenommen werden. Wird die Speicherung vom Container vorgenommen, so implementiert der Container die Factory-Methoden selbst. An dieser Stelle sollen die Probleme diskutiert werden, die beim Einsatz objektorientierter Datenbanken entstehen.

Die Clients greifen immer über das Home- oder das EJB-Remote Interface auf das Bean zu. Jeder Methodenaufruf erfolgt somit über eine Netzwerkverbindung. Dieser Artikel stellt dafür ein Proxy-Konzept vor, was gleichzeitig für die Aktualisierung der Proxies bei Änderung auf anderen Clients sorgt. Grundsätzlich werden alle zusätzlichen Informationen, die zur Generierung des Containers und der Stub- und Skeletonklassen notwendig sind, im Deployment Descriptor abgelegt. Bei unseren vorzunehmenden Erweiterungen werden wir diesen Mechanismus zusammen mit Designpattern verwenden, wie man sie bei JavaBeans vorfindet.

2 Problemstellung

Das Zielsystem für nachfolgend beschriebene Lösung ist JaTeK (Java Based Teleteaching Kit). Diese stellt eine vollständig in Java implementierte Lernumgebung dar, deren abgebildetete Szenarien des Spektrum des asynchronen Selbstlernen bis zur asynchronen und synchronen Gruppenarbeit umfassen.

JaTeK selbst ist als 3-Schichten-Architektur realisiert (siehe Fig. 1), wobei eine objektorientierte Datenbank (OODB) die dritte Schicht darstellt, die zweite der JaTeK-Server und die erste die verteilten JaTeK-Viewer.

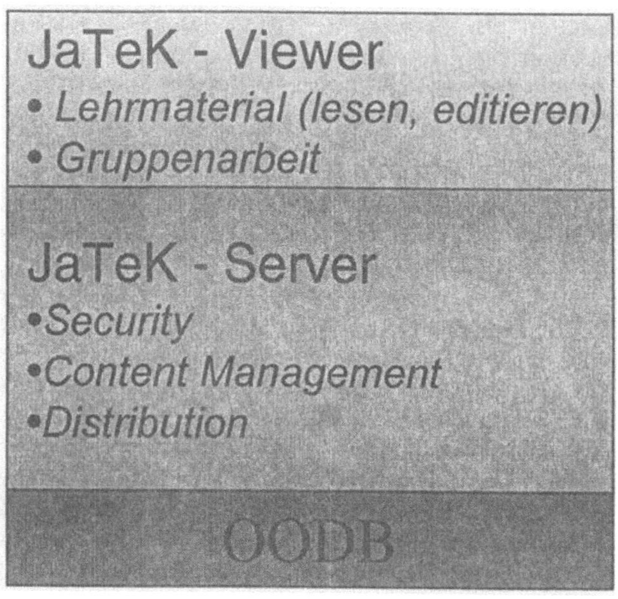

Fig. 1 - 3-Schichten Architektur von JaTeK

In dem zu betrachtenden Beispiel (siehe Fig. 2) wird davon ausgegangen, daß die Clients u.a. eine Baumstruktur von Kapiteln innerhalb eines Kurses mittels der Swing-Klasse JTree anzeigen. Der JTree greift auf ein eigenes TreeModel zu [8]. Das TreeModel benutzt Methoden des Business-Interfaces, um die Kapitelstruktur auf dem Server abzufragen. Der Server verwaltet die Kapitelstruktur und andere Security-relevanten Informationen. In der OODB werden die einzelnen Kapitel in eigenen Objekten gespeichert. Zum Zeitpunkt, wenn der JTree auf dem Client neu gezeichnet wird, werden Daten von dem TreeModel abgefragt. Das TreeModel seinerseits fragt zu jedem Blattknoten wenigstens den Namen ab. Bei einer größeren Anzahl von Blattknoten kann somit der Netzwerkverkehr erheblich ansteigen. Aus diesem Grund verwendet man sogenannte Proxies, um Daten nicht immer wieder erneut abzufragen.

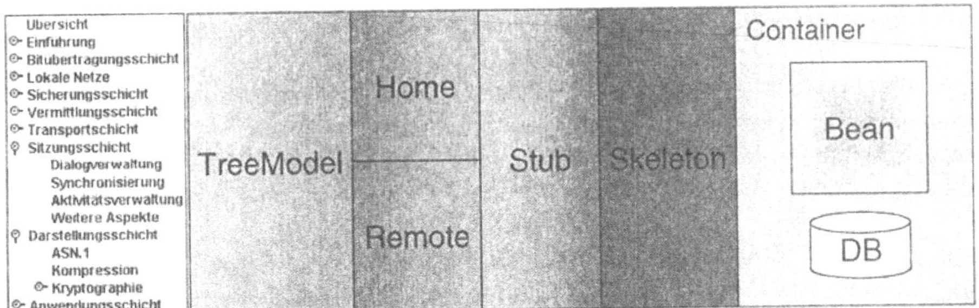

Fig. 2 - Aufbau der Komponenten (JTree, Model, Interface, Stub, Skeleton, Bean, DB)

Die Szenarien unseres Systems beinhalten, daß mehrere Benutzer an einer Struktur gleichzeitig arbeiten. Dafür müssen die Proxy-Objekte jedoch bei Änderungen aktualisiert werden. Sowohl der Anwender als auch der Entwickler sollten so wenig wie möglich mit solchen Architekturfragen belästigt werden.

Ein Ansatz dafür wäre die Integration eines Rückaufrufmechanismusses beim Client. Dieser ist jedoch in der EJB-Spezifikation nicht integriert. In [5], wie auch im Corba-Eventservice [6] wird ein Vorschlag für eine derartige Realisierung gemacht. Der Ansatz in [5] baut gegenüber unserem Konzept auf den EJB auf. Die Skalierbarkeit wird aber in diesem Ansatz nicht ausreichend berücksichtigt, da die Events seriell an die einzelnen Empfänger verschickt werden. Auch [4] kann ein Ausgangspunkt für derartige Überlegungen sein.

Die Daten auf Serverseite werden in einer objektorientierten Datenbank gespeichert. Der Einsatz einer objektorientierten Datenbank hat gezeigt, daß sich der Quelltext zur Abspeicherung von Daten etwa um 50% verringert hat gegenüber dem Einsatz einer relationalen Datenbank, da keine Typkonvertierungen mehr notwendig ist. Da die Operationen zur Speicherung der Daten fast immer dieselben sind, bietet sich das Konzept der Container Managed Persistence (CMP) von EJB an. Dabei müssen die Spezifika objektorientierter Datenbanken, wie eine einheitliche ObjectID und das Spezifizieren von Eintrittspunkten (Roots), berücksichtigt werden.

3 Lösung

Der Event-Mechanismus in JaTeK basiert auf Channels und macht so die Filterung von Events möglich. Ein Channel faßt (wie im Corba Event Service [6]) eine Untermenge aller angeschlossen Clients zusammen, die auf dieselben Daten zugreifen und über Änderungen dieser Daten informiert werden. Andere oder ähnliche Ansätze sind in [4], [5] und [3] verfolgt. Eine weitere Eigenschaft von JaTeK ist es, daß die Stubs beim Client als Proxies dienen, um Daten in einem Cache zwischenzuspeichern, und so die Performance der Zugriffe zum Server zu erhöhen. Proxies werden z.B. auch in BEA Weblogic [2] verwendet, dienen dort jedoch der Bündelung der Aufrufe über einen Socket. Beide Mechanismen, das Eventhandling und das Caching können zusammen verwendet werden, um die Entwicklung von verteilten Applikationen zu vereinfachen.

3.1 Lösungsansatz

Bei EJB können Stubs, Skeleton und der Container automatisch erzeugt werden. So könnten im Stub automatisch Attribute XXX generiert werden, die als Proxy für die JavaBeans-konformen Accessor-Methoden setXXX() und getXXX() dienen. Die Attribute erhalten eine zusätzliche Eigenschaft, die besagt, ob das Attribut:

- non cachable (Alle Methoden greifen direkt auf die Remote-Schnittstelle zu.)
- pull cachable (Das Attribut wird zwischengespeichert und per Pull-Aktion in bestimmten Zeitabständen aktualisiert. Dazu wird ein Thread verwendet. Die Accessor-Methoden müssen eine Exception bei einem inkosistenten Zustand werfen. Es müssen Methoden zum An- und Abmelden eines Event-Listeners vorhanden sein.)
- pullWait cachable: (Es wird eine Methode auf dem Server aufgerufen. Diese wird mittels wait() in den Wartezustand geschickt. Bei Veränderung des Attributs wird ein notify() ausgelöst. Dieses Vorgehen benötigt zusätzlich einen Referenzzähler für jedes Attribut, da zwischenzeitlich mehrere Events auf dem Server eingetroffen sein können. Es wird ein RMI-Mechanismus benötigt, der keine Sockets bei einem Methodenaufruf offenläßt, was zu Engpässen führen könnte. Das von BEA implementierte RMI mit Bündelung aller Aufrufe über einen Socket kann hierfür genutzt werden.)
- push cachable (Das Attribut wird zwischengespeichert und bei Änderung per Push-Aktion in den anderen Clients aktualisiert. Dazu wird eine Callback-Methode eingerichtet, die ein Event entgegennimmt. Die Accessormethoden müssen eine Exception bei einem inkosistenten Zustand werfen. Es müssen Methoden zum An- und Abmelden eines Event-Listeners vorhanden sein.)

Die Accessor-Methoden erhalten Exceptions, wenn die Aktualität bei der Ausführung der Operation nicht gewährleistet war. Außerdem können in dem Remote Interface zusätzlich sog. verteilte Events generiert werden, die an alle angeschlossenen Clients verteilt werden. Die Event-Klassen werden von dem selben Werkzeug erzeugt, welches auch den Container etc. generiert. Es wird also einerseits ein verteilter Event-Mechanismus und andererseits eine Möglichkeit eingeführt, Attribute im Stub cachable zu gestalten, wobei deren Inhalt automatisch aktualisiert wird, wenn andere Clients den Inhalt ändern. Dieses geht über den Ansatz des Corba Event Service hinaus, indem Proxyfunktionalität mit der Möglichkeit zur Aktualisierung ergänzt wird.

Auf der Serverseite werden die Events vom Container verteilt. Dieser erzeugt für jeden angeschlossenen Client einen Thread, um die Events zu verschicken. So wird verhindert, daß erst auf einen Timeout gewartet werden muß, bis ein Event zum nächsten Client geschickt werden kann. Um zu verhindern, daß zu viele Threads benötigt werden, kann ein Threadpool eingerichtet werden, was allerdings bisher im JaTeK-System nicht nötig war. Neben dem Aktivieren und Deaktivieren von Enterprise Beans mittels des Mechanismus' der EJB können auch die Container mit Hilfe von RMI-Activation [1] deaktiviert werden, um zusätzlich die Serverbelastung zu mindern. Diese Maßnahme hat jedoch Performance-Auswirkungen, die zu beachten sind.

Für das am Anfang dargestellte Beispiel bedeutet dies, daß das TreeModel auf ein Remote Interface zugreift, welches "cachable" Attribute des Stubs enthält. Wird in einem anderen Client der JTree aktualisiert, so wird ein entsprechendes verteilte Event erzeugt und allen angemeldeten Clients zur Verfügung gestellt. Danach wird die fireTreeStructureChanged()-Methode aufgerufen und der JTree aus dem TreeModel neu erzeugt, in welchem nun bereits alle Daten auf dem Client vorliegen. Der Vorgang wird in der Fig. 3 näher verdeutlicht.

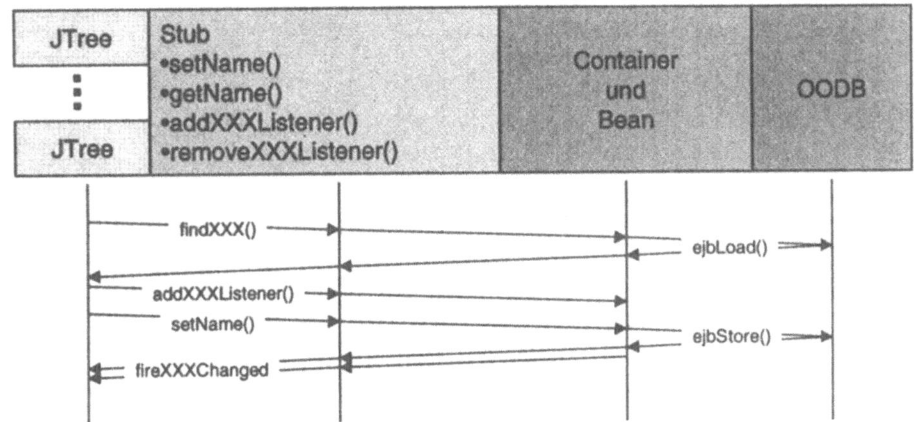

Fig. 3 - Szenario des "cachable" Stub

Eine Performanceerhöhung kann nur erwartet werden, wenn wenige Änderungen bei einer großen Datenmenge auftreten. Das Verfahren wird kontraproduktiv, wenn viele Änderungen auf einer kleinen Datenmenge erfolgen.

Das Verfahren kann bei einem weitverzweigten JTree zu einem erhöhten Verwaltungsaufwand führen, da im einfachsten Falle jeder Knoten ein Listener wäre, der angemeldet werden müßte. In diesem Falle wird der gesamte JTree als Listener angemeldet und der TreePath zum geänderten Objekt im JTree verwendet. Ähnliche Überlegungen sind bei anderen komplexen Strukturen anzustellen, wobei der beim JTree verwendete TreePath abgewandelt zur Lokalisierung der Änderung geeignet ist.

3.2 Behandlung von Ausnahmefällen

Bei dem eben vorgestellten Szenario können eine Reihe von Ausnahmefällen auftreten. In diesem Abschnitt sollen die Ausnahmefälle und deren mögliche Lösungen skizziert werden.

- Gleichzeitiges Erstellen von Objekten im Baum: Es werden beide Operationen serialisiert und in der zeitlichen Reihenfolge abgearbeitet, so daß ein erstellter Knoten eher erscheint, als der andere. (siehe Fig. 4)
- Löschen eines Objekts bei gleichzeitigem Schreiben des Objekts: Die Accessor-Methoden enthalten Exception, die geworfen werden, wenn auf ein verändertes Objekt zugegriffen wird. Es wird optimistisches Sperren (Locking) durchgeführt, d.h. die Änderung wird erst nach der Operation bei allen gleichzeitig durchgeführt.

Geschrieben wird immer sofort auf dem Server (write through), gelesen hingegen aus den im Cache zwischengespeicherten Variablen. (siehe Fig. 4)

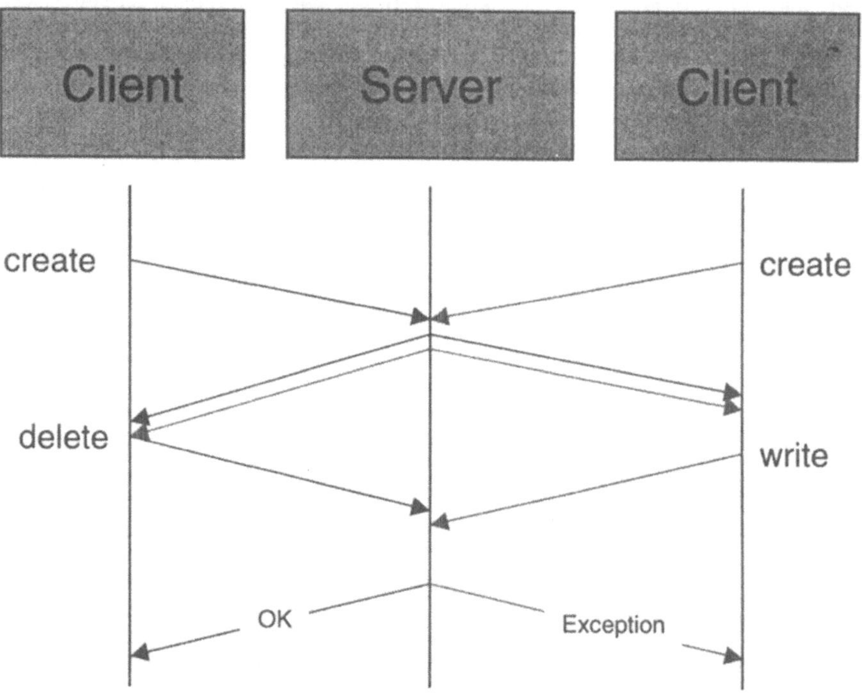

Fig. 4 - Ausnahmefälle

3.3 Datenbankeinsatz

Um die Persistenz der Entity Beans zu gewährleisten, können die Daten entweder in ein File serealisiert werden bzw. mit Hilfe eines RDBMS oder eines ODBMS gespeichert werden. Hier sollen die auftretenden Probleme der Speicherung mittels eines RDBMS und eines ODBMS bei der Verwendung von Container Managed Persistence (CMP) diskutiert und Lösungsvorschläge vorgestellt werden. Die Serialisierung in einer Datei wird nicht weiter betrachtet.

Bei CMP steht die Forderung, daß der Container sowohl die Speicherung als auch das Laden vornimmt. Das impliziert, daß der Container auch das Home-Interface mit seinen create()- und finderXXX()-Methoden implementieren muß.

Das Problem kann dabei entweder von der Datenbank oder von dem Enterprise Bean aus angegangen werden. Nachfolgende Tabelle erläutert dieses näher.

	RDBMS	OODBMS
Datenbank zu Bean	Ausgehend von einer vorhandenen Tabellenstruktur und einem Enterprise Bean wird mit Hilfe des Container Generators ein Mapping von Tabellenspalten zu Attributen im Enterprise Bean vorgenommen.	Ausgehend von einer vorhandenen Objektstruktur wird mit Hilfe des Container-Generators ein Mapping von Attributen vorgenommen.
Bean zu Datenbank	Ausgehend von den Attributen innerhalb der Enterprise Beans wird eine entsprechende Tabelle in der Datenbank definiert. Der Primary Key wird entweder zusätzlich generiert oder ausgewählt.	Ausgehend von den Attributen des EnterPrise Beans wird eine persistente Klasse erzeugt.
create()-Methoden	Es wird ein insert()-Statement auf einer Tabelle ausgeführt.	Es wird ein persistentes Objekt erzeugt und in eine Collection eingeordnet, um Erreichbarkeit zu gewährleisten.
finderXXX()-Methoden	Anhand der Auswahl von Attributen werden innerhalb einer Klasse finderXXX()-Methoden definiert.	Anhand der Attribute in der persistenten Klasse werden die finderXXX()-Methoden definiert und entsprechende Collections in der Datenbank angelegt.
Primary Key	Es wird automatisch eine Klasse erzeugt, die den Primary Key der entsprechenden Tabelle repräsentiert. Dieser ist entweder „int", String oder eine Kombination aus mehreren Spalten	Es wird die OID verwendet. Die Primary-Key-Klasse wird von einem Werkzeug automatisch generiert und ist für alle Klassen gleich.

Table 1. Gegenüberstellung der Datenbankparadigmen bei der Realisierung von Persistenz der Entity Beans.

Darüber hinaus treten folgende Probleme auf:

- Erzeugen eines neuen Objekts: Objekte, die in einer objektorientierten Datenbank erzeugt werden, müssen zu einem Objekt zugeordnet werden, damit sie nicht bei dem Lauf eines Persistent Garbage Collectors zerstört werden. Um hier ein ähnliches Verhalten wie bei der Verwendung von relationalen Datenbanken zu erreichen, sollte jedes neu erzeugte Objekt in eine Collection eingeordnet werden. Damit ist allerdings kein Persistent Garbage Collection mehr möglich und die Daten in der Datenbank können nur noch explizit gelöscht werden.

- finderXXX()-Methoden: Objekte können über das Home-Interface und die finderXXX()-Methoden gefunden werden. In objektorientierten Datenbanken gibt es Wurzelknoten (Entrypoints), die in der Form in der Klassenhierarchie der Anwendung keine Entsprechung finden. Beim automatischen Generieren des Containers muß also spezifiziert werden, welche Objekte einer Klasse als Wurzelknoten verwendet werden. Wurzelknoten werden gewöhnlich immer durch die Angabe eines Strings identifiziert, so daß also für diese Klasse gleichzeitig eine Suche durch die Angabe eines Strings möglich sein muß. Bei CMP sollte das Interface um finderXXX()-Methoden, die der Container Generator erzeugt, erweitert werden. Es ist nicht sinnvoll, den Entwickler finderXXX()-Methoden spezifizieren zu lassen, die eine Datenbank nicht umsetzen kann.
- Primary Key: In CMP ist es generell sinnvoll, die Primary Key-Klasse von dem Generator des Containers generieren zu lassen. Die Implementierung einer Primary Key-Klasse selbst vorzunehmen, erscheint eigentlich nur bei Bean Managed Persistence (BMP) zweckmäßig.

4 Ausblick

Dieser Artikel zeigt Möglichkeiten zur Integration der Corba Event Service-Funktionalitäten in EJB, wie auch der Artikel [5] im Java Developer's Journal. Er erläutert die Möglichkeit, EJB so zu erweitern, daß Proxies einfach erzeugt werden können. Er zeigt eine Alternative beim Pull-Mechanismus auf, diskutiert die Schwierigkeiten, die beim Einsatz einer OODB mit Container Managed Persistence auftreten und gibt Schritte zu deren Lösung an.

Die vorgeschlagenen Lösungen erweitern das EJB-Konzept, so daß verteilte Anwendungen einfacher erstellt werden können. Außerdem können die Netzwerklast gesenkt und verteile Events ermöglicht werden. Auch wenn objektorientierte Datenbanken bis jetzt nur vereinzelt eingesetzt werden, sollte der EJB Standard auch diese Datenbanken geeignet unterstützen, da kein Impedance Mismatch mehr auftritt, und so einerseits der Quelltext reduziert und anderseits die Fehleranfälligkeit gesenkt werden kann.

Der hier vorgestellte Algorithmus kann in der Form ausgebaut werden, daß er zusätzlich eine einstellbare Tiefe von Baumstrukturen beim Zwischenspeichern im Cache berücksichtigt. Des weiteren ist die vorgestellte Lösung für andere verteilte Applikationen, wie z.B. für den in JaTeK integrierten, verteilten Texteditor auf der Basis des JTextPane geeignet, der ebenfalls baumartige Objektstrukturen enthält.

Literatur

[1]   (RMI Specification)
        http://www.javasoft.com/products/jdk/1.2/docs/ guide/rmi/spec/rmiTOC.doc.html

[2]   (Overview of RMI in the WebLogic Framework)
        http://www.weblogic.com/docs/techoverview/rmi.html

[3]   Kirchner L., Meissner K., Wehner F.; Kooperative multimediale Anwendungen: Basis für virtuelle Arbeitsumgebungen – GeNeMe98, Reihe: Telekommunikation und Mediendienste – Band 2, 1998, S. 109

[4]   (Java Shared Data Toolkit) http://www.sun.com/software/jsdt/index.html

[5]   (Event Managegement & EJB) http://www.sys-con.com/java/feature/4-1/eventManagementEnterpriseJavaBeans/

[6]   (Corba Event Spezification) ftp://www.omg.org/pub/docs/formal/97-12-11.pdf

[7]   (EJB – Specifikation) ftp://ftp.javasoft.com/docs/ejb/ejb.10.pdf

[8]   (MVC in Swing) http://www.javasoft.com/products/jfc/tsc/archive/what_is_arch/swing-arch/swing-arch.html

Jiffy: Portierung eines JIT-Compilers auf FPGAs

Georg Acher

Lehr- und Forschungseinheit Informatik X
Rechnertechnik und Rechnerorganisation /
Parallelrechnerarchitektur (LRR-TUM)
Institut für Informatik der Technischen Universität München
Arcisstr. 21, D-80290 München, Germany
acher@in.tum.de

Zusammenfassung Java hat in der letzten Zeit immer größere Verbreitung gefunden, dies ist zu einem Teil der Maschinenunabhängigkeit der Java Virtual Machine zuzuschreiben. Allerdings ist die Geschwindigkeit von Java-Programmen ist immer noch ein gewichtiger Kritikpunkt am Java-Konzept. Während dies für state-of-the-art Systeme durch Just-In-Time-Compiler (JIT) kein echter Hinderungsgrund für den Einsatz ist, sind diese Compiler für kleinere Systeme aufwendig und benötigen zu viele Ressourcen. Im folgenden wird ein neuartiges Konzept (Jiffy) eines JIT-Compilers in HW vorgestellt, das als Mittelweg zwischen langsamer, aber ressourcenschonender Interpretierung und schneller, aber rechen- und speicheraufwendiger JIT-Compilierung in SW gelten kann.

1 Einleitung

Die effiziente Ausführung von Java-Programmen [3], die im Bytecode der Java Virtual Machine (JVM) vorliegen [8], ist immer noch einer der wichtigsten Punkte bei der Implementierung einer JVM. Üblicherweise gibt es dafür vier Möglichkeiten:

1. Interpretation des Bytecodes
2. Just-In-Time Compilation (JIT) des Bytecodes in den Maschinencode der ausführenden CPU
3. Benutzung einer speziell JVM ausführenden CPU (Java-CPU)
4. Precompilierung des Bytecodes[1]

Möglichkeit 1 ist zwar portabel, allerdings liegt die Ausführungsgeschwindigkeit um Größenordnungen unter denen von kompilierten C/C++ Code. Dennoch ist der relativ geringe Speicherplatzverbrauch des JVM-Interpreters selbst und seiner Laufzeitdatenstrukturen von Vorteil, wenn die JVM auf 'kleinen' CPUs implementiert werden soll, wie z.B. in [1] gezeigt wird. Trotzdem scheint die

---

[1] Auf die letzte Möglichkeit (z.B. [5]) wird nicht näher eingegangen, da sie für heterogene Systeme nur eingeschränkt nutzbar ist.

Nutzung von Java erst ab einer gewissen Prozessorleistung sinnvoll. Als Anhalts-
punkt seien Prozessoren mit mindestens 32Bit und Taktfrequenzen >16MHz
genannt (also im Mid-Range Controllerbereich z.B. MC68xxx und ARM).

Für den JIT-Ansatz spricht zunächst die gute Ablaufgeschwindigkeit, die
die Effizienz von C/C++-Compilaten erreichen kann. Andererseits ist dies nur
mit hohem Softwareaufwand und den entsprechenden Compilertechniken zu erreichen. Dies führt einerseits dazu, daß bei selten aufgerufenen Routinen die
Compilierzeit wesentlich größer sein kann, als die eigentliche Ausführungszeit.
Diesen Nachteil kann man z.B. mit einer dynamischen Compilierung umgehen.
Die JVM-Routinen werden dabei erst dann compiliert, wenn sie häufiger benötigt
werden, ansonsten werden sie 'nur' interpretiert. Sun verfolgt diesen Ansatz mit
dem Hot-Spot-Konzept [10].

Ein zweiter Nachteil der Just-In-Time Compilierung, der sich besonders bei
leistungsschwächeren System auswirkt, ist der hohe Speicherplatzverbrauch. Zusätzlich zum Bytecode, den ohnehin nötigen JVM-Datenstrukturen und dem
erzeugten Maschinencode muß noch der (im Vergleich zum Interpreter) relativ
große JIT-Compiler selbst im Speicher gehalten werden, ebenso die während der
Compilierung dynamisch anfallenden Datenmengen (Datenflußgraphen etc.).

Die dritte Möglichkeit der JVM-Implementierung besteht in der Nutzung
eines speziellen JVM-Prozessors (z.B. [9] oder [6]). Damit ist eine sehr effiziente Ausführung des Bytecodes erreichbar. Bislang scheint die Akzeptanz dieser
Lösung allerdings nicht besonders groß zu sein. Dies mag darin liegen, daß eine neue CPU für den Hard- und Softwareentwickler stets Einarbeitungszeit in
die neue Entwicklungsumgebung (mit allen ihren Fehlern) bedeutet. Alte HW-
System müssen umgeändert werden, existierende Treiber für Hardwarekompo-
nenten müssen neu geschrieben werden.

In dieser Arbeit wird eine weitere Möglichkeit zur Abarbeitung von Bytecode beschrieben, die die Ausführungsgeschwindigkeit von JIT-Systemen bietet,
aber eine wesentlich schnellere Compilierung ermöglicht: Der Bytecode wird dabei von einer Spezialhardware, einem rekonfigurierbaren FPGA (Field Programmable Gate Array) in Maschinencode übersetzt. Dieser kann dann von einem
Standardprozessor (z.B. x86, Alpha etc.) ausgeführt werden. Dabei wird das
Augenmerk auf die sehr schnelle Compilierung bei 'guter' Ablaufgeschwindigkeit
(>40-60% C/C++ Code) und nicht auf höchste Effizienz (80-100% von C/C++
Code) des Compilats gelegt.

Dieser Ansatz verspricht besonders bei Mid-Range-CPUs gute Ausführungsgeschwindigkeit bei niedrigen Speicher- und CPU-Anforderungen, dies wird in
Abschnitt 2 noch näher ausgeführt. Damit ist es auch möglich, die JVM auf Systemen einzusetzen, bei denen bislang der Compiliationsvorgang das beschränken-
de Element für eine sinnvolle Nutzung ist. Dieses Ergebnis würde dann auch den
Aufwand der Entwicklung rechtfertigen [2].

Allerdings tauchen beim Entwurf dieses Hardware-Systems eine Reihe von
Anforderungen und Schwierigkeiten auf, die teilweise auf zunächst gravierende Beschränkungen des JIT-Systems führen, aber ausschließlich dazu dienen,
die Flexibilität des JIT-Systems zu erhöhen. Die dazu führenden Überlegungen

werden in Abschnitt 3 dargelegt. Ein Verfahren, das diese Anforderungen erfüllt, wird in Abschnitt 4 vorgestellt. Es besteht aus einer Kombination teilweise schon bestehender Verfahren, die für besonders einfache Implementierbarkeit in HW verändert und zusammengestellt wurden. Die Vor- und Nachteile dieses Ansatzes bezüglich der Ausführungseffizienz werden in Abschnitt 5 anhand eines in SW implementierten Modells erläutert.

2 Prinzipielle Vorteile eines HW JIT-Compilers

Der hier besprochene JIT-Compiler in einem FPGA ist hauptsächlich für Mid-Range-Anforderungen in eingebetteten Systemen oder Netzwerk-PCs gedacht. Diese sind üblicherweise mit CPUs ausgestattet, die eine oder mehrere Architekturgenerationen gegenüber aktuellen Desktop/Server-CPUs zurückliegen und um den Faktor 2-20 langsamer getaktet werden. Hinzu kommen langsamere Speicheranbindung (z.B. kein/wenig Cache, schmalere Datenbusse) und weniger Ressourcen (z.B. RAM). Während an sich sehr schnelle JIT-Compiler wie z.B. CACAO [4][7] auf einer 21164-CPU mit 500MHz ca. 500000-700000 JVM-Befehle pro Sekunde übersetzen können, würde sich dies auf älteren CPUs auf (geschätzt) 5000-50000/s reduzieren. Gerade bei wenig Speicher wäre eine schnelle Übersetzung nützlich, wenn bereits compilierter Code aus Speicherplatzmangel gelöscht wurde und wieder neu compiliert werden muß.

Um dies zu erreichen, bietet sich eine JIT-Unterstützung an, die z.B. als zusätzliche Hardware in das System eingebunden werden kann. Ist diese als rekonfigurierbares FPGA realisiert, ist es auch denkbar, das FPGA nach der JIT-Compilation neu zu konfigurieren und für andere Zwecke zu benutzen (z.B. Datenerfassung). Damit erhöht sich der Zusatznutzen des FPGAs. Auf der Softwareseite ist gegenüber der Interpreterlösung kaum erhöhter Aufwand nötig, da nur kleine Wrapperfunktionen für die JIT-Zusatzfunktion erforderlich sind.

Ein weiterer Gesichtspunkt der FPGA-Nutzung wäre neben der reinen JIT-Funktionalität die Rekonfiguration des FPGAs als Garbage-Collector, Classloader und Parser (Übertragen der Informationen im class-File in die internen Datenstrukturen). Dies würde besonders bei Little-Endian- und RISC-Prozessoren zu einem stark beschleunigten Klassenladen führen, da die Daten im class-File im Big-Endian-Format und nicht auf Wortgrenzen (d.h. unaligned) abgelegt sind.

Da FPGAs in den erwähnten Mid-Range-System wesentlich weiter verbreitet sind[2], als in High-End-Systemen, ist es denkbar, daß die Nutzung des FPGAs als JIT-Compiler auch gar keinen zusätzlichen Hardware-Aufwand bedeutet.

Somit scheint der Einsatz eines FPGAs als JIT-Compiler im Prinzip sinnvoll und untersuchenswert.

3 Anforderungen an den JIT-Algorithmus für HW

Die Grundlage der JIT-Compilation von JVM-Bytecode in Maschinencode ist die Übersetzung der stackbasierten JVM-Befehle auf eine registerbasierte Archi-

---

[2] besonders in eingebetteten Systemen als kostengünstiger Ersatz von ASICs

tektur, wie sie alle heutigen Standard-CPUs besitzen. Als einfachste Möglichkeit bietet sich hierzu eine einfache tabellengesteuerte Übersetzung an. Diese ist relativ schnell und benötigt nur Speicherplatz für den erzeugten Maschinencode und die Tabellen. Allerdings ist der erzeugte Code umfangreich und ineffizient, da die Stackadressierung immer noch explizit vorhanden ist. Es können mehr als 50% des erzeugten Codes zur Stacknachbildung dienen.

Die Effizienz des Tabellen-Übersetzers läßt sich stark verbessern, wenn zusätzlich eine Peephole-Optimierung durchgeführt wird. Zur Eliminierung mehrerer Stackebenen sind größere Code-Ausschnitte zu betrachten, was aber zusätzlichen CPU-Aufwand bedeutet.

Andere Ansätze bringen daher im Verhältnis bessere Effizienz, sie basieren üblicherweise auf den gebräuchlichen Compilertechniken (z.B. Graph Colouring). Sehr gute Ergebnisse liefert z.B. das Übersetzungsschema von CACAO, das den JVM-Code zunächst in einen registerbasierten Zwischencode übersetzt und darauf diverse Optimierungen anwendet (einfache Registerallokation etc.). Erst anschließend wird der Zwischencode in Alpha-Code übersetzt.

Sehr viele JVM-Implementierungen (insbesondere kommerziell erhältliche) sind an einen bestimmten Prozessor (x86 bei TYA, Netscape/Symantec oder Microsoft, Alpha bei CACAO) gebunden, der Rest (z.B. kaffe) hat für JIT-Compilierung relativ schlechte Ergebnisse. Hinzu kommt, daß die eigentliche Codeerzeugung meist sehr eng mit der Zielarchitektur verzahnt ist, so daß eine Portierung auf eine andere CPU zwar möglich, aber teilweise sehr aufwendig ist. Als Beleg dafür mag bei kaffe die sehr unvollständige und ineffiziente Unterstützung anderer CPUs als der x86-Architektur gelten.

Soll nun ein JIT-Compiler in HW ablaufen, so ist die Umsetzung des Algorithmus in HW an sich schon mit viel Arbeit verbunden. Daher ist es für die Flexibilität in der Anwendung notwendig, die Übersetzung so gut wie möglich von der Ziel-CPU zu entkoppeln. Im Idealfall kann für alle Zielarchitekturen dieselbe HW ohne Änderung (z.B. Synthese in VHDL) benutzt werden, alle architekturspezifischen Daten sind z.B. in Tabellen abgelegt. Dazu ist es nötig, eine möglichst gemeinsame Basis aller zu unterstützenden Architekturen zu finden.

Wird als JIT-Ausführungsbasis eine FPGA-Architektur gewählt, kommen weitere Einschränkungen hinzu: Zwar bieten rekonfigurierbare FPGAs eine sehr weitgehende Flexibilität bezüglich ihrer internen Funktionen, allerdings geht dies auch zu Lasten der erzielbaren Taktfrequenzen bei komplexeren Entwicklungen. Obwohl inzwischen FPGAs mit 1 Million Gatterfunktionen erhältlich sind, steigen die Preise bei (zur Zeit) > 20000 Gattern stark an. Damit ergibt sich, daß der JIT-Algorithmus so einfach ('hardware-freundlich') wie möglich sein muß, um möglichst hohe Taktfrequenzen und niedrige Zusatzkosten zu erreichen. Damit sind aufwendige Optimierungsverfahren (z.B. Graph-Colouring) bereits ausgeschlossen, rein lineare Verfahren wären dagegen ideal.

Speicher in den FPGAs ist meist begrenzt und feingranular, so daß größere Datenmengen (> einige KB) in externen Speichern implementiert werden müssen. Damit ergibt sich für den JIT-Algorithmus die weitere Einschränkung, daß externer Speicher möglichst nur sequentiell angesprochen werden sollte, damit Prefetching möglich wird. Dies hat weitere Konsequenzen, wie im folgendem Beispiel der Compilierung von Subroutinenaufrufen erläutert wird.

Die JVM verwendet einen Aufrufmechanismus, der dem von Pascal ähnlich ist: Der erste Parameter wird zuerst auf den Stack gelegt, die aufgerufene Routine entfernt beim Rücksprung alle ihre Parameter vom Stack. Im Gegensatz dazu steht die C-Aufrufkonvention, wo der erste Parameter als letztes auf den Stack gelegt wird und die Parameter vom Aufrufer entfernt werden. Beide Methoden sind gleichwertig und im Prinzip auch gleich performant in Compiliation und Ausführung. Soll jedoch der Methodenaufruf von einer JIT-HW übersetzt werden, hat die C-Version einen versteckten Nachteil: Um nach dem Aufruf die Parameter wieder zu entfernen, muß zunächst die Anzahl der Parameter der aufgerufenen Methode gelesen werden. Dies kann bei einer Anbindung des FPGAs am PCI-Bus zu Latenzzeiten von mehreren 100ns führen und damit die Übersetzung enorm verlangsamen. Die Pascal-Variante weist diesen Nachteil nicht auf, da dort die Anzahl der Parameter nur ein einziges Mal beim Start der JIT-Compilation der Methode gelesen werden muß.

Eine weitere Anforderung an den JIT-Algorithmus ist die universelle Einsetzbarkeit der JIT-HW in beliebigen virtuellen Maschinen (z.B. als JDK-Plugin oder in einer eigenen Cleanroom-Implementation). Damit (und wegen der oben angesprochenen Speicherproblematik) darf der JIT-Compiler keinen direkten Zugriff mehr auf JVM-Datenstrukturen haben. Damit wird auch Großteil der während der JIT-Phase eigentlich möglichen Resolving-Funktionen bei den komplexeren JVM-Funktionen (z.B. invoke*) erschwert bzw. unmöglich gemacht. Dies führt dazu, daß diese Funktionen wirklich erst während der Laufzeit ausgeführt werden können.

Zusammenfassend unterliegt der zu suchende JIT-Algorithmus extremen, aus Softwaresicht möglicherweise willkürlich einschränkenden Anforderungen. Ob und welche dieser Anforderungen und Beschränkungen nicht umgehbare Effizienznachteile mit sich bringen, muß noch geklärt werden.

4 Das gewählte JIT-Konzept

Das Jiffy-Konzept, was obige Anforderungen gut erfüllt, ist in Bild 1 gezeigt. Die gezeigten Abläufe sollen in der endgültigen Implementierung in einem FPGA ablaufen, das z.B. an den Systembus angeschlossen ist. Das Bild deutet auch die Ablageorte der für die Übersetzung benötigten Daten an: Daten, auf die ein kontinuierlicher Zugriff erfolgen kann (Streaming) können im System-RAM liegen, größere Tabellen müssen aus Geschwindigkeitsgründen direkt am FPGA (External FPGA RAM) angebunden sein. Kleinere Tabellen sind im FPGA (Internal FPGA RAM) abgelegt. Zwischenergebnisse können sowohl im Systemspeicher als auch im externen FPGA-Speicher liegen, letzteres vergrößert und verteuert aber auch die Kosten des nötigen Speichers.

Das Konzept besteht prinzipiell aus dem schon angesprochenen Tabellen-Übersetzer, allerdings mit einigen Optimierungen verfeinert. Der JVM-Bytecode durchläuft zunächst eine Analyse- und Optimierungsphase (letztere ist optional

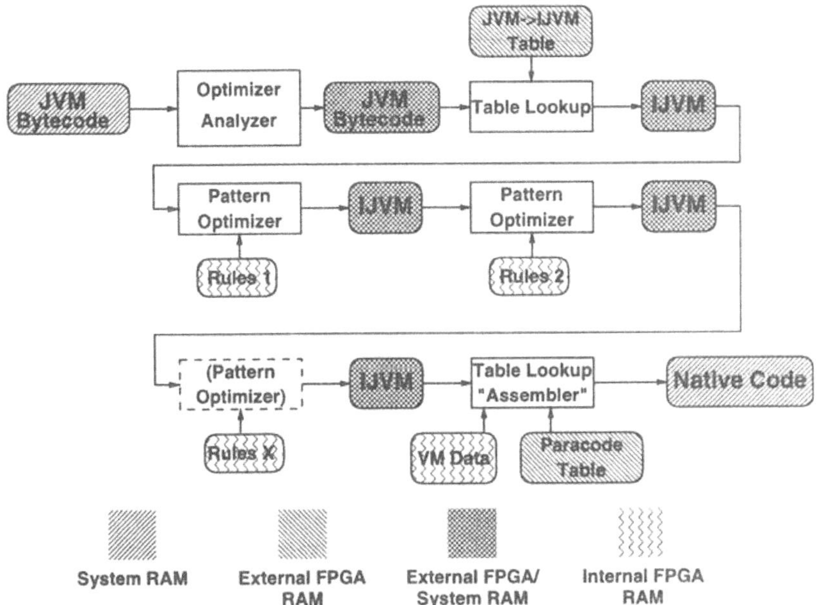

Abbildung1. Ablauf der Übersetzung

und wird später näher beschrieben). Diese bestimmt alle Sprungziele und damit die Grundblöcke, in denen optimiert werden darf. Zusätzlich ist noch eine Nutzungsstatistik der lokalen Variablen vorgesehen, dies ermöglicht später die Verlagerung dieser Variablen vom Stack in Register (noch nicht implementiert).

Der optimierte Bytecode wird anschließend tabellengestützt in einen Zwischencode (Intermediate JVM-Code, IJVM) übertragen, der alle Funktionen der JVM beherrscht, allerdings auf expliziten Stackoperationen mit push und pop basiert und zunächst nur 3 Register besitzt[3]. Die Integer bzw. Gleitkomma-Nutzung der Register ist implizit in den Befehlen enthalten. Über diesen erzeugten Zwischencode laufen mehrere Peephole-Optimierungen, die nach einem einfachen Mustererkennungs-System mit mehreren Ersetzungsregeln arbeiten. Wird ein Muster erkannt, werden die Befehle in der Pipeline (das „Peephole") entsprechend der Regel verändert. Beispielsweise wird ein PUSH/POP-Paar durch zwei NOPs ersetzt. Ist keine Regel anwendbar, wird das Peephole weitergeschoben. Um Speicherplatz zu sparen, kann die Optimierung in-place angewendet werden, NOPs werden beim Verlassen der Pipeline nicht zurückgeschrieben. Die Implementierung dieses Systems ist in verschiedenen Effizienz-Stufen möglich, so daß eine gute Balance zwischen Geschwindigkeit der Erkennung (im Idealfall nur 1 Takt zur Ausführung aller Regeln pro Schritt) und Gatterverbrauch wählbar ist.

Die Peephole-Optimierung erzeugt Code, der im allgemeinen nur noch selten auf den Stack zugreift, der im Prinzip nach wie vor vorhanden ist. Die Parameterübergabe bei Methodenaufrufen erfolgt aber nach wie vor über den Stack, da

---

[3] JVM-Arrayzugriffe haben 3 Argumente

dies die einzige portable Art ist. Zusätzlich ist dabei kein Wissen über die Anzahl und Typ der Parameter nötig. Es ist aber in späteren Ausbaustufen möglich, die Parameterübergabe in Registern als zusätzliche Optimierung einzufügen.

Allerdings besitzt die Peephole-Optimierung den Nachteil, daß einige häufige JVM-Befehlskombinationen (z.B. dcmplt+ifeq, Schleifen zur Arrayinitialisierung) nicht besonders gut übersetzt werden können. Daher wird vor der Übersetzung in Zwischencode der JVM-Code optimiert. Dazu wird ebenfalls das bereits existierende Mustererkennungs-System benutzt. Dieses ersetzt einige Befehlskombinationen durch spezielle nicht-Standard-JVM-Befehle, die schneller abgearbeitet werden können (z.B. dcmplt+ifeq → if_dcmplt, erspart die aufwendige *sgn*-Funktion).

Nach der Optimierung des Zwischencodes muß dieser in nativen Code übersetzt werden. Da sich durch die Optimierungen Registernummern verändert haben und auch Parameter vom Bytecode in den Maschinencode übertragen werden müssen, kann dies nicht mehr mit einem einfachen Tabellenübersetzer geschehen. Daher sind in den Tabellen (im Bild 'Paracode' genannt) nur Schablonen der Befehle abgelegt und zusätzlich mit Informationen versehen, wo welche Register in das Binärmuster 'eingepatcht' werden müssen. Diese Bitmanipulationen sind zwar auf herkömmlichen CPUs zeitaufwendig, sind in 'echter' Hardware aber sehr einfach auszuführen. Zusätzlich kann der Assembler, der im FPGA abläuft, auch einfache Rechenoperationen ausführen. Dies wird z.B. für die Berechnung des Stackoffsets aus der Nummer einer lokalen Variable benutzt, wobei das Ergebnis in das entsprechende Displacement-Feld des Assemblerbefehls geschrieben wird.

Durch die tabellengestützte Übersetzung ist es möglich, den JIT-Compiler völlig von der Zielarchitektur zu entkoppeln. Zur Trennung des JIT-Compilers von der VM ist es aber auch nötig, daß der JIT-Compiler keine weitergehenden Resolving-Funktionen unternimmt. Es ist als einziges nur nötig, alle nicht typisierten objektorientierten-Befehle (wie ldc, get/put*, invoke*) intern mit dem Rückgabetyp zu versehen. Alle anderen Funktionen (Auflösung der Methoden etc.) geschehen erst zur Laufzeit über Stub-Routinen.

5 Erste Performance-Ergebnisse einer prototypischen SW-Implementierung

Um das beschriebene Konzept auszutesten, wurde begonnen, es zunächst vollständig in Software zu implementieren, allerdings wurde dabei streng darauf geachtet, die Abläufe so zu beschreiben, daß sie einfach in HW (d.h. in synthetisierbares VHDL) umzusetzen sind. Durch die Nähe des C-Codes zur späteren HW-Struktur ist es auch in gewissen Grenzen durch Instrumentierung des C-Codes möglich, Schätzungen der benötigten Takte der Übersetzung zu erhalten. Damit kann die zu erwartende Übersetzungsgeschwindigkeit bestimmt werden.

Als Zielplatformen wurden zwei Vertreter der CISC/RISC Architekturen gewählt:

- CISC: x86

  6 frei nutzbare 32bit Register, daher (notgedrungen) push/pop Operationen sehr
  gut optimiert. Neuere Prozessoren (Pentium, Pentium II/III) mit ausgefeilten internen Optimierungen wie Out-Of-Order-Execution, komplexe Branch Prediction
  etc.). Literale können direkt mit 32bit im Code untergebracht werden. FPU-Stack
  mit 8 Einträgen.

- RISC: Alpha 21164

  28 frei nutzbare 64bit Register, reagiert trotz 3-stufigem Cache sehr empfindlich auf
  Speicherzugriffe. Byte/Wordzugriffe (z.B. Java Boolean/Char Arrays) führen zu
  signifikanten Leistungseinbußen. Keine Out-Of-Order-Execution, einfache Branch
  Prediction. Nur 16bit Literale mit einem Befehl ladbar. FPU mit 32 Registern.

Als Grundlage der JVM wurde Suns JDK1.2 verwendet, das eine standardisierte JIT-Plugin-Schnittstelle [11] bietet. Damit ist zunächst nur die unmit-
telbare JIT- und Laufzeitumgebung zu entwickeln. Ein Nachteil ist doch recht
ineffiziente Implementierung von Objekten (tw. mehrere Indirektionen nötig[4])
und der Native-Funktionen. Es wurden jeweils die Linux-Versionen des JDK1.2
für x86 und Alpha verwendet. Als Performance-Vergleich diente auf dem x86 von
gcc/egcs erzeugter Code, der einfache JIT-Compiler TYA1.3 für JDK1.2, der
von Sun entwickelte und bei JDK1.2-Linux mitgelieferte JIT-Compiler (libsun-
wjit.so), der JIT-Compiler von kaffe V1.0b4, der Symantec-JIT-Compiler des
Netscape Communicator 4.51 (JIT-Version 210.065) und der im Microsoft Explorer 4.0 integrierte JIT-Compiler. Auf der Alpha-CPU wurden zum Vergleich
gcc/egcs-Code und CACAO herangezogen.

Der gemessene Speedup wird in den folgenden Tabellen auf das Jiffy-System
bezogen, da so die Vor- und Nachteile dieser JIT-Implementation im Vergleich
deutlicher werden.

Da noch nicht alle Features in Jiffy (besonders die VM-Anbindung) implementiert waren, wurden zur Messung folgende Mikrobenchmarks verwendet:
sieve: Primzahlenberechnung, testet vor allem Arrayzugriffe.
sin: Aufruf von Math.sin(), testet Native-Aufrufe.
fib: Rekursive Fibonacci-Berechnung, testet Klassenmethodenaufrufe (static)
s.len: Stringlängenberechnung, testet virtuelle Methoden und Instanzvariablen-
zugriffe.

Im Jiffy-System waren als Optimierungen 3 Peepholeoptimierungen (Fenster-
größe: max. 6 Befehle) mit 6 Ersetzungsregeln für die erste Phase und 12 Regeln
für die zweite und dritte Phase eingeschaltet. Die oben erwähnten Optimierungen auf JVM-Bytecode-Ebene wurden im Jiffy-JIT nicht benutzt, da sie bei den
kleinen Testprogrammen die Ergebnisse unverhältnismäßig verbessert hätten.

Die Messungen auf dem Pentium II zeigen, daß Symantec-JIT und MSIE-JIT
nah an der Leistung von direkt compilierten C/C++-Code sind. Jiffy liegt dabei
zwischen ca. 33-75%. Beim *sin*-Test fällt im Vergleich zu kaffe der große Overhead von JDK1.2 auf. Könnte die Native-Funktion direkt aufgerufen werden,
wäre Jiffy ca. 60% schneller, daher kann der starke Rückstand in diesem Test

---

[4] Wurde bei Hotspot geändert.

Test	JDK/Jiffy	JDK/TYA	JDK/SunJIT	Kaffe1.0b4	NS4.51	MSIE4.0	gcc -O3
sieve	1.00	0.27	0.52	0.66	1.84	2.76	2.76
sin	1.00	0.49	0.68	2.30	(32.0)	4.32	3.01
fib	1.00	0.32	0.65	0.31	1.21	1.32	1.32
s.len	1.00	1.35	0.88	0.42	1.35	1.70	2.67

Tabelle1. Normierte Ergebnisse auf der x86-Architektur (P II)

Test	JDK/Jiffy	cacao	gcc -O3
sieve	1.00	2.21	3.70
sin	1.00	1.85	2.17
fib	1.00	1.47	2.55
s.len	1.00	3.75	3.70

Tabelle2. Normierte Ergebnisse auf der Alpha-Architektur (21164)

gegenüber dem MSIE nur zu einem Teil dem Übersetzungskonzept zugewiesen werden[5]. TYA kann Funktionen inlinen und führt ein Großteil des Resolving bereits bei der Compilation durch, daher ist es bei *s.len* etwas schneller, während es sonst (wie auch der SunJIT) wesentlich langsamer als Jiffy ist. Damit zeigt sich, daß der Performanceverlust durch das 'wirkliche' JIT-Resolving in Jiffy und der dadurch auch bei schon aufgelösten Funktionen vorhandene Overhead wesentlich schwächer ausfällt, als zunächst erwartet. Wenn auch die Ergebnisse im Vergleich zu anderen Linux-JITs sehr gut ausfallen, ist doch sichtbar, daß weitergehende Optimierungen noch starke Verbesserungen liefern würden.

Auf dem Alpha sind die Ergebnisse im Vergleich zu gcc und CACAO durchweg schlechter (ca. 30-45% von C/C++-Code), da (auch aufgrund der ineffizienten JDK-Strukturen) sehr viele Speicherzugriffe auftreten, die die Ausführung stark bremsen. Dies fällt besonders bei *sieve* (Boolean Arrays) und *s.len* (Instanzmethoden und -Variablen) auf. Allerdings sollte sich besonders das *sieve*-Ergebniss verbessern, wenn die oben beschriebene Verlagerung von lokalen Variablen in Register ausgeführt würde. Eine Optimierung von Leaf-Prozeduren wäre ebenfalls relativ einfach möglich und effizient, da im allgemeinen Fall 13 Alpha-Befehle allein für Prozeduranfang und Ende benötigt werden.

Die reine Übersetzungsgeschwindigkeit in SW beträgt auf dem P II/233MHz ca. 190000 JVM-Opcodes/s, auf dem Alpha(500MHz) ca. 300000/s. Allerdings wurde das SW-Modell keinerlei Optimierungen unterworfen, eine Steigerung durch die Verzahnung der Phasen ist möglich. Aufgrund der durch das SW-Modell gelieferten Daten kann bei einer Implementierung in HW ohne Pipelining von ca. 40-50 Takten pro JVM-Instruktion ausgegangen werden, bei moderaten 30MHz Takt also ca. 600000-750000 Instruktionen pro Sekunde. Damit ist auch für langsame Prozessoren eine sehr schnelle Compilation zu erwarten.

6 Ausblick

Die in dieser Arbeit gezeigten ersten Ergebnisse der SW-Implementierung lassen den Einsatz von FPGAs als JIT-Compiler sinnvoll erscheinen. Das einfache

---

[5] Der Symantec-JIT macht anscheinend Invarianten-Eliminierung.

Übersetzungskonzept erzeugt (schon in SW) sehr schnell relativ effizienten Code, wenn auch die Geschwindigkeit des erzeugten Codes (noch) nicht mit kommerziellen JIT-Compilern mithalten kann. Die Implementierung an sich ist so portabel, daß die Portierung auf eine neue CPU (d.h. die Erstellung des Assemblercodes) in wenigen Tagen abgeschlossen sein dürfte[6], ohne Änderungen an der HW vorzunehmen. Dennoch muß sich die Tauglichkeit des Systems an einer HW-Implementierung messen lassen. Daher ist die Umsetzung der besprochenen Algorithmen in ein FPGA der nächste Schritt. Besondere Beachtung muß dabei dem bezüglich Geschwindigkeit und Gatterverbrauch effizienten Entwurf der Mustererkennung gewidmet werden. Ziel ist es dabei, aus den Regeln direkt VHDL-Code zu erhalten, aus dem die FPGA-Logik generiert wird.

Weitere Forschungsarbeiten liegen in zusätzlichen Code-Optimierungen, die sich nahtlos in das Konzept einpassen lassen, und der Implementierung von VM-Funktionen in das FPGA, um das JIT-System abzurunden.

Literatur

1. H. Böhme, G. Telkamp, U. Golze. Eine JavaVM für eingebettete 8-Bit-Systeme. in A. Hegenhan, W. Rosenstiel, Tagungsband GI/ITG-Workshop Java und Eingebette Systeme, FZI Karlsruhe, September 1998
2. M. Edwards. Software Acceleration Using Coprocessors: Is it Worth the Effort? Proceedings of the 5th International Workshop on Hardware/Software Codesign, IEEE Computer Society Press, 1997.
3. D. Flanagan. Java in a Nutshell. O'Reilly & Associates, Inc., 1996
4. R. Grafl. CACAO - Ein 64bit-JavaVM-Just-In-Time-Compiler. Diplomarbeit, Technische Universität Wien, Institut für Computersprachen, 1997.
5. R. Haratsch. Spezifikation und Generierung eines Übersetzters von Java-Byte-Code nach Intel-Code. Diplomarbeit, Technische Universität München, Institut für Informatik, 1998.
6. J. Horch. A Simple Runtime System for a Hardware-Oriented Implementation of the Java Machine. in A. Hegenhan, W. Rosenstiel, Tagungsband GI/ITG-Workshop Java und Eingebette Systeme, FZI Karlsruhe, September 1998
7. A. Krall. CACAO - Eine effiziente JavaVM Implementierung. in A. Hegenhan, W. Rosenstiel, Tagungsband GI/ITG-Workshop Java und Eingebette Systeme, FZI Karlsruhe, September 1998
8. T. Lindholm, F. Yellin. The Java Virtual Machine Specification. Addison-Wesley, 1996
9. Sun Microsystems, Inc. Sun Microelectronics' picoJava 1 Posts Outstanding Performance. in Press-Release Nov.18, 1996
10. Sun Microsystems, Inc. The Java Hotspot performance engine architecture. Whitepaper, http://www.javasoft.com/products/hotspot/whitepaper.html
11. F. Yellin. The Java Native Code API. Sun Microsystems, Inc., 1996

---

[6] Die Alpha-Umsetzung war in einem Tag abgeschlossen

Automatische Verteilung in Pangaea

André Spiegel

Freie Universität Berlin
Institut für Informatik, Takustraße 9, D-14195 Berlin
`spiegel@inf.fu-berlin.de`

Zusammenfassung Pangaea ist ein System, das zentralisierte Java-Programme automatisch verteilen kann, basierend auf statischer Quelltext-Analyse und unter Verwendung beliebiger Verteilungsplattformen wie RMI oder CORBA. Pangaea reduziert die Komplexität verteilter Programmierung, indem es die Idee der Verteilungstransparenz konsequent weiterführt: Sowohl die Entscheidung für eine bestimmte Verteilungsstrategie, als auch deren programmtechnische Umsetzung geschieht in Pangaea nicht nur transparent, sondern automatisch. Der Einsatz statischer Analyse zahlt sich insbesondere dadurch aus, daß er Optimierungen erlaubt, die für eine rein laufzeit-basierte Automatik unmöglich sind.

1 Einführung

Pangaea[1] ist ein System, das zentralisierte Java-Programme automatisch verteilen kann. Basierend auf statischer Quelltext-Analyse trifft Pangaea zunächst eine *abstrakte Entscheidung*, wie ein gegebenes Programm verteilt werden sollte, um bestimmten Rahmenbedingungen und Optimierungskriterien zu genügen. Die so gewonnene Verteilungsstrategie gibt an, welche Objekte auf welchem Rechner liegen sollen, wann und wie Objektmigration einzusetzen ist, etc. Pangaea *realisiert* diese Strategie dann, indem es den Programmcode für eine gegebene Verteilungsplattform transformiert, unter möglichst guter Ausnutzung der Fähigkeiten und Merkmale dieser Plattform. Pangaea kann demnach als ein *verteilender Übersetzer* betrachtet werden: die Quellsprache ist reines Java, ohne Einschränkungen oder zusätzliche Konstrukte, die Zielsprache ist die verteilte Java-Variante der zu verwendenden Verteilungsplattform.

Mögliche Anwendungsgebiete von Pangaea liegen dort, wo Programme verteilt werden sollen, die als zentralisierte Anwendungen geschrieben wurden. Ein Beispiel sind umfangreiche Web-Applets, die man in einen Client- und einen Server-Teil zerlegen kann, um sie auf kleinen Endgeräten wie PDAs auszuführen. Ein anderer Anwendungsbereich ist paralleles Rechnen: Pangaea erlaubt es dem Programmierer, einen nebenläufigen Algorithmus unter Verwendung von Threads als zentralisiertes Programm zu formulieren, ohne Rücksicht auf den Verteilungsaspekt, um den sich Pangaea nach Fertigstellung des Programms automatisch kümmert.

Pangaea befindet sich derzeit in der Implementierungsphase. In diesem Papier geben wir einen Überblick über das System und skizzieren einige der Ergebnisse, die wir bisher erzielt haben.

---

[1] *Pangaea* ist der Name des Urkontinents, in dem bis vor etwa 200 Millionen Jahren die gesamte Landmasse der Erde zentralisiert war [10]. Durch die Kontinentalverschiebung entstand aus Pangaea dann die verteilte Welt, wie wir sie heute kennen.

2 Verteilung und statische Analyse

Pangaea ist nicht an eine bestimmte Verteilungsplattform gebunden, sondern kann die Fähigkeiten und Merkmale beliebiger Plattformen ausnutzen. Um den Nutzen statischer Verteilungsanalyse einzuschätzen, ist es darum sinnvoll, ein ideales Verteilungsmodell zugrundezulegen, das die heute verfügbare Technik in die Zukunft extrapoliert, auch wenn es von gegenwärtigen Plattformen wie RMI oder CORBA erst in Teilen realisiert wird. Bei der Verteilung eines konkreten Programms auf einer konkreten Zielplattform entscheidet Pangaea von Fall zu Fall, welche Fähigkeiten die Plattform tatsächlich besitzt und wie sie sich einsetzen lassen.

2.1 Ein ideales Verteilungsmodell

Wir nennen ein Programm zentralisiert, wenn sich alle seine Laufzeitobjekte im selben Adreßraum befinden. Das Programm zu verteilen, bedeutet für uns, diese Objekte auf eine Menge von lose gekoppelten Rechnern zu plazieren. Die Verteilung hat dabei keinerlei Auswirkungen auf die Ausführungslogik des Programms: ein sequentiell formulierter Algorithmus läuft auch nach der Verteilung sequentiell, während ein nebenläufig, mithilfe von Threads programmierter Algorithmus, der im zentralisierten Fall in der Regel durch *time slicing* ausgeführt wird, nach der Verteilung jedoch echt parallel ablaufen kann. Interaktive, Client/Server-artige Anwendungen sind oft rein sequentielle Programme; man verteilt sie nicht, um parallele Ausführung zu erreichen, sondern um sie in inhärent verteilten Umgebungen, zum Beispiel dem Internet, einzusetzen.

Die Verteilungsplattform erlaubt es den Objekten, über Rechnergrenzen hinweg miteinander zu kommunizieren, und zwar durch entfernten Methodenaufruf oder auch entfernten Feldzugriff. Ohne Beschränkung der Allgemeinheit nehmen wir außerdem an, daß Objekte entfernt erzeugt werden können; auch auf Plattformen wie CORBA [4] oder RMI [9], wo es keine ausdrückliche Fernerzeugung gibt, läßt sie sich leicht simulieren.

Für eine effiziente Verteilung nicht-trivialer Programme sind außerdem Mobilitätsmechanismen unabdingbar, d.h. Mechanismen zur Migration, Replikation, oder zum Caching von Objekten. Zwei prinzipiell verschiedene Arten solcher Mechanismen lassen sich unterscheiden. *Synchrone Mechanismen* sind solche, die an den Kontrollfluß des Programms gebunden sind, d.h. immer dann, wenn die Ausführung eine bestimmte Stelle des Codes erreicht, wird eine entsprechende Veränderung der Objektplazierung vorgenommen. Beispiele dafür sind explizite Migrationsanweisungen im Code (wie in JavaParty [6]) oder auch strukturiertere Techniken, etwa Wertübergabe von Objekten (*objects-by-value* [7]) oder das aus Emerald bekannte *pass-by-move* und *pass-by-visit* [3]. Ein *asynchroner Mechanismus* besteht dagegen aus einer Instanz im Laufzeitsystem, die die Interaktionen zwischen den Objekten protokolliert und gegebenenfalls, asynchron, die Verteilung so anpaßt, daß z.B. die Zahl der entfernten Interaktionen minimiert wird. Wenige Java-basierte Plattformen enthalten bisher einen solchen Mechanismus, zum Beispiel aber das FarGo-System [2].

2.2 Die Bedeutung statischer Analyse

Verteilungen automatisch, durch statische Analyse zu finden, zahlt sich in mehrfacher Hinsicht aus. Zum einen entlastet es den Programmierer von einer Routinearbeit, die zunächst einfach erscheinen mag (und es darum verdient, automatisiert zu werden); bei näherem Hinsehen zeigt sich jedoch, daß es Optimierungen gibt, die der Programmierer durchaus übersehen könnte, und die im Detail oft mühsam durchzuführen sind. Die Informationen, die solche Optimierungen erlauben, sind andererseits auf keinem anderen Weg als durch statische Analyse zu gewinnen: Auch für eine ideale Verteilungsplattform, die Objekte zur Laufzeit automatisch und transparent plazieren kann, wäre statische Analyse daher sinnvoll, wenn nicht sogar unverzichtbar. Beispiele für solche nur statisch zu gewinnenden Informationen, und die zugehörigen Optimierungen, sind:

- die Erkennung *konstanter Objekte* (immutable objects); diese können frei repliziert werden, müssen nicht fernaufrufbar sein, und brauchen nicht vom Laufzeitsystem überwacht zu werden,
- die Bestimmung des *dynamischen Gültigkeitsbereichs* von Objektreferenzen; wobei sich zum Beispiel zeigen kann. daß bestimmte Objekte nur privat, innerhalb anderer Objekte oder Subsysteme benutzt werden, daher nicht fernaufrufbar sein müssen und ebenfalls für die Plazierungsentscheidungen des Laufzeitsystems irrelevant sind,
- die Erkennung von Möglichkeiten zur *synchronen Objektmigration*, was asynchroner Migration durch das Laufzeitsystem vorzuziehen ist, denn asynchrone Entscheidungen sind teuer und können erst getroffen werden, *nachdem* eine schlechte Objektverteilung sich bereits für einige Zeit manifesticrt hat.

Auf der anderen Seite gilt natürlich, daß statische Analyse immer nur eine Annäherung des tatsächlichen Laufzeitverhaltens liefern kann. Das Ziel muß darum sein, die statische Analyse möglichst gut mit dem Laufzeitsystem zusammenarbeiten zu lassen – diejenigen Entscheidungen, die statisch getroffen werden *können*, soll der Algorithmus erkennen und dem Laufzeitsystem abnehmen; in anderen Fällen wird dynamisch entschieden werden müssen.

3 Verwandte Arbeiten

Unseres Wissens gibt es zwei andere Projekte, in denen statische Analyse mit dem Ziel automatischer Verteilung eingesetzt wurde oder wird: eines auf der Basis der Sprache *Orca* [1], das andere unter Verwendung der *JavaParty* Plattform [5]. Beide Projekte konzentrieren sich auf parallele Programmierung, also die automatische Verteilung nebenläufiger, meist numerischer Algorithmen, während das Pangaea-System auch auf interaktive, Client/Server-artige Anwendungen zielt.

Das *Orca*-Projekt konnte erfolgreich zeigen, daß statische Analyse dem Laufzeitsystem helfen kann, bessere Plazierungs- und Replikationsentscheidungen zu treffen; die Effizienz kommt sehr nahe an diejenige von manuell verteilten Programmen heran. Während Orca eine objekt-*basierte* Sprache ist, deren Definition gerade im Hinblick auf mögliche statische Analyse einfach gehalten wurde, versuchen wir in Pangaea, ähnliche Ergebnisse in einer weit verbreiteten, objekt-*orientierten* Sprache wie Java zu erzielen.

Wir betrachten das *JavaParty*-Projekt als einen ersten Schritt in dieser Richtung. Der dort benutzte Analyse-Algorithmus konnte jedoch, wie die Autoren einräumen, für reale Programme noch keine überzeugenden Ergebnisse liefern. Wir glauben, einige der dafür verantwortlichen Probleme mit unserem Ansatz besser lösen zu können; eine ausführliche Diskussion findet sich in [8].

Was unsere Arbeit darüber hinaus von beiden genannten Projekten unterscheidet, ist, daß Pangaea noch andere Verteilungskonzepte behandelt außer reinen Plazierungs- und Replikationsentscheidungen. Pangaea ist außerdem nicht an eine bestimmte Verteilungsplattform gebunden, sondern bietet einen Abstraktionsmechanismus, der die Fähigkeiten verschiedenster existierender Plattformen ausnutzen kann und speziell so entworfen wurde, daß sich Pangaea auch an zukünftige Technik anpassen läßt.

4 Pangaea

Die Architektur von Pangaea ist in Abb. 1 dargestellt. Wir beschreiben das System zunächst im Überblick, um dann in den folgenden Abschnitten auf einzelne Bereiche genauer einzugehen.

Pangaeas Eingabe ist der Quelltext eines zentralisierten Java-Programms. Der *Analyzer* leitet daraus einen *Objektgraph* ab, der eine Annäherung der Laufzeitstruktur des Programms darstellt: Er beschreibt, welche Objekte es zur Laufzeit geben wird und wie sie miteinander kommunizieren (Einzelheiten dazu in Abschnitt 4.1). Der Analyzer entscheidet über die Verteilung des Programms durch Analyse dieses Objektgraphen. Vorgaben und Rahmenbedingungen dazu erhält er einerseits vom Programmierer, andererseits vom Plattform-Adapter für die zu verwendende Verteilungsplattform.

Der Programmierer legt die Rahmenbedingungen der gewünschten Verteilung fest, indem er in einer visuellen Darstellung des Objektgraphen einige wenige Objekte fest bestimmten Rechnern zuordnet[2]. In einer Client/Server-artigen Datenbank-Anwendung würde man zum Beispiel die Objekte der Benutzeroberfläche dem Client zuordnen; die Objekte, die Datenbankzugriffe durchführen, dem Server. Unter Maßgabe dieser Rahmenbedingungen vervollständigt der Analyzer die Verteilung, indem er etwa die übrigen Objekte so plaziert, daß sich möglichst wenig Kommunikation über die Verteilungsgrenze hinweg ergibt, d.h. er führt eine Graphpartitionierung durch. (Für nebenläufige Programme, bei denen es auf Lastverteilung ankommt, gelten etwas andere Kriterien, auf die wir hier aus Platzgründen nicht eingehen können.)

Der Analyzer berücksichtigt bei der Verteilung außerdem die Fähigkeiten der zu verwendenden Verteilungsplattform. Eine abstrakte Sicht dieser Fähigkeiten vermittelt der entsprechende *Plattform-Adapter*; er teilt dem Analyzer zum Beispiel mit, ob die Plattform über Objektmigration oder -replikation verfügt, oder ob sich eine bestimmte Java-Klasse mit dieser Plattform fernaufrufbar machen läßt oder nicht.

---

[2] Man könnte argumentieren, das Verfahren wäre wegen der Vorgaben durch den Programmierer bestenfalls semi-automatisch. Jede Automatik ist aber auf Eingaben angewiesen, und nichts anderes sind die anfänglichen Festlegungen des Programmierers in unserem System.

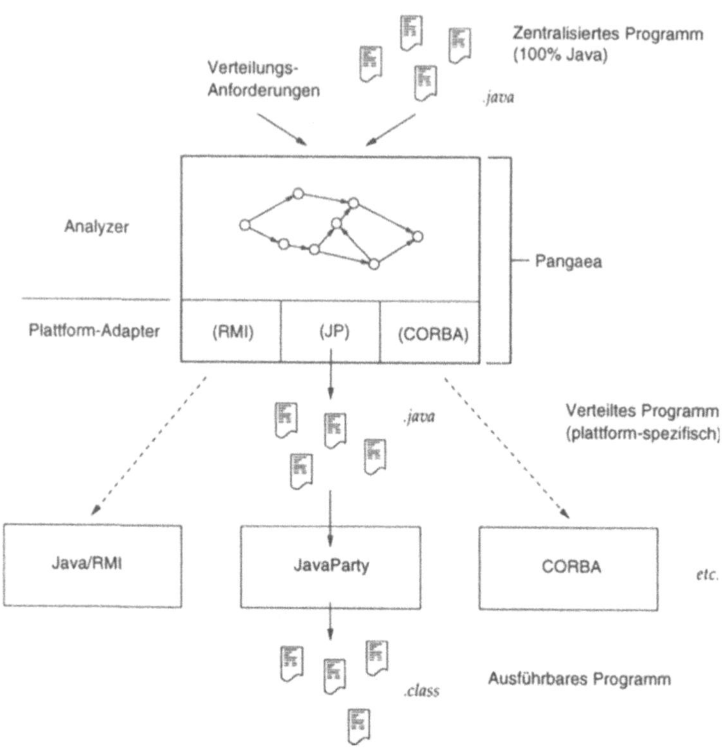

Abb. 1. Die Architektur von Pangaea

Nach Abschluß der Analyse bekommt der Plattform-Adapter vom Analyzer annotierte Versionen der Syntaxbäume des unverteilten Programms. Die Annotationen geben zum Beispiel an, welche Klassen fernaufrufbar sein müssen, welche serialisierbar, und welche new-Anweisungen zu Objekt-Fernerzeugungen werden sollen. Der Adapter generiert daraufhin den Quelltext des Programms neu, so daß ein verteiltes Programm für die gewählte Plattform entsteht; dazu können auch automatisch generierte Schnittstellenbeschreibungen oder Konfigurationsdateien gehören (für Einzelheiten siehe Abschnitt 4.2). Die Verteilungsplattform ist schließlich dafür verantwortlich, aus dem verteilten Code ein ausführbares Programm zu machen (was etwa Vertretergenerierung und Übersetzung einschließt), und es unter der Steuerung des Laufzeitsystems auszuführen.

4.1 Vom Quelltext zum Objektgraph

Der Algorithmus, der aus dem Quelltext einen Objektgraphen ableitet, ist derjenige Teil von Pangaea, von dem alle übrigen Analysen entscheidend abhängen. Unser Algorithmus unterscheidet sich von vielen anderen Ansätzen zur statischen Analyse dadurch, daß er auf der Ebene einzelner Objekte arbeitet, nicht nur der Typen dieser Objekte.

Letzteres ist zwar für gängige Optimierungen in Übersetzern, etwa die statische Bindung polymorpher Aufrufe, meist ausreichend, nicht jedoch für die Verteilung von Programmen. Wir haben den Algorithmus an anderer Stelle im Detail beschrieben [8] und müssen uns im folgenden auf einen knappen Überblick beschränken.

Das Ergebnis unseres Algorithmus' ist ein Graph, dessen Knoten die Laufzeitobjekte des Programms repräsentieren. Zwischen den Knoten gibt es drei Arten von Kanten, nämlich Erzeugungskanten, Referenzkanten und Benutzungskanten. (Wir sagen, daß ein Objekt a ein Objekt b *benutzt*, wenn a Methoden von b aufruft oder auf Felder von b zugreift.) Der Graph *approximiert* die tatsächliche Laufzeitstruktur wie folgt:

- Manche der Knoten im Graphen stehen nicht für ein einzelnes, konkretes Laufzeitobjekt, sondern für eine unbestimmte Anzahl von Objekten eines bestimmten Typs. Wir nennen solche Knoten *indefinite Objekte*. Für jeden Typ des Programms kann es im Graphen mehrere konkrete oder indefinite Objekte geben; ein indefinites Objekt steht also nicht einfach für *alle* Instanzen eines bestimmten Typs (wodurch die Analyse zu einer typ-basierten Analyse degenerieren würde), sondern für eine bestimmte Teilmenge dieser Instanzen.
- Referenz- und Benutzungskanten sind *konservativ*, d.h. der Graph enthält eventuell mehr Kanten, als es der tatsächlichen Laufzeitstruktur entsprechen würde, aber niemals weniger. Die *Abwesenheit* einer Kante ist also eine sichere Information, nicht umgekehrt.
- Der Algorithmus behandelt Objekte – zumindest im endgültigen Graphen – als unstrukturierte Behälter von Referenzen, abstrahiert also von ihren internen Details. Wir sagen daß ein Objekt a eine Referenz auf ein anderes Objekt b besitzt, wenn diese Referenz irgendwann zur Laufzeit im Kontext von a erscheinen kann, gleichgültig ob in einer Instanzvariable, als temporärer Wert eines Ausdrucks, etc.

Der Objektgraph wird in fünf Schritten aufgebaut:

Schritt 1. Bestimme die *Menge der Typen*, aus denen das Programm besteht. Sie ergibt sich aus der transitiven Abhängigkeitshülle der `main`-Klasse des Programms, d.h. sie enthält alle Typen, die in dem Programm syntaktisch referenziert werden.

Schritt 2. Erzeuge einen *Typgraph*, der Benutzungsbeziehungen und Datenflußbeziehungen auf der Typebene beschreibt. Eine Benutzungskante zwischen zwei Typen A und B bedeutet, daß Objekte des Typs A Objekte des Typs B zur Laufzeit benutzen können; eine Datenflußkante gibt an, daß Referenzen eines Typs C von Objekten eines Typs A zu Objekten eines Typs B propagiert werden können, zum Beispiel als Parameter eines Methodenaufrufs. Der Typgraph wird durch einfache syntaktische Analyse gewonnen, wobei Beziehungen zwischen Typen grundsätzlich auch für Objekte beliebiger Subtypen der beteiligten Typen gelten.

Schritt 3. Bestimme die *Objektpopulation* des Programms, d.h. eine endliche Repräsentation der potentiell unbeschränkten Menge der zur Laufzeit existierenden Objekte. Der Kerngedanke ist hier, die `new`-Anweisungen des Programms in *initiale* und *nicht-initiale* Allokationen einzuteilen: Eine initiale Allokation ist eine `new`-Anweisung, die sicher genau einmal ausgeführt wird, wann immer der Typ, in dem sie erscheint, instantiiert wird (zum Beispiel weil die Anweisung in einem Konstruktor steht).

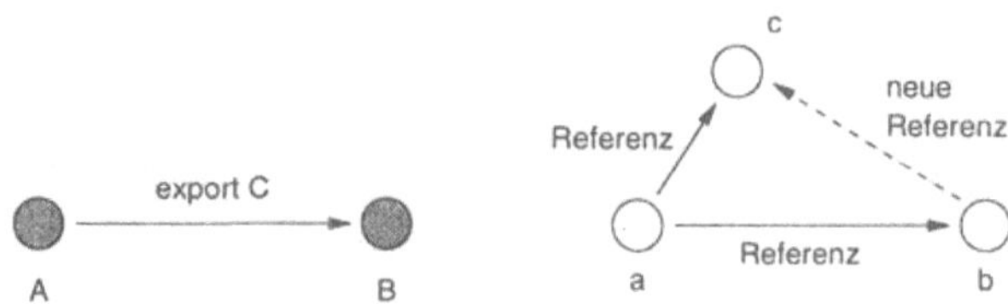

Abb. 2. Export einer Referenz im Typgraph (links) und im Objektgraph (rechts)

Wir betrachten die statischen Methoden und Felder der Klassen des Programms als *statische Objekte*, die automatisch erzeugt werden und in jedem Fall Teil der Objektpopulation sind. Die initialen Allokationen, die von diesen statischen Objekten ausgeführt werden, ergeben transitiv die Menge der *initial erzeugten Objekte* des Programms, deren Existenz der Algorithmus also sicher voraussagen kann. Bei den nicht-initialen Allokationen ist hingegen nicht sicher, wie oft, wenn überhaupt, sie zur Laufzeit ausgeführt werden. Für jede nicht-initiale Allokation, die in dem Typ eines Objekts auftaucht, werden daher – transitiv – indefinite Objekte zur Population hinzugefügt. Wir erhalten so die Knoten des Objektgraphen sowie die Erzeugungskanten und, da Erzeugung in der Regel Referenz impliziert, erste Referenzkanten.

Schritt 4. Propagiere die Referenzkanten im Objektgraphen, basierend auf der Datenflußinformation aus dem Typgraphen. Vergleiche hierzu Abb. 2: Enthält der Objektgraph beispielsweise ein Objekt a, das Referenzen auf zwei Objekte b und c besitzt, und gibt der Typgraph an, daß der entsprechende Typ A Referenzen des Typs C an den Typ B exportiert, dann wird eine neue Referenzkante von b zu c in den Objektgraph eingefügt. Dieser Vorgang wird im gesamten Graphen solange wiederholt, bis ein Fixpunkt erreicht ist. So ergibt sich, welche Objekte welche anderen Objekte „kennen" und also auch benutzen können.

Schritt 5. Füge Benutzungskanten in den Objektgraphen ein, und zwar überall dort, wo ein Objekt a ein Objekt b „kennt" und laut Typgraph eine Benutzungsbeziehung zwischen den beiden zugehörigen Typen besteht.

Der Algorithmus ist insgesamt von polynomieller Komplexität und damit auch für größere Programme geeignet. Wir haben ihn vollständig implementiert und auf eine Reihe nicht-trivialer Beispiele mit bis zu 10.000 Zeilen Code angewendet. Die Ergebnisse sind vielversprechend: Nach Rechenzeiten, die höchstens im Minutenbereich liegen, läßt sich bei allen bisher betrachteten Programmen die Laufzeitstruktur gut anhand des Objektgraphen erkennen, und die Detailauflösung ist hinreichend zum Verteilen der Programme (siehe auch die Fallstudie in Abschnitt 5).

4.2 Die Plattform-Adapter

Pangaeas Plattform-Adapter befinden sich noch im Planungs- und Experimentierstadium. Ihre Aufgabe ist zum einen, dem Analyzer in abstrakter Weise mitzuteilen, welche Fähigkeiten die jeweilige Plattform besitzt; sie verbergen andererseits das Detailwissen, wie ein bestimmtes Verteilungskonzept programmtechnisch auf der Plattform realisiert wird. Wir beschränken uns im folgenden auf den einfachsten Fall einer Plattform, die lediglich Fernaufrufe und Fernerzeugungen von Objekten erlaubt, lassen also etwaige Mobilitätsmechanismen außer acht.

Während der Analysephase hat der Adapter die Aufgabe, dem Analyzer mitzuteilen, ob bestimmte Klassen mit Hilfe dieser Plattform fernaufrufbar gemacht werden können oder nicht. Falls die Plattform bespielsweise keine entfernten Zugriffe auf Instanzvariablen erlaubt, muß der Adapter überprüfen, ob die gegebene Klasse öffentliche Instanzvariablen besitzt oder nicht. Der Analyzer berücksichtigt diese Information beim Festlegen der Verteilungsgrenze.

Nach abgeschlossener Analyse generiert der Adapter den Quelltext des Programms neu, wobei ihm der Analyzer durch Annotationen vorgibt, welche Klassen fernaufrufbar sein müssen und welche new-Anweisungen zu Fernerzeugungen werden sollen.

Eine *Fernerzeugung* ist, konzeptionell gesehen, eine new-Anweisung mit einem zusätzlichen Parameter, der angibt, auf welchem entfernten Rechner das Objekt alloziert werden soll. Programmtechnisch kann dies durch eine vorherige Anweisung an das Laufzeitsystem realisiert werden (so etwa in JavaParty), oder durch einen Aufruf eines Factory-Objekts auf dem gewünschten Rechner (wie in CORBA). Die entsprechende Code-Transformation ist in beiden Fällen trivial.

Eine Objektklasse *fernaufrufbar* zu machen ist hingegen auf verschiedenen Plattformen mit sehr unterschiedlichem Aufwand verbunden. In JavaParty genügt es, ein einzelnes Schlüsselwort (remote) in die Klassendefinition einzufügen, während bei CORBA eine IDL-Beschreibung generiert werden muß und je nach Implementierung einige Eingriffe in die Vererbungshierarchie erforderlich sind. Der Plattform-Adapter hat darüber hinaus zwei wichtige Aufgaben:

1. Er kann durch Quelltext-Transformation Fähigkeiten simulieren, die die Plattform für sich nicht aufweist. Falls zum Beispiel entfernte Variablenzugriffe nicht möglich sind, kann der Adapter entsprechende Zugriffsmethoden generieren, die dann entfernt aufgerufen werden können.

2. Er muß sicherstellen, daß die fernaufrufbare Version der Klasse dieselbe Semantik besitzt wie die ursprüngliche Version. Dies ist nicht trivial, da alle uns bekannten Verteilungsplattformen geringfügige Änderungen der Semantik in Kauf nehmen. Zum Beispiel werden *Array*-Parameter bei Fernaufrufen normalerweise serialisiert, während sie im lokalen Fall per Referenz übergeben werden. Technisch ist die Erhaltung der Semantik jedoch durchaus möglich, sobald man, anders als es bei herkömmlicher Middleware geschieht, Quelltext-Transformationen zuläßt. Man sieht das leicht, wenn man sich klarmacht, daß alle erwähnten Plattformen sowohl einen entfernten Referenzmechanismus, als auch Mechanismen zur entfernten Wertübertragung besitzen. Die lokale Aufrufsemantik läßt sich damit in jedem Fall abbilden. Um zum Beispiel einen Array-Parameter semantikerhaltend, also per Referenz zu übergeben, muß das Array in ein fernaufrufbares Objekt eingekapselt werden, was per Transformation des Quelltextes leicht zu bewerkstelligen ist. (Um große Mengen teurer Fernzugriffe auf dieses Objekt zu vermeiden, kann es ggf. zum Empfänger migriert werden.) Nur falls die Analyse sicherstellen kann, daß der Empfänger nur *lesend* auf das Array zugreift, darf die übliche Wertübergabe per Serialisierung zugelassen werden.

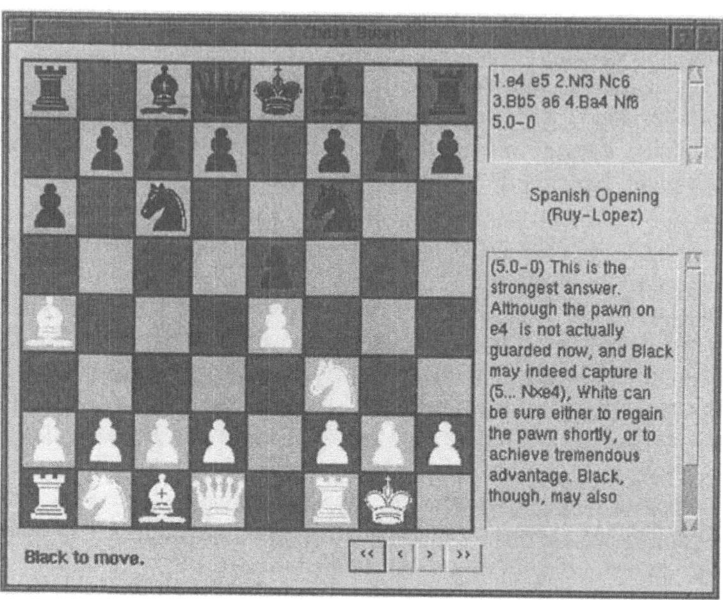

Abb. 3. Eine Datenbank für Schach-Eröffnungen

5 Eine Fallstudie

Wir betrachten als Beispiel eine in Java implementierte, graphische Datenbank für Schach-Eröffnungen (Abb. 3). Der Benutzer kann auf dem Schachbrett die Figuren bewegen, das Programm sucht in der Datenbank nach dem Namen der entsprechenden Eröffnung und zeigt diesen, zusammen mit einem eventuellen Kommentar zu dem Zug, auf dem Bildschirm an. Die Datenbank besteht aus einer einfachen Textdatei (derzeit, bei sehr rudimentärem „Eröffnungswissen", etwa 25 kByte groß). Das Programm selbst enthält etwa 2.500 Zeilen Code in 40 Java-Klassen.

Um das Programm im Internet benutzen zu können, soll es so verteilt werden, daß die graphische Oberfläche (als Web-Applet) auf einem Client-Rechner läuft, während die Datenbank auf dem Server verbleibt (bei einer realistisch großen Datenbank wäre es nicht praktikabel, sie mit auf den Client zu laden). Das Optimierungskriterium für die Verteilung des Programms soll hier ein möglichst gutes interaktives Antwortzeitverhalten sein. In dieser rein sequentiellen Anwendung ist das gleichbedeutend damit, möglichst wenig Fernaufrufe durchzuführen.

Abbildung 4 zeigt, stark vereinfacht, den Objektgraph des Programms, wie ihn der bereits implementierte Teil von Pangaea auch tatsächlich ermittelt. Jeder Knoten steht für ein einzelnes Laufzeitobjekt, die Kanten geben Benutzungsbeziehungen, d.h. Methodenaufrufe an. Ausgeblendet aus dem Graph sind unter anderem bereits die Objekte, die Schachzüge oder Brettkoordinaten repräsentieren: Pangaea erkennt, daß es sich dabei um konstante Objekte handelt, die wie Werte behandelt werden können. Man erkennt außerdem, daß es zur Laufzeit zwei Instanzen der Klasse Board gibt: eine davon

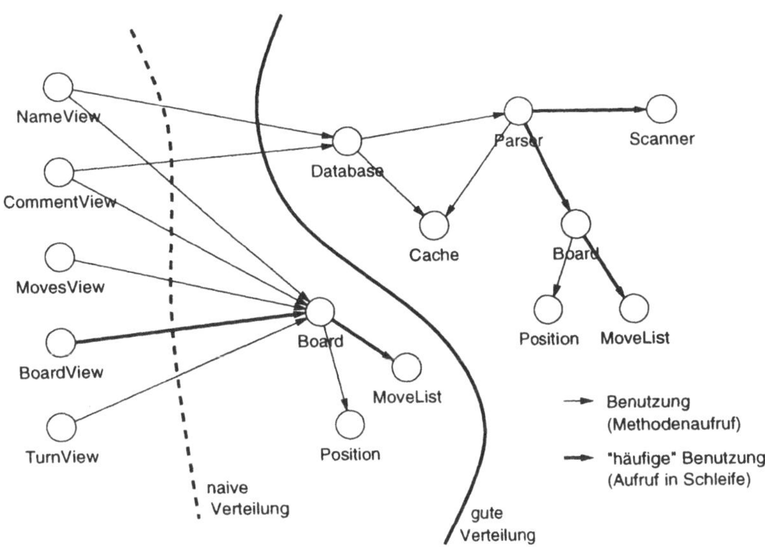

Abb. 4. Objektgraph (vereinfacht) mit Verteilungsgrenzen

bildet das Modell des Schachbretts, auf dem der Benutzer seine Züge macht, das andere wird vom `Parser` intern zum Interpretieren der Textdatei verwendet. Eine rein klassenbasierte Analyse oder Verteilung griffe hier also bereits zu kurz.

Eine naive Verteilung des Programms bestünde darin, die Objekte der Oberfläche (die `View`-Objekte am linken Rand) auf den Client zu legen, und die Anwendungslogik auf den Server. Bei diesem Programm führt das allerdings zu sehr schlechtem Antwortzeitverhalten – und zwar deshalb, weil die Oberflächenobjekte intensiv mit dem linken `Board`-Objekt kommunizieren. Insbesondere das `BoardView`-Objekt führt bei jedem Zug des Benutzers 64 Aufrufe durch, um den Zustand der einzelnen Schachfelder abzufragen.

Um das Kommunikationsvolumen entlang der Kanten im Graph abzuschätzen, ist bereits eine einfache Heuristik ausreichend. Wenn wir alle die Kanten, die Methodenaufrufe innerhalb einer Schleife repräsentieren, als „potentiell teuer"markieren, und an diesen Stellen möglichst keine Verteilungsgrenze einziehen, ergibt sich in diesem Programm bereits die richtige Verteilung: Sie besteht darin, das linke `Board`-Objekt, und alle Objekte, die zu seinem „Innenleben"gehören, mit auf den Client zu legen. Wie der Graph zeigt, ergibt sich dadurch außerdem, daß nur das `Database`-Objekt je über die Verteilungsgrenze hinweg aufgerufen wird und also fernaufrufbar sein muß, bei allen anderen Objekten kann dieser Aufwand entfallen.

Die Auswirkung auf das Antwortzeitverhalten ist drastisch. In Abbildung 5 und 6 ist die Reaktionszeit des Programms auf verschiedene Eingaben (Schachzüge) dargestellt, und zwar für eine unverteilte Version, die naiv verteilte und die gut verteilte Fassung (wir haben diese Verteilungen manuell auf der JavaParty Plattform realisiert; es mußten jeweils nur wenige Programmzeilen geändert werden). Der helle Teil der Balken bedeutet die Zeit bis zur ersten sichtbaren Reaktion des Programms, der dunklere Teil die Zeit

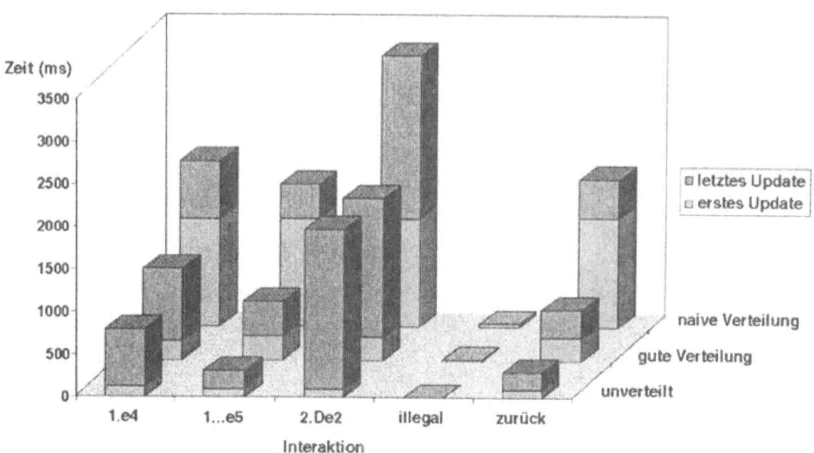

Abb. 5. Verteilung via Ethernet (10 Mbps)

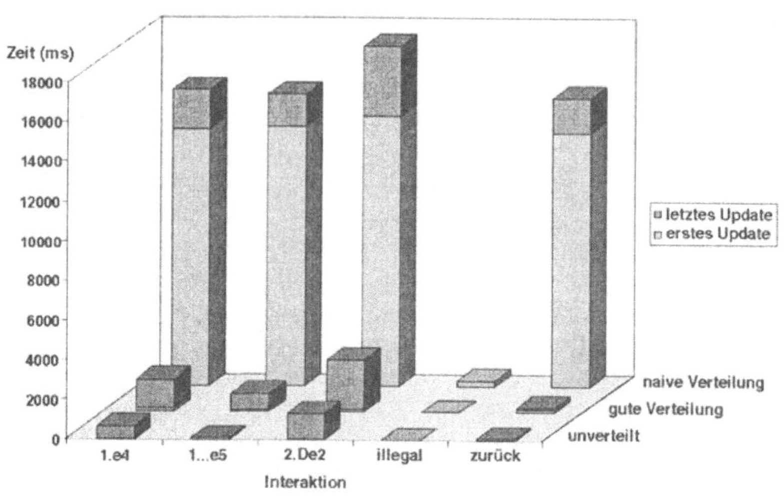

Abb. 6. Verteilung via Modem (28800 Bps)

bis zur vollständigen Abarbeitung der Eingabe. Wie sich zeigt, ist die naive Verteilung auch in einem schnellen Netzwerk mindestens unangenehm, und bei einer langsamen Verbindung schlicht inakzeptabel. Gut verteilt, kommt das Programm hingegen in allen Fällen dicht an die Leistung der unverteilten Version heran.

6 Zusammenfassung und Ausblick

Wir zeigen mit dem Pangaea-System, daß es möglich ist, zentralisierte Java-Programme automatisch zu verteilen. Das bedeutet einerseits, aufgrund von statischer Analyse eine *abstrakte Entscheidung* zu treffen, wie ein gegebenes Programm verteilt werden sollte, um bestimmten Rahmenbedingungen und Optimierungskriterien zu entsprechen. Wir zeigen andererseits, daß die *Umsetzung* dieser Entscheidung auf einer gegebenen Verteilungsplattform ein rein mechanischer Vorgang ist, der ebenfalls automatisch erfolgen kann. Pangaea kann damit als ein *verteilender Übersetzer* betrachtet werden: Genau wie ein traditioneller Übersetzer die Konstrukte einer Hochsprache möglichst effizient auf eine unterliegende Maschinenarchitektur abbildet, so übersetzt Pangaea Java-Programme für eine vorgegebene Middleware-Schicht.

Implementiert ist bisher der Algorithmus zur Gewinnung von Objektgraphen aus dem Quelltext, sowie die Benutzeroberfläche zur Manipulation dieser Graphen. Konstante Objekte werden bereits automatisch erkannt und können aus dem Graph ausgeblendet werden. Wir planen, den Programmierer die Verteilungsentscheidung zunächst noch manuell treffen zu lassen, durch Markieren *aller* Objekte im Graphen; später sollen Graphpartitierungsalgorithmen und weitergehende Analysen einen Großteil dieser Arbeit übernehmen. Einen Plattform-Adapter werden wir zunächst für die JavaParty-Plattform entwickeln, da hier bereits ein sehr hoher Grad von Verteilungstransparenz vorliegt. Später ist in einer eigenständigen Arbeit ein CORBA-Adapter geplant, sowie die Unterstützung einer experimentellen Verteilungsplattform, die derzeit an der Freien Universität Berlin entwickelt wird und insbesondere strukturierte Mobilitätstechniken untersuchen soll, gekoppelt an Mechanismen der Parameterübergabe.

Literatur

1. Henri E. Bal, Raoul Bhoedjang, Rutger Hofman, Ceriel Jacobs, Koen Langendoen, Tim Rühl, and M. Frans Kaashoek. Performance evaluation of the Orca shared-object system. *ACM Transactions on Computer Systems*, 16(1):1–40, February 1998.
2. Ophir Holder, Israel Ben-Shaul, and Hovav Gazit. Dynamic layout of distributed applications in FarGo. In *Proc. ICSE '99*, Los Angeles, May 1999.
3. Eric Jul, Henry Levy, Norman Hutchinson, and Andrew Black. Fine-grained mobility in the Emerald system. *ACM Transactions on Computer Systems*, 6(1):109–133, February 1988.
4. OMG. *The Common Object Request Broker: Architecture and Specification, Revision 2.0*, July 1995.
5. Michael Philippsen and Bernhard Haumacher. Locality optimization in JavaParty by means of static type analysis. In *Proc. Workshop on Java for High Performance Network Computing at EuroPar '98*, Southhampton, September 1998.
6. Michael Philippsen and Matthias Zenger. JavaParty: Transparent remote objects in Java. *Concurrency: Practice and Experience*, 9(11):1225–1242, November 1997.
7. André Spiegel. Objects by value: Evaluating the trade-off. In *Proc. PDCN '98*, pages 542–548, Brisbane, Australia, December 1998. IASTED, ACTA Press.
8. André Spiegel. Object graph analysis. Technical Report B-99-11, Freie Universität Berlin, July 1999.
9. Sun Microsystems. *Java Remote Method Invocation Specification*, February 1997.
10. Alfred Wegener. *Die Entstehung der Kontinente und Ozeane*. Vieweg, Braunschweig, 1915. 6. Auflage 1962.

A Closer Look at Inter-library Dependencies in Java-Software

Michael Thies

Universität-GH Paderborn, Fachbereich 17, Fürstenallee 11
D-33102 Paderborn, Germany
`mthies@uni-paderborn.de`

Abstract   Optimizing Just-in-Time compilation of Java programs depends on information gained from state-of-the-art program analysis techniques. To avoid extensive analysis at program execution time, analysis results for libraries can be precomputed statically and then combined dynamically at runtime. This paper provides evidence that such a hybrid approach would in fact work well for larger programs. We have implemented a compositional variant of method side-effects analysis, which has been applied to three real world Java libraries. The dependency structure of the results and its meaning for compositional analysis is discussed. In addition the library interfaces exploited by specific client programs are examined.

1 Introduction

Platform-independence and flexibility are key benefits of the Java programming language[4] and its runtime environment, while lack of performance probably constitutes their greatest weakness. Separate compilation of Java source texts to machine independent byte-code ensures platform-independence. Flexibility stems from the fact that the Java virtual machine (JVM) loads, resolves and links classes dynamically only at program execution time[7].

The JVM conceptually contains an interpreter for the Java byte-code instruction set, but current implementations compile byte-code to native machine code just-in-time (JIT compiler) in order to improve performance. JIT-compilation works very well for coarsely structured code dealing with primitive datatypes. However, speed gains for inherently object-oriented code, which contains frequent calls to often very short methods, are disappointing. Because a JIT-compiler has to do its translation at runtime, it is limited to simple, local optimizations based on cheap, local program analysis.

Extensive optimizations of object-oriented code depend on information about larger parts of the class hierarchy to be optimized, e.g. a class with all its ancestors and subclasses. As that kind of global analysis is not feasible at runtime, we have suggested to perform global program analysis statically ahead of runtime and to augment the Java byte-code files with the results gained[12, 13].

In order to preserve the flexibility offered by the Java runtime environment, analysis will not consider the whole program as a monolithic, unchangeable entity. Instead analysis is restricted to the largest possible parts of software that will realistically always be reused and updated together: software components or libraries. A library consists of

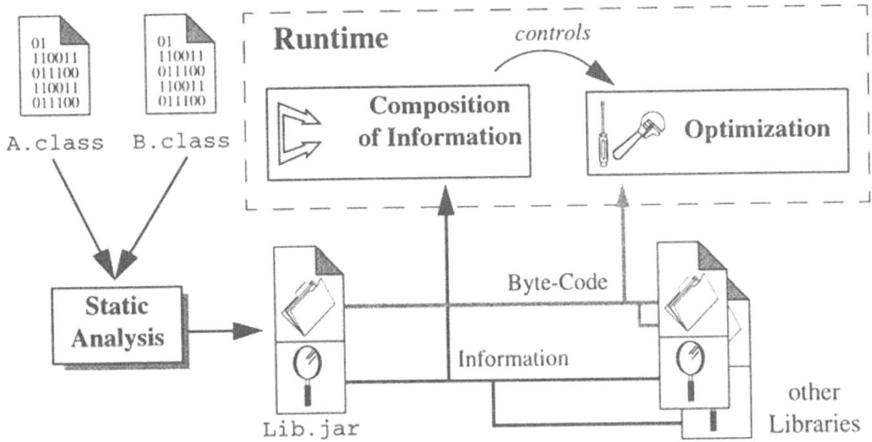

Figure 1: Static analysis of libraries and dynamic composition at runtime

multiple closely-related, complete Java packages, i.e. all classes and interfaces belonging to those packages must already be present in the library. All library members are analyzed together, augmented with the results and grouped into a Java archive file for distribution and deployment. Bundling all annotated library members into a single file prevents uncontrolled changes to the contained classes that could invalidate the computed analysis information. Furthermore use of archive files for the distribution of Java libraries is already in active use.

Naturally separate analysis of a single library cannot compute complete self-contained information. Interfaces between the library and external software components cause open spots to appear in the results, where missing information on other components has to be filled in at runtime. This adds slightly to the link stage performed by the JVM, which must also compose analysis information, when references across library boundaries are resolved. Figure 1 gives an impression of the resulting system architecture. However, restricting analysis to software components offers the following advantages — compared to whole-program analysis:

- Analysis results for a software component can be reused whenever the component itself is reused.

- Updating a software component requires just a single re-analysis of the component. All client programs utilizing the component will pick up any changed information automatically.

- Optimization is still possible, even if analysis results are not available for all parts of a program, e.g. small special purpose applications built on top of a large, common library.

The remainder of this paper is structured as follows: Section 2 introduces the specific analysis problem that we have studied. We focus on the treatment of incomplete software programs. Section 3 gives quantitative results gained for several Java libraries and their client applications, most notably the Swing library[11] and some real world applications utilizing Swing. Our primary interest is in the structure of the results, which influences the composition of the information at runtime. After discussing related work in section 4 we present our conclusions and some ideas for future work.

2 Side-effects analysis for method parameters

Our goal was to get an impression of, how well static analysis based on libraries and composition of results at runtime would perform for realistic libraries and application programs. Therefore we have implemented a relatively simple, albeit non-trivial example analysis, which records side-effects of method invocations on actual parameters, especially the invoking object (the receiver). For each method m analysis determines which actual parameters passed to m are potentially modified by an invocation of m. Modifications mainly occur as assignments to instance variables of parameter objects, either directly in the body of m or indirectly in other methods invoked from m. For the time being we ignore native methods which may also modify objects and are invisible to any analysis based on Java byte-code.

This specialized form of method side-effects analysis delivers information that can be used to control at runtime several classic optimizations. For example recognition of common subexpressions across method invocations and invariant code motion from loop bodies containing calls require this kind of information. Furthermore this analysis is closely tied to the call structure of the software to be analyzed and yields compact results. Thus it is ideal for our purpose, as it reveals the dependency structure inherent in the subject software and indeed could work well with our mixed static analysis/dynamic composition approach.

Our current implementation of this analysis proceeds in three major steps:
1. Information is computed locally for each method body.
2. Additional results for related families of methods are derived, i.e. a method combined with all its overriding implementations in subclasses.
3. Information on callees is utilized transitively to gain precomputed global information, as far as possible inside the context of an isolated library.

So initially our analysis computes for each method m and for each formal parameter p_i of m the predicate $Mod(m, i)$ such that $Mod(m, i) = $ true iff an invocation of m may modify p_i. The algorithm can detect only possible modifications of p_i, because p_i might be changed or left unchanged depending on control flow inside m. An implicit parameter p_0 of all non-static methods is used to represent the receiver. There are three possible outcomes for the computation of each $Mod(m, i)$. If an assignment to an instance variable of p_i (not to p_i itself) occurs in the body of m, $Mod(m, i)$ will be true. Otherwise the result will be a disjunction of the form

$$Mod(m, i) = Mod(c_1, i_1) \vee \ldots \vee Mod(c_k, i_k) \vee Mod_F(c_{k+1}, i_{k+1}) \vee \ldots \vee Mod_F(c_n, i_n)$$

where $c_1, \ldots, c_n$ are all the methods called by m which have access to p_i. Each callee c_j gets passed a reference to p_i of m as its own parameter p_{c_j, i_j} or can access such a reference via that parameter. There may be multiple disjunctive terms referring to the same callee, e.g. if p_i is passed in different parameter positions on different calls. Calls

```
class B extends A
{   int b;

    void m (B x)
    {   this.b = x.b;   }

    int n (A y)
    {   super.n(new B());
        y.q(this);
        return this.b;
    }
}
```

$\text{Mod}(B.m, 0) = true$
$\text{Mod}(B.m, 1) = false$

$\text{Mod}(B.n, 0) =$
$\quad \text{Mod}(A.n, 0) \lor \text{Mod}_F(A.q, 1)$
$\text{Mod}(B.n, 1) = \text{Mod}_F(A.q, 0)$

Figure 2: Examples of Mod computations for method parameters

to methods $c_1, ..., c_k$ are statically bound and the remaining callees use the predicate Mod_F (defined below) to model dynamic binding. An empty disjunction evaluates to false, which means that m neither modifies p_i by direct assignment nor makes p_i accessible to its callees (if any). Figure 2 shows some example methods with their Mod computations.

In order to supply information about call sites which make use of dynamic method binding, an extended predicate Mod_F is computed next. This predicate describes the effects of a whole family of related methods, which consists of a single method m defined in a certain class C and all overriding definitions of m in subclasses of C. It can be computed as follows:

$$\text{Mod}_F(m, i) = \text{Mod}(m, i) \lor \text{Mod}(m_1, i) \lor ... \lor \text{Mod}(m_t, i)$$

where $m_1, ..., m_t$ are all methods overriding m defined in subclasses of C. Note that Mod is only meaningful for concrete method implementations, while Mod_F also extends to abstract methods and methods defined in interfaces. In the latter case the family of related methods consists of all methods that implement a certain interface method.

Separate family results are computed for all methods, even if they belong to the same family, because analysis can then select information that describes just the set of callees possible under dynamic binding. To achieve this, the available static type information about the receiver of the method call determines the family member to consult for side-effects information. The results for single methods are still preserved independently, as they convey precise information on method invocations referring to `super` and for calls to constructor bodies. In addition to the aforementioned situations Java also uses static method binding for calls to static, private or final methods, but these yield identical Mod and Mod_F results anyway.

The last phase of our analysis precomputes as much information as possible inside the library. This means that Mod or Mod_F occurrences in disjunctions are substituted by their definitions, if they refer to library methods. Recursive method calls may lead to cyclic term structures that can be ignored, because they do not contribute any information. Repeated substitution finally delivers results in which all non-constant equations consist solely of predicates applied to methods external to the library. These remaining predicate applications form the spots where information on other libraries (or the client application) has to be inserted at runtime so that the boolean equations can be solved.

Apart from methods implemented outside of the library there is one further area that requires composition of results at runtime: classes derived from library classes. Only method implementations visible beyond library boundaries are subject to this problem. Because our definition of a library requires the contained packages to be complete, just public or protected instance methods from public classes and methods defined in public interfaces need special treatment. These methods collectively form the inheritance boundary of the library. We introduce one virtual (non-existent) placeholder method per boundary method that is used to model the side-effects of overriding method implementations in derived classes outside the library. Thus the refined definition of the predicate $\mathrm{Mod_F}$ looks like this:

$$\mathrm{Mod_F}(m, i) = \mathrm{Mod}(m, i) \vee \mathrm{Mod}(m_1, i) \vee \ldots \vee \mathrm{Mod}(m_t, i) \vee \mathrm{Mod_F}(\hat{m}_1, i) \vee \ldots \vee \mathrm{Mod_F}(\hat{m}_s, i)$$

where $\hat{m}_1, \ldots, \hat{m}_s$ with $0 \leq s \leq t + 1$ are the placeholder methods mentioned above. Information on placeholder methods can also be precomputed at static analysis time, at least partially, from method family results for classes derived from the same immediate superclass outside the library.

Thus each library provides auxiliary information that supports propagating results upwards along the inheritance chain, and in exchange depends on other software components to synthesize similar information for classes further down the chain. With this addition the theoretical foundations to analyze method side-effects on their parameters for each software component separately are in place, but performance in practice will significantly depend on the structure of the analysis results obtained.

3 Structure of analysis results

We have implemented the special form of method side-effects analysis described in section 2 inside a prototypical software analysis environment. Our primary goal in developing this environment is easy exploration of different analysis algorithms in the context of real world software and problem specific visualization of results. The framework itself is written in Java and uses the JavaClass library[3] to decompose binary Java byte-code files.

Method side-effects were analyzed for three quite diverse Java libraries and some of their typical client applications. We chose version 1.1 of the well known Swing library, a library from Javasoft for building applications with graphical user interfaces[11]. This is currently one of the most popular libraries that does not use any native methods. At 1444 classes and interfaces containing 12074 method implementations, constructors and abstract method declarations it is also one of the largest libraries. The sheer size of

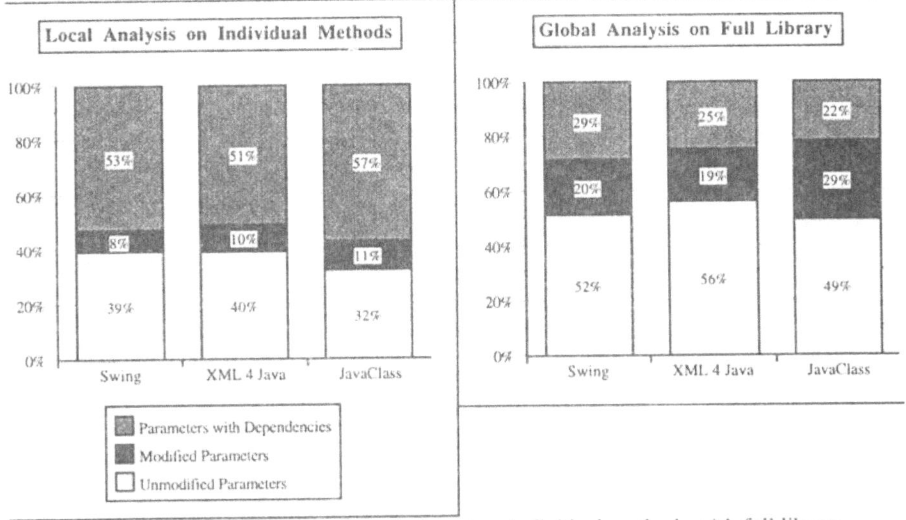

Figure 3: Comparison of results based on individual methods with full library

Figure 3: Comparison of results based on individual methods with full library

the complete library (nearly 2.1 MB for `swingall.jar`) means that local installation of Swing is required to make deployment practical. Of course this could as well be a statically analyzed and annotated version of the library.

In contrast the other two libraries are more specialized and thus substantially smaller. Version 1 of the IBM alphaWorks XML Parser for Java (`xml4j.jar`) is a validating parser for structured documents in the eXtended Meta Language[14]. It consists of 207 classes with 1902 methods and comes as a 0.55 MB archive file. Finally version 3.0 of the JavaClass library[3] —used in implementing the analysis environment itself— is made up of 275 classes containing 1399 methods in a 0.24 MB archive.

Figure 3 shows analysis results for the three libraries. It compares results based on separate local analysis of each method with equations already precomputed in the context of the library. Unmodified and modified parameters represent equations that evaluate to the constant values false and true respectively, both require no composition at runtime. In addition unmodified parameters increase the chance of optimization opportunities being discovered from this information. So parameter side-effects analysis based on an isolated library seems in fact to be worthwhile, as about 50% of the parameters immediately yield positive results allowing for latter optimizations. Of course this number will even increase after information has been composed across library boundaries so that information on parameters with dependencies is available.

Parameters with dependencies correspond to disjunctions referring to results for methods outside the analysis context. Between 45% and 61% of those can be resolved inside the library alone, reducing the work to be done at runtime correspondingly. A closer look at the structure of those equations helps to estimate the complexity of the composition process. Figure 4 relates the external method references in the three libraries to the methods referenced most frequently. It becomes obvious that typically information on a very small number of different external methods suffices to fill in a large

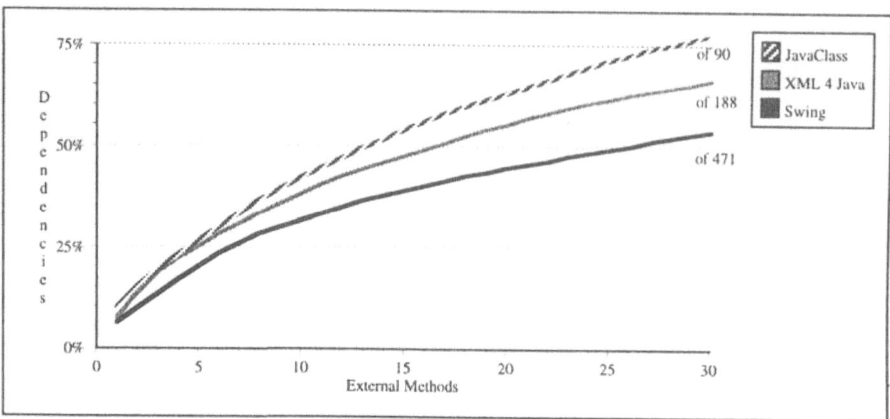

Figure 4: Frequency of method occurrences in parameter dependency equations

fraction of the missing terms in the equations. For example, in the results for the Swing library more than 50% of the remaining open spots refer to just 26 different external methods. This are just 6% of the 471 distinct external methods the Swing library results depend on.

So cheap (simultaneous) substitution of all identical term occurences throughout all equations would be desirable. One should design the data structures for storing analysis results as annotations to the library archive file with this in mind. However, even a straightforward design that stores parameter equations in additional classfile attributes near the byte-code of the methods would integrate quite well with the current resolution and linking stage of the JVM. Whenever a method name external to the library needs to be resolved, the appropriate method needs to be looked up and turned into a method reference, which indirectly refers to the method's byte-code. At the same time any analysis information stored for the method could be retrieved and substituted in the equations for the calling method.

Another important aspect is the amount of space required to represent the analysis information. Figure 5 shows the distribution for the length of the parameter disjunctions in terms. Only parameters with non-constant equations have been considered. About half of the disjunctions are made up of just a single term and only very few contain more

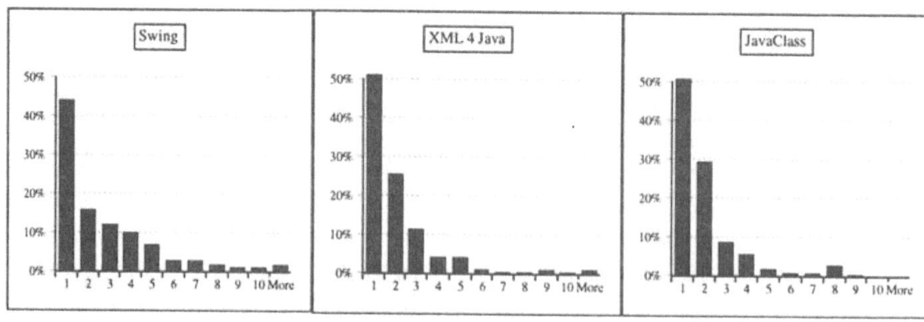

Figure 5: Length of parameter disjunctions in terms

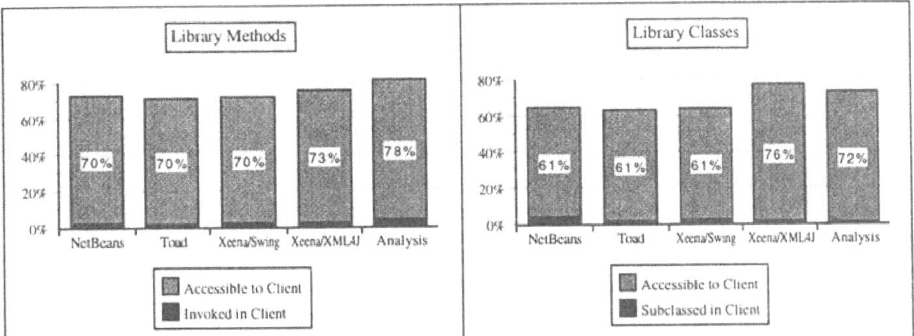

Figure 6: Width of interface between client applications and library
Figure 6: Width of interface between client applications and library

than 5 terms. A single term can be compactly represented inside a classfile, as the constant pool entries required for method resolution already define a mapping from fully qualified method names to small integers. These numbers could be used to encode applications of the Mod or Mod_F predicate.

For further space savings it would be valid to simply replace disjunctions longer than a certain threshold with the constant true, e.g. disjunctions of more than 5 terms. Then information would still represent a conservative approximation of reality. Beyond the size reduction in term representations, time is also saved for composition of those terms. The quality of the results is lowered only very slightly, because rather few equations would be subject to the modification. Moreover longer disjunctions have a significantly lower probability to finally evaluate to false, as required for optimizations.

Our examination of the three isolated libraries has shown that a significant amount of information (more than 70%) can be precomputed at static analysis time. Composition across library boundaries at runtime can be done quickly, as the remaining equations are short and depend only on relatively few different external methods.

Furthermore composition at runtime is of course not done eagerly, but only on demand, triggered by the library calls contained in the currently executing client application. So we examined the width of the interface between the three libraries and some of their typical, non-trivial client applications. Naturally there is a large selection of applications using Swing. We chose the development environment NetBeans[9], the IBM alphaWorks Toad environment for dynamic and static analysis of Java programs[8] and the visual XML document editor Xeena[6], again from IBM alphaWorks. Xeena is also a client of the XML parser library, while our analysis software itself makes use of the JavaClass library. The size of these applications ranges from 98 to 2496 classes, containing from 15,000 up to more than 300,000 byte-code instructions. All of them contain one method call every 5 to 6 byte-code instructions on average.

Figure 6 relates the interface actually exploited by an application to the full interface provided by a library. Two aspects were measured: First, the number of library methods possibly invoked from the client, because these calls trigger computation of complete results for the callees; second, the number of library classes/interfaces that are extended/implemented by application classes or interfaces. This represents the inheritance boundary between the two software components, where information for placeholder methods has to be derived and utilized. In both diagrams 100% corresponds to the full code of the library, including private and package-scoped classes and methods. It turns out that only a small fraction (less than 5%) of the already acceptable composition work would be triggered by these client applications directly. Of course information on parts of the library that are reachable from there would have to be completed as well.

So the combination of static analysis that precomputes information internal to the library, and composition driven by the interface actually exploited by the client application seems to be a promising route to fast, accurate program analysis information.

4 Related work

Of course side-effects analysis in itself is nothing new. Clausen describes in [2] a traditional optimizer which performs full side-effects of method invocations. But his work is solely concerned with whole program analysis and does not need to support compositional analysis.

Precomputing analysis information and storing it as byte-code annotations is suggested by Azevedo, Hummel, Kolson, and Nicolau in [1]. However, they consider only single method bodies for analysis, which avoids any external information dependencies, but restricts the quality of the achievable results for many problems. The high call frequency present in Java programs precludes this approach for general analysis.

Hölzle and Agesen compare static analysis with dynamic program observation for type based optimizations in SELF programs. While both techniques produce results of comparable quality, when applied separately, they conclude that a combination of both approaches would be beneficial[5]. Again the static analysis part is based on the full program and separate analysis of software components is not considered.

The Java analyzer JAN — a software tool from the IBM alphaWorks Toad environment — performs class hierarchy analysis statically and allows analysis to build upon a subset of already pre-analyzed classes[8, 10]. This is used to avoid repeated processing of different versions of the Java standard libraries. JAN then constructs a call graph for the whole program as an aid for program understanding. As the standard library has no further dependencies on other libraries, JAN implements a restricted special case of the ideas evaluated in this paper. Furthermore fast deployment of precomputed information is a less prominent criterion in the context of software analysis compared to optimizations performed at runtime.

5 Conclusions and future work

We have implemented a compositional analysis for method side-effects on parameters in Java and applied it to three real world Java libraries. Our results show that separate static analysis of libraries allows for large amounts ($\geq$70%) of information to be precomputed. The structure of the results for the libraries permits fast composition of information at runtime and compact storage of intermediate results. We have found inter-library dependencies between libraries and non-trivial client applications that further reduce expected composition effort significantly. In conclusion, static analysis before runtime based on a single library generates accurate, reusable information that can quickly be adapted to the context in which the library is utilized.

Future plans include the implementation of additional compositional program analysis algorithms and the development of a Java runtime environment that performs composition of analysis results and uses them to control dynamic optimizations. Another area with room for improvements is the quality of the analysis results. More advanced techniques like type inference could deliver more precise information on dynamically bound method calls than the static type information from the byte-code that we currently use. Different levels of precision for library internal versus inter-library information would be another possibility to improve overall results without slowing down composition.

6　References

1. A. Azevedo, J. Hummel, D. Kolson, and A. Nicolau. Annotating the Java Bytecodes in Support of Optimization. ACM 1997 Workshop on Java for Science and Engineering Computation, Las Vegas, Nevada, June 1997.
2. Lars R. Clausen. A Java bytecode optimizer using side-effect analysis. In *Concurrency: Practice and Experience*, 9(11):1031-1045, November 1997.
3. Markus Dahm. Byte Code Engineering with the JavaClass API. Technical Report B-17-98, Freie Universität Berlin, Institut für Informatik, May 1999.
   `http://www.inf.fu-berlin.de/~dahm/JavaClass`
4. James Gosling, Bill Joy, and Guy Steele. The Java Language Specification. In *The Java Series*. Addison-Wesley, 1996.
5. Urs Hölzle, Ole Agesen. Dynamic vs. Static Optimization Techniques for Object-Oriented Languages. In *Theory and Practice of Object Systems*, 1(3), 1996.
6. Shlomit S. Ifergan, Yoelle S. Maarek, and Sigalit Ur. Xeena: another alphaWorks technology. `http://www.alphaworks.ibm.com/tech/xeena`
7. Tim Lindholm, Frank Yellin. The Java Virtual Machine Specification. In *The Java Series*. Addison-Wesley, 1996.
8. Bilha Mendelson, Sara Porat, Matt Greenwood, and Doron Cohen. TOAD: another alphaWorks technology. `http://www.alphaworks.ibm.com/tech/toad`
9. Netbeans, Inc. Welcome to NetBeans. `http://www.netbeans.com`
10. Sara Porat, Bilha Mendelsoh, and Irina Shapira. Sharpening Global Static Analysis to Cope with Java. CASCON'98, Ontario, December 1998.
11. Sun Microsystems, Inc. Java(TM) Foundation Classes.
    `http://www.javasoft.com/products/jfc`
12. Michael Thies, Uwe Kastens. Statische Analyse von Bibliotheken als Grundlage dynamischer Optimierung. In *JIT'98 Java-Informations-Tage 1998*, Springer, November 1998.
13. Michael Thies. Static compositional analysis of libraries in support of dynamic optimization. Technischer Bericht, Reihe Informatik, University of Paderborn, August 1999.
14. XML Technology Group. XML Parser for Java: another alphaWorks technology.
    `http://www.alphaworks.ibm.com/tech/xml`

Thin Client for Web Using Swing

Raffaello Giulietti and Sandro Pedrazzini

SUPSI, Dipartimento di Informatica ed Elettrotecnica,
Galleria 2, CH-6928 Manno, Switzerland

TINET SA
CH-6928 Manno, Switzerland

{lello,sandro}@idsia.ch

Abstract. In this article we will present how we use and exploit the Java Swing elements' functionality to realize a Web client/server architecture environment where the client represents a so called thin client, i.e. a reduced presentation layer which does not contain any application specific software (called business logic layer or simply domain layer) and the server represents the middle tier between (thin) client and data.

1 Introduction

1.1 Overview

After the years of terminal/mainframe solutions, the client/server architecture in general has become the architecture of choice for many applications because it has represented the opportunity to split the processing load and, through the clear hardware and software distinction between client and server, was able to raise the end-user expectations about interface.

The trend during the last years is towards different client/server forms: 3-tier and, more generally, N-tier architectures. The multi-tier model foresees a split between an interface layer (presentation layer) and a business logic layer (domain layer), creating the need for a middle-tier, responsible for the interaction between application and database, as shown in Fig.1.

The need of a 3-tier model has been accentuated by the strong use of the Web, which has led the software from departmental solutions to world-wide ones. In fact current implementations of Web based business applications are centered around the 3-tier model (even called 2.5-tier model, as documented in [1]). The application is organized in 3 layers. At the top is the presentation layer which runs on the Web client and is often implemented as an HTML forms based GUI with provisions like cookies for emulating sessions. On the servers side, the middle and bottom layers implement the domain specific and the data persistency logic (data layer) respectively.

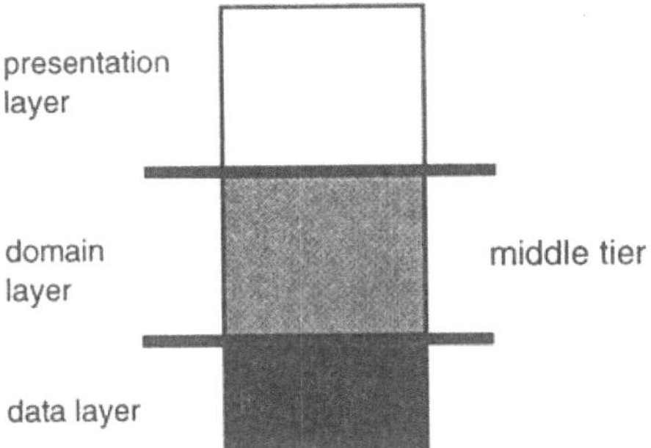

Fig. 1. 3-tier model

There is a natural tendency to come away from these often primitive HTML GUIs in favour to richer Java based presentation layers. However, Java applets, like any modern GUIs, can become quite complex. Complexity often resides in the strong interactions between widgets and between these and the domain layer. The usual approach of building the presentation layer completely in Java lessens the chance of applet reuse because of the strong coupling between the widgets and the presentation logic that glues them together.

1.2   Motivation

There are two main motivations for our work.
First, in general, adding the 3-tier further split between presentation and business logic also means a further step of complexity during the development of applications. So one goal is to propose a method that allows the development of Web applications in a transparent way, making use of Java Swing classes for the client side, without having to add further client specific local installations.

On the other hand, it can be fruitful to further split the presentation layer in more sublayers, shifting up the physical distinction between client and server, reducing the client responsibility on the application logic.

2 Architecture

At the top of the presentation layer there is the display sublayer. This is the less abstract component: it interacts directly with the user's IO hardware (frame buffers, pointing devices, keyboards and other IO devices) and presents itself as a more or less low level API which implements drawing primitives and fires low level IO events like mouse movements, key and button presses and so on.

Next comes the widgets sublayer which abstracts the display layer by offering itself as a collection of objects like buttons, text fields, menus together with their associated menu items, and the like. All widgets are designed to have a pleasant graphical look and most of them react on hardware events by forwarding more abstract events to the next sublayer: the presentation logic sublayer. Of course, such more abstract events usually carry more useful information: instead of forwarding a "left button pressed at (x, y) screen location" event to the presentation logic layer, the widgets layer translates it to a more abstract "primary button pressed on menu item 'Cut'" or even more abstractly as "invoke 'cut-selection' command".

The presentation logic sublayer is what glues the widgets together making them interact both with their peers as well as with the remote domain logic layer. It is responsible, for instance, for such behaviour like disabling the "page range" text fields in a print panel depending on the state of the "print all pages" radio button. Or, in a more complex multi-user application, it might have to update the items in a combo box whenever the state of some remote data, under control of the domain logic layer, has changed and the change needs to be notified to all current users of the application.

Both the display and the widgets sublayers provide highly reusable components. The presentation logic sublayer, on the other hand, rarely offers reusable components because most of its architecture defies a straightforward reification in terms of reusable objects.

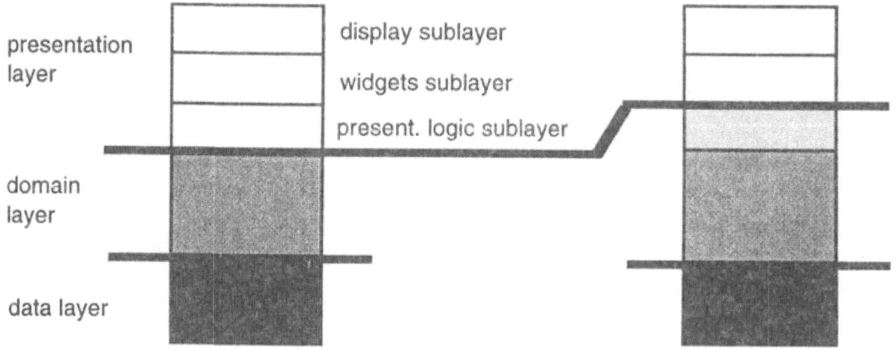

Fig. 2. Client/server distinction shift up between presentation and domain layer

Because of this asymmetry, it seems more natural to place the client/server interface between the widgets and the presentation logic sublayers rather than to put it between the presentation logic sublayer and the domain layers as implicitly suggested by the 3-tier model, as shown in Fig. 2. This approach becomes even more interesting with the introduction of the newer Swing based Java 2 platform. Once the new JRE has been downloaded and installed, a client machine provides a sophisticated platform of highly reusable widgets and supporting components. It is expected that newer versions of common web browser will include the new JRE so that in the near future every new networked client will be equipped with Swing and its relatives.

3 Realization

The basic ideas for the realization are: transparency of the distributions aspects during the development and exploitment of locally resident Java elements (Swing classes) during run-time.

The second point will reduce complexity, avoiding heavy specific installations and maintenance, reducing downloads of application specific classes. Because we want to make use of Swing classes, which are not built with a clear MVC distinction, the network interaction mechanism must be added at the Java event-handler listener level (delegation model). The interaction is built at socket level, in order to minimize the network traffic during run-time.

There is a white paper at IBM on a project called ULC which seems to split all interface instances between client and server, maintaining a client half and a server half. This approach assumes the rewrite, or at least the adaptation, of all native Swing interface objects.

3.1 Generic Applet

One interesting consequence of the proposed approach is that it becomes possible to write one generic applet that works for any compliant Web based business application. The applet simply implements the communication protocol between the widgets layer and the remote presentation logic layer. Initially, it notifies the presentation logic of its readiness. This, in turn, begins to set-up the GUI by means of a simple remote method invocation mechanism. Once this phase completes, the applet begins its role as an event dispatcher. It forwards widgets events to the presentation layer and synchronously waits for return values. Conversely it can accept asynchronous notification messages from the remote presentation logic and invoke widget updating methods as a consequence. The applet makes heavy use of the reflection capabilities built in the JDK to implement the remote method invocation mechanism. It bases its simple remote method invocation mechanism directly on sockets.

3.2 User Interface Description

An important aspect is the user-interface description made in the program.

Because we want to create the thin client layer, we cannot embed the use of Swing classes within the program itself. We must go through a protocol, which will represent and describe each Swing element, and eventually more, giving the opportunity to add new classes whenever needed.

This is the key point which will allow the use of Swing classes at client level, creating transparency with respect to the interaction and communication aspects. The use of the protocol is also the point which will allow the use of other programming languages, different than Java, for the realization of the domain layer. This will eventually allow the easy reuse of existing applications. Other approaches, like the current

Classic Blend [5], seem to strongly couple the language used in the client to a specific language in the server, or even to a specific implementation of it.

By placing the client/server interface between the widgets and the presentation logic layers, the proposed approach clearly reduces the network load with respect to X Window (as we will see in the evaluation) because only more abstract units of information interchange travel on the wire. Behaviour that is completely local to the widget itself, needs not to be forwarded to the presentation logic: compare the network load needed for a "tooltip" behaviour in Swing with an analogous implementation in X, for instance. Moreover, rendering of the widgets is completely local.

Does it generate more traffic with respect to the conventional 3-tier approach with its client/server interface between the presentation logic and the domain logic layers? Not necessarily. There are inter-widgets interactions that only need state information stored in the widgets alone which is readily available to the presentation logic layer: these would not require network traffic in a conventional 3-tier solution. However, smarter inter-widgets interactions need state information from the domain logic layer. Data validation, for instance, often requires deeper knowledge on the current state of the application which cannot be delegated to a presentation logic sublayer alone: by definition, the presentation logic sublayer needs only knowledge on the current state of the presentation layer, after all, not on the whole state of the application. In the end, it might even happen that keeping the presentation logic sublayer on the server side reduces the network traffic because there might be much more interaction with the domain logic layer than with the widgets sublayer.

3.3 Extending Swing

Provisions are included to extend the Swing set of widgets with new ones. This mechanism is not strictly necessary but can improve the network efficiency considerably. Consider, for instance, a specialized text field for input of dates which checks if the field string is a syntactically correct date in some locale. The check could be done by the presentation logic sublayer, but can typically be delegated completely to the widget itself, a more efficient and even higher reusable solution. As another example, an often found widget group consists of a text field and two small buttons on its side whose purpose is to increment or decrement the numeric value in the field. Clicking on the buttons would generate event messages directed to the presentation logic sublayer and, conversely, field update messages directed to the widgets layer. The widgets group can be implemented as a new standalone and highly reusable widget that need not forward its "internal" events to the presentation logic sublayer. A gain both in terms of network load and abstraction shift. The only difference with a built-in Swing widget is that the new one needs to be downloaded from the server.

3.4 Set-up

A less fundamental but sometimes practical provision is a mechanism to load a Java class for the set-up instead of relying on the presentation logic sublayer alone to control the build of the GUI layout. The set-up code has often a very streamlined structure: it might be conceivable to automatically synthesize a new Java class that implements this set-up, perhaps even on-the-fly, and to send it over the network. The other choice is to send a bunch of synchronous two-ways remote method invocation messages to build the layout directly from the server side. Evaluating which of the alternatives is better depends a lot on the complexity of the set-up code and its dependencies on the current state of the application, and needs to be done on a per case basis.

3.5   MVC Paradigm

In terms of the model-view-controller paradigm, the application as a whole distributes the view (widgets sublayer) remotely on the client side while retaining both the model (domain layer) and the controller (presentation logic sublayer) on the server side. It maintains a distributed view-controller pair for every client connected to the model. It implements the view as a generic empty Java applet which is dynamically populated with native Swing widgets already present locally and other reusable widgets downloaded from the network. This set-up phase is either driven remotely by the controller or locally by a class downloaded from the server and to which the controller delegates this limited role. The controller, being next to the model, can do a lot of smart processing in order to implement a sophisticated user interface without necessarily needing a high bandwidth with the view. Neither the controller nor the model need to be coded in Java. The controller, however, needs knowledge about the general Swing architecture and its widgets collection.

4   Comparison and Conclusions

The main goal of this work was to set-up a homogeneous environment to develop Web solutions. The developer only writes an application in a traditional way, using a single programming language, without having to deal with communication and synchronization problems, and ends up with a run-time solution with separated thin client part and business logic one.

HTML itself also represents a thin client solution. Its weak points are the lack of interaction, which must be filled with the use of other languages and protocols, such as Java (Applet and Servlet), JavaScript, Perl, CGI, etc. and the complete absence of transparency during development, where you are forced to use many languages and foresee each kind of network interaction and user-interface update.

A further known solution is represented by the X Window technology ([2]). This also consists of two distinct parts, the application and the GUI, and allows a transparent development. The X Window technology probably still represents the best example to consider and in many cases the tool of choice for intranet solutions. The X Window server (in the X Window terminology the user interacts with an X server while the remote application runs on the X client), represents the thinnest client at all, apart from the older text-only mainframe terminals.

There are even dedicated hardware implementations called X terminals. All they do is to communicate with the underlying IO hardware and to implement the low level X protocol. All drawing originates from the remote X client where the X application runs, and all inputs, whether discrete key presses or continuous mouse movements, go to the remote X client. This places a high load on the network but makes the system very flexible. Because the widgets are implemented remotely on the X clients and IO events are passed in raw form, the X application has full control on every detail. Whether this is desirable depends on the application, but this flexibility allows multiple toolkits and window managers to run on every X server. The X Window approach places the client/server interface between the display and the widgets sublayers. This generates a lot of network traffic making it reasonably deployable only on high bandwidth networks like LANs.

On the other side, Java applets often include a direct implementation of all of the presentation logic. They rely on Swing for the widgets and other supporting objects, and glue them together by means of ad-hoc Java objects. The applet, in turn, communicates with the remote domain logic layer by means of some standard protocol like CORBA ([4],[3]) or Java RMI, or by implementing some ad-hoc socket based communication mechanism or other. It should be clear that there is a strong dependency between the client applet and the domain logic layer: changes need to be maintained on both the client as well as on the server. This contrasts with the X Window approach where the decoupling between the X server and the X client is total.

The proposed approach stays inbetween. It commits to the JDK, in particular to Swing, on the client side because of the high reusability of its widgets and its wide deployment on a wide variety of devices, sending on the network only small higher level messages, required where application specific information are needed. It does not commit to the JDK, or even to Java, however, for the presentation logic, not to speak of the domain logic which is often a legacy system. The presentation logic is not deployed in the applet but is located on the server side.

References

1. Edwards Jeri, DeVoe Deborah: 3-Tier Client/Server At Work, John Wiley & Sons (1997)
2. O'Reilly Tim, Quercia Valerie, Lamb Linda: X Window System User's Guide, O'Reilly & Associates, Inc (1988)
3. Orfali Robert, Harkey Dan, Edwards Jeri : The Essential Distributed Objects Survival Guide, John Wiley & Sons (1996)
4. Siegel Jon: CORBA: Fundamentals and Programming, John Wiley & Sons (1996)
5. http://www.appliedreasoning.com/Products/Classic_Blend/
   Classic_Blend_White_Paper/classic_blend_white_paper.html

Intelligent Java Objects

Hans Diel

Diel Software Beratung und Entwicklung, Seestr. 102, 71067 Sindelfingen, Germany,
diel@s.netic.de

Abstract. Intelligent Java Objects provides java classes in support of a variety of artificial intelligence functions. Business objects such as people, products, projects are contained in Object Sets on which predicates can be applied. The predicates can be combined in a way similar to Logic Programming. This enables applications in support of expert systems, data mining, plan determination and classification.
The functions provided are offered in form of a framework which can easily be applied to existing data (bases) and can be integrated with existing applications.
Due to the very dynamic nature of the intelligence functions, the power of Java Beans was required for a satisfying implementation.

1 Introduction

Applying (artificial) intelligence to computer programs has made very much progress during the past 10 years, not only with the 'classical' AI disciplines (expert systems, logical reasoning, fuzzy logic, neural networks, etc.), but also with a newer area which is described by the term 'Business Intelligence' (see [8]). The latter includes technologies such as data mining, decision support, and OLAP (online analytic processing, see [1]). Intelligent Java Objects aim at the same direction. However rather than providing a single product, Intelligent Java Objects provides

1. A multitude of "intelligence functions" in an integrated way. Thereby, emphasis is put on the breadth of function set, while the depth (i.e. power) of the individual functions may be limited.
2. The intelligence functions are offered as part of an object oriented framework, conforming to Java Beans, which can easily be combined with existing software for handling business objects.

The functions provided are build on BOSets (Business Object Sets). BOSets are collections of objects representing the business data (e.g. people, projects, products, financial data) being considered. Another important concept for the Intelligent Java Objects are Predicates. Most of the "intelligence functions" of Intelligent Java Objects are defined in terms of predicates. Predicates can be combined in expressions similar as with Logic Programming (see [3], [4]). They can be applied to the BOSets. The predicates are defined in a textual declarative specification.

2 BOSets, Business Object Sets

BOSets are the base elements on which the intelligence functions are applied. In addition, also the results of the intelligence functions are stored in BOSets. This allows for a repetitive and recursive application of the intelligence functions.

Prior to introducing the BOSets, the terms Business Object and Collection of Business Objects are explained below from the point of view of Intelligent Java Objects. A Business Object is a Java Bean representing business data such as person, project, product, financial data, asset.

BO Collections. Business Objects can be grouped in collections. The Java Collection API (see [2]) is used for this purpose.

BOSet. BOSets are sets of BO Collections. In addition, special methods for support of intelligence functions are provided as methods of the class BOSet.

A single BOSet containing all the required (collections of) business objects is the starting point for applying the Intelligent Java Objects functions. The results of applying an Intelligent Java Objects function is again a BOSet (and possibly further information). The results may be visualized or used for further processing.

The following methods are available with BOSets

- BOSet (decl-spec)
- BOSet (decl-spec, bo-collections)
- addPredicate (predicate)
- addBOs (class-name, bo-collection)
- classify (object)
- contentsView ()
- copy ()
- evaluate (predicate)
- getCorrelationDescription ()
- getTaskEvaluationDescription ()
- getFirst ()
- getNext ()
- subset (class-name)
- tupleView ()

Instantiation of BOSet. BOSets can be instantiated either directly by the user program or by Intelligent Java Objects. In order to enable Intelligent Java Objects the instantiation of Business Objects and BOSets, the user of Intelligent Java Objects has to provide for each type of business object participating in a Intelligent Java Objects session two kinds of classes

1. The Java Bean representing the business object.
2. A data access class which creates BO Collections as a result of its methods "select" and "retrieve". For data base access a generic data access class "DBAccess" is provided by the Intelligent Java Objects framework.

3 Intelligence Functions

The various intelligence functions are offered in terms of different predicate types.
Predicates are specified in a textual declarative specification. The general form
of a Predicate statement is:

```
PREDICATE  p-Name(invocation-Parms) = type type-specific-parameters
```

Besides the PREDICATE statement, further related statements, such as CON-
STRAINT, TASK, and SUBCLASS are supported and described below.

Selection. Selection of business objects according to specified attribute values
is supported by this type of predicate.

```
PREDICATE p-Name ( invocation-Parms ) = SELECTION selection-Spec
```

Selection-spec is compatible with a SQL selection clause (see [6],[7]).
   Examples:

```
PREDICATE  P1 ( Person p ) = SELECT department  =  '3265'
PREDICATE  P2 ( Room r   ) = SELECT bath = 'Yes' AND price >150
```

Relation. Determines the business object pairs which satisfy a specified relation.

```
PREDICATE p-Name(invocation-Parms) = RELATION attribute = attribute
```

Example:

```
PREDICATE  P3 (Room r, Person p)= RELATION r.owner = p.name
```

Correlation. In support of data-mining-like applications (see [9]), the Correlation predicate determines whether a certain correlation exists between attributes
of business objects. It supports numerical attributes, as well as enumerated value
sets.

```
PREDICATE p-Name ( invocation-Parms ) =
                      CORRELATION attribute WITH attribute
```

Examples:

```
PREDICATE  P5 ( Room r ) = CORRELATION   rnumber  WITH   phone
PREDICATE  P6 ( Room r ) = CORRELATION   view     WITH   price
PREDICATE  P7 ( Room r ) = CORRELATION   price    WITH   *
```

Using * as attribute specification determines all possible correlations. For example, P7 finds out all the possible attributes which are correlated with room.price.

Fuzzy Logic. The Fuzzy predicate allows the specification of a (yet) simplified
fuzzy logic condition (see [5]).

```
PREDICATE p-Name ( invocation-Parms ) = FUZZY  fuzzy-Spec ...
```

Examples:

```
PREDICATE    MorbusCrohnConstraint( Disease d ) =
   FUZZY     fever 3,  pain 9,  diarrhoea1 9,  diarrhoea2 0,
             skin 5,  eyes 5,  arthritis 5,  liver 5,  fistula 2

PREDICATE    ColitisConstraint( Disease d ) =
   FUZZY     fever 3,  pain 0,  diarrhoea1 0,  diarrhoea2 0,
             skin 1,  eyes 1,  arthritis 5,  liver 1,  fistula 1
```

User-provided Predicate. Complex intelligence functions can be provided by
user-defined subclasses.

```
PREDICATE p-Name(invocation-Parms) = USERDEFINED (argument-List)
```

Example:

```
PREDICATE MoveAction(THanoi t, String s) = USERDEFINED(t, s)
```

The user-defined predicate may also be used to invoke non-predicate functions
returning a BOSet.

Logical Expression. Logical expressions support the combination of the above
described predicates by use of AND and OR operations. The logical expressions
supported by Intelligent Java Objects have much commonolity with Logic Programming (e.g. Prolog, see [12]).), however they apply to business objects.

```
PREDICATE p-Name ( invocation-Parms ) = LogicalExpression
```

LogicalExpression is constructed by use of AND operators, OR operators, and
Predicate references:

```
LogicalExpression::= predicate-Call | logExpr1  |  logExpr2
logExpr1          ::= LogicalExpression logOperator LogicalExpression
logOperator       ::= AND | OR
predicate-Call    ::= [NOT] predicate-Ref
logExpr2          ::= [NOT] ( LogicalExpression )
```

The following example shows a Logical Expression and also some forms of predicate references.

```
PREDICATE P4(Room x, Person y) = ( P3(x, y) OR PP( PPP(x), x) )
            OR ( PO( y ) AND NOT ( P1( y ) OR P2( x )))
```

SUBCLASSES Statement. In order to implement a classification function the SUBCLASSES statement may be used:

```
SUBCLASSES ( BO-Class ) = subclass ...
```

BO-Class is the name of the Business Object class whose subclasses are specified. subclass is the name of a subclass of BO-Class.

Example:

```
SUBCLASSES(Disease) = Morbus-Crohn Colitis-Ulcerosa Colon-Irritabile
```

CONSTRAINT Statement. Constraints for a Business Object class are specified by the Constraint statement:

```
CONSTRAINT ( BO-Class ) = predicate-Ref
```

BO-Class is the name of the Business Object class whose constraints are specified. Example for a classification specification by use of Subclasses, Constraint, and Predicate statements:

```
SUBCLASSES(Disease) = Influenza Morbus-Crohn Colitis-Ulcerosa
                      Colon-Irritabile
CONSTRAINT ( Influenza ) = InfluenzaConstraint
PREDICATE  InfluenzaConstraint( Disease d ) =
           FUZZY fever 10, cough 7, catarrh 5,  pain 3, gastroib 3
```

TASK Statement. Task statements are used to specify tasks for which a plan is to be determined. Besides the general Plan Determination case, two special tasks, namely Allocation and Routing are supported.

General Plan Determination. In order to determine a plan (i.e. the sequence of actions) for performing a task, which is described in terms of a goal predicate and a set of allowed rules, use the Task statement:

```
TASK p-Name(invocation-Parms) = GOAL predicate-Ref
                                RULES predicate-Ref ...
```

Example:

```
TASK  THanoiPlan(THanoi t) = GOAL AllAt3(t) RULES Move(t)
PREDICATE  Move(Cond12( THanoi t ) ) =  MoveAction( t, "12" )
PREDICATE  Move(Cond13( THanoi t ) ) =  MoveAction( t, "13" )

   ....
PREDICATE  Cond12(THanoi t) = SELECT t.stack2h > t.stack1h
PREDICATE  Cond13(THanoi t) = SELECT t.stack3h > t.stack1h

   ....
PREDICATE  AllAt3(THanoi t) = SELECT t.stack32 = '3'
                                 OR t.stack22 = '3'
```

The Move predicates also show the usage of predicates on the left-hand side of the = sign (i.e. in the clause head).

Routing. Determines the sequence of business objects with the minimal total distance (e.g. travelling salesman problem).

```
TASK p-Name ( invocation-Parms ) = GOAL MIN_DISTANCE ( x, y )
```

Example:

```
TASK Routing(City c) = GOAL MIN_DISTANCE(xCoordinate, yCoordinate)
```

Allocation. Allocates one set business objects (e.g. people) to a second set of business objects (e.g. rooms) by satisfying given rules.

```
TASK p-Name(invocation-Parms) = GOAL ALLOCATION(bo-Class, bo-Class)
                                RULES  predicate-Ref ...
```

Example:

```
TASK    ALLOC ( Person p, Room r ) =  GOAL   ALLOCATION( p, r )
                  RULES R1( p, r )    R2( p ,r )    R3( p, r)


PREDICATE    R1 ( Person p1, Room r1 ) = PA1( r1 ) OR PA2( p1 )
PREDICATE    R2 ( Person p1, Room r1 ) = PA3( r1 ) OR PA4( p1 )
PREDICATE    R3 ( Person p1, Room r1 ) = PA5( r1 ) OR PA6( p1 )
PREDICATE    PA1( Room r2 )   = SELECT   bath =  'Yes'
PREDICATE    PA3( Room r2 )   = SELECT   view =   'vineyard'
PREDICATE    PA5( Room r2 )   = SELECT   price  =  150
PREDICATE    PA2( Person p2 ) = SELECT   sex  =  'female'
PREDICATE    PA4( Person p2 ) = SELECT   department  = '3265'
PREDICATE    PA6( Person p2 ) = SELECT   areaCode = '07031'
```

4 Declarative Specification of Intelligent Java Objects

The Declarative Specification of Intelligent Java Objects defines the business objects involved in a Intelligent Java Objects session and optionally predicate, task, subclass, and constraint statements.

Rather than defining the detailed syntax of the Intelligent Java Objects Declarative Specification, an example containing the major statement types is shown below.

```
BEGIN
BOSET = Person
DATAACCESS( Person ) = DBAccess ( PeopleDB, admin, pwxxx )
PREDICATE loves ( Person x, Person "Maria" ) = mad( x )
                            AND rich( x ) AND "Maria"
PREDICATE loves ( Person x, Person "Alice" ) = mad( x )
                            AND hatter( x ) AND "Alice"
PREDICATE loves ( Person x, Person y )  = rich( x ) AND poor( y )
```

```
PREDICATE hatter ( Person p ) = SELECT  attr1 = 'hatter'
PREDICATE mad ( Person z ) = logician( z )
PREDICATE logician ( Person p ) = SELECT attr2 = 'logician'
PREDICATE authors ( Person p ) = SELECT profession = 'author'
PREDICATE rich ( Person x ) = SELECT wealth > 1000000
PREDICATE poor ( Person y ) = SELECT wealth < 5000
PREDICATE WhichAuthorLovesWhom( Person y1, Person y2 ) =
                              loves( y1, y2 ) AND authors( y1 )

END
```

5   Results of Predicate Evaluation

Intelligence functions are, in general, invoked by applying the evaluate(predicate) method to a BOSet. The result of such an invocation depends on the type of predicate (see above). It may include:

- a boolean variable indicating whether the predicate is satisfied
- a probability value giving the probability for the predicate satisfaction (e.g. with fuzzy logic)
- the (sub-) set of objects which satisfy the given predicate
- the set of object tuples which satisfy the given predicate (for example, a Relation predicate)
- a ResultDescriptionObject describing the result of special function types. The following types of ResultDescriptionObjects are supported:
  - CorrelationDescription
  - ClassificationDescription
  - TaskEvaluationDescription

6   The Architecture - An extensible Framework

With a running system, the following parts are distinguished:

User Application. The user application contains the logic for setting up the environment and for visualizing the results of the intelligence function invocations.

Business Object. The Business Objects are provided by the user. The classes must support the Java Beans interface, i.e. get and set methods for the attributes, and the getClass, getProperty and getMethod methods.

BOSet. The BOSet represents the main part of the Intelligent Java Objects framework. It provides the linkage between the Business Objects and the intelligence functions and maintains the results of the predicate evaluations.

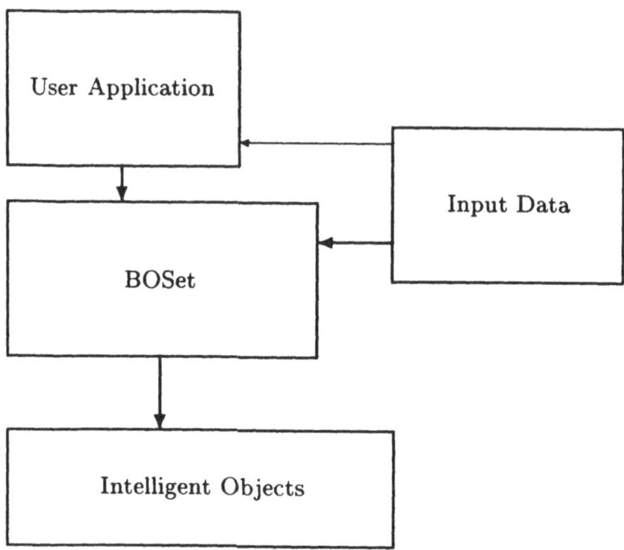

Fig. 1. Structure Of Intelligent Java Objects Framework.

Input Data. The input data being retrieved through the Business Objects can reside in various data sources. If the objects are to be instantiated by Intelligent Java Objects (rather than by the user program), data access classes are to be provided. For data base access, a generic data access class is provided by Intelligent Java Objects. Others can be easily developed with the help of various tools (e.g. IBM Visual Age for Java, see [10],[11]) or may be provided by a certain middleware or by the user application.

Intelligent Objects. In addition to the above described components, Intelligent Java Objects is structured in a way that supports a clean interface to "Intelligent Objects". Intelligent Objects provide the functions of the various predicate types (e.g. selection, correlation, classification). The Intelligent Object Interface can be used to replace the system-provided intelligence functions by user provided classes and to add new user provided intelligence functions and predicate types.

7 Why Java ?

After first implementations in Smalltalk and C++, Intelligent Java Objects has now been implemented in Java. Besides the general Java advantages of being a modern, operating system independent language, the benefits which make Java especially suitable for Intelligent Java Objects are:

1. Intelligent Java Objects requires the dynamic combination of functions whose names are determined at run-time. Java Beans provide this capability better than any other language.

2. Intelligent Java Objects should also be applicable to existing data sources. The Java DB Connection interface in combination with Java Beans is well-suited for this purpose.

8   Summary and Related Work

Intelligent Java Objects provides a framework for support of a multitude of intelligence functions in an integrated way. Thereby, rather than trying to rebuild all the various AI functions emphasis was put on

1. The ability to combine the various function and predicate types to form new more powerful functions. For example, the routing task supports the search for the minimal length path, but can be combined with additional predicates requesting, for example, that city A must be reached before city B. This combination capability is supported (a) by the way the individual predicate types are defined, and (b) by support of the Logical Expression predicate.
2. The ability to replace the system-provided functions by intelligence functions offered somewhere else (for example, by the customer or by some commercial tool).
3. The ability to access existing data and data descriptions. Even the most powerful AI tool is of limited value, if it requires a new format of the input data or new data descriptions. Intelligent Java Objects avoids this problem by utilizing Java Beans.

Related work is mainly seen in three directions:

1. Work in the area of artificial intelligence: Countless avtivities exist in this area. Intelligent Java Objects does not offer any progress in any specific area of artificial intelligence, but tries to offer an integration among the different areas.
2. Work on the combination of Logic Programming and Object Oriented Programming: Quite a number of efforts address this subject (see, for example [13], [14]). The special direction chosen by Intelligent Java Objects is the "set theoretical" approach and the emphasis on Java.
3. Work in the area of business intelligence: In contrast to a growing number of commercially successfull products in this area, Intelligent Java Objects tries to offer a more general, non-proprietary, Java-based framework.

After further completions it is envisaged to offer the Intelligent Java Objects functions at the internet such that it can be downloaded and extended by users.

References

1. Thomsen,E.: OLAP Solutions, John Wiley & Sons, 1999
2. Weber,J.: Using Java 2 Platform, QUE, 1999

3. Levi,G., Rodriguez Artalejo,M.: Algebraic and Logic Programming, Springer, Berlin, 1994
4. Beierle,C., Pluemer,L.: Logic Programming: Formal Methods and Pratical Applications, Elsevier, Amsterdam, 1995
5. MacNeill,D., Freiberger,P.: Fuzzy Logic, Droemer-Knaur, Muenchen, 1994
6. Marsch,J., Fritze.J.: SQL, Vieweg, Braunschweig, 1992
7. Groff,J.R., Weinberg,P.N.: Using SQL, MacGraw-Hill, Berkeley, 1990
8. Dhar,V., Stein,R.: Seven Methods for Transforming Corporate Data into Business Intelligence, Prentice-Hall, Englewood Cliffs, 1997
9. Cabena,P., Hadjinian,P., Stadler,R.: Discovering Data Mining, Prentice-Hall, Upper Saddle River, 1998
10. Carrel-Billiard,M., Akerley,J.: Programming with Visual Age for Java, Prentice-Hall, Englewood Cliffs, 1998
11. Jakab,P., Nilsson,D.P.: Developing Java Beans using Visual Age for Java, Wiley, New York, 1998
12. Clark,K.L., McCabe,F.G.: PROLOG: A language for implementing expert systems, Machine Intelligence 10, 1982
13. Ng,K.W., Luk,C.K.: A survey of languages integrating functional, object oriented and logic programming, Microprocessing and Microprogramming 41, 1995
14. Jenkins,M., Chester,D.: A Combined Object-Oriented and Logic Programming Tool for AI, Proc. of the 1993 IEEE Int.'l Conf. with AI, Boston, 1993

A Framework for Workflow-Oriented Scripting in Java Applications

Mathias W. Richter[1]

Cap Gemini (Schweiz)
CH-8048 Zürich, Switzerland
mathias@acm.org

Abstract. This paper describes FlowServer, a Java-based framework which allows the vertical integration of workflow into any Java application. FlowServer provides a scripting language which combines an interpreter for a subset of the Java programming language with process abstractions as found in workflow definition languages. This approach integrates access to compiled software components on the Java platform and other platforms (through any Java-based middleware). We first describe different FlowServer-based application architectures. Then we give an overview of the workflow definition language provided by the framework. Finally, we briefly discuss a few design and implementation characteristics.

1 Introduction and Related Work

Business applications (implemented in Java or not) typically belong to the category of *forms-based applications*. Forms-based applications present the user with forms or tables of fields for viewing, entering and modifying business data. Forms-based applications usually implement more or less modal interfaces to *processes* or *workflows* which a user passes through to perform a certain task.

A variety of workflow management systems (WFMS, e.g. [8, 9, 16]) for implementing forms-based applications realizing business-processes already exist (e.g. [2, 7, 14]). Some of these systems have also started to integrate Java as implementation platform (e.g. [3]). However, such WFMS cannot be embedded into Java-based applications, because they do not offer the necessary interfaces and because applications often do not need the features of the rigid workflow architectures offered by these systems. A seamless and flexible vertical integration of workflow-oriented components into Java applications is useful for two main reasons:

---

[1] This work was performed while the author was employed at iFace AG, Aarauerstr. 55, CH-4600 Olten

- Forms-based applications implementing business processes are required to integrate a variety of software components on the basis of varying middleware (e.g. EJB, RMI, Corba, JDBC [13, 15]).
- User and integration requirements are too specific to be implemented using a general-purpose workflow management system.

To fulfil these requirements, an embeddable process- or workflow-oriented component should possess the following characteristics:

- *lightweight*: The component should not force the embedding application to incorporate any element of a full-featured workflow management architecture (e.g. a database for persistent workflow state) beyond the notion of processes and activities.
- *scripted*: The component should provide a scripting-based workflow definition language (WDL) which allows the flexible adaptation of the processes/workflows using classes of the embedding application and the Java platform.

The FlowServer framework was designed to possess these characteristics and provides a set of classes for specifying, interpreting and executing processes consisting of activities.

Motivation for the approach described here was an existing software product based on a distributed software architecture. Whenever the product was introduced in a new company, the implemented business processes had to be adapted. This was difficult, because the business processes provided by the product where implemented using an object-oriented metaphor. Thus, we needed an embeddable, approach to scripting-based implementation of business processes which could be adapted without changing any application classes.

The FlowServer framework provides an interpreted workflow definition language (WDL). This WDL provides workflow-specific abstractions (process/activity definitions, process/activity state), where activity definitions consist of blocks of Java source code. These Java code blocks are executed depending on the state of the according activity instances. At execution time, this code is interpreted using a Java-based interpreter [10, 11] for a subset of the Java programming language.

2 FlowServer Application Architectures

Usually, forms-based (Java) applications follow a simple architectural pattern where the user interacts with a user interface created by the application. The application itself is coarsely separated into classes implementing application logic and classes implementing the user interface.[2] The flow of the business processes supported by the application is implemented by the application classes. This approach has several disadvantages: The implementation of the business processes is distributed over a number of classes. Also, it is difficult to change the business processes since their implemen-

---

[2] For now, we neglect aspects of distributed computing in enterprise environments.

tation is distributed over the application classes. Finally, the flow of the actual business processes is hard to understand, because the business processes are implemented using an object-oriented paradigm instead of using a process-oriented paradigm.

The FlowServer framework allows applications to „factorize" the business process implementation into process definitions (see Figure 1). These are executed by a flow engine as part of the framework. The advantages are obvious: Business processes are implemented in an independent subsystem of the architecture using a process-oriented metaphor. Because the business processes are implemented using a scripting approach, business processes can be changed independently of the development cycle of the embedding application.

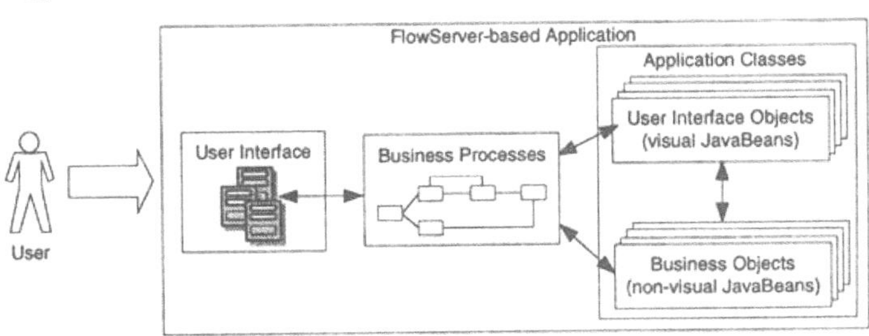

Fig. 1. A generalized picture of a FlowServer-based application architecture.

The basic operation of the FlowServer framework is simple: A flow engine executes processes (see Figure 5 for an example).[3] A process consists of activities and further processes (i.e. subprocesses). An activity is the atomic unit of execution.[4] When the user makes a transition from one activity to the next, this next activity „is executed" and the user can interact with the result of that execution. The nature of that result depends entirely on the activity definition: Usually, it is a window displaying data or some entry form and some change in the process or activity state.

The user can then view and interact with the data displayed in the user interface. Whenever the user feels ready to move on, she chooses the next activity from a list of activities according to the activity map (i.e. the process structure) which is displayed in a separate user interface element.

An application embedding the FlowServer framework must provide a user interface for choosing a process, and for navigating within the specified process structure. The application must also redirect the navigation requests of the user to the flow engine which in response executes the chosen target activity (or subprocess).

This is how the engine „executes" an activity: An activity as part of a process is defined by means of different *scripts* and activity variables which keep the state of an activity instance during process execution. A script consists of Java statements and expressions. Which of the defined scripts of an activity is executed depends on the state of the corresponding activity instance. There are scripts for startup, first-time

---

[3] To be more precise, the engine creates a process instance from a process definition and executes this instance.

[4] Again, we actually mean activity instances created from activity definitions.

execution, repeated traversal and teardown of an activity instance. Scripts typically access „business objects" implementing the actual application logic (e.g. non-visual JavaBeans), gather data from objects implementing application logic, alter process/activity state, and create a user interface for viewing and modifying the gathered data (e.g. using visual JavaBeans). Figure 2 summarizes the resulting standalone application architecture.

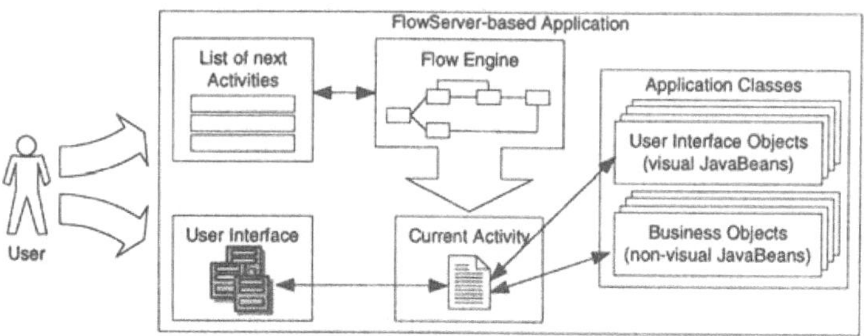

Fig. 2. The architecture of a FlowServer-based application.

We assumed that standalone applications embedding FlowServer components require no distributed services. For applications in an enterprise environment this is hardly ever the case. Rather, business processes implemented by an application use and integrate services of local and remote business objects or database servers.

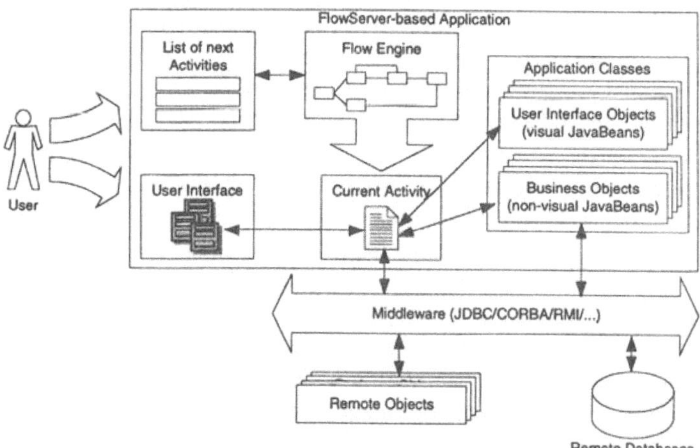

Fig. 3. A FlowServer-based application architecture in a distributed environment.

Access to remote objects and services through any Java middleware products is supported by the FlowServer framework, because the activity scripts provide full access to the Java platform and all available classes (they *are* Java code, as a matter of fact). Thus, it is possible to use arbitrary middleware services from within processes and activities (see Figure 3), as long as the according middleware implementations (i.e.

Java classes) are accessible for the application (i.e. either through the classpath environment or through some network class loader).

A higher degree of distribution can be achieved, if process execution and user interaction of the FlowServer-based application are distributed (see Figure 4): The flow engine is part of a server application which manages client connections, request handling, etc., and executes server-side processes on behalf of clients. As a result, multiple clients can connect to the server. A client software is responsible for displaying the user interface generated for the current activity, for displaying the list of next activities and for handling the according user inputs.

There are several choices of protocols for the exchange of user interface descriptions and data between the client software and the application server. The chosen protocol also determines form and content of the user interface description residing on the server-side:

1. The client can be a HTML-browser. User interface descriptions are HTML-forms, the protocol used between the client and the server is HTTP [6]. The application server offers Servlets to deliver the according HTML-pages which are stored with or rendered dynamically by the application classes.
2. The client can be an applet in an HTML-Browser or a standalone Java application. The used protocol can be a proprietary protocol for user interface description and data exchange (e.g. using XML [1], or ULC [5]) based on Corba, RMI or any other middleware for the Java platform.
3. The client can be an arbitrary standalone application implemented in an arbitrary programming language. Then the protocol used can be a proprietary protocol for user interface description and data exchange based on Corba as middleware.

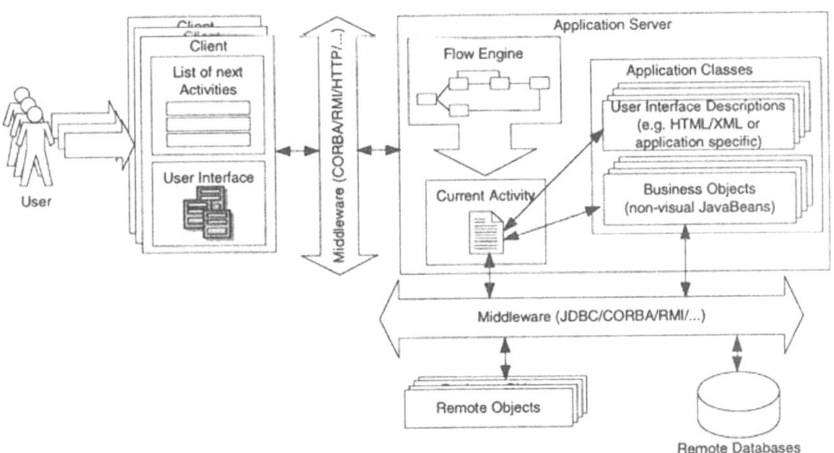

Fig. 4. Server-side process execution and client-side user interaction.

The FlowServer framework currently provides support for creating multithreaded servers which manage client connections based on Corba. These classes handle client representations on the server, multiple processes for each client, the association of clients with processes and of processes with engines executing them.

The implementation of the client presenting the user interface and its interaction with the server managing the engines for the executed processes is left open. This interaction includes requesting the server to start a process or advance within a process, providing data that the user has entered or modified to the server, and processing the user interface descriptions delivered by the server.

3 The FlowServer Workflow Definition Language

The FlowServer WDL allows to define processes which are executed by a flow engine (see Figure 5). A process definition consists of two parts: The *activity definition part* defines the different activities of which a process consists. The *structure definition part* defines different sequences of the defined activities which the user can pass through.

A process can declare local data to keep a process state which is accessible to all activities of the process. A process structure always consists of exactly one start activity and exactly one end activity.

An activity is defined by means of different *scripts*, where each script is executed according to the state of an activity instance which is created from the definition. There is a startup script (executed at instance creation time), an execute script (executed exactly once when an instance is passed through for the first time), a traverse script (executed if an instance is passed through repeatedly) and a teardown script (executed when the instance is destroyed). Furthermore, there are precondition and postcondition scripts which determine whether an instance can be executed and whether the execution was successful. The activities defined as part of the process in Figure 5 use postconditions to call validation routines of the used software components.

The scripts consist of Java source code, which is interpreted when the flow engine executes an activity. For interpreting this Java source code, the FlowServer framework uses the Iava interpreter [10, 11]. The Iava interpreter implements a strict subset of the Java programming language. This subset is best descibed as follows: Any code in a Iava script can be used as method body in a Java class declaration without change. Any function defined in a Iava script can be used as method declaration in the body of a Java class declaration.

Iava offers mechanisms for tight integration with the embedding class. In the case of the FlowServer framework, this is the flow engine. Local process data keeping process state as well as local activity data keeping activity state is declared using Java data types which can be used directly within scripts.

The example in Figure 5 defines a process for booking a flight. The process consists of activities for entering the passenger data, choosing the flight details. After choosing the flight, it has to be paid by credit card. Users can cancel the process at any time by proceeding to the last activity of the process.

```
process BookFlight {
    local data { // process state
        Person passenger; ReservationSystem host;
        FlightChooser flight; CreditCardTransaction credit;
    }
    activities { // definition of activities
        activity EnterPassenger display name "Enter Passenger Data" {
            execute {
                passenger=new Passenger();
                passenger.openEntryWindow();
            }
            postcondition {
                boolean valid=passenger.validateInput();
                if (valid) passenger.closeEntryWindow();
                return valid;
            }
        }
        activity ChooseFlight display name "Choose a Flight" {
            execute {
                host=new ReservationSystem();
                host.connectTo("swissair");
                flight=host.getFlightChooser();
                flight.openEntryWindow();
            }
            postcondition {
                boolean valid=flight.validateInput();
                if (valid) flight.closeEntryWindow();
                return valid;
            }
        }
        activity Pay {
            execute {
                credit=new CreditCardTransaction(passenger.getName());
                credit.openEntryWindow();
            }
            postcondition {
                boolean valid=credit.validateInput();
                if (valid) credit.closeEntryWindow();
                return valid;
            }
        }
        activity Finish {
            input data {
                boolean commit;
            }
            execute {
                if (commit) {
                    credit.commitPayment();
                    if (credit.isPaid()) host.bookFlight(passenger,flight,credit);
                }
            }
        }
    }
    structure { // definition of activity map
        first EnterPassengerData;
        after EnterPassengerData: (ChooseFlight or Finish mapping(false to commit));
        after ChooseFlight: (Pay or Finish mapping(false to commit));
        after Pay: Finish mapping(true to commit);
        last: Finish;
    }
}
```

Fig. 5. A complete process definition in FlowServer WDL.

The last activity "Finish" is parameterized with a boolean flag "commit" which is
passed according to the transition used to reach the last acitivity. Only if a flight has
been chosen and paid for, the finish activity is invoked with a "true" value for com-
mitting the booking. If the user choses to proceed to the finish from some earlier position in the process, "false" is passed meaning that no booking can be committed.
In the example, we assume existence of different "business objects" which are realised
as JavaBeans. For reasons of simplicity, we assume that these JavaBeans also implement the user interface for entering and viewing data they represent. The "Person"
bean represents data for a passenger. The "ReservationSystem" bean represents the

host reservation system (resp. a connection to it) and delivers services such as a list of flights to a certain destination, a schedule of flights for a certain date, etc. The "FlightChooser" bean provides a graphical user interface for displaying and modifying the data delivered by the "ReservationSystem" bean. Finally, the "CreditCardTransaction" bean provides user interface and logic for processing and performing online credit card transactions.

The fact each process must begin with a specified activity ("first") and end with another specified activity ("last") allows developers to formulate complete processes with transactional behaviour (as in Figure 5 where the booking is committed upon successful completion of the process).

The example shows a few further features of the FlowServer WDL which we will not discuss here for reasons of brevity.

4 Design and Implementation of the FlowServer Framework

The FlowServer framework implementation follows a three-layered approach which is reflected in the package hierarchy of the framework: The *design layer* (package `flowserver.design`, 10 interfaces) consists of interface definitions, where each interface represents a core abstraction of the framework (e.g. definition, instance, activity definition, activity instance, process definition, process instance, flow engine, etc.).

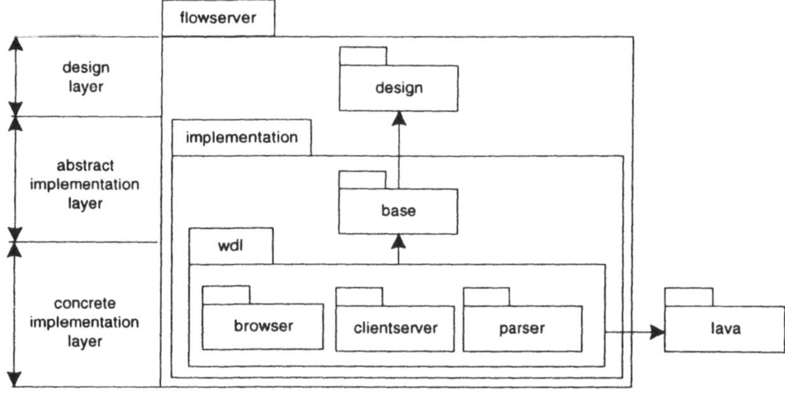

Fig. 6. The three-layered architecture of the FlowServer framework and the according package hierarchy.

The *abstract implementation layer* (package `flowserver.implementation.base`, 6 classes) provides mostly abstract classes which serve as implementation base for one or more concrete implementations. The concrete implementation employing the scripting approach based on the workflow definition language and the Iava interpreter as described in the previous section is located in the concrete implementation layer (package `flowserver.implementation.wdl`, 10 classes). This concrete implementation groups some more functionality in subpackages (`flowserver.imple-mentation.wdl.browser`, 6 classes, `flowserver.implementa-tion.wdl.clientserver`, 6 classes, 1 interface, `flowserver.implementa-tion.wdl.parser`, 35 mostly parser-related classes). The WDL parser was implemented using JavaCC [12].

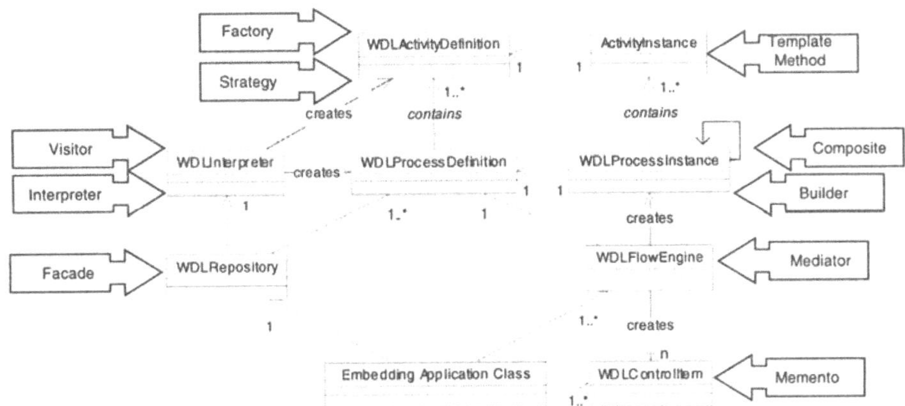

Fig. 7. The relationship between the core FlowServer classes (in the concrete implementation layer) and an embedding application class[5]

The abstract implementation layer and the concrete implementation are characterized by a high degree of *design pattern density* [4]: Used patterns include Strategy/Template Method (for executing the different scripts of an activity), Interpreter (for the WDL-interpreter), Visitor (for the WDL parse tree), Composite (for processes/subprocesses), Facade (for hiding details of interpreting the WDL), Mediator (for the flow engine executing activities and processes), Factory/Builder (for creating process/activity instances from definitions).

An embedding application class only has to interface with three classes of the concrete implementation layer (see Figure 7): The `WDLRepository` acts as a facade for having the `WDLInterpreter` create and for managing `WDLProcessDefinition` objects. The `WDLFlowEngine` is the mediator which manages the execution of processes and their activities. The flow engine creates a memento of the current state of process execution by means of `WDLControlItem` objects which are used to display the process navigation to the user.

5 Conclusions

In this paper we have described the FlowServer framework which allows the vertical integration of workflow-oriented processing based on a scripting approach into any Java application. The framework provides a workflow definition language which inte-

---

[5] Some multiplicities have been left out for reasons of insignificance to the overall architecture.

grates with an interpreter for a subset of the Java programming language [10, 11]. This 1approach combines the advantages of workflow-based modeling of business processes with the advantages of a scripting approach for the Java platform. Scripts "glue" together existing software components and do this using Java syntax and semantics with access to the complete Java platform. We have chosen to integrate the scripting-based implementation of functionality with the structural definition of processes in the WDL. Alternatively, the WDL could have been designed to only define the structure of processes based on compiled software components (i.e. JavaBeans) implementing the functionality.

It was a design goal to provide a "lightweight" notion of workflow which can be integrated into applications already implementing object persistence, mapping of processes to organizations, and other characteristics of workflow systems [8]. FlowServer is successfully used as basis for a process-based application server using business objects and user interface descriptions provided by a Smalltalk-/Corba-based server in the financial domain.

Future work mainly aims at improving the expressiveness and the ease-of-use of the FlowServer WDL. This includes, for example, a graphical workflow editor which provides a more intuitive interface for creating process definitions than the purely textual WDL. Further research is directed towards integrating the FlowServer framework with distribution-transparent user interface frameworks (e.g. XML-based technologies [1]).

References

1. Bray, T., et. al.: Extensible Markup Language. REC-xml-19980210, W3-Consortium (1998)
2. Eder, J., et. al.: The Workflow Management System Panta Rhei. In Dogac, A., et. al. (eds.): Advances in Workflow Management Systems & Interoperability, Springer (1997)
3. Fujitsu Software Corporation: i-Flow. http://www.i-flow.com
4. Gamma, E., Helm, R., Johnson, R., Vlissides, J.: Design Patterns. Addison-Wesley (1995)
5. Gamma, E., et. al.: Eine realistische Applikationsarchitektur für Multi-Tier Java-basierte Clients in der Praxis. In Maffeis, S., Tonniessen, F., Zeidler Ch. (eds.): Erfahrungen mit Java, dPunkt Verlag, 1999 (in german)
6. Fielding, R., et. al.: Hypertext Transfer Protocol 1.1. RFC 2068. W3-Consortium (1997)
7. IBM Corporation: FlowMark. http://www.ibm.com
8. Jablonski, S., Bussler, C.: Workflow Management: Modeling, Concepts, Architecture & Implementation. Thompson International Computer Press (1996)
9. Miller, J., et.al.: CORBA-based Runtime Architectures for WFMS. Journal of Database Management. Special Issues on Multidatabases. Vol. 7. No. 1. (1996)
10. Richter, M. W.: Iava – Yet Another Interpreter for the Java Platform. Submitted for publication in A. Wellings (ed.): Software – Practice & Experience, Wiley
11. Richter, M. W.: The Iava Homepage. http://members.tripod.com/mathias
12. Sankar, S.: The JavaCC Compiler-compiler. http://www.sun.com/suntest/products/JavaCC, http://www.metamata.com/javacc
13. Siegel, J.: Corba Fundamentals and Programming. Wiley (1996)
14. Staffware Inc.: http://www.staffware.com
15. Vogel, A., Rangarao, M.: Programming with EJB, JTS and OTS. Wiley (1999)

Hype –
A Java Tool for the Rapid Development of Hyperdocument Management Applications for the WWW

Enno Scholz   Rainer Lischetzki

DaimlerChrysler Research and Technology
Alt-Moabit 96a, 10559 Berlin, Germany
{enno.scholz,rainer.lischetzki}@daimlerchrysler.com

Abstract.

The paper presents Hype, an integrated development environment for building typed hyperdocument management applications for the World Wide Web. Like Java Server Pages, Hype enables Java code snippets producing dynamic content to be embedded into static HTML pages. Unlike Java Server Pages, Hype covers the complete process of building three-tier applications. This includes the object-oriented modeling of the application schema in a graphical editor, the mapping of the object-oriented application schema to a relational database schema, and the automatic generation of persistent Java classes for accessing the database. Knowing the application schema, Hype can go well beyond Java Server Pages with regard to the typesafeness and modularity it provides for producing dynamic content.

Unlike many commercial tool suites, Hype is not targeted mainly at software professionals. Rather, the design goal of Hype was to enable *power users*, i.e., application domain experts with limited programming expertise, to implement most of a hyperdocument management application without programming. An important means for this (and a hallmark of Hype) is a small set of typed placeholders, which replace the use of embedded Java for many common customization tasks.

1   Introduction

The use of Java applets within HTML pages on the client has made Java the programming language of the World Wide Web. With the advent of *servlets*, Java has recently become increasingly popular also for generating HTML on the server. A servlet is a Java object residing in a web server that is associated with a certain URL. When a browser issues a HTTP requests for that URL, the servlet dynamically generates HTML code and sends it to the browser by writing it to an output stream.

However, in most WWW applications a large part of the HTML text is static and only some parts need to be dynamically generated. Encoding these static parts in Java quickly becomes tedious, because even small changes require the servlet code to be recompiled. A remedy for this is offered by *Java Server Pages* [Sun 99], which allows static HTML pages to contain snippets of Java code producing HTML dynamically. These hybrid HTML pages are identified by the extension **.jsp**. When the web server gets a request for a **.jsp** page, it executes the code snippets and replaces them by the HTML text they generate.

Still, a number of shortcomings can be observed about Java Server Pages:

- *Lack of modularity:* All code snippets in **.jsp** files reside in a server-global context. They may call methods in servlets or server-side beans, but there is not one-to-one correspondence between **.jsp** files and server objects.

- *No support for WYSIWYG page design:* One advantage of static HTML pages is that a broad variety of tools exist for editing them in a what-you-see-is-what-you-get manner, which boosts productivity and widens the potential range of people able to create and maintain web pages. Unfortunately, **.jsp** files do not coexist benevolently with off-the-shelf WYSIWYG editors, because all snippets must be enclosed in proprietary HTML tags (such as `<jsp:.../>`) ignored by the editor.

- *Support for only a fraction of the total application building process:* The combination of servlets and Java Server Pages addresses only a small part of the complexity of building three-tier web applications, namely, the interface between the client tier and the business tier. The typical range of technologies a prospective web application designer must master is much broader. For the database tier, a basic understanding of relational database design and familiarity with SQL are required. For the business tier, familiarity with Java's database interface, JDBC is required. Finally, for the client tier, at least some experience with JavaScript and Java applets is necessary.

- *Addresses software engineers only:* The above list of shows that it takes experienced software engineers to build three-tier web applications, and Java Server Pages does not change that. Neither do the comprehensive tool suites supporting the complete process of building three-tier applications offered by various database vendors, for instance Oracle and Versant. These tool suites are targeted at software engineering professionals. They offer increased productivity for programmers who already master the full range of web technologies. However, for application domain experts with limited programming background these tool suites are too complex to use.

This paper presents an integrated development environment called *Hype* that – for a certain class of three-tier web applications – enables an application domain expert to implement a large part of the application without any programming. For those parts where programming is inevitable, Hype offers an easy-to-use and safe Java API. Hype can be viewed as a generator for state-of-the-art three-tier application servers.

The primary design goal of Hype is to reduce to a minimum the share of work done by software engineers in the development process, and to maximize the share of application domain experts with limited programming expertise, called *power users*. This is a desirable goal not only because software engineers are presently the critical resource in web development, but also because the extra indirection between end users and developers is a well-known bottleneck. Thus, empowering non-programming application domain experts to do most of the developing autonomously is helpful for reducing time-to-market, speeding up the feedback loop, and increasing application acceptance.

In technical terms, Hype is an integrated development environment for building typed hyperdocument management applications for the World Wide Web. Conceptually, a Hype application is built in two steps. In step one, an object-oriented *application schema* is designed. It consists of a set of *document types*, each specifying a document's *fields*, and a set of *link types* between document types. In step two, for each document type, a set of HTML *templates* is designed. Using the templates for a given type, documents of that type may be viewed in a web browser. Like `.jsp` files, templates may contain Java code snippets in addition to arbitrary HTML tags. There is an important advantage over Java Server Pages, though: the code snippets are not executed in a server-global context but rather in the context of the current document, which is represented as a persistent, typed Java object. Using this object's methods, the code snippet has typed access to the document's fields and its links to other documents. When the Hype application server receives a request to view a given document using a given template, it replaces all code snippets by the HTML text they generate. The resulting HTML, called a *view* of the document, is served to the browser.

However, the use of Java snippets to customize Hype templates with dynamic content is the exception rather than the rule. For common kinds of customization, for instance for displaying a document's fields or for displaying hyperlinks to documents it is connected with, Hype provides the concept of *placeholders*. Like Java code snippets, they are replaced by dynamic content when a given document is rendered with a given template. A placeholder is replaced by a combination of HTML, JavaScript, and Java applets that serves not only to display a field or a hyperlink. Additionally, it enables the object's properties to be edited directly in the browser.

To purists, defining a placeholder language might seem like a bad move. Why have two languages when one of them, Java, is technically a superset of the other? However, the placeholder language is crucial in order to enable power users to do most of the application customization without programming. The following features are useful for comparing Hype placeholders to those found in other systems, for instance Hyperwave [Maurer 96] and DxML [Knowing 99].

- *Placeholders are powerful*: The placeholder language of Hype is quite powerful. The exact set of placeholders available in a document type's templates depends on the application schema. Templates for a given document type may extend supertype templates using an inheritance mechanism. Moreover, a template may specify that documents linked to the current document are to be shown not simply as hyperlinks but as nested views within the view of the current document.
- *Placeholders are easy to use*: Despite its power, the placeholder language is easy to use for non-programmers. The first reason for this is that the placeholders are designed to harmonize with the use of a WYSIWYG editor. Moreover, the correct use of the placeholders and the absence of type errors is checked by the system. In particular, error messages meaningful to the application developer ("Sorry, there is

no field 'Salry' in Employee") can be given instead of relying on Java compiler errors containing references to dynamically generated code. Finally, placeholders save the application developer the tremendous effort of devising protocol for editing documents.

- *Placeholders are efficient*: Because placeholders are not a complete programming language, they may be statically analysed and object views may be pregenerated and stored on disk. Whenever an object changes, a background thread calculates the set of all affected views of the object itself and of other objects and regenerates them. Therefore, read accesses to a Hype application's documents can be made almost as fast as requests for static HTML pages, because in both cases, they are available on the harddisk and need not be generated on-the-fly.

Hype offers full support for rapid prototyping. Both the application schema and the HTML templates of an application may be modified while the server is running.

Hype has been designed at DaimlerChrysler Research and Technology in the context of an interdisciplinary research group consisting of both social scientists and computer scientists. One Hype application for managing quality-related hyperdocuments is currently in production use at Mercedes-Benz, another one is scheduled for production use in October, and several more are in the process of being implemented.

The following Section 2 gives an overview of the application schema of Hype applications. Section 3 describes the default user interface of Hype applications. Section 4 explores how the user interface of applications may be customized by modifying the default templates generated from the application schema. In particular, the placeholder language defined by Hype is reviewed in some detail. Section 5 presents the ultimate stage of customization, writing code snippets that access the generated Java API classes. Section 6 compares Hype to related work. Finally, Section 7 draws conclusions.

2   The Application Schema

Fig. 1 is a screen shot of Hype's schema editor showing the application schema of a demo application named **JITDemo** that will be used throughout the paper. The schema falls into two parts, a standard part comprised of a number of built-in document types and link types which are part of any application, and an application-specific part. Just as writing a Java program can be viewed as extending Java's standard set of classes (defined in **java.lang**) with application-specific classes, implementing a Hype application can be viewed as extending the standard application schema with application-specific document types and link types. Just as any Java class must be a subclass of **java.lang.Object**, any Hype document type must be a subtype of **Document** and thus inherit its fields and links. Hence, every document has a name and a creation time. Link types (and links) in Hype are always bidirectional, similarly to UML associations.

First, consider the standard part of the demo application's application schema. The type **File** serves as a wrapper for external unstructured documents like text files or images. It defines two fields, the file's URL on the server and the file's MIME type.

The type **User** serves to represent users that have access to the application. The type **Starting page** has only one instance, the application's starting page. The type **Type folder** has one instance for every document type in the application schema. For instance, the type folder **All Files** contains links to all documents type **File**. When, for example, a new file is created by a user, a link between **All Files** and the new file is created by the system. The link type **Document->Type Folder** is an instance of a *system-maintained* link type which means that instances may only be created and deleted by the system, not by users. Additionally, for each document the system maintains links to the user who is the document's creator and to the users presently viewing the document in a browser.

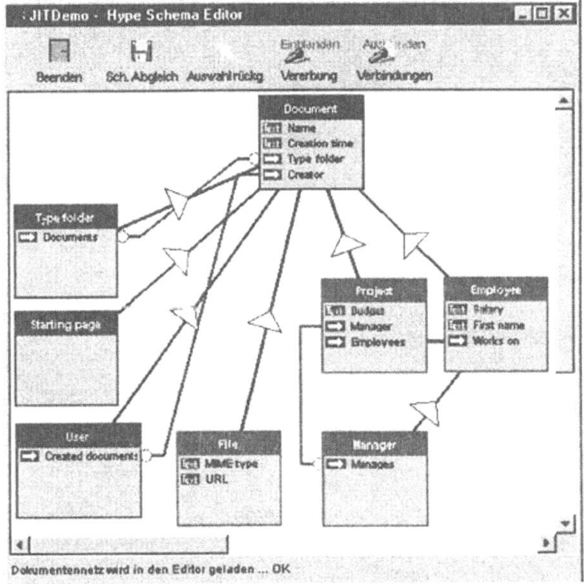

Fig. 1: The application schema of the demo application

The application-specific part of the application schema introduces three document types, **Project**, **Employee**, and **Manager**, and two link types, **Project-> Employees** and **Project->Manager**. The document type **Project** has a field **Budget**, the document type **Employee** has a field **Salary** and a field **First name**. These fields are inherited by **Manager**.

3   The Default User Interface of Hype Applications

From the application schema, Hype generates a set of default templates, which define the default user interface of a Hype application. The default user interface of projects in the demo application is shown in Fig. 2 and Fig. 3.

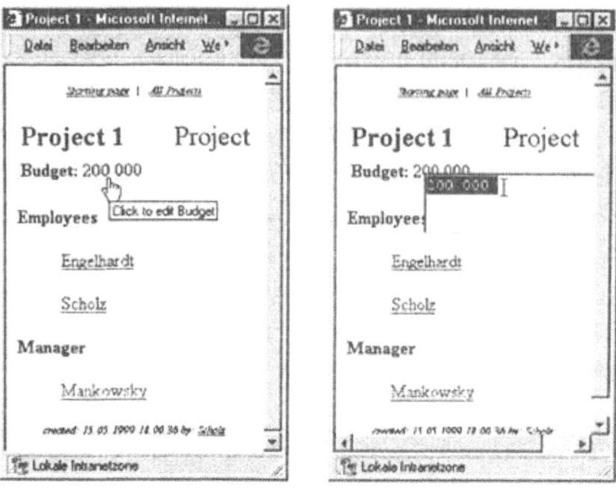

Fig. 2: Editing a field in a document

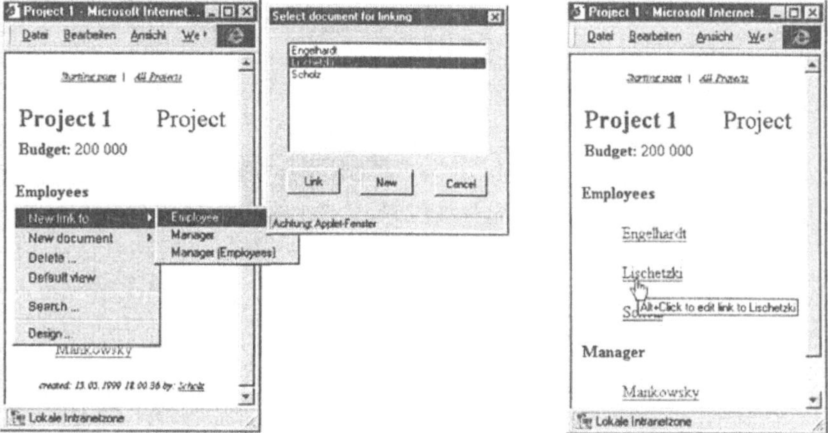

Fig. 3: Adding a link to another document

At the top of the page, each document has hyperlinks to the application starting page and to its type folder. Then the name and the type of the document are given in a large bold font. The background color of the project name is light grey, which indicates that Hype has generated JavaScript and Java elements allowing it to be edited in the browser simply by clicking. Then the remaining slots are shown, in the case of projects this is only the budget. After the slots, the links of each kind are shown, in the case of a project, these are the employees and the manager. Again, the light grey background color of the hyperlinks indicates that they may be edited in the browser. The page bottom shows the creation time and a link to the **User** document representing the creator. Both have no grey background because they are not editable but system-maintained.

Fig. 2 shows how the project budget is edited. Fig. 3 shows how the employee *Lischetzki* is added to the project *Project 1*. On the left in Fig. 3, we see a document's standard menu, which pops up when the user clicks anywhere within the document. The menu contains menu items for creating documents (*New document*), creating links

(*New link to*), deleting the current document (*Delete*), viewing the document using a predefined default template (*Default view*), searching the database (*Search*), and bringing up the schema editor in case the user is an administrator (*Design*).When the item *Employee* is chosen from the *New link to* menu, a dialog shown in the middle of Fig. 3 prompts the user to choose from the list of existing employees. The screen dump on the right in Fig. 3 shows that the newly-created link to employee *Lischetzki* appears at the correct place in the alphabetically sorted list of links for role **Employees**.

It is important to note that the menu hierarchy shown in the screen shot on the left in Fig. 3 is generated automatically from the application schema. For each role defined or inherited by **Project** that is not system-maintained (i.e., for **Project-> Employees** and **Project->Manager** but not for **Document->Type folder** and **Document->Creator**) a list of menu items is generated for the *New link to* menu. For each role, one menu item is generated for each of the subtypes of the role's target type (including itself). In the example, one menu item is generated for role **Project->Manager** and type **Manager**, another one for role **Project-> Employees** and type **Employee**, and finally one menu item is generated for role **Project->Employees** and type **Manager**. The submenu entry is labeled with the target document type's name. Unless the role name is equal to the name of the target document type, the target document type's name in the submenu entry label is followed by the role name enclosed in parentheses.

4   The Hype Placeholders

As mentioned in the introduction, a document's appearance in a browser depends on the template used to view it. All templates for an application are assumed to reside in a special directory, the *template directory*. By convention, the names for template files for a given document type consist of the document type name, followed by '@', followed by an identifier, followed by the file name extension '**.html**'. Here, Hype deposits the default templates, which give rise to the user interface discussed in the previous section. These templates may be customized by the application developer.

Fig. 4 illustrates the relationship between documents, templates, and views. It shows a document of type **Project**, a template **Project@Short.html** for that type, and the resulting HTML as viewed in a browser.

The HTML text of the template contains two placeholders specific to Hype. Like all placeholders, they are enclosed in square brackets. The placeholder **[Name]** is replaced by the name of the document, *Project 1*. The placeholder

```
<a href="Employee@Short.html">[Employees]</a>
```

is replaced by a list of hyperlinks to the employees working in that project. The anchor tag's **href** attribute, **Employee@Short.html**, denotes the template using which the employees are displayed in the browser when the user follows one of the hyperlinks.

Note that the enclosing anchor tag is an integral part of this placeholder, which is called a *hyperlink placeholder*. At first glance, it may seem strange to choose a placeholder syntax where the target template is encoded in the attribute of an enclosing HTML tag. Why are not both the placeholder's parameters, the role name and the target template name, encoded within the square brackets? One might imagine a syntax like, say, `[Employees:Employee@Short.html]`. The answer is that the chosen syntax is more useful in a WYSIWYG editor for HTML, as demonstrated by Fig. 5.

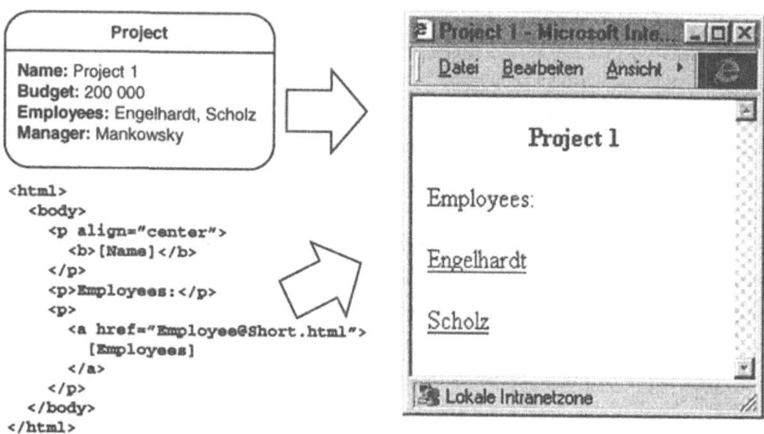

Fig. 4: **A document, a template, and the resulting view**

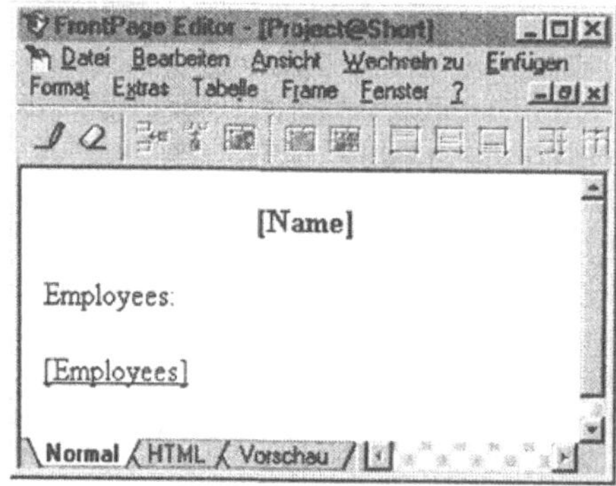

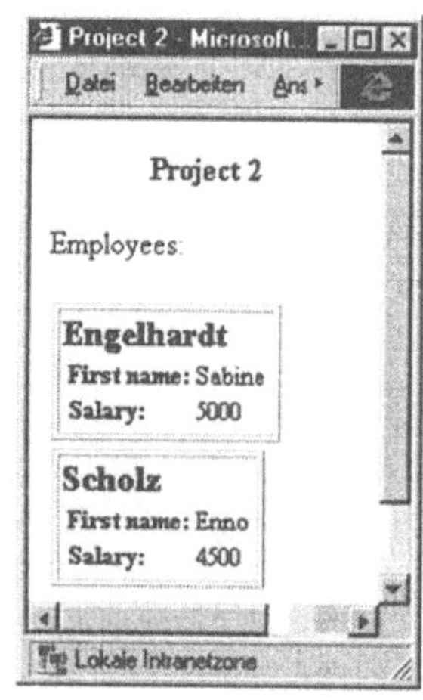

Fig. 5: **The template Project@Short.html in a WYSIWYG editor for HTML**

Fig. 6: **Nesting the views of connected documents within the view of the current document**

All WYSIWYG editors known to us provide an easy way for following hyperlinks. For instance, in MS Frontpage pressing CTRL and clicking on the link labeled `[Employees]` in the template opens its target template `Employee@Short.html`.

The following subsections survey the Hype placeholders in some detail. Section 4.1 presents placeholders for fields and roles. Section 4.2 shows how linked documents may be displayed not as hyperlinks but as nested views within the view of the current document. Section 4.3 shows how a template may refer to itself. Finally, Section 4.4 demonstrates inheritance between templates.

4.1 Placeholders for fields and roles

In Fig. 4, the placeholders for document fields and for hyperlinks to connected documents were demonstrated. These placeholders depend on the application schema and take the form of either a field name or a role name enclosed in square brackets. The placeholder for the list of hyperlinks to connected documents can take an alternative form in the case the application schema allows multiple documents to be connected in a given role. This form allows the separator between hyperlinks to be specified. For instance, the following phrase would cause the hyperlinks to be separated by commas instead:

```
<a href="Employee@Short.html">[Employees]</a>, [_Etc]
```

In this extended form of the link placeholder, the delimiter `[_Etc]` is an integral part. The simple form of this placeholder used above, without `[_Etc]`, can be seen as a shorthand for using the extended form with the separator `</p><p>`.

4.2 Nested views

With a small change in the template `Project@Short.html` shown in Fig. 4, the employees connected to a project can be displayed not simply as hyperlinks but in the nested style illustrated in Fig. 6. This is achieved by adding a '+' after the role name `Employees` in the placeholder denoting the list of employees working on a project, i.e., by changing

```
<a href="Employee@Short.html">[Employees]</a>
```

into

```
<a href="Employee@Short.html">[Employees+]</a>
```

Now, the template `Employee@Short.html` is interpreted as the template used for rendering the single employee documents in the context of the project.

4.3 Viewing the current document using another template

The template `Project@Short.html` does not show a project's budget or its manager. Assuming there is another template `Project@Long.html`, the placeholder `[_This]` can be used to include a hyperlink to a view of the current document generated with another template:

```
<a href="Project@Long.html">[_This]</a>
  Detailed view
[_End]
```

Here, the hyperlink to the current document is labeled **Detailed view**. In general, arbitrary placeholders may stand between **[_This]** and **[_End]**. For instance,

```
<a href="Project@Long.html">[_This]</a>
  Detailed view of [Name]([Budget])
[_End]
```

causes the label of the hyperlink to be the name of the project, followed by its budget in parentheses.

4.4   Inheritance between templates

Often, a template for a given type should look just like a supertype, except for some small difference. For instance, it would be desirable to define a template **Manager@Detailed.html** such that it looks just like **Employee@Detailed.html**, except that at the bottom there is the list of managed projects. This can be achieved by defining **Manager@Detailed.html** using the placeholder **[_Super+]**:

```
<html><body>
  <a href="Employee@Detailed.html">[_Super+]</a>
  <p><a href="Project@Short.html">[Manages]></a></p>
</body></html>
```

Now consider the following problem. The example above showed that a template could extend a supertype template by means of **[_Super+]**. However, this extension was done by adding something at the front and at the end only. What if we want to define a corporate identity template, which should be reused for each template, but customized in the header and in the body part? The solution would be to define a template for type **Document**, say, **Document@CI.html**. This would include two nested views of the current document, for instance:

```
<html>
... <a href="Document@Header.html">[_This+]</a> ...
... <a href="Document@Body.html"  >[_This+]</a> ...
</html>
```

Here, **Document@Header.html** and **Document@Body.html** are supposed to be empty. Now, by defining **Project@CI.html** as follows

```
<html><a href="Document@CI">[_Super+]</a></html>
```

and by defining **Project@Header.html** and **Project@Body.html** suitably, the goal would be achieved. Note that this technique is similar to calling deferred methods in abstract classes in object-oriented programming.

5 The Java API of Hype Applications

With the means introduced so far, a Hype application can be customized without programming. This section shows how Java program code may be included into templates using a special placeholder **[_Java]**. This Java code, which is executed whenever a document is viewed using a given template, generates HTML that is included in the view. For instance, the following placeholder includes the current time in a document view:

```
[_Java] out.println(new java.util.Date() + "") [_End]
```

This is nothing new over Java Server Pages. The novel aspects of Hype will be presented in the following sections. Section 5.1 shows how views are customized by Java code snippets that have access to typed Java objects representing document of the types defined in the application schema. Section 5.2 demonstrates how updates are customized via a typed interface to HTML forms. Section 5.3 shows how the generated accessor methods for each document type may be refined by the programmer using method overriding. Section 5.4 shows how new Java methods for the document types may be defined by the programmer.

5.1 Customizing views

From the application schema, Hype generates and dynamically loads a set of Java classes which enable server-side code to access the documents in a type-safe manner. For instance, suppose that we want to include into a project view its remaining budget, which is defined as its budget minus 12 times the monthly salary of each employee working on it. This is how it is done:

```
[_Java]
float remainingBudget = this.Budget();
EmployeeVector employees = this.Employees();
for(int i = 0; i < employees.size(); i++)
  remainingBudget -= 12 *
employees.elementAt(i).Salary();out.println(remainingBudge
t + "");
[_End]
```

Note that within the Java code in the placeholder, **this** refers to an instance of the generated API class **Project**. Note that **EmployeeVector** is a customized, typesafe version of **Vector** whose **elementAt()** method returns an **Employee**. Thus, its result needs not to be casted before the invocation of **Salary()**.

5.2 Customizing updates

The standard user interface for Hype applications enables the user to create and delete all types of documents and links that are not system-maintained, and to edit all fields that are not system-maintained. However, sometimes it is desirable to enable the user to perform customized update operations. There can be two reasons for this: Either the kinds of updates the user can perform should be constrained to certain values, or several separate update operations should be composed into one macro operation. For instance, suppose we want to enhance a project view with a form for allocating multiple academic degrees to each employee working on the project. Suppose furthermore that we want to constrain the academic degrees to BSc, MSc, and PhD. Furthermore, checking a checkbox causes the salaries of all employees to be raised by 1000 Euro. This is achieved as shown in Fig. 7.

Note that here, the **[_Java]** appears in a special place, in the action attribute of a form tag. Compared to the use of the **[_Java]** placeholder in other places, three things are different here. First, the Java code is not executed when the form is displayed but when the user presses the submit button. Second, there is no stream **out** here, because the point of the Java code is not to produce HTML but to perform an update. After the code is executed the current document is reloaded. Third, in the Java code two variables are defined which represent the HTML elements in the form and are typed accordingly. The variable **titles** represents the list of options selected by the user. Its type is **String []**, because the multiple attribute of the **select** element is true. The type of the variable **raiseSalary**, which represents the checkbox, is **boolean**. In general, for each kind of form element (files, radiobuttons, text area), a Java variable with a corresponding name and appropriate type is in scope in the Java code. Fig. 7 demonstrates the use of the methods like **void Salary(float)** for setting object properties as opposed to reading them.

```
<html>
  <body>
    <p><b><big>[Name]</big></b></p>
    <form action='[_Java]
                  for(int i = 0; i < Employees(); i++) {
                      Employee e = Employees().elementAt(i);
                      if(raiseSalary)
                        e.Salary(e.Salary() + 1000);
                      for(int j=0; j < degrees.length; j++)
                        e.Name(e.Name() + " " + titles[j]);
                  };
                  [_End]'>
    <p> Grant acacemic degrees:<br>
        <select name="degrees" multiple="true" size="3">
          <option>BSc</option>
          <option>MSc</option>
          <option>PhD</option></select></p>
    <p> <input type="checkbox" name="raiseSalary">
        Additionally raise salary </p>
    <p> <input type="submit" value="Ok"></p>
    </form>
  </body>
</html>
```


Fig. 7: A template containing form-handling Java,
and the corresponding view

5.3 Customizing event handling

Analogously to the way client-side events like **onClick, onLoad, onMouseOver** can be handled in JavaScript, Hype provides a way for an application to customize server-side events like creating or deleting documents or links or changing attributes.

Hype uses Java inheritance to enable this kind of event handling. The application designer cannot only *use* the typed methods in the classes of the Java API generated from the application schema, she can also *redefine* these methods. For instance, suppose the user should only be able to raise the salaries of employees, not lower them. This can be achieved by redefining the method **void Salary(float)** whose use was illustrated in the previous section. In order to do this, the application designer must create a file **Employee.java** in the template directory with the following content:

```
public class Employee extends
hype.custom.JITDemo.schema.Employee {
  void Salary(float newSalary) {
    if(newSalary > this.Salary()) {
      super(newSalary);
    };
  };
}
```

Note that this way of handling events is more flexible than simply enabling an event handler to be provided (as for instance an **onClick** handler in JavaScript), because arbitrary actions can be performed both before and after the standard event handler is called, and it can even be canceled completely.

5.4 Reusing Server-Side Java Code

Writing Java code directly into templates is fine for short snippets of code but gets tedious when the code gets longer. Moreover, sometimes several templates might need to share code. For instance, the routine defined above for calculating a project's remaining budget might be useful in other places, too, possibly even in templates not belonging to the document type **Project**. In Hype, this routine can be defined as a method of class **Project** by adding it as to **Project.java**. In other words, the **.java** files in the template directory cannot only be used for redefining existing methods in the generated Java API but also for adding new methods.

6 Related work

In the field of dynamic generation of HTML, approaches range from generic server-side scripting languages and web-enabled database management systems to specific, more or less WWW-based hyperdocument management systems.

A number of systems exist for server-side execution of code fragments in HTML pages like Sun's *Java Server Pages* [Sun 99], Microsoft's *Active Server Pages* [Weissinger,

Petrusha 99], UNIX-based *PHP3* [PHP3 99], and *DxML* [Knowing 99]. They offer basic programming language features such as loops, conditions, or variables, and provide access to server-side databases, the WWW server and information on the client. They focus on the development of dynamic web pages by experienced programmers.

Another option for programmers is to use the solutions provided by different vendors of database management systems for generating dynamic content. *Oracle 7* [Oracle 98] provides sophisticated support for generating web pages but is limited to relational data modeling. We are in the process of examining its successor *Oracle 8i*. *Jasmine* [Computer Associates 99] is an object-oriented database management system (OODBMS) that is accessed not via a WWW-Browser but a proprietary client. *Versant* [Versant 99] is another OODBMS. It excels at generating classes of persistent Java objects from UML modeling tools. However, its main focus seems to be on supporting smart CORBA and RMI clients, not on generating HTML.

Alternatively, ready-made hyperdocument management systems come complete with a predefined user interface, access control, and features for cooperation support. Similar to Hype, *Fabasoft Components* [Fabasoft 99] enables power users to build document management systems with virtually no programming. However, it is highly integrated with the Windows operating system and has only rudimentary support for WWW access. *Lotus Notes* [Dierker, Sander 97], is another document management system with good support for power users. We are currently investigating its recent release, R5, in which great efforts were made to support a WWW client in addition to the original, proprietary client. In contrast, *BSCW* [Bentley et al. 97] and *Hyperwave* [Maurer 96] are hyperdocument management systems originally conceived for the web. Both have only limited support for application-specific document types. In general, BSCW provides little support for application development and customization. It focuses on collaboration support. Hyperwave, like Hype, distinguishes between a placeholder language (called PLACE) and a general server-side programming language (JavaScript). However, placeholders are not compatible with WYSIWYG editors, the correct use of placeholders is not statically checked, and the server-side programming language is not statically typed.

7   Conclusion

Hype seems to fill a niche: a system enabling power users to develop most of a WWW hyperdocument management system without programming. Existing object-oriented database systems focus on sophisticated applications manipulating persistent objects, not on end users directly viewing, creating, linking, and editing objects, whereas WWW hyperdocument management systems do not seem to attribute much relevance to object-oriented typing of documents. However, Hype demonstrates that having an object-oriented type schema around is a tremendous help for the process of customizing a hyperdocument management application, indeed for minimizing the amount of customization required.

Acknowledgements

Hype is the WWW reincarnation of a Smalltalk system called *HyperCom* developed by Alexander Mankowsky. Alexander's and Sabine Engelhardt's comments were essential in the design of Hype. Winfried Marten at DaimlerChrysler VSE/PQ was an inspiring Customer One. Several students helped implement Hype. In particular, Reimo Tiedemann implemented the schema editor and the graphical search tool. Anne-Grit Gäbler-Wicovsky gave valuable feedback. Steffen Klein was an enthusiastic early adopter; his ongoing comments helped to improve Hype (and this paper) in many ways. Finally, Boris Bokowski made valuable suggestions for some last-minute restructuring of this paper.

References

[**Bentley et al. 97**] Bentley, R.; Appelt, W.; Busbach U.; Hinrichs, E.; Kerr, D.; Sikkel, J.; Trevor, J.; Woetzel, G.: *Basic Support for Cooperative Work on the World Wide Web*, in: *International Journal of Human Computer Studies* 46, 6 (1997), 827-846; Special Issue on Novel Applications of the WWW, Cambridge: Academic Press, 1997

[**Computer Associates 99**] *Jasmine – Konzept.* Computer Associates GmbH Darmstadt, 1999 (http://www.cai.com/offices/germany/jas_konz.htm)

[**Dierker, Sander 97**] Dierker, Markus; Sander, Martin: *Lotus Notes 4.6 und Domino. Integration von Groupware und Internet*, Bonn: Addison-Wesley, 1997

[**Fabasoft 99**] *Fabasoft Components/Base*, Fabasoft Deutschland Software GmbH, Hallbergmoos, 1999 (http://www.fabasoft.com/COO.1.2010.1.2107)

[**Knowing 99**] *Der DxML-Wizard – Dynamisierung Ihrer Webseiten*, Knowing GmbH Ulm, 1999

[**Lischetzki 99**] Lischetzki, Rainer: *Ansichten, Aktionen und Kooperation in WWW-basierten Hyperdokumenten-Management-Systemen.* Diploma Thesis, Institut für Informatik, Freie Universität Berlin, 1999

[**Maurer 96**] Maurer, Hermann: *Hyper–G (now Hyperwave). The next generation web solution.* Harlow: Addison-Wesley, 1996

[**Oracle 98**] *Produktangebot Datenbank-Server.* Oracle Deutschland Gmbh, München, 1999 (http://www.oracle.de:80/orcl/dbssi/Main.htm)

[**PHP3 99**] *PHP3 Manual* (http://www.php.net/manual/)

[**Sun 99**] *Java Server Pages Specification 1.0*, Sun Microsystems, Inc., Palo Alto: 1999 (http://developer.java.sun.com/developer/earlyAccess/jsp/index.html)

[**Versant 99**] *Versant ODBMS Release 5.* Versant GmbH Europe, München, 1999 (http://www.versant.de/ ProductEnglish_rel5.htm)

[**Weissinger, Petrusha 99**] Weissinger, A. K.; Petrusha, R. (Eds.): *ASP in a Nutshell*, Sebastopol, California: O'Reilly, 1999

Die JavaCard als Programmier- und Ausführungsplattform für verteilte Anwendungen[1]

Stefan Fünfrocken[2], Friedemann Mattern[3], Marie-Luise Moschgath[4]

[2] TU Darmstadt, fuenf@informatik.tu-darmstadt.de
[3] ETH Zürich, mattern@inf.ethz.ch
[4] TU Darmstadt, moschgath@ito.tu-darmstadt.de

Zusammenfassung: Chipkarten, die durch ihren integrierten Prozessor einfach zu nutzende Rechenkapazität an einem beliebigen Ort bereitstellen, finden in immer mehr Bereichen Verwendung. In jüngster Zeit wurden Kartenbetriebssysteme entwickelt, die Mehrfachanwendungen ermöglichen, sowie Karten, die in einer Hochsprache programmiert werden können und die es erlauben, Applikationen dynamisch auf die Karte nachzuladen. Eine besondere Rolle spielen hier Java-basierte Chipkarten. Mit dieser sogenannten JavaCard gelingt die Einbindung in offene bzw. netzbasierte Anwendungsszenarien besonders leicht, da Java-basierte Ausführungsumgebungen im Internet und in Intranets weit verbreitet sind. Die JavaCard stellt als Programmier- und Ausführungsplattform somit eine „portable" Komponente in einem verteilten Anwendungsverbund dar, wobei durch das Schutzkonzept von Java die Sicherheit der Kartenapplikationen zusätzlich erhöht wird.
Der Beitrag skizziert prototypisch realisierte Anwendungsszenarien mit CORBA-Anbindung der JavaCard und beschreibt die daraus gewonnenen Erfahrungen und das Entwicklungspotential für Java-fähige Chipkarten in netzbasierten Applikationen.

1 Einleitung

Als vor knapp 30 Jahren mehrere Patente zur Einbringung einer Prozessorschaltung in eine Plastikkarte angemeldet wurden, ahnte noch niemand, wie vielseitig die Anwendungen von Chipkarten in Zukunft sein würden. In der Zwischenzeit entwickelte sich die Chipkarte, weitgehend unbemerkt von der Informatik-Fachwelt, vom reinen Datenspeicher (Speicherchipkarten) über einfache Spezialprozessoren (Mikrocontrollerkarten) hin zu vollwertigen, universellen Prozessoren - quasi Computer im Kleinstformat für die Brieftasche oder Geldbörse - mit derzeit ca. 32 kB Speicher, einer 32-Bit RISC-Architektur und einigen MFLOPs Rechenleistung [1]. Damit entsprechen die Chipkarten leistungsmäßig den PC-Prozessoren vor einigen Jahren; ihnen fehlt zum vollwertigen Rechner eigentlich nur die Stromversorgung sowie die eigene Eingabe- und Ausgabemöglichkeit, beides wird von den Kartenterminals bereitgestellt.

---

[1] Diese Arbeit wurde vom Zentrum für Kartenanwendungen sowie dem Technologiezentrum Darmstadt der Deutschen Telekom AG gefördert.

Chipkarten erlangten in letzter Zeit aufgrund ihrer einfachen, praktischen Handhabbarkeit sowie ihrer vielseitigen Verwendbarkeit eine starke Verbreitung, insbesondere im Bereich sicherheitsrelevanter Applikationen: Logische und physikalische Schutzmechanismen verhindern unautorisierte Zugriffe auf die in den Chips gespeicherten Daten oder geheimen Schlüssel, außerdem erlauben integrierte Krypto-Coprozessoren schnelle kryptographische Berechnungen. Chipkarten sind somit hervorragend als „portables" Identifikations- und Authentifizierungsmedium geeignet. Damit stellt die Chipkarte eine wichtige technische Komponente für Anwendungen im Bereich digitale Signaturen, Electronic Commerce und Electronic Banking dar.

Gegenwärtig sind bereits mehrere hundert Millionen Chipkarten in Umlauf, wobei allgemein erwartet wird, daß die derzeitige Steigerungsrate auch in den kommenden Jahren unvermindert anhalten wird: Kartenterminals sind mittlerweile als flächendeckende Infrastruktur vorhanden (Geldautomaten, öffentliche Telefone etc.), billige Lesegeräte für PCs beginnen den Massenmarkt zu erobern, erste Multifunktionsanwendungen werden im Kontext der Geldkarte erkennbar und wichtige Technologiebranchen wie beispielsweise Hersteller von Mobiltelefonen oder Anbieter von Mobilkommunikationsdiensten betreiben energisch die Weiterentwicklung der Chipkartenfunktionalität. Neue Entwicklungen wie die kontaktlose Chipkarte, die SuperSmartcard - eine Chipkarte mit integriertem Display und Eingabemöglichkeit - oder auch Hybridkarten, die verschiedene Kartentechnologien auf einer einzigen Karte vereinigen, bilden dabei die technischen Voraussetzungen für neue Einsatzmöglichkeiten und eine damit einhergehende weitere Verbreitung.

Darüber hinaus zeichnet sich derzeit ab, daß Chipkarten als flexible System- und Ausführungskomponenten eine neue, zusätzliche Rolle in vernetzten Anwendungsszenarien zukommen wird. Ansätze zur Einbindung von Chipkarten als Ausführungsplattformen in verteilte Applikationen werden im folgenden dargestellt.

2 Die JavaCard

In gleichem Maße, wie die Verbreitung und Akzeptanz von Chipkarten wächst, nehmen auch die Anforderungen zu. Komplexere Anwendungen, schneller aufeinanderfolgende Softwaregenerationen, aber auch der wachsende Konkurrenz- und Kostendruck bedingen neue Konzepte in der Chipkartenwelt. Forderungen nach nachladbarer Funktionalität und dynamisch erweiterbaren Applikationen, einfacherer und schnellerer Softwareentwicklung sowie Multiapplikationsfähigkeit ohne Kompromisse hinsichtlich der Sicherheit gespeicherter Daten oder fremder Funktionseinheiten werden sowohl seitens der Chipkartenhersteller als auch der Kartenemittenten laut.

Entsprechend den technischen Gegebenheiten entwickelte sich in den letzten Jahren auch die Softwareseite weiter: Analog zur „Großrechnergeschichte" vor ca. 25 Jahren findet gegenwärtig der Übergang von der Chipkartenprogrammierung in Maschinensprache zur Verwendung von Hochsprachen (wie beispielsweise Java, C oder Basic) statt, mit z.T. um den Faktor zehn verkürzten Entwicklungs- und Projektdurchführungszeiten. Ferner kommen (zwar abgespeckte, aber funktional weitgehend vollwertige) Betriebssysteme zum Einsatz, mit denen multifunktionale Chipkarten ermöglicht werden, wodurch mehrere unterschiedliche Anwendungen unabhängig voneinander (bzw. in koordinierter Weise miteinander) auf einer Karte ablaufen können.

Aufgrund ihrer einfachen Einbindungsmöglichkeit in netzbasierte Anwendungsszenarien sind Chipkarten, die in Java programmiert werden können, besonders interessant. Eine JavaCard [3] ist eine Chipkarte, die neben einem beliebigen Betriebssystem einen Java-Interpreter (eine sogenannte Java Virtual Machine (VM)) enthält. Die von der Java-VM zu unterstützenden Funktionen sind im „Java Card API" (Application Programming Interface) [3] definiert und legen i.w. die Kommunikation mit der Umgebung und den Zugriff auf Ressourcen der Karte fest.

Die Verwendung von Java in einer Chipkarte ist wegen der einfacheren und schnelleren Anwendungsentwicklung auch durch Nicht-Chipkarten-Experten von wachsender Bedeutung. Durch die Nutzung von Java wird außerdem die Interoperabilität mit externen, in Java realisierten Anwendungskomponenten unterstützt. Da Chipkarten vielfach im Kontext sicherheitsrelevanter Anwendungen eingesetzt werden (u.a. als vertrauenswürdige Ausführungsplattform), ist besonders die in gewisser Weise bereits eingebaute Sicherheit und Robustheit von Java bemerkenswert, die durch die Verwendung eines die Ausführung „kontrollierenden" Interpreters in Verbindung mit Bytecode-Verifikation [7] erreicht wird, auch wenn im Detail einige diesbezügliche Aspekte noch Forschungsgegenstand sind [9].

Obwohl Java für eingebettete Systeme entwickelt wurde, sind die Ressourcenanforderungen bezüglich Speicherkapazität und Prozessorleistung noch zu hoch für heutige Chipkarten. Eine Einschränkung des Befehls- und Funktionsumfanges von Java war daher notwendig, um Java in Chipkarten einsetzen zu können. Aus diesem Grund wurde im Februar 1997 von den führenden Kartenherstellern das JavaCard Forum (JCF) [4] gegründet. Wichtigstes Ziel dieses Konsortiums ist die Definition des Java Card API.

Card-Applet	Card-Applet	Card-Applet
Java Card API		
Java Card Virtual Machine		
Chipkartenbetriebssystem		
Chipkartenhardware		

Abbildung 1: JavaCard-Softwarearchitektur

Der aktuelle JavaCard 2.1-Standard definiert die Grundfunktionalität einer Java-Chipkarte (siehe **Abbildung 1**), das sogenannte JavaCard Runtime Environment. Dieses besteht aus der Java Card Virtual Machine sowie dem Java Card API. Der durch das API definierte reduzierte Sprachumfang unterstützt kein dynamisches Nachladen von Klassen, kein Multithreading, keine mehrdimensionalen Felder und auch nicht das Clonen von Objekten. Von den Datentypen werden float, double und long nicht, int wird optional von Karten mit 32-Bit-Prozessor unterstützt. Aus Kapazitätsgründen wird bei gegenwärtigen Implementierungen oft auch kein Garbage-Collection durchgeführt.

Zwar ist aufgrund der knappen Ressourcen gegenwärtiger Chipkarten der Sprachumfang reduziert, dies schränkt die Verwendung von Java für typische Applikationen i.a. jedoch nicht wesentlich ein: Abgesehen von den beschriebenen Einschränkungen laufen Java-Programme überall dort, wo eine Java-VM vorhanden ist: In einem Server, einem PC, einem WWW-Browser oder eben einer Chipkarte. Es ist davon auszugehen, daß sich sowohl der nutzbare Speicher als auch die Prozessorleistung von Chipkarten in den nächsten Jahren noch wesentlich steigern läßt, so daß die heute noch existierenden Einschränkungen im Sprachumfang aufgehoben werden können.

3 Die JavaCard als Infrastrukturkomponente in verteilten Anwendungen

Verteilte Applikationen haben heute, wo das Internet oftmals die zugrundeliegende „Plattform" darstellt, eine ganz andere Dimension als noch vor kurzem. Dies macht die Verwendung einer neuen Art von Middleware als Infrastruktur für solche Applikationen erforderlich, bei der auch die Chipkarte als eine Komponente, die innerhalb eines solchen Systemverbundes eine Teilfunktionalität erfüllt, unterstützt werden sollte. Gegenwärtig ist auch zu beobachten, daß das Internet nicht nur weiter stetig wächst, sondern auch dynamischer und mobiler wird, wozu technische Weiterentwicklung wie drahtlose Netze (z.B. Bluetooth [2]), höhere Kommunikationsleistung oder weitere Miniaturisierung sowie ökonomisch-politischen Gegebenheiten (Offenheit der Schnittstellen, Interoperabilität, kürzere Produktzyklen, Globalisierung der Märkte etc.) beitragen. Die Konsequenz ist, daß auch die Applikationen in einem verteilten Systemverbund offener, dynamischer und prinzipiell umfänglicher werden als traditionelle netzbasierte Anwendungen.

Als mittlerweile „klassische" Middleware-Plattform stellt CORBA einen Infrastrukturrahmen zur Unterstützung von Applikationen bereit, welche aus ggf. weiträumig verteilten miteinander kooperierenden Objekten bestehen. Herkömmliche verteilte Architekturprinzipien sind für große, sehr dynamische und völlig offene Systeme jedoch zu wenig adaptiv und daher eher ungeeignet. Mit Java wurde nun eine Sprache konzipiert, die von ihren Konzepten her besser für das Internet und seine neuen Anwendungen geeignet ist als klassische Programmiersprachen. Allerdings gehört zu einer guten „Internet-Infrastruktur" wesentlich mehr als eine Sprache: Gefordert sind entsprechend geeignete Ablaufumgebungen, Betriebssysteme und Verteilungsplattformen. Bezüglich Java hat Sun kürzlich mit Jini [5] ein auch für diesen Zweck hochinteressantes Framework vorgestellt.

Es sieht daher so aus, als ob man am Anfang einer neuen Generation von „Internet-Middleware" steht, die durch ihre Mechanismen und Paradigmen die Dynamik und Offenheit der sich abzeichnenden großen verteilten Applikationen besser unterstützt. Andererseits steht ein fast alles durchdringendes Internet mit seinen vielfältigen interoperablen Diensten und der propagierten Offenheit, das teilweise auch Verantwortlichkeiten virtualisiert, zunächst im Gegensatz zu Sicherheit und Vertrauenswürdigkeit. Da sich nun gerade Chipkarten in großem Stile als Instrumente zur Erhöhung von Sicherheitsbelangen durchsetzen, ist die Frage interessant, welche Rolle Chipkarten in dieser neuen Welt spielen können. Insbesondere die JavaCard ist in dieser Hinsicht bemerkenswert, da sie Programme in einer sicheren Umgebung ausführen kann und für mobilen Code und Szenarien aus dem Bereich des Electronic Commerce [8] prädestiniert zu sein scheint. Durch ihre eingebaute virtuelle Java-Maschine und die Möglichkeit, dynamisch Programmkomponenten aus dem Netz zu laden, stellt sie zudem (relativ zur „Java-Welt") eine universelle, sichere Plattform in einer offenen, verteilten Welt dar.

Um Chipkarten in einem offenen Verbund mit anderen Geräten und Services betreiben zu können, wird eine Eingliederung in eine standardisierte Middleware-Architektur notwendig. Im nachfolgenden Kapitel wird daher skizziert, wie eine Anbindung der JavaCard an die CORBA-Infrastruktur realisiert werden kann. Die weitergehende Verwendung der JavaCard als sichere Ausführungsumgebung für mobilen Code wird an anderer Stelle beschrieben [6].

4 Prototypische Realisierung verteilter JavaCard-Applikationen

Um das Potential der JavaCard beim Einsatz in zukünftigen Diensten und verteilten Anwendungen aus dem Bereich der Telekommunikation zu untersuchen, wurden von uns einige Applikationsszenarien prototypisch realisiert. Beispielhaft dafür werden nachfolgend zwei davon - die CORBA-Anbindung und die Realisierung einer Lotto-Kundenkarte - beschrieben.

4.1 Middleware-Integration

Eine Middlewareplattform wie CORBA enthebt den Programmierer netzbasierter Anwendungen von vielen Details, die durch die verteilte Natur der Applikation entstehen: Das Kernstück jeder CORBA-konformen Middleware, der sogenannte Object Request Broker (ORB), übernimmt die ortstransparente Vermittlung zwischen räumlich getrennten Objekten. Dies kann man sich auch im vorliegenden Kontext zunutze machen: Ein Applet, das auf der JavaCard abläuft, benötigt einen lokalen Kommunikationspartner im Kartenterminal, der die passive Karte anspricht. Einmal angestoßen, kann es die Applikation auf der Karte erfordern, sich mit einem weiter entfernt im Netz angesiedelten Dienst zu verbindet. Das Master/Slave-Prinzip, das für Chipkarten im Standard ISO/IEC 7816 festgelegt ist, verhindert jedoch, daß die Karte von sich aus aktiv werden kann.

Um beide Probleme zu lösen, wird eine Vermittlungsinstanz im Kartenterminal benötigt, die das Master/Slave-Prinzip umgeht und eine Verbindung zu einem Netzdienst aufbauen kann. Das Master/Slave-Problem wurde entsprechend dem „SIM Toolkit"-Konzept [10] gelöst und wird zum einfacheren Verständnis in der weiteren Betrachtung vernachlässigt.

Um den Aufwand, der durch die jeweils applikationsspezifisch zu realisierende Vermittlungsinstanz entsteht, zu eliminieren, sollte die ORB-Funktionalität einem Karten-Applet direkt auf der Chipkarte zur Verfügung stehen. Für einen solchen „Card-ORB" (CORB) bieten sich zwei Realisierungsmöglichkeiten an:

- Proxy-Lösung: Der Teil des CORB, der die Vermittlungsfunktionalität realisiert, ist auf das Kartenterminal ausgelagert (siehe **Abbildung 2**). Die Klassen, die den CORB auf der Karte selbst realisieren, sind dabei Proxy-Objekte, die die Funktionalität des extern angesiedelten CORB-Teiles in die Karte spiegeln, indem die Objektreferenzen und Dienstanfragen dorthin weitergereicht werden. Für die eigentlichen Dienstobjekte muß in gleicher Weise verfahren werden.

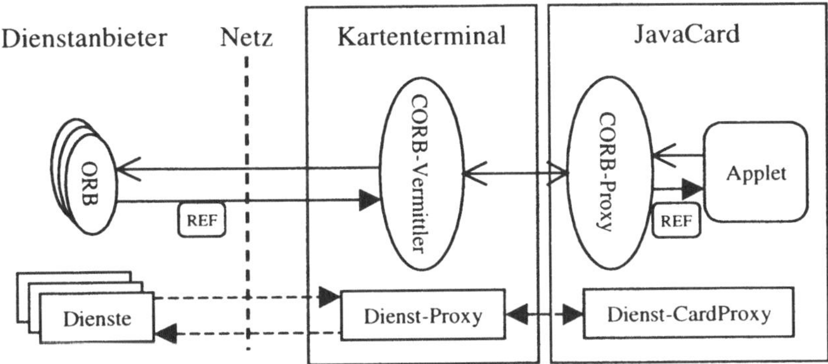

Abbildung 2: Einfaches ORB-Szenario

- Integrierte Lösung: Die Vermittlungsfunktionalität ist vollständig durch die CORB-Klassen auf der Chipkarte implementiert. Läuft die gesamte ORB-Funktionalität auf der Karte ab, so kann den Kartenapplikationen ein vertrauenswürdiger ORB angeboten werden, da die Karte als sichere Ablaufumgebung gilt. Dies erhöht die Sicherheit beim Arbeiten in unbekannter Umgebung und mit unbekannten externen Komponenten erheblich.

Die Implementation der gesamten ORB-Funktionalität auf der JavaCard im Sinne einer integrierten Lösung ist zur Zeit aus Platz- und Performanzgründen noch nicht realisierbar. Dies kann erst mit der Verfügbarkeit leistungsfähigerer Karten erreicht werden. Aus diesem Grund wurde für die Prototypapplikationen die Proxy-Lösung realisiert.

Die Vorteile einer Middleware-Integration liegen klar auf der Hand: Karten-Applets können in einfacher und flexibler Weise an jedem Kartenterminal auf beliebige Netzdienste zugreifen, indem sie alle Möglichkeiten einer CORBA basierten Middleware-Plattform nutzen. Dadurch können einem Kunden als Nutzer der JavaCard beliebige, neuartige Dienstleistungen über seine Karte angeboten werden, gleichgültig, wo sich der Kunde gerade befindet, bzw. wo der Netzdienst angesiedelt ist.

4.2 Personalisierte Kundenkarte: Die Lotto-JavaCard

Die von uns in einem weiteren Szenario realisierte Lotto-JavaCard ist ein Beispiel für eine maßgeschneiderte Privatkundenkarte. Das realisierte Prototypszenario besteht aus den in **Abbildung 3** gezeigten Komponenten: Der Lotto-Kunde erhält eine persönliche Lotto-JavaCard, mit der er überall und zu jeder beliebigen Zeit Lotto spielen kann. Einzige Voraussetzung ist ein Telefonanschluß (Handy, Telefonzelle, einfaches Telefon oder PC mit Modemanschluß) mit integriertem Kartenlesegerät. Die Lottogesellschaft unterhält einen Netzdienst „Lottoserver". Jedem Kunden wird eine eindeutige, aber anonyme Benutzer-ID zugeordnet; zusätzlich erhält er ein Konto, von dem die Spielkosten abgezogen und auf das Gewinne gutgeschrieben werden. Die von der Karte über das Netz erhaltenen Tipreihen eines Kunden werden unter dessen Benutzer-ID bis zur Ziehung gespeichert.

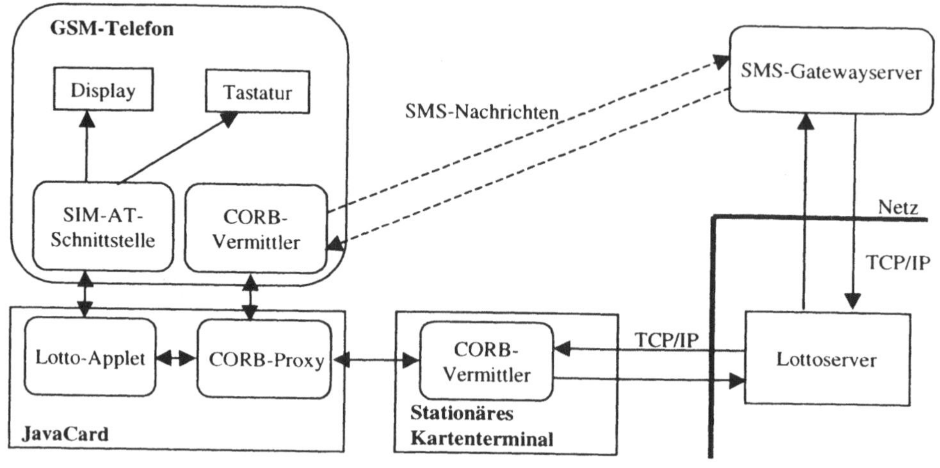

Abbildung 3: Architektur des Lotto-JavaCard-Szenarios

Das auf der Karte befindliche Lotto-Applet übernimmt dabei folgende Aufgaben:

- Ansteuerung des Displays des Kartenterminals zum Anzeigen von applikationsspe-zifischen Menüs.
- Verschlüsselte Kommunikation mit dem Lottoserver zur Tip-Abgabe und Gewinn-überprüfung mit gegenseitiger Authentifizierung mittels Challenge-Response-Ver-fahren.
- PIN-gesicherte Speicherung von Authentifizierungsdaten (Benutzer-ID und Paß-wort) und Diffie-Hellman-Schlüssel zur Verschlüsselung der Kommunikation.
- Speicherung der Applikationsdaten (z.B. Tip-Reihen, Gewinnzahlen).
- Verwaltung des Lottokontos: Auf-, Ab- oder Umbuchen über eine Kreditkarte, ein Girokonto oder aber eine auf der Karte befindliche Geldbörsen-Applikation (z.B. GeldKarte, PayCard).

Das Prototypszenario wurde für den Einsatz der Karte in einem GSM-Mobiltelefon konzipiert, wobei das Mobiltelefon als Java-Applikation simuliert wurde. Um die Me-nüansteuerung realitätsgetreu nachzubilden, wurde eine SIM-AT-konforme [10] Java-Schnittstelle implementiert. Da ein GSM-Telefon als einzige Möglichkeit zur Kom-munikation mit einem Server im Telekommunikationsnetz SMS-Messages zur Verfü-gung hat, wurde zusätzlich ein SMS-Gatewayserver realisiert. Dieser nimmt SMS-Messages entgegen und leitet die Daten über TCP/IP-Kommunikationsprotokolle an den Lottoserver weiter. Für die Antwortnachrichten vom Lottoserver werden die Daten vom Gatewayserver in SMS-Nachrichten umgewandelt und an die Lotto-Appli-kation gesendet. Wird die Karte an einem stationären Terminal mit Netzanschluß ver-wendet, kann die Kommunikation unmittelbar über das Netz erfolgen.

5 Eignung der JavaCard als Plattform verteilter Anwendungen

Damit Applikationen von einer verteilten Anwendungsarchitektur, in die die Java-Chipkarte eingebettet ist, profitieren können, müssen eine Reihe von infrastrukturellen Voraussetzungen erfüllt sein. Diese lassen sich in zwei Kategorien unterteilen:
1. Infrastrukturmaßnahmen auf den Karten selbst, und
2. kartenexterne Infrastrukturmaßnahmen.

In einem idealen verteilten Applikationsszenario sollte eine Chipkarte nicht anders behandelt werden als jeder andere Netzknoten, der allerdings spezielle Eigenschaften aufweist. Soll eine Chipkarte wie ein beliebiger Rechner in einem Intranet oder im Internet angesprochen werden können, so ist die Möglichkeit der direkten Kommunikation mit der Karte essentiell. Da Middleware-Realisierungen als Kommunikationsplattformen grundlegende Mechanismen zur Implementierung verteilter Anwendungen bereitstellen, liegt es nahe, die Integration von Chipkarten mit solchen Architekturen voranzutreiben, um diese so in uniformer Weise zugreifbar und nutzbar zu machen. Bei näherer Betrachtung stellt sich allerdings heraus, daß einige Architekturprinzipien (z.B. Master/Slave-Rolle), aber auch gegenwärtige Kartenbetriebssysteme, Defizite aufweisen, die die Integration erschweren. Im folgenden werden die diesbezüglich gewonnen Erfahrungen aus den realisierten Beispielszenarien geschildert und die für eine einfachere Anwendungsentwicklung nötigen Infrastrukturmaßnahmen vorgestellt und diskutiert.

5.1 Kartenlokale Infrastruktur

Idealerweise wird eine Chipkarte als ein eigenständiger Rechner im Netzverbund angesehen. Damit eine Karte so behandelt werden kann, muß sie jedoch eine ähnliche lokale Infrastruktur aufweisen wie ein herkömmlicher Rechner. Neben der rein physikalischen Ausstattung mit CPU und Speicher muß insbesondere das Betriebssystem auf die im Vergleich zur bisherigen Nutzung neuen Aufgaben eingerichtet sein. Hier bieten auch die neueren Kartenbetriebssysteme kaum adäquate Unterstützung: Es ist zwar möglich, ausführbaren Code fast jederzeit auf die Karte zu laden, bisher kann aber lediglich genau eine der auf der Karte befindlichen Applikationen aktiv sein. Auch gibt es prinzipiell die Möglichkeit, beim Start der Karte die Aktivierung einer bestimmten Applikation zu fordern, dieses Protokoll wird jedoch in der Praxis bisher kaum von den Kartenterminals benutzt.

Neben diesen eher organisatorischen Mängeln hat sich im Rahmen der prototypischen Realisierungen der Beispielszenarien gezeigt, daß die zur Zeit erhältlichen Betriebssysteme einen gravierenden Nachteil besitzen: es ist nicht vorgesehen, daß die Karte von sich aus aktiv wird. Tatsächlich werden Chipkarten bisher lediglich als „Slave" zur Bereitstellung einer bestimmten Funktionalität angesehen: Hat die Karte auf eine Anforderung geantwortet, gilt der Dienst als erbracht und eine darüber hinausgehende Aktivität der Karte ist nicht vorgesehen. Um die Master/Slave-Rolle einfach vertauschen zu können und um echtes Multiprogramming zu erreichen, müßte auf den Karten ein für klassische Rechner übliches CPU-Scheduling, Interruptsteuerung, Speicherverwaltung, Speicherschutz sowie ein Dateisystem mit Zugriffsrechten realisiert werden. Der Standard ISO/IEC 7816 müßte dazu ergänzt bzw. geändert werden.

Ein weiteres Problem stellt der beschränkte Kommunikationsmechanismus zur Karte dar: Ergebnisdaten können aufgrund ihrer Größe u.U. nicht in einer einzigen Antwortnachricht übertragen werden und das ISO/IEC 7816-3 Protokoll sieht kein Chaining vor. Dieses Problem kann wiederum nur durch ein dem SIM-Toolkit-ähnlichen Konzept umgangen werden, indem das Ergebnis in mehreren Schritten paketisiert versandt wird. Dies ist umständlich und bei netzbasierten Applikationen bei einer Übertragungsrate von 9600 Baud zur Karte u.U. auch sehr zeitaufwendig.

Da Chipkarten aufgrund ihrer Beschaffenheit vielfach in sicherheitskritischen Bereichen eingesetzt werden, sind die meisten Chipkarten mit Krypto-Coprozessoren ausgestattet, die die in diesem Bereich anfallenden kryptographischen Berechnungen effizient ausführen. Im Rahmen einer Nutzung als Anwendungsplattform muß die Funktionalität des Coprozessors in geeigneter Form, zum Beispiel als Programmbibliothek, angeboten werden. Diese Unterstützung wird von den Karten zur Zeit nicht oder nur in eingeschränkter Form angeboten. In zukünftigen Szenarien könnten die Karten auch ihre spezifischen kryptographischen Fähigkeiten netzweit exportieren und zur Verfügung stellen - was u.U. aber politisch-rechtliche Probleme induziert.

Zusammenfassend läßt sich feststellen, daß die aktuellen Chipkarten mit ihren Betriebssystemen noch nicht die Fähigkeit einer universellen Nutzung in einem Netz anbieten. Damit die Vision einer effizienten und netzglobalen Verwendung Wirklichkeit werden kann, müssen insbesondere die Kartenbetriebssysteme noch eine ähnliche Entwicklung durchlaufen wie die Betriebssysteme herkömmlicher Rechner.

5.2   Infrastruktur außerhalb der Karte

Um eine Verfügbarkeit von Chipkarten als allgemeine Programmierplattform in einem offenen Netzverbund zu erreichen, sind auch Infrastrukturmaßnahmen im Umfeld der Karte erforderlich.

Auf die Chipkarte kann nur mittels Kartenleser zugegriffen werden. Damit muß jegliche Netzkommunikation mit der Karte durch den Kartenrechner vermittelt werden, der daher zusätzliche Vermittlungssoftware benötig. Damit der Zugriff und die Kommunikation mit verschiedenen Karten- und Kartenlesertypen in uniformer - und im Idealfall in transparenter - Weise geschehen kann, muß hier eine entsprechende Schnittstelle zur Verfügung gestellt werden, die einerseits die Ressourcen der Karte, und andererseits die Applikationen auf der Karte netzweit anbietet. Diese Anbindung kann, wie bisher meist üblich, applikationsspezifisch geschehen. In diesem Fall existiert zu jeder Kartenapplikation ein entsprechender Kommunikationspartner auf dem Kartenrechner, doch sollte dieser zweckmäßigerweise applikationsunabhängig sein und generischen Charakter besitzen.

Da in Form von Middleware (CORBA, JINI, DCOM etc.) bereits ähnliche, generische Schnittstellen und Mechanismen für klassische Rechnerverbundsysteme existieren, liegt es nahe, diese Mechanismen zu nutzen und die Kartenanbindung dort zu verankern. Wie die beschriebene prototypische Anbindung der Karte an die CORBA-Middleware zeigt, ist dies zur Zeit nur mit Einschränkungen möglich: Hier muß noch eine Vermittlungsinstanz auf dem Terminal eingesetzt werden. Es zeichnet sich allerdings ab, daß die Leistungsfähigkeit der auf Chipkarten verfügbaren Ressourcen ähnlich schnell zunehmen wird, wie dies im Bereich herkömmlicher Rechnertechnologie geschieht, so daß die Anbindung in absehbarer Zeit auch direkt auf der Karte geschehen kann und das Terminal lediglich noch den physikalischen Netzanschluß für die Karte bereitstellen muß.

Aufgrund der zu erwartenden massenhaften Verbreitung und damit sehr großen Zahl von Chipkarten sind die heutigen Verfahren der Netzkomponentenadressierung dafür allerdings nicht mehr geeignet, da sie keinen ausreichend großen Adreßraum anbieten. Abhilfe kann hier der kommende Internetstandard IPv6 bieten, der mit seinem wesentlich vergrößerten Adreßraum die Möglichkeit eröffnet, jede Chipkarte mit einer eigenen IP-Adresse zu versehen.

6 Fazit

Leicht zu programmierende, multifunktionale Chipkarten stellen für zukünftige verteilte Applikationsszenarien ein interessantes Potential als Teil einer Anwendungsplattform dar. Durch die ihnen eigene Charakteristik der einfachen Anwendbarkeit und leichten Verbreitung bei gleichzeitiger Zusicherung verschiedener Sicherheitseigenschaften sind sie nicht nur als persönlicher und vertrauenswürdiger Kleinstrechner einsetzbar, sondern können auch als sichere Ausführungsplattform für Softwarekomponenten in Netzen dienen. Zwar ist sowohl die Hard- als auch die Software von Chipkarten für die Nutzung als Ausführungsplattform für verteilte Anwendungen noch nicht ideal, doch zeichnet sich aber ab, daß die weitere Entwicklung sehr schnell verlaufen könnte. Durch den geplanten Einsatz von multifunktionalen Chipkarten im Mobiltelefonbereich, der auch in Deutschland zur Zeit ebenso wie das Internet eine rasante Entwicklung durchläuft, wird die schnelle Verbreitung solcher Karten noch weiter gefördert. Es bleibt allerdings abzuwarten, wie zügig die hier beschriebenen Defizite abgebaut werden können und welche konkreten Applikationen diese neue Plattform in der Praxis hervorbringen wird.

Literatur

[1] W. Rankl, W. Effing, Handbuch der Chipkarten, Carl Hanser Verlag, 1999
[2] http://www.bluetooth.com
[3] http://java.sun.com/products/javacard
[4] http://www.javacardforum.org
[5] http://java.sun.com/products/jini/
[6] S. Fünfrocken, F. Mattern, Mobile Agents as an Architectural Concept for Internet-based Distributed Applications - The WASP Project Approach, in KiVS'99 (Hg.: Steinmetz), Springer-Verlag, pp. 32-43, 1999
[7] T. Lindholm, F. Yellin, The Java Virtual Machine Specification, Addison-Wesley, 1997
[8] J. Posegga, Java Smart Cards as a Platform for Electronic Commerce, in: Electronic Commerce - IFIP/GI Working Conference on Trends in Distributed Systems for Electronic Commerce (Hg.: Griffel, Tu, Lamersdorf), dpunkt-Verlag, pp. 175-182, 1998
[9] J. Posegga, H. Vogt, Byte Code Verification for Java Smart Cards Based on Model Checking, in: Proc. 5th European Symposium on Research in Computer Science - ESORICS 98 (Hg.: Quisquater, Deswarte, Meadows, Gollmann), Springer-Verlag, LNCS 1485, 1998
[10] GTS GSM 11.11 und GSM 11.14, Digital Cellular Telecommunication Systems (Phase 2+); Specification of the SIM Application Toolkit for the Subscriber Identity Module - Mobile Equipment (SIM-ME) Interface; GSM Technical Specification; March 1996

Remote-Administration von eingebetteten Systemen mit einem Java-basierten Add-On-Modell

Frank Burchert, Christian Hochberger, Ulrike Kleinau, Djamshid Tavangarian

Universität Rostock, Institut für Technische Informatik
Lehrstuhl für Rechnerarchitektur
Albert-Einstein-Straße 21, 18059 Rostock
Tel. +49 (0)381 / 498 - 3386 Fax: -3440
E-Mail: ra@informatik.uni-rostock.de

Kurzfassung. Dieser Beitrag behandelt prinzipielle Architekturen für die Fernadministration und -wartung eingebetteter Systeme und stellt eine neue, modulare Lösung auf der Basis eines Add-On-Modells vor, mit der sich insbesondere bereits bestehende Systeme zur sicheren Administration über Intranet oder Internet erweitern lassen. Der Einsatz von Java zeigt sich dabei als probates Mittel, um die Sicherheit zu erhöhen und diese Systeme auf einfache Weise via Web fernzubedienen. Authentifizierung, Autorisierung und Sicherstellung der Vertraulichkeit sind dabei die Schlüssel zur Realisierung solcher Systeme.

1 Einleitung

Wie die Vergangenheit gezeigt hat, profitieren eingebettete Systeme stets von den Entwicklungen auf den Gebieten der Soft- und Hardware für Desktop-Systeme bzw. Workstations, wenn auch mit einer gewissen zeitlichen Verzögerung. Das gilt auch für die Anbindung eingebetteter Systeme an ein Kommunikationsnetz: Während bei Arbeitsplatzrechnern die Anbindung der Systeme an Netzwerke schon längst ein fester Bestandteil heutiger EDV-Konzeptionen geworden ist, hat sie bei den eingebetteten Systemen gerade erst begonnen. Die Vorteile einer solchen Anbindung liegen dabei klar auf der Hand: Neben zahlreichen Möglichkeiten für die Applikationen selbst (man denke hier beispielsweise an die Programmierung verteilter Systeme) sind das insbesondere Dienste wie Fernadministration, Fernwartung und -überwachung, die hinzukommen. Dabei werden nicht nur Kosten gesenkt, wenn für die Wartung oder Administration nicht mehr ein Techniker vor Ort sein muß, sondern es ist auch ein Zugewinn an Service, wenn diese Dienste von jedem Ort aus und damit von wenigen Experten für den Anwender vorgenommen werden können, ohne daß dieser sich mit der Administration selbst auskennen muß [6]. Da ein Großteil der heutigen Funktionalität eingebetteter Systeme in Software realisiert ist, bietet sich hier ferner die Möglichkeit, auf einfache Art Updates vorzunehmen, mit denen nachträglich eine neue oder geänderte Funktionalität implementiert werden kann.

Da ein über Internet erreichbares System aber auch verletzlicher gegenüber Angriffen aus dem Netz ist, sind eine Reihe von Maßnahmen zu treffen, die den sicheren Betrieb gewährleisten sollen und bereits bei der Architektur solcher Systeme zu berücksichtigen sind. Dieser Beitrag beschäftigt sich daher mit drei zentralen Fragen, die sich im Zusammenhang mit der Anbindung eingebetteter Systeme an das Internet immer wieder stellen:

- Welche Aufgaben bestehen im Zusammenhang mit der Administration bzw. dem Management[1] eines Systems im laufenden Betrieb und welche können davon aus der Ferne übernommen werden?
- Welche architektonischen Maßnahmen sind zur Lösung dieser Aufgaben erforderlich?
- Welche Sicherheitsaspekte sind bei der Fernadministration prinzipiell zu berücksichtigen?

Der Aufbau dieses Beitrags gliedert sich hierzu folgendermaßen: Während Abschnitt 2 kurz den gegenwärtigen Stand bei der Remote-Administration von (eingebetteten) Systemen vorstellt, geht der darauffolgende Abschnitt 3 auf die allgemeinen Anforderungen und die damit im Zusammenhang stehenden Architekturentscheidungen ein. Abschnitt 4 stellt eine daraus abgeleitete neuartige Lösung für Systeme heraus, die mit einem Add-On-Modul zur Remote-Administration befähigt werden. Ein Add-On-Modul stellt dabei eine speziell für diese Aufgabe qualifizierte, eigenständige Hard- und Software-Einheit auf der Basis von Java dar. Die Abschnitte 5 und 6 zeigen auf, welche Vorteile sich hierbei durch die Verwendung der Programmiersprache Java ergeben und wie die Sicherheit vor unzulässigen Eingriffen in das eingebettete System durch javabasierte und andere Maßnahmen gewahrt werden kann.

2 Remote-Administration und -Management: Stand der Technik

2.1 Fernsteuerung und -überwachung eingebetteter Systeme

Ferngesteuerte, -überwachte oder auch -administrierbare Systeme gibt es bereits seit längerer Zeit. Beispiele hierfür finden sich sowohl im industriellen als auch im privaten Bereich. Exemplarisch seien hier Telekommunikationsanlagen, Anrufbeantworter oder auch die moderne Haustechnik genannt, wo verschiedenste Hausgeräte, die beispielsweise an einem seriellen Bus angeschlossen sind, ferngesteuert bzw. -überwacht werden können. In der Regel werden dabei zur Kommunikation herkömmliche Telefonverbindungen genutzt, über die sich der Anwender in das System einwählt, das dann durch eine spezielle Software administriert oder auch einfach nur überwacht werden kann. Meist wird bei der Verbindung zum eingebetteten System ein proprietäres Kommunikationsprotokoll genutzt. Nachteilig an dieser Art der Fernadministration ist, daß der unberechtigte Zugang hier in der Regel lediglich durch ein Paßwort und das ggf. proprietäre Protokoll verhindert wird. Die Kommunikation selbst wird in der Regel unverschlüsselt durchgeführt. Steht das zu administrierende Gerät weit entfernt, fallen darüber hinaus unter Umständen hohe Verbindungsgebühren an.

IP-basierte Remote-Administration und -steuerung von eingebetteten Systemen steht zur Zeit noch am Anfang der Entwicklung (Bsp.: steuerbare Web-Kameras, ...). Sie wird erschwert durch die große Anzahl von Plattformen und Architekturen, die in diesem Bereich zu finden sind. Hierzu einen weitestgehenden generischen und zukunftsträchtigen Ansatz zu finden, ist eine aktuelle Aufgabe, für die es bereits erste Ansätze gibt [4][6]. Die Bedeutung des Einsatzes der plattformunabhängigen Web-Technologien (von HTML bzw. XML über HTTP bis Java) wird wegen der damit verbundenen Vorteile (s. Abschnitt 5) mittlerweile nicht mehr bestritten. In allen Ansätzen spielen Applets bzw. Servlets eine zentrale Rolle; die Benutzeroberfläche wird in der Regel wegen der Flexibilität von Web-Browsern gebildet.

---

[1] In diesem Beitrag werden die Begriffe "Administration" und "Management" synonym gebraucht.

2.2 Standardisierte Verfahren zur Administration netzgebundener Systeme

Die Fernadministration von Netzwerken bzw. deren Komponenten ist im Gegensatz zur Situation der eingangs erwähnten eingebetteten Systeme schon sehr viel fortschrittlicher. Hierzu wurden in der Vergangenheit verschiedene Management-Werkzeuge geschaffen, die dem Administrator die Möglichkeit geben, eine große Anzahl von Maschinen und Peripheriegeräten über Local Area Networks (LANs) und Wide Area Networks (WANs) zu verwalten. Ein klassisches Beispiel ist hier das standardisierte, herstellerunabhängige Simple Network Management Protocol (SNMP), das in seinen verschiedenen Versionen SNMPv1 bis SNMPv3 bereits eine ansehnliche Verbreitung gefunden hat. Das Management fußt hier auf sogenannten Management Information Bases (MIBs), die ein jedes zu administrierende Gerät über eine Anzahl von spezifizierenden Parametern beschreiben und durch einfache GET und SET-Aufrufe der aufsetzenden SNMP-Management-Software abgefragt bzw. modifiziert werden können. Über Traps können (Alarm-) Meldungen vom administrierten System an die Management-Station gereicht werden. Der SNMP-Agent übernimmt dabei die Vermittlerrolle zwischen dem Management-System auf der einen und der zu managenden Ressource auf der anderen Seite und gehört damit zusammen mit dem Management-System zu den handelnden Instanzen in diesem Modell (s. Abb. 1) [5].

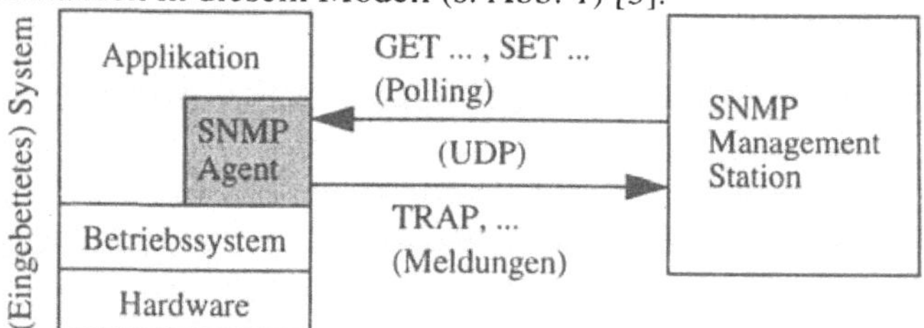

Abb. 1. SNMP-basiertes Remote-Management

Authentifikation und Autorisierung gehören ebenso wie die Verschlüsselung mittlerweile zu einem unverzichtbaren Standard, wenn sichere Verbindungen über IP-Netze realisiert werden sollen. In SNMPv2 wurden diese Sicherheitsmerkmale daher weitestgehend übernommen. Der gravierende Nachteil, daß SNMP-Daten nach wie vor über das unsichere UDP (User Datagramm Protocol) verschickt werden und damit während des Transports verlorengehen können, besteht aber immer noch.

2.3 Neue Entwicklungen im (Remote-) Management-Umfeld

Ein möglicherweise neuer Standard auf dem Gebiet der netzbasierten Administration verspricht die von verschiedenen Herstellern unterstützte Initiative „Wired for Management" (WfM) zu werden, mit dem selbst Systeme ohne ein installiertes Betriebssystem durch eine pre-boot-Verbindung zu einem im BIOS oder Flash-ROM befindlichen Service-Agenten via Netzverbindung installiert und konfiguriert werden können. Für WfM sind derzeit sowohl On-Board- als auch PCI-Steckkartenlösungen innerhalb der PC-Welt vorgesehen. Damit kann ein System auch nach einem zerstörerischen Totalabsturz über Netz neu installiert werden, sofern eine Verbindung zu ihm aufgebaut werden kann.

Die Jini-Technologie macht es möglich, daß sich Geräte spontan in ein Netzwerk einklinken, um dort unmittelbar anderen Netzteilnehmern ihre Dienste anzubieten. Damit wird eine hochdynamische und -skalierbare Kommunikationsinfrastruktur angestrebt. Die grundsätzliche Fragestellung, wie sich diese Geräte sicher aus der Ferne

administrieren lassen, bleibt dabei aber bestehen: Auch derart spontan eingebundene
Geräte erlauben in der Regel individuelle Konfigurationen, die für die jeweilig gewünschte Funktionalität explizit einzurichten sind. Die Firma Sun bietet in diesem Zusammenhang ein Java Dynamic Management Kit (JDMK) an, das in der Form von
JavaBeans-Komponenten Grundelemente zum Aufbau von Managementsystemen bietet, die auf der Basis von dynamischen, servicefordernden Managementagenten und
webbasierten, servicepropagierenden Managementinstanzen agieren [8]. Dabei wird
neben RMI (Remote Method Invokation) u.a. auch das SNMP-Protokoll unterstützt. Sicherheitsaspekte scheinen aber noch ein kritischer Punkt zu sein.

Mit der zunehmenden Verbreitung und Verfügbarkeit des Internets an jedem beliebigen Ort wird die Fernadministration über IP-Netze auch für eingebettete Systeme interessant. Der folgende Abschnitt führt an, welche Anforderungen dabei an solche
Systeme zu stellen und welche Architekturen bereits mit den heutigen Techniken realisierbar sind. Dabei wird aufgezeigt, wo der Einsatz von Java sinnvoll erscheint.

3 Architekturen fernadministrierbarer und -wartbarer Systeme

Wenn eingebettete Systeme über IP-Netze fernadministrierbar sein sollen, müssen sie
zusätzlichen Anforderungen genügen, die es bereits bei der Architektur zu berücksichtigen gilt. Dazu gehören vor allem spezielle Sicherheitsmaßnahmen für das Zugangssystem, die mit Mitteln wie Authentifizierung, Autorisierung und Verschlüsselung oder
Nutzung digitaler Signaturen zu erfüllen sind (s. Abschnitt 6). Zu den Aufgaben, die damit prinzipiell aus der Ferne übernommen werden können, zählen

- Administration, Konfiguration und Wartung des Systems, wozu auch die Aktuali-
  sierung (Updating) bzw. der Austausch von Software-Komponenten (Treiber,
  Applikationen, Systemsoftware, ...) gezählt wird ,
- Modifikation von Systemparametern,
- Überwachung (Monitoring) von Betriebsdaten des eingebetteten Systems und
  seiner Komponenten (wie z.B. Sensoren, Aktorcn),
- Implementation von Test- oder Service-Software zur Fehlererkennung im
  Störungsfall.

Durch die Anbindung eingebetteter Systeme an ein Kommunikationsnetz gewinnen
diese die Möglichkeit,

- autonom Betriebsdaten oder Störungen zu melden sowie
- Wartungsanforderungen in Abhängigkeit von der realen Benutzung des Systems
  abzusetzen.

Fernadministrierbare Systeme weisen grundsätzlich eine Architektur auf, die sich
grob in eine Zugangs- und eine Management-Komponente teilt, die im einzelnen sehr
unterschiedlich ausgestaltet sein können. In der letzten Zeit kristallisieren sich für das
Zugangssystem dabei immer häufiger Web-Techniken (HTML, XML, SHTTP, Java,
...) heraus, was aber nicht als Beschränkung aufgefaßt werden sollte. Applets spielen
hier eine zunehmende Rolle, da mit ihnen der Aufwand auf Client-Seite im wesentlichen auf das Vorhandensein eines Web-Browsers reduziert werden kann. Auf der Seite
des Managementsystems (Client-Seite) werden gelegentlich Datenbankdienste ver-
langt, wenn eingebettete Systeme z.B. in unterschiedlichen Konstruktionsvarianten
vorliegen, die dort abgelegt sind. Java bietet mit seinen zahlreichen APIs gute Möglichkeiten der plattformunabhängigen Anbindung solcher Systeme (z.B. mittels JDBC).

Fernadministrierbare eingebettete Systeme lassen sich in zwei wesentliche Kategorien einteilen, die hier als *integrierte* und *modulare*[2] Systeme bezeichnet werden sollen. Während bei den ersteren keine organisatorische Trennung der Remote-Administration von den Komponenten des eigentlichen eingebetteten Systems festzustellen ist (Gesamtsystem als monolithischer Block), ist die Fernadministration in letzteren durch organisatorisch separate Module realisiert. Das hat den Vorteil, daß zukünftige Innovationen der Techniken für das Zugangssystem berücksichtigt werden können, indem lediglich die betreffende Komponente getauscht wird. Eingriffsmöglichkeiten in das eingebettete System bestehen dabei über standardisierte Schnittstellen.

Für integrierte Systeme existiert bereits ein weitestgehend generischer Ansatz, mit dem das Management eingebetteter Systeme in das allgemeine Netzwerkmanagement eingebunden werden kann [7]. Darin wird eine Backplane-Architektur vorgeschlagen, die in der Form einer zusätzlichen Adaptionsschicht einen universellen Zugang zu dem eingebetteten System und seinem Innenleben eröffnet. Dieses Zugangssystem realisiert dabei auch die wichtigen Sicherheitsmaßnahmen (s. Abb. 2a). Nachteilig an dieser Architektur ist, daß es nach wie vor eine enge Verknüpfung zwischen dem eigentlichen eingebetteten System und dem Zusatz zur Fernadministration gibt, der sich in der Notwendigkeit des Gluecodes widerspiegelt.

a) integriertes ES   b) ES mit separatem Administrationsmodul

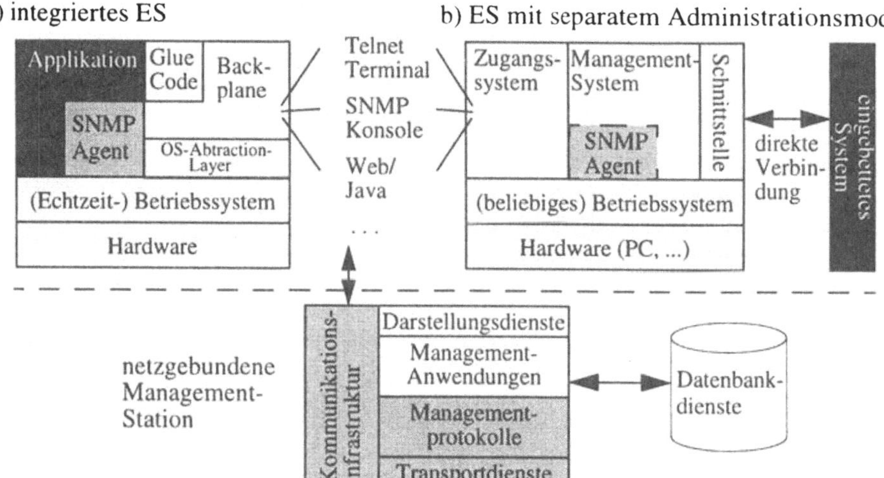

Abb. 2. Die modular konzipierte Fernadministration für eingebettete Systeme (ES)

Ein etwas anderer Ansatz wird bei den Add-On-Administrationsmodulen verfolgt, mit denen auch bereits existierende eingebettete Systeme zur IP-basierten Fernadministration erweitert werden können. Derartige Module verfügen über eigene Hard- und Software-Komponenten zur Erfüllung der Aufgabe und sind über eine direkte Verbindung mit dem eigentlichen eingebetteten System gekoppelt. Diese Verbindung wird in der Regel über eine Standardschnittstelle erfolgen. Die Zugangsschicht sorgt auch hier für die Realisierung der erforderlichen Sicherheitsmaßnahmen. Sie läßt sich gut mit Java-Applets realisieren, die aufgrund ihrer Eigenschaften für eine zusätzliche Zugangssicherheit sorgen (vgl. Abschnitte 4 und 6). Über die dargestellte Architektur wird es mit Add-On-Modulen darüber hinaus ermöglicht, bislang nicht SNMP-fähige Syste-

---

[2] Der Begriff "modular" soll hier nicht im Sinne des Software-Engineering verstanden werden, sondern im Sinne separater, aus Hard- und Software bestehender Module.

me in das vorhandene Netzwerkmanagement einzubinden, wobei dieses Merkmal nicht auf SNMP-basiertes Management beschränkt sein muß (s. Abb. 2b).

Nicht aufgeführt sind in der Abbildung die architektonischen Maßnahmen, die zur Selbstüberwachung ergriffen werden müssen. Dies können in der einfachsten Realisierung Watchdog-Timer sein, die für einen Neustart sorgen, wenn das System längere Zeit in einem Prozeß hängen bleibt.

Zu den kritischen Aufgaben gehört die Fernadministration des Basissystems, das den Systemzugang über Netz sicherstellt, da hier grundsätzlich die Gefahr besteht, „an dem Ast zu sägen, auf dem man gerade sitzt". Eine Lösung hierzu bietet die Anwendung eines *Fall-Back-Verfahrens*, das dafür sorgt, daß eine fehlgeschlagene Neukonfiguration des Systems nach einer gewissen Zeit zur automatischen Reaktivierung der alten Konfiguration führt, die zu diesem Zweck gespeichert bleiben muß. Im anderen Fall kann der Administrator diese Reaktivierung per Befehl unterbinden, nachdem das System erfolgreich eine neue Verbindung zu ihm aufbauen konnte.

Wenn ausschließlich ein temporärer Zugang zum Management-Server des eingebetteten Systems benötigt wird, dann kann dessen Verbindung zum Internet auch über einen zwischengeschalteten Proxy-Server geschehen, damit das zu administrierende Gerät nicht eine dauerhafte Verbindung zum Internet aufrechterhalten muß, die je nach Verbindungsart u.U. mit erheblichen Kosten verbunden sein kann. Bei der Anwahl eines Systems wird dann vom Proxy aus eine Verbindung zum eigentlichen Server aufgebaut, um die Daten durchreichen zu können.

4 Separates Administrationsmodul: Architektur und Komponenten

Die Administrationsfunktionalität kann in einem separaten Modul realisiert werden (s. Abb. 3). Die Administration erfolgt hierbei über das Internet unter Einsatz eines Browsers als Client-Software. Der Browser lädt vom Web-Server des Moduls eine HTML-Seite, die wiederum ein spezielles Applet referenziert, das dann ebenfalls vom Web-Server geladen wird und in der Java Virtual Machine (JVM) des Browsers abläuft. Dieses Applet kommuniziert nun mit einem Admin-Server im Modul, der dann die Konfiguration des eingebetteten Systems über eine adäquate Schnittstelle vornimmt. Darüber hinaus kann der Admin-Server auch als SNMP-Agent für dieses eingebettete System fungieren.

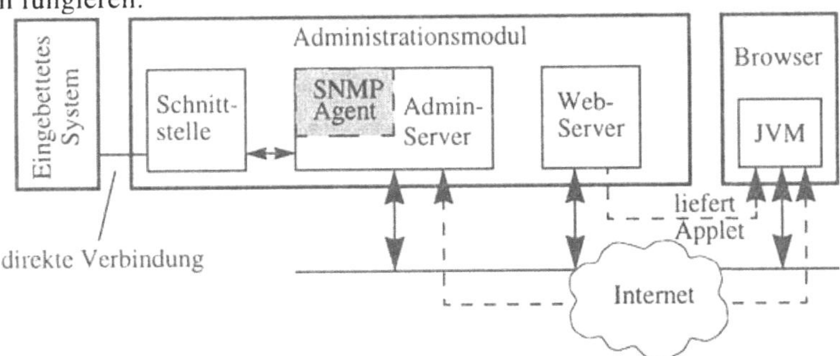

Abb. 3. Architektur eines Administrationsmoduls (unter Einsatz von Applets)

Die Realisierung der Administrationsfunktionalität in einem separaten Modul bietet drei essentielle Vorteile:

1. *Entflechtung der Entwurfskomplexität.* Da das eigentliche eingebettete System und das Administrationsmodul nur über eine (in der Regel einfache) Schnittstelle mit-

einander kommunizieren, verringert sich die Entwurfskomplexität des Gesamtsystems gegenüber einer integrierten Lösung, bei der eigentliche Funktionalität und Administration stärker miteinander wechselwirken.

2. *Bessere Auslegung der Teilsysteme.* Die Anforderungen an Rechenleistung und Speicherplatz können für beide Teilsysteme genauer bestimmt werden, als bei einer integrierten Lösung, da die zu implementierende Funktionalität der Teilsysteme schärfer umrissen ist. Infolgedessen können die Teilsysteme auch genauer den Bedürfnissen angepaßt werden.

3. *Nachrüstung des Administrationsmoduls in bereits existierende Systeme.* Um dem Wunsch nach Produktinnovation nachzukommen und die Bedürfnisse des Marktes abzudecken, wird es in den nächsten Jahren sehr häufig notwendig sein, internetbasierte Administration in bereits existierende Systeme nachträglich zu integrieren.

Zur Realisierung der Administrationsfunktionalität kann z.B. ein *„Embedded PC"* verwendet werden. Dabei handelt es sich um miniaturisierte PCs, die auf sehr engem Raum alle Funktionen zusammenfassen, die für einen Standalone-Betrieb erforderlich sind. Festplatten und Grafikkontroller sind hierbei häufig optionale Bestandteile, auf die verzichtet werden kann. Statt der Festplatte wird in der Regel eine Flash-Disk zum persistenten Speichern von Betriebssystem und Anwendung verwendet [2]. Die meisten Embedded PCs sind mit einer PC104-Schnittstelle ausgerüstet, über die es möglich ist, eine Vielzahl von Schnittstellen nachzurüsten (ISDN, Profibus, Interbus-S, etc.), um so das eigentlich zu administrierende System anzuschließen. Alternativ können spezielle Java-Prozessoren (picoJava, Patriot PSC1000) zur kostengünstigen Realisierung solcher Administrationsmodule verwendet werden.

4.1 Anforderungen an die Komponenten

Im folgenden sollen einige Komponenten dieser Architektur betrachtet werden, um die Anforderungen zu charakterisieren, die an sie gestellt werden.

Prozessor. Im Grunde werden an die Leistungsfähigkeit des Prozessors in dieser Architektur keine hohen Anforderungen gestellt, da er bei separaten Modulen nur für die im Rahmen der Administration anfallenden Aufgaben zuständig ist. Allerdings gilt es zu bedenken, daß der Prozessor bei vollständiger Verschlüsselung des Datenverkehrs zwischen Applet und Admin-Server nicht unerheblich belastet wird. Quantitative Aussagen kann man hierzu alledings nur mit Bezug auf konkrete Algorithmen machen, da sich die verschiedenen Verfahren im Rechenaufwand stark unterscheiden.

Selbstüberwachung. Der Embedded PC sollte über eine Selbstüberwachung, z.B. in Form eines Watchdog-Timers, verfügen, damit eventuelle Software-Fehler erkannt werden und das System nach einem Neustart dann wieder zur Verfügung steht. Auch diese Hardware-Komponente ist in den meisten kommerziell verfügbaren PCs vorhanden oder nachrüstbar.

Betriebssystem. Um die Integrität des Embedded PCs zu wahren und keine Angriffsfläche für potentielle Eindringlinge zu bieten, sollten die Netzwerkdienste des verwendeten Betriebssystems vollständig abgeschaltet werden (natürlich mit der Ausnahme des Web- und des Admin-Servers).

Admin-Server. Besondere Beachtung bei der Implementierung des Admin-Servers muß der Ansteuerung des zu administrierenden Systems geschenkt werden. Im Falle einer einfachen seriellen Leitung, wie sie in vielen Fällen ausreichend sein wird, können die Schnittstellen des PCs über standardisierte Klassenbibliotheken verwendet werden (siehe auch [9]). Sollen spezielle Schnittstellen verwendet werden, dann kann entweder das *Java Native Interface* eingesetzt werden oder man überläßt die Ansteuerung einem gesondertem Prozeß (der z.B. in C programmiert werden kann), der mit dem Admin-Server über einen lokalen Socket kommuniziert.

5 Vorteile des Einsatzes von Java

Herkömmliche eingebettete Systeme werden häufig über serielle oder parallele Schnittstellen administriert. In diesen Fällen ist es in der Regel erforderlich, spezielle Software auf dem Rechner zu installieren, von dem aus die Administration vorgenommen werden soll. Der Einsatz von Java und insbesondere die Einbettung in das World Wide Web in Form von Applets bieten einige wesentliche Vorteile gegenüber diesen Techniken. Im einzelnen lassen sich diese Vorteile den Bereichen *Entwicklung, Kommunikation, Bedienerführung* und *Wartung* zuordnen.

Software-Entwicklung. Einige Vorteile von Java im Bereich der Software-Entwicklung sind mittlerweile allgemein bekannt. Dazu zählt zum einen die Möglichkeit, praktisch auf einer beliebigen Entwicklungsplattform arbeiten zu können, ohne Rücksicht auf das Zielsystem nehmen zu müssen. Zum anderen ist in Java bereits eine grafische Benutzungsoberfläche integriert, so daß auch in diesem Bereich keine Anpassung an das Zielsystem erforderlich ist.

Von besonderem Interesse bei der Entwicklung von Applets für die Administration und das Management von eingebetteten Systemen sind aber noch weitere Eigenschaften und Möglichkeiten von Java. Einen wichtigen Bereich stellen hierbei die Datenbankanbindungen dar, die in Java über vorhandene Klassenbibliotheken realisiert werden und so vom Entwickler abstrahiert werden können. Aber auch die Anbindung an objektorientierte Systeme wie CORBA, DCOM oder RMI stehen zur Verfügung. Für den Entwurf und die Realisierung von Add-On Lösungen zur Integration in bereits existierende Systeme ist auch die „Java Serial Port Standard Extension" erwähnenswert, da sie die Ansteuerung der seriellen Schnittstelle unabhängig von der zugrunde liegenden Plattform ermöglicht.

Kommunikation. Reale Systeme sind häufig vor dem direkten Zugriff aus dem Internet durch eine Firewall geschützt, so daß eine Kommunikation zu dem zu administrierenden System nicht unbeschränkt durchgeführt werden kann. Das Java RMI-Konzept wurde bereits in Hinblick auf diese Problematik entwickelt und stellt verschiedene Methoden bereit, um eine solche Barriere zu überwinden. Darüber hinaus gibt es auch die Möglichkeit, ein Applet zu signieren und ihm damit die Rechte einzuräumen, vom Server aus angesprochen zu werden (Server-Socket). Eine weitere Betrachtung dieser Problematik ist in [3] zu finden.

Bedienerführung. Die Zahl eingebetteter Systeme, die uns umgeben, wird in den nächsten Jahren dramatisch ansteigen. Allein deswegen ist es vermutlich schon nicht möglich, Administration und Management dieser Systeme ausschließlich von geschultem Personal durchführen zu lassen. Statt dessen sollte die Bedienoberfläche auch von Laien benutzbar sein. Die Verwendung von WWW-Browsern und Applets bietet hierfür einen guten Ansatz, da diese Werkzeuge sehr weite Verbreitung finden und auch Laien mittlerweile geläufig sind. Außerdem bietet die Verwendung von Applets noch die Möglichkeit, Eingaben des Benutzers frühzeitig zu prüfen und kontextsensitive Eingabemasken zu erzeugen.

Wartung. Dadurch, daß sowohl der Server-Prozeß als auch das Applet auf dem selben Rechner gespeichert werden, wird auch die Wartung der Administrationssoftware selber erleichtert, weil nur an einer zentralen Stelle ein Update durchgeführt werden muß.

6 Anforderungen an ein Sicherheitssystem

Unter Sicherheit eines Systems wird häufig verstanden, daß alle Personen nur die ihnen erlaubten Aktionen ausführen dürfen. Es gibt aber vielfältige Aspekte, die den Grad an Sicherheit eines Systems beschreiben:

- **Authentifizierung** - Erst nach seiner eindeutigen Identifizierung, z.B. durch Eingabe eines Paßworts, darf ein Anwender das System nutzen.
- **Autorisierung** - Ein Anwender darf einen Dienst nur nutzen, wenn er nach geklärter Identität auch das Recht dazu hat.
- **Vertraulichkeit** - Das Abhören von Kommunikation sowie das Lesen oder Verändern fremder Daten darf nicht möglich sein.
- **Beherrschung** - Es müssen an allen internen und externen Schnittstellen Sicherungen integriert werden, um das System vor Angriffen schützen zu können.
- **Protokollierung** - Um Funktionsstörungen oder Angriffe erkennen und beseitigen zu können, ist ein Mechanismus zur Alarmierung und umfassenden Informierung nötig.
- **sichergestellte Beteiligung** - Jede Beteiligung eines Nutzers an einer Aktion muß zweifelsfrei nachgewiesen werden können.

Jedes Sicherheitskonzept muß diese Anforderungen erfüllen können, um als sicher zu gelten. Dabei wird es keine völlige Sicherheit geben, da Aufwand und Nutzen stets in einem akzeptablen Verhältnis bleiben müssen.

6.1 Existierende Modelle

Es gibt bereits Sicherheitskonzepte, die zum Schutz von Embedded Systems Anwendung finden können. Dazu zählen z.B. das bei WWW-Anwendungen oft eingesetzte Secure Hypertext Transfer Protocol (S-HTTP) oder Secure Socket Layer (SSL) sowie das Call-Back-Verfahren oder das Transaktionsnummernkonzept bei Client-Server-Modellen. Auch die Programmiersprache Java bietet zahlreiche Möglichkeiten.

WWW-Security. *S-HTTP* stellt eine Erweiterung des Hypertext Transfer Protocols um neue Header, HTML-Tags, Hyperlink-Anchor-Attribute und HTTP-Methoden dar [10]. Es bietet folgende Sicherungsmechanismen: Geheimhaltung durch Verschlüsselung, Authentifizierung durch digitale Zertifikate, Integrität bzw. Kommunikationsnachweis durch digitale Unterschriften. Server und Browser verhandeln vor dem Verbindungsaufbau darüber, welche dieser Maßnahmen eingesetzt und welche Verschlüsselungsalgorithmen verwendet werden sollen. Man kann also eine Nachricht verschlüsseln oder mit einer digitalen Unterschrift versehen und dann in eine S-HTTP-Nachricht einkapseln. Die Header dieses Paketes geben dem Empfänger die notwendigen Informationen, um die ursprüngliche HTTP-Nachricht zurückzugewinnen. Es gibt auch die Möglichkeit, Schlüssel für die Chiffrierung auf externem Weg (z.B. per Mail, Post, Telefon) auszutauschen und zur Decodierung eines erhaltenen S-HTTP-Dokuments einzusetzen.

Das Basisprotokoll für solche Sicherungen ist SSL (Secure Socket Layer). Es wird auf die existierende Transportschicht (z.B. TCP) aufgesetzt und besteht aus zwei Teilen: Das SSL Handshake Protocol behandelt den Verbindungsaufbau, d.h. die gegenseitige Authentifizierung, die Wahl des Verschlüsselungsverfahrens und den Austausch der Schlüssel [1]. Das SSL Record Protocol definiert ähnlich wie das IP Secure Protocol die Struktur der zu übertragenden verschlüsselten Daten sowie der dazugehörigen digitalen Unterschrift. Die gesamte Kommunikation erfolgt verschlüsselt.

Grundlage hierfür sind *kryptographische Algorithmen*, die nach der Art der verwendeten Schlüssel in asymmetrische und symmetrische Verfahren unterteilt werden können. Zu den bekanntesten Vertretern der symmetrischen Algorithmen (derselbe Schlüssel wird für Ver- und Entschlüsselung verwendet) zählt der Data Encryption standard DES, der in letzter Zeit häufig durch geglückte Angriffe Schlagzeilen machte. Sicherer, aber auch langsamer sind asymmetrische Verfahren (verwenden verschiedene Schlüssel) wie RSA, benannt nach seinen Erfindern Rivest, Shamir und Adleman. Mit ihrer Hilfe lassen sich digitale Signaturen erzeugen, die die Unveränderbarkeit von Daten garantieren.

Java. Das Sicherheitsmodell von Java unterscheidet zwischen *Applets*, die über das Internet geladen wurden, und lokalen Applikationen. Hierbei findet das sogenannte Sandkasten-Modell Anwendung: Aus dem Sandkasten heraus sind keine Zugriffe auf das lokale Dateisystem sowie kein Laden von lokalen Programmen oder Bibliotheken möglich, es dürfen nicht uneingeschränkt RMI-Verbindungen aufgebaut werden usw. Nur lokale Applikationen und vertrauenswürdige, d.h. signierte Applets, dürfen über den Sandkasten hinaus arbeiten.

Ein *signiertes Applet* wird auf dem Server-Host erzeugt. Dazu wird ein Java-Archiv (JAR - ähnlich Tar-File) erstellt und über einen geheimen Schlüssel mit einer digitalen Unterschrift versehen, die nur mit dem passenden frei zugänglichen Schlüssel verifizierbar ist. Dadurch kann garantiert werden, daß Applets nicht unerkannt von dritter Seite ausgetauscht werden. Es ist im Browser einstellbar, welchen Zertifizierungsstellen (die diese Schlüssel verwalten) vertraut werden soll.

Zur Absicherung der *RMI-Kommunikation* ist Java so konfiguriert, daß Applets außer zum lokalen und zu ihrem Ursprungs-Host keine Verbindungen aufbauen dürfen. Das bedeutet, daß Angreifer nicht in Kontakt mit dem Applet treten bzw. von ihm kontaktiert werden können. Auch bei Java-Applets können dabei kryptographische Techniken implementiert werden, die in der *Java Cryptography Architecture* (JCA) und im Java Cryptography Environment (JCE) definiert sind.

Zusätzlich mögliche Sicherheitsmaßnahmen. Beim sogenannten Call-Back-Verfahren wird die eigentliche Arbeitsverbindung nicht von den Clients, sondern durch den Server aufgebaut. Dadurch kann abgesichert werden, daß keine unautorisierten Zugriffe auf die vom Server angebotenen Dienste erfolgen, denn der Server verwaltet selbst eine Liste der autorisierten Clients und der ihnen erlaubten Aktionen. Ebenso können sogenannte *Transaktionsnummern* vereinbart werden. Dies sind einmalig verwendbare Paßwörter, die nacheinander bei jeder Transaktion verbraucht werden und Angriffe Dritter verhindern, sofern diese keine Kenntnis über die zuvor festgelegten Geheimnisse haben. Allerdings wird dadurch eine regelmäßige Vor-Ort-Administration notwendig, wenn die Transaktionsnummern aufgebraucht sind. Bei den heutigen Kapazitäten und Preisen für Speichermedien kann die Menge der speicherbaren Transaktionsnummern aber sehr groß und der Verwaltungsaufwand daher sehr klein sein.

Weiterhin sind zusätzliche softwareseitige Sicherungen denkbar, wie z.B. ein Transaktionskonzept mit Einzelbestätigung der erfolgten Aktionen. Die Verbindungen zwischen Server und Clients können abreißen, aber der Administrator muß zu jedem Zeitpunkt den genauen Zustand des Systems kennen, weshalb die Ausführung aller Aktionen durch die Clients bestätigt werden sollte.

7 Zusammenfassung

In diesem Beitrag wurde ein Einblick in den grundsätzlichen Stand der Remote-Administration von (eingebetteten) Systemen und den hierzu verwendbaren Basistechniken gegeben. In diesem Zusammenhang wurde ein neuartiges, allgemeines Add-On-Modell vorgestellt, das beschreibt, wie eingebettete Systeme für die IP-basierte Fernadministration in einer möglichst generischen Form erweitert werden können. Dabei wurde eine Unterscheidung zwischen *integrierten* und *modularen* Systemen getroffen. Durch einen modularen Aufbau und eine organisatorische Trennung der Fernadministration und -überwachung vom eigentlichen eingebetteten System werden dabei erhebliche Vorteile gewonnen: Innovationen auf dem Gebiet der sicheren Zugangstechniken können unabhängig von der für das eingebettete System erforderlichen Plattform realisiert werden; die Systeme sind voneinander entflechtet und lediglich über eine (plattformunabhängige) Schnittstelle miteinander verbunden. Über separate Administrationsmodule können so auch bereits existierende eingebettete Systeme um die zusätzliche Funktionalität der Fernadministration erweitert werden. Gleichzeitig können Management-Standards aus der Welt der EDV-Systeme (wie z.B. SNMP) übernommen werden, wenn das gewünscht wird. In einem eigenen Abschnitt wurden die Vorteile des Einsatzes von Java und die einsetzbaren Sicherheitstechniken diskutiert. Beispiele aktueller Anwendungsgebiete finden sich zahlreich: Telefonanlagen, Fahrkartenverkaufsautomaten für den öffentlichen Personennahverkehr, Fotokopiersysteme etc.

8 Literatur

1. Ahuja, V.: Network & Internet Security, AP Professional, Boston 1996
2. Blank, Hans-Joachim: "Embedded PCs: Applikation mit Intel-Prozessoren und Echtzeitsystemen", Markt und Technik Verlag (Design Elektronik) 1998
3. Falk, Rainer: Java RMI, CORBA und Firewalls, JIT'98, Springer Verlag 1998, S. 215-223
4. Hergenhan; Weiler; Weiß; Rosenstiel: Internet-basierte eingebettete Systeme in der industriellen Automation, GI/ITG-Workshop Java und eingebettete Systeme, Karlsruhe 1998, S. 19-31
5. Janssen, Rainer; Schott, Wolfgang: SNMP: Konzepte, Verfahren, Plattformen; DATACOM-Buchverlag 1993
6. N.N.: Beyond the Embedded Web Server, A Rapid Logic White Paper, December 1998, Rapid Logic Inc., http:\\www.rapidlogic.com
7. N.N.: Embedded Architecture for Web-Based Management, A Rapid Logic White Paper, May 1999, Rapid Logic Inc., http:\\www.rapidlogic.com
8. N.N.: Java Dynamic Management Kit - A White Paper, Sun Microsystems Inc., http://www.sun.com/software/java-dynamic/product.html
9. N.N.: Java Serial Port (COMM) Standard Extension, Sun Microsystems Inc., http://java.sun.com/products/javacomm/index.html
10. Nusser, St.: Sicherheitskonzepte im WWW, Springer-Verlag, Berlin 1998

Java Virtual Machines für ressourcenkritische eingebettete Systeme und Smart-Cards

Frank Golatowski · Hagen Ploog · Ralf Kraudelt
Tino Rachui · Olaf Hagendorf · Dirk Timmermann

Universität Rostock
Fachbereich Elektrotechnik und Informationstechnik
Institut für Angewandte Mikroelektronik und Datentechnik
http://www-md.e-technik.uni-rostock.de

Abstract. In diesem Beitrag werden Erfahrungen beim Entwurf und der Realisierung verschiedener Java-basierter Systeme beschrieben. Diese Systeme sind auf verschiedene Anforderungen und Anwendungsgebiete zugeschnitten. Zuerst wird die Realisierung einer virtuellen Javamaschine (JVM) für eingebettete PC-basierende Systeme beschrieben. Dabei werden die notwendig gewordenen Modifikationen hervorgehoben, um den Einsatz auf solchen ressourcen-kritischen Systemen zu ermöglichen. Einen wesentlichen Schwerpunkt bildet dabei die Umsetzung von E/A-Zugriffen über Standard-Unix-Gerätefunktionen. Als weiteres wird eine JVM für ein mikrocontroller-basiertes System vorgestellt. Als Mikrocontroller kommt hier ein 8-Bit-Prozessor zum Einsatz. Ziel dieser Implementierung ist es, Voraussetzungen zu schaffen und Erfahrungen zu sammeln für die Entwicklung eines Java-Prozessors. Diesen stellen wir als dritte Komponente vor. Dieser Spezialprozessors ist für den Einsatz als Smart-Card-Prozessor vorgesehen. Die besondere Aufgabenstellung besteht darin, die Objektorientierung hardwaretechnisch umzusetzen. Die beiden virtuellen Maschinen wurden beispielhaft für 80x86 (mindestens 80386) bzw. 8051-Prozessoren implementiert. Sie können aber auch auf andere Prozessoren portiert werden.

1 Einleitung

Die Programmiersprache Java kann in kleinen eingebetteten Systemen und auch in offenen Automatisierungssystemen eingesetzt werden. Allerdings sind dabei einige Voraussetzungen zu erfüllen. Client-Systeme, die auf dieser Technologie basieren, können Anwendungen bei Bedarf dynamisch übers Netzwerk (Intranet, Internet) von beliebigen Standorten nachladen. Jene Systeme sind unabhängig von dem zugrundeliegenden Betriebssystem und werden folglich auch als offene Systeme bezeichnet. Java erfüllt die Anforderungen, die an eine portable, robuste, sichere und leistungsstarke Programmiersprache gestellt werden. Java-Programme werden als Applets bezeichnet. Applets werden typischerweise übers Netzwerk geladen und vom Client-Rechner, der Java-Code interpretieren kann, ausgeführt. Normalerweise wird dazu ein Java-fähiger Web-Browser verwendet. Beim Einsatz in eingebetteten Systemen kann zwischen Systemen unterschieden werden, in denen das Laden übers Netzwerk sinnvoll ist, und jenen, in denen ein Laden übers Netzwerk nicht erwünscht ist.

2 Stand der Technik

Der Einsatz von Java in eingebetteten und in Echtzeitsystemen steht im Mittelpunkt zahlreicher Arbeiten.

Zu den ersten Arbeiten, die sich mit dem Einsatz von Java in zeitkritischen eingebetteten Systemen beschäftigen, gehören die Arbeiten zu Real-Time Java von Kevin Nilsen [15, 16]. Hier werden Erweiterungen zur Sprache Java vorgestellt, um die Sprache als Echtzeitsprache einzusetzen. Wesentliches Augenmerk wird dort auf den Garbage Collector, den Zugriff auf Prozeßperipherie und auf die Einhaltung harter Echtzeitbedingungen [3] gelegt. Seit Mitte 1999 arbeitet die „Real Time Java Experts Group" [21] innerhalb des von SUN initiierten „Java Community Process" [22] an der Ausarbeitung einer Echtzeit-Java-Spezifikation.

Weitere Arbeiten beinhalten eine Neuimplementierung der JVM. Eine Neuimplementierung hat in der Regel die Verkleinerung der monolithischen Original-JVM [23], die Schaffung von Schnittstellen für den Zugriff auf Prozeßperipherie und die Ablauffähigkeit von Java-Programmen auf eingebetteten Systemen zum Ziel. Zu diesen Arbeiten gehört die eingebettete virtuelle Javamaschine von Hewlett Packard [8]. Sie ist voll kompatibel zur kompletten Java-Spezifikation von Sun [23] und für den Einsatz in Konsumgütern (elektronische Geräte, z.B. Drucker) entwickelt und optimiert. Die für eine jeweilige Anwendung erforderlichen Java-Bibliotheken sind konfigurierbar. Die virtuelle Maschine wurde von mehreren führenden Echtzeitbetriebssystemherstellern (u.a. Lynx, WindRiver, ISI, etc.) und von Microsoft für WindowsCE lizensiert. Sie umfaßt alle wesentlichen Komponenten der SUN-JVM.

Die Systeme Kaffe [32] und Ghost [13] sind offene JVM-Implementierungen. Während Kaffe für den Einsatz auf Desktop-Systemen vorgesehen ist, wurde Ghost für den Einsatz auf kleinen mobilen Geräten entwickelt. In diese Kategorie kann auch der Software-Coprozessor von NSI [17] eingeordnet werden. Weitere Arbeiten beschreiben Möglichkeiten der Übersezung von Java-Code. Während in [10] die Übersetzung von Java in Maschinencode vorgenommen wird, wird in [9] eine Methodik zur Konvertierung von C in Java vorgestellt.

Eine ebenso stürmische Entwicklung findet im Bereich der Entwicklung von Java-Prozessoren statt. Diese können in echte Java-Prozessoren und Prozessoren, die die Ausführung von Java-Programmen unterstützen (s. z.B. [31]) unterteilt werden.

Von SUN selbst werden verschiedene Java-Prozessor-Klassen hergestellt. Pico-Java ist ein konfigurierbarer Java-CPU-Kern. Die Prozessoren sind optimiert für die Ausführung von Java-Code, unterstützen aber auch die Ausführung von C und C++ Code. Das Ziel dieser Unterstützung besteht in der Migration dieser Programmiersprachen [25, 28, 6].

Neben diesen echten Java-Prozessoren gibt es Prozessoren, die durch ihre Architektur geeignet sind, JVMs effizient zu implementieren und dadurch das Ausführen von Java-Code beschleunigen. Dazu gehört der PSC1000 von Patriot Pacific [18]. Der PSC1000 ist ein stackbasierter 32-Bit-RISC-Prozessor. Durch die stackbasierte Architektur ist der Prozessor geeignet, um JVM und Just-In-Time-Compiler zu implementieren. Er verzichtet auf leistungssteigernde Architekturmerkmale, wie z.B. Pipeling, und enthält keine Programm- oder Daten-Caches.

Weiterhin wird ein operandenloser Befehlssatz verwendet und auf breite Befehls-
strukturen mit Mehrfachoperanden verzichtet. Ein Befehl ist 8 Bit breit. Operanden werden im Operandenstack erwartet. Der Prozessor enthält einen separaten
I/O-Prozessor für die Entkopplung zeitkritischer Vorgänge von reinen Rechenauf-
gaben.

3 JVM für eingebettete PC-Systeme

In den folgenden beiden Abschnitten werden, ausgehend von der Beschreibung
einer allgemeinen JVM, die erforderlichen und realisierten Modifikationen für
zwei verschiedene virtuelle Java-Maschinen (JVM) beschrieben. Die erste JVM ist
lauffähig auf eingebetteten PC-Systemen und wird im weiteren als miniJava bezeichnet. Die zweite auf 8051-Systemen ausführbare Maschine bezeichnen wir als
smartJava.

3.1. Virtuelle Java-Maschine

Die virtuelle Java-Maschine JVM ist erforderlich zur Ausführung von Java-
Programmen. Compilierte Java-Programme werden nicht direkt auf der CPU ausgeführt, sondern werden von der JVM ausgeführt. Die JVM ist das Softwareinter-
face zwischen dem compilierten Java-Programm und der Hardware. Die JVM
kann als virtueller Prozessor aus der Sichtweise des Programmierers betrachtet
werden. Die JVM interpretiert jedoch nicht nur die Java-Befehle, sondern führt
auch Sicherheitsverifikationen und andere Aktivitäten aus. Die JVM besteht aus
den Komponenten: Bytecode-Interpreter, natives Interface, Exception-
Behandlung, Multithreading, Garbage Collection, dynamischer Klassenlader und
Bytecode-Verifier. Abbildung 1 zeigt den Aufbau einer JVM.
Für den Entwurf der virtuellen miniJava Maschine waren zwei Hauptpunkte zu
beachten:
* Minimierung der Speicheranforderungen
* Portabilität
Es ist kaum möglich, Teile der Spezifikation aus dem Design zu streichen. Um
Java Applikationen ohne Einschränkungen ablaufen lassen zu können, müssen
unbedingt alle Teile implementiert werden. Es gibt nur relativ wenig Ausnahmen.
Das Modul zur Überprüfung des Class-Files und des Bytecodes muß nur in Teilen
vorhanden sein, damit die JVM einsatzfähig ist. Die Folge ist allerdings eine Sicherheitslücke. Für eingebettete Systeme, die geschlossen sind, und für die ein
unkontrollierter Eingriff nicht zu erwarten ist, kann man dies akzeptieren. Auch ist
es möglich, auf das Multithreading zu verzichten.

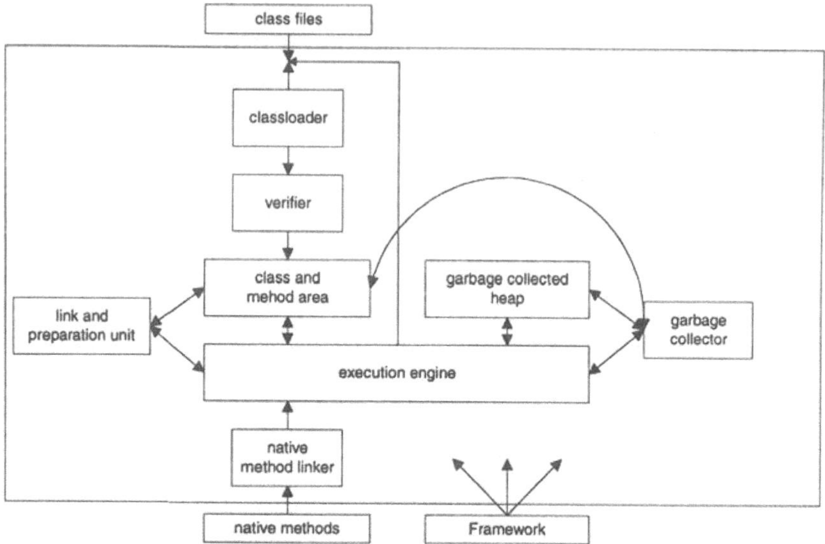

Abbildung 1. Bestandteile einer JVM

Class-Loader

Der Class-Loader erwartet ein sich schon im Speicher befindendes Abbild eines
class files. Dieses Speicherabbild wird sequentiell abgearbeitet und entsprechend
der JVM Spezifikation interpretiert. Dabei wird eine interne Datenstruktur, ein
Class-Pool Eintrag angelegt und begonnen zu initialisieren. Der Class-Pool spielt
eine wichtige Rolle im gesamten Design. Er enthält für jede geladene Klasse genau einen Eintrag. Dieser wiederum enthält die kompletten Informationen für die
jeweilige Klasse. Alle weiteren Teile der JVM, die Informationen über eine Klasse
benötigen, auf Methoden und auf Felder zugreifen, beziehen sich auf diese Strukturen.

Die Datenfelder korrespondieren weitestgehend direkt mit den entsprechenden
Strukturen im Class-File (siehe [12] [14]). Für die interne Verwaltung sind zwei
Datenfelder hinzugekommen:

• Head

zeigt auf das Objekt, das diese Klasse repräsentiert; im Laufzeitsystem muß für
jede geladene Klasse genau eine Instanz von `java.lang.class` existieren.
Diese ist in großen Teilen mit dem class pool Eintrag identisch.

• State

kennzeichnet den aktuellen Status im Laden/Linken/Vorbereiten

Verifier

Der Verifier ist das einzige Modul, das nicht in allen Teilen zwingend erforderlich
ist. Selbst der originale Java Interpreter aus dem JDK von Javasoft führt nur einige
Teile der Class-File-Verifikation standardmäßig aus.

Die gesamten Überprüfungen haben einen umfangreichen Programmcode und lange Laufzeiten zur Folge. Da sie nur dann wirklich notwendig sind, wenn die Applikation auf unsichere Klassen zugreift und dies für die Klasse der von uns betrachteten eingebetteten Systemen ausgeschlossen werden kann, ist es nicht notwendig, sie in einem Minimalsystem zu implementieren.

In miniJava gibt es keinen direkten Verifier. Alle unbedingt notwendigen Überprüfungen werden in anderen Modulen durchgeführt. Die Überprüfungen, die zur Laufzeit ausgeführt werden sind:

- Initialisierung von Klassen, falls noch erforderlich
- Typüberprüfung bei Zuweisungen
- Test, ob Methoden und Felder, auf die zugegriffen werden soll, existieren
- Test, ob die gerade aktive Methode Zugriffsrechte auf referenzierte Methoden und Felder hat

Link- und Init-Unit

Dieses Modul muß eng mit dem Class-Loader und mit der Execution-Engine zusammenarbeiten. Die Hauptaufgabe besteht darin, die vom Class-Loader bereits teilweise initialisierten Datenstrukturen in einen Zustand zu überführen, so daß sie durch die Execution-Engine ausgeführt werden können. Alle Felder müssen in einen definierten Ausgangszustand überführt und die <cinit> Methode aller gebundenen Klassen aufgerufen werden. Diese spezielle Methode ist eine normale Java Methode, die vom Compiler für die Initialisierung einer Klasse oder eines Interface erzeugt wird.

In miniJava erfolgt eine komplette Umsetzung dieses Moduls.

Nativer Methoden-Linker

Dieses Modul dient der Verbindung der nativen Bibliothek und der virtuellen Maschine. Die virtuelle Maschine erhält Zugriff auf die Funktionen, die nicht in Java, sondern in einer plattformspezifischen Form implementiert wurden. Weiterhin wird mit diesem Modul der Zugriff auf bestimmte Ressourcen der Java Laufzeitumgebung ermöglicht.

Stack-Frame

Der Stack-Frame ist eine weitere wichtige Datenstruktur innerhalb der JVM. Wie bei vielen anderen Teilen ist auch der Stack-Frame nur in seiner grundsätzlichen Struktur und Funktion definiert. In miniJava wurde der Stack-Frame aus Effizienzgründen in zwei Teile aufgeteilt:

- der Stack-Frame selbst enthält alle notwendigen Daten (Programmzähler, Stackpointer, Zeiger auf oberstes Stackelement, Zeiger auf lokale Variablen und eine Reihe von verschiedenen temporären Variablen, die zur Ausführung bestimmter Bytecodes benötigt werden)
- die Exception-Liste ist eine einfach verkettete Liste, deren Knoten Zeiger auf das dazugehörige Objekt, die darauf ausgeführte Methode und den Stack enthält

Die beiden Datenstrukturen werden hauptsächlich in zwei Modulen der VM verwendet, in denen jeweils eine hohe Geschwindigkeit erforderlich ist:

Der erste Teil wird bei der Abarbeitung der Bytecodes verwendet und enthält den vollständigen Zustand des Interpreters zu einem bestimmten Zeitpunkt.

Der zweite Teil bildet die Grundlage für die Suche nach 'lebenden' Objekten im Garbage Collector.

Durch die Aufteilung in zwei Datenstrukturen ist es möglich, in beiden Modulen nur eine einfache Verzweigung zu verwenden. Der entstehende Geschwindigkeitsverlust bei einer doppelten Initialisierung ist gegenüber den Vorteilen vernachlässigbar klein.

Garbage Collector

Der Garbage Collector gehört zwar nicht direkt zur Virtuellen Maschine, ist aber so eng mit den Datenstrukturen und der Funktionsweise dieser verbunden, daß er an dieser Stelle mit behandelt wird.

In miniJava wird ein Tracing-Algorithmus wegen seiner einfachen Implementierung eingesetzt. Dieser Algorithmus geht von einer oder mehreren statischen Wurzeln aus. Das Garbage Collecting erfolgt in zwei Phasen. In der ersten wird der komplette Baum der Objektreferenzen von den Wurzeln aus durchsucht und alle erreichbaren Objekte markiert. Nachdem der komplette Baum durchsucht wurde, können in der zweiten Phase alle nicht markierten Objekte freigegeben werden.

Der Vorteil dieses Algorithmus liegt darin, daß zur Laufzeit kein zusätzlicher Aufwand getrieben werden muß, um die Objekte zu verwalten. Der Nachteil ist aber der relativ hohe Rechenaufwand, der erforderlich ist, um den Objektbaum zu durchsuchen und löschbare Objekte zu markieren.

Aus diesem Grund ist miniJava nicht für Echtzeitsysteme mit harten Zeitanforderungen [3] einsetzbar.

Execution-Engine

Die Execution-Engine bildet den eigentlichen Kern der Virtuelle Maschine. Durch dieses Modul werden die Bytecodes direkt abgearbeitet. Er arbeitet eng mit den anderen Teilen der VM zusammen beziehungsweise greift auf von diesen erzeugte Datenstrukturen zurück.

Um das Laufzeitverhalten zu testen, wurde die innere Interpreterschleife in zwei unterschiedlichen Versionen implementiert:

- Switch-Case-Konstrukt
- Array mit Zeigern auf Funktionen; die Indizierung erfolgt direkt über den Befehlscode

Im Vorfeld wurde angenommen, daß die Lösung mit dem Array aus Funktionszeigern eine wesentliche Geschwindigkeitssteigerung bringen würde. Dies ist nicht der Fall. Eine Analyse des erzeugten Assemblercodes ergab, daß das Switch-Case Konstrukt von den verwendeten Compilern so umgesetzt wurde, daß es mit einigen wenigen Vergleichen auskommt und die Funktionsblöcke selbst mit einfachen Sprüngen erreicht werden. Im Gegensatz dazu erfolgt bei der zweiten Lösung ein vollständiger Kontextwechsel auf dem Stack, der bei den überwiegend sehr kleinen Funktionsblöcken einen erheblichen Geschwindigkeitsverlust gegenüber dem Vorteil des kürzeren Aufrufs bringt (siehe Leistungstest in Abschnitt 3.4).

Falls bei einer Portierung auf ein anderes System der Compiler zu dieser Optimierung nicht in der Lage ist, kann durch eine einfache Änderung einer Präprozessordefinition das Verhalten des Interpreters geändert werden.

3.2. Framework

Das Framework besteht aus mehreren Modulen, die nicht direkt zur virtuellen Maschine gehören. Sie stellen eine Basisfunktionalität zur Realisierung einer leicht portierbaren und möglichst plattformneutralen Java Laufzeitumgebung bereit.

Zum Framework gehören der Class-File-Loader, die Gerätetreiberschnittstelle, der IP-Stack, die Stringverwaltung und Speicherverwaltung. Nachfolgend wird für den Class-File-Loader und die Gerätetreiberschnittstelle eine Kurzcharakterisierung vorgenommen.

3.2.1   Class-File-Loader

Der Class-File-Loader ist stark plattform- und anwendungsabhängig. Für verschiedene Anforderungsprofile sind für die Class-Files folgende Varianten implementiert worden:

1. Class-Files befinden sich in einem Verzeichnis auf einer Diskette/Festplatte oder einem ähnlichen Massenspeicher (nur in der Win32 Version aufgrund langer Dateinamen lauffähig)
2. Class-Files werden mit der Laufzeitumgebung in einer Applikation integriert
3. Class-Files werden über ein IP Netzwerk mit dem TFT Protokoll von einem Applikationsserver geladen

Die erste Variante ist für den Einsatz auf Desktop-Systemen, u.a. auch für Cross-Entwicklungen geeignet.

Die zweite Variante ist für den Einsatz in einem Einzelsystem prädestiniert. Während der Entwicklung der Applikation wird mit einem Zusatzwerkzeug festgestellt, welche Klassen benötigt werden. Diese werden dann mit dem Laufzeitsystem zusammengebunden. Damit ist es möglich, ein speicheroptimiertes System zu erstellen, das nur die benötigten Klassen enthält.

Die dritte Variante ermöglicht bei Vorhandensein eines Netzwerkanschlusses das Nachladen benötigter Klassen mittels der Standardprotokolle BOOTP und TFTP. Sie erfordert aber zusätzlich einen Applikations- und Bootserver.

3.2.2   Gerätetreiberschnittstelle

Von entscheidender Bedeutung ist der Zugriff auf E/A-Geräte. Hierfür wurde eine an Unix-Systeme angelehnte offene Schnittstelle umgesetzt.

Der Hauptunterschied besteht jedoch darin, daß die miniJava Gerätetreiber nicht in ein Dateisystem integriert sind und damit auch nur eine Untermenge der üblichen Funktionen (siehe [29]) zur Verfügung stellen. Diese Untermenge ist aber für die Funktionalität, die für das Laufzeitsystem benötigt wird, vollkommen ausreichend.

Die einzelnen Geräte und deren Funktionsblöcke werden eindeutig durch eine Major und Minor-Nummer gekennzeichnet. Jeder Treiber muß bei seiner Initialisierung eine Datenstruktur mit Funktionszeigern füllen. Über diese Struktur spricht die Gerätetreiberschnittstelle die Funktionen eines einzelnen Treibers an. Folgende Funktionen sind vom Treiber zu implementieren:

- `read`   liest n Bytes vom Gerät
- `write`   schreibt n Bytes zum Gerät
- `select`   testet, wie viele Bytes ohne Blockierung gelesen werden können
- `sync`   schreibt alle eventuell gefüllten Puffer zum Gerät
- `ioctl`   führt gerätespezifische Kommandos aus
- `open`   öffnet ein Gerät
- `release` gibt das Gerät frei

Die Gerätetreiberschnittstelle wurde in der neuen Klassenbibliothek java.devices implementiert.

3.3.   JAVA-Klassenbibliothek

Aus der folgenden Tabelle gehen die vorgenommen Modifikationen an den Klassen-Bibliotheken hervor.

Tabelle 1. Für miniJava modifizierte JAVA-Klassenbibliothek

Klassenbibliothek	Bemerkung
java.awt	nicht implementiert
java.lang	• SecurityManager, Process, Compiler, Thread, ThreadGroup, ClassLoader nicht implementiert • StdIO mit eigener Stringverwaltung
java.io	• komplette Implementierung • zusätzliche Listenklasse

java.net	• Zweiteilung:
	  – niedere Netzwerkfunktionen
	  – hohen Netzwerkfunktionen
	• keine HOST-Datei und kein DNS-Service Direkte Angabe
	• Sockets als Java-Klasse nachgebildet

java.util	• Klassen für den Zugriff auf Dateisystem des Massenspeichers nicht implementiert
java.devices	NEU eingeführte Klassenbibliothek

3.4.   Leistung und Ressourcenanforderungen des Prototyps

Zum entwickelten miniJava-Prototyp gehören, neben der beschriebenen JVM und der modifizierten und erweiterten Klassenbibliothek, die Entwicklungswerkzeuge und ein Applikationsserver. Als Entwicklungswerkzeuge wurde Visual C++ 4.2 verwendet. Für das Targetsystem wurde eine DOS-Portierung des GNU C/C++ Compilers Vers. 2.7.2.1 verwendet [2].
Die JVM wurde mit Visual C++ entwickelt und nachfolgend mit GNU C auf DOS portiert. Mit dem Benchmark „Sieb des Eratosthenes" wurde ein Leistungsvergleich zwischen der Java- und der C-Version durchgeführt (s. Tabelle 2). Außer-

dem erfolgt ein Vergleich für zwei verschiedene Implementierungen der inneren Schleife der Execution-Engine (s. 3.1). Bei der Ausführung des Benchmarks entspricht eine Iteration einer vollständige Suche im Zahlenbereich 0 bis 8191.

Tabelle 2. Geschwindigkeitsvergleich Java vs. C. (Algorithmus: Sieb der Eratosthenes)

	Compiler	Iterationen
C Version	DJGPP gcc v2.7.2.1	4732
	MS VC++ v4.2	4753

	Compiler	Iterationen
Java Version :	DJGPP gcc v2.7.2.1	101
inner loop enthält **Switch-Case**-Konstrukt	MS VC++ v4.2	133

	Compiler	Iterationen
Java Version :	DJGPP gcc v2.7.2.1	68
inner loop enthält **Array** aus Funktionszeigern	MS VC++ v4.2	88

Speicherplatzbedarf

Der Speicherplatzbedarf wird in Tabelle 3 angegeben.

Tabelle 3. Speicherplatzbedarf

	Speicher-anforderung	Speichertyp
Laufzeitsystem ohne interne Klassen	368 KByte	ROM
Laufzeitsystem mit allen Systemklassen	531 KByte	ROM
Laufzeitsystem mit Applikation und benötigten System-klassen (optimiert)	468 KByte	ROM
Arbeitsspeicherbedarf		
Initialisierung	280 KByte	RAM
Applikation	40 KByte	RAM

Der Arbeitsspeicherbedarf ist bei allen drei Varianten identisch, da nur die benötigten Klassen geladen und initialisiert werden.

Die Größe der kompletten Laufzeitumgebung läßt sich etwa wie folgt auf die Einzelmodule aufteilen:

- Laufzeitumgebung   180 KByte
- native Klassenbibliothek   70 KByte
- Netzwerkschnittstelle   45 KByte
- Gerätetreiberschnittstelle   20 KByte

Werden ein oder mehrere Module nicht benötigt, können diese entfernt werden. Die native Klassenbibliothek ist notwendig. Es ist aber möglich, Teile aus dieser

Bibliothek selbst zu entfernen, um damit die Größe der Laufzeitumgebung zu verringern.

4   JVM für kleine Mikrocontroller-basierende Systeme

Eine besondere Herausforderung bei der Implementierung von JVMs auf ressourcen-kritischen Systemen ist neben der geringen Taktfrequenz u.a. auch der extrem begrenzte Speicher. Derartige Limitierungen gestatten es nicht, die komplette JVM effizient auf dem Mikrocontroller zu realisieren. Eine Lösung bietet das Aufsplitten der JVM in einen offline-Anteil (vorbereitende Arbeiten), der auf einem leistungsfähigen Rechner abläuft und einen online Anteil (ausführende Arbeiten) der zur Laufzeit auf dem Mikrocontroller verbleibt.
Das Prinzip der Aufplittung zeigt Abbildung 2.

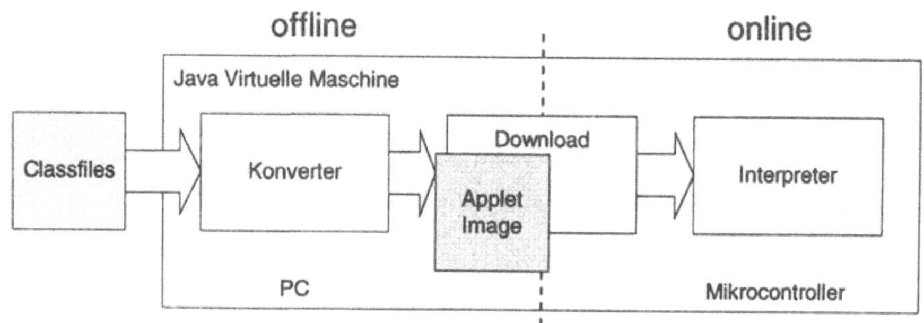

Abbildung 2. Die geteilte Java Virtuelle Maschine

Der in der JVM integrierte Bytecode-Verifier ist dem Konverter zugeordnet und steht durch die Aufteilung der JVM nicht mehr für eine Laufzeitüberprüfung des Bytecodes im Mikrocontoller zur Verfügung. Eine formale Verifikation der bei einem Methodenaufruf übergebenen Objekte kann aus Performancegründen nicht durchgeführt werden.
Das Aufteilen stellt somit einen Schwachpunkt im JAVA-Sicherheitskonzept dar. Durch den Einsatz von Lookup-Tables (LUT) kann zumindest sichergestellt werden, daß bei Auftreten illegaler Befehlscodes im Bytecode des Applets ein deterministischer Ausstieg gewährleistet werden kann.
Die konkrete Implementierung der JVM (smartJava) auf einen 8051-Mikroprozessor wurde in Standard-C geschrieben und basiert auf der JavaCard 2.0-Spezifikation [24]. Bei der Realisierung wurde statt der üblichen großen „case"-Schleife (s.o.) eine Modularität verwendet, wie sie bei der Beschreibung digitaler Systeme verwendet wird. Die Aufteilung der JVM erfolgt zu Lasten der Performance. Anstatt die Abarbeitung direkt nach Identifikation des Bytecodes durchzuführen, erfolgt beispielsweise ein Funktionsaufruf in der Form: ALU (opcode, parameter1, parameter2). Dadurch sind alle arithmetischen und

logischen Befehle leicht zu identifizieren und nicht über den gesamten Sourcecode verteilt.

Die so realisierte JVM benötigt ca.14 KByte ROM, wobei durch die zusätzliche Modularität ein ROM-Mehrbedarf von ca. 3 KByte entsteht.

5 Smart-Card-Java-Prozessor

Die Performance einer JVM kann signifikant verbessert werden, indem die Leistung der Basishardware gesteigert wird. Es macht allerdings wenig Sinn, für jede noch so kleine Applikation den jeweils leistungsfähigsten Rechner einzusetzen. Eine wesentlich größere Leistungssteigerung läßt sich erreichen, wenn der Prozessor JAVA-Bytecode direkt ausführen kann, da dann auf den Schritt der Interpretation verzichtet werden kann.

Bei der Implementierung sind verschiedene Varianten möglich:

1. Unterstützende Hardware
   Bei der Neuentwicklung eines Prozessors wird die interne Struktur soweit wie möglich für die effiziente Abarbeitung von Java-Bytecode optimiert (z.B. PSC1000 [18])
2. Coprozessor
   Ein Coprozessor, übernimmt die Abarbeitung des Java-Bytecodes.
3. Java Silicon Machine (JSM)
   Die JSM ist ein echter Prozessor, der ausschließlich für die Abarbeitung von Java-Bytecode entwickelt worden ist (z.B. picoJava-I, picoJava-II, microJava-Prozessor [25, 26, 27])

Direkte Zugriffe auf Peripherie werden in JAVA durch Aufruf spezialisierter Systemfunktionsrufe (API-Calls) oder Nutzung spezieller Spracherweiterungen realisiert (s. auch 3.2.2.) Für den eigentlichen Zugriff wird die JAVA-Ebene verlassen und auf die Ebene der Maschinensprache des Prozessors gewechselt. Im Befehlssatz eines Standardprozessors sind entsprechende Befehle vorhanden, die den direkten Zugriff auf die Peripherie gestatten (Abbildung 3).

Während die beiden ersten Varianten von der JAVA-E/A-Zugriffs-Problematik unberührt bleiben, müssen für den HW-Zugriff unter JAVA bei der dritten Lösung aufgrund einer fehlenden Hierarchiestufe neue Möglichkeiten geschaffen werden. Eine Reihe von Lösungen sind bereits bekannt, aufgrund des bis jetzt noch fehlenden Standards aber noch proprietär. Zur Realisierung wird der für JAVA-Bytecode zur Verfügung stehende Befehlsraum mit neuen Befehlen erweitert. So wurden z.B. beim PicoJava-II 50% mehr Befehle implementiert, als tatsächlich in der JAVA-Spezifikation vorgesehen ist. Diese verborgenen (hidden) Befehlscodes können nicht von einem normalen JAVA-Compiler erzeugt werden,

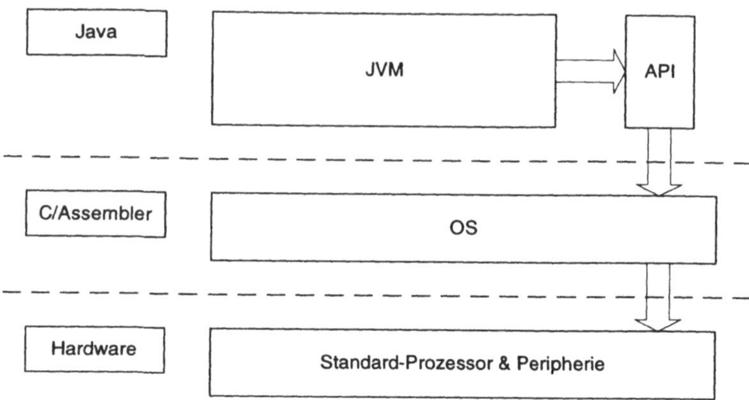

Abbildung 3. Hardware-Zugriff unter JAVA

d.h. auch das Bitmuster der Befehlscodes kann nur in trusted-libs vorkommen. Sobald Implementierungsdetails veröffentlicht werden, können allerdings sog. TROJANER-Programme diese Sperre umgehen und ggf. selbst auf die Hardware zugreifen. Im Bereich der eingebetteten Systeme (s.o.) kann dieses Verhalten u.U. sogar gewollt sein, führt aber auf Smart-Cards zu akuten Sicherheitsproblemen (Ausspähen von PINs).

Unsere Untersuchungen zur Konzeption einer JSM [1] haben gezeigt, daß durch Erweiterung der API-Funktionalitäten, letztlich nur die Befehle IO-Read und IO-Write zusätzlich zu implementieren sind. Alle darüber hinaus zusätzlich vorhandenen Befehlscodes beschleunigen zwar die Abarbeitung, verletzen aber die Sicherheitsidee von JAVA. Eine Möglichkeit, dieses Sicherheitsproblem für Smart-Cards zu lösen, besteht darin, den Aufrufort der Bytecodes aufzuzeichnen. Während Applikations-Applets im reprogrammierbaren Speicher liegen, kann das Java-Card-Runtime-Enviroment (JCRE) wahlweise im ROM oder bei gewünschter Update-Fähigkeit in einem gesonderten EEPROM untergebracht sein. Durch physikalisch unterschiedliche Adressen wird es möglich, den Aufrufort der Bytecodes aufzuzeichnen. Dadurch kann, im Sinne eines minimalen Online-Verifiers, beim Auftreten der neuen Bytecodes festgestellt werden, von wo der Aufruf erfolgte und ggf. die Ausführung verweigert werden [19].

Soweit Implementierungsdetails bekannt sind, basieren alle vorgestellten JSMs auf einer Microcode-Plattform, d.h. die Funktionalität wird über Tabellen gesteuert. Genau diese lassen sich aber mittels Mikroskop sehr leicht auf dem Chip identifizieren und bei Vorhandensein entsprechender Gerätschaften auch modifizieren.

6 Ausblick und Zusammenfassung

Wir haben gezeigt, daß durch Beschränkungen der vollständigen JVM, sich JAVA-Laufzeitumgebungen für den eingebetteten und für den Smart-Card-Bereich realisieren lassen.

Gerade das bis Februar 1999 nicht definierte Austauschformat der Applets innerhalb der geteilten Maschine, machte eine eigene Definition erforderlich. Diese hat Einfluß auf den Gesamtentwurf des Prozessors. Für standardgerechte Prozessorimplementierung muß das Austauschformat angepaßt werden.

Die Änderungen beim Smart-Card-Prozessor fallen nicht allzu gravierend aus, da diesem eine Microcode-Implementierung zugrunde liegt. Somit sind Änderungen lediglich in der Steuertabelle vorzunehmen.

Nach der vollständigen Validierung der VHDL-Beschreibung ist eine Probesynthese auf einem APTIX System Explorer MP3C mit vier XILINX XCV1000-FPGA geplant.

Literatur

[1]   Bannow, N.: Konzeption eines Java-Prozessors. Studienarbeit, Institut für Mikroelektronik und Datentechnik, Universität Rostock, 1999

[2]   Delorie, D. J.: A free 32-bit development system for DOS. http://www.delorie.com/

[3]   Golatowski, F., Timmermann, D.: Using Hartstone Uniprocessor Benchmark in a Real-Time Systems Course, Proceedings of the Third IEEE Real-Time Systems Education Workshop, Poznan, Polen, S. 77-84, 1998

[4]   Gosling, J., Joy, B., Steele, G.: The Java Language Specification. Addison-Wesley, 1996

[5]   Gosling, J., McGilton, H.:The Java Language Environment. Addison-Wesley, 1996

[6]   Hangal, S., O'Connor, M.: Performance Analysis and Validation of the picoJava Processor. IEEE Micro, 19 (3), S. 66-72, 1999

[7]   Hagendorf, O.: Entwurf und Prototypimplementation einer Java-Laufzeitumgebung für kleine eingebettete Systeme, Diplomarbeit, Institut für Mikroelektronik und Datentechnik, Universität Rostock, 1997

[8]   Hewlett Packard, http://www.hpconnect.com/embeddedvm/, 1998

[9]   Huelsbergen, L.:http://cm.bell-labs.com/who/lorenz/, 1997

[10]   Esmertec AG, Jbed Whitepaper: Component Software and Real-Time Computing, http://www.jbed.com/, Zürich, 1999

[11]   Kraudelt, R.: Entwicklung und Implementierung einer JAVA virtuellen Maschine (JVM) für den Einsatz in besonders ressourcenkritischen Systemen (Smartcards). Diplomarbeit, Institut für Mikroelektronik und Datentechnik, Universität Rostock, 1999

[12]   Lindholm, T., Yellin, F.: The Java Virtual Machine Specification. Addison-Wesley, Bonn, 1996

[13]   McDirmid, S.: Ghost Machine: A Distributed Virtual Machine Architecture for Mobile Platforms. http://www.cs.utah.edu/~mcdirmid/ghost/, 1998

[14]   Meyer, J., Downing, T.: Java Virtual Machine. O'Reilly, Sebastopol, 1997

[15]   Nilsen, K.: Java for Real-Time. Real-Time Systems Journal, S. 197-205, 1996

[16]   Newmonics Inc.: Discussions on Real-time Java. http://www.newmonics.com/WebRoot/technologies/java.html, 1996

[17]   NSI Corp: JSCP-Software Co-Processor for Java. Or-Yehuda, Israel, http://www.nsicom.com, 1998

[18]   Patriot Scientific: Java Processor PSC1000. elektronik industrie, H. 2, S. 51.f, 1998

[19]   Ploog, H., Rachui, T., Timmermann, D.: Design Issues in the development of a JAVA-processor for small embedded applications, ACM/SIGDA International Symposium on Field Programmable Gate Arrays, FPGA´99, Monterey, 1999

[20]   Rankl, W., Effing, W.: Handbuch der Chipkarten: Aufbau - Funktionsweise - Einsatz von Smart-Cards. Hanser, München, Wien, 1996

[21]   Real Time Java Experts Group, http://www.rtj.org

[22]   Sun Microsystems: http://java.sun.com/aboutJava/communityprocess/index.html

[23]   Sun Microsystems: The Java^{TM} Language: An Overview. 1995

[24]   Sun Microsystems: JavaCard 2.0 Language Subset and Virtual Machine, Specification. http://www.javasoft.com/products/javacard, 1997

[25]   Sun Microsystems: picoJava-I Microprocessor Core Architecture. Datenblatt, http://www.sun.com/microelectronics/picoJava/, 1998

[26]   Sun Microsystems: picoJava-II. Datenblatt, http://www.sun.com/microelectronics/datasheets/picoJava-II/, 1998

[27]   Sun Microsystems: microJavaTM-701 Processor Evaluation Platform, http://www.sun.com/microelectronics/microJava-701

[28]   O'Connor, J., Tremblay, M.: picoJava-I: The Java Virtual Machine in Hardware. IEEE Micro, 17 (2), S.45-53, 1997

[29]   UNIX System Laboratories Inc.: Device Driver Reference UNIX SVR 4.2. Prentice Hall International Inc., New Jersey, 1992

[30]   Venners, B.: Inside the JAVA Virtual Machine. McGRAW-HILL, 1998

[31]   Vijaykrishnan, N., Ranganathan, N., Gadekarla, R.: Object-Oriented Architectural Support for a Java Processor. 12th European Conference on Object-Oriented Programming, Brüssel, Belgien, 1998

[32]   Wilkinson, T.: Kaffe. http://www.kaffe.org, 1997

Effizientes RMI für Java

Christian Nester, Michael Philippsen und Bernhard Haumacher

Universität Karlsruhe, Institut für Programmstrukturen und Datenorganisation
Am Fasanengarten 5, 76128 Karlsruhe
http://wwwipd.ira.uka.de/JavaParty/

Zusammenfassung Der entfernte Methodenaufruf gängiger Java-Implementierungen (RMI) ist zu langsam für Hochleistungsanwendungen, da RMI für Weitverkehrskommunikation entworfen wurde, auf einer langsamen Objektserialisierung aufbaut und keine Hochgeschwindigkeitsnetze unterstützt.
Das Papier zeigt ein wesentlich schnelleres RMI mit effizienter Serialisierung in reinem Java ohne native Methodenaufrufe. Es kann auf jeder Plattform anstelle des normalen RMI aktiviert werden. Darüberhinaus ist das neuentworfene RMI auch für Hochgeschwindigkeitsnetze ohne TCP/IP-Protokoll ausgelegt und funktioniert sogar auf Rechnerbündeln mit heterogener Protokollarchitektur. Als Nebenprodukt wird eine Sammlung von RMI-Benchmarks vorgestellt.
Bei durch Ethernet verbundenen PCs spart die verbesserte Serialisierung in Kombination mit dem neuentworfenen RMI im Median 45% (maximal 71%) der Laufzeit eines entfernten Methodenaufrufs ein. Auf unserem ParaStation-Rechnerbündel spart man im Median 85% (maximal 96%) der Zeit. Ein entfernter Methodenaufruf wird damit innerhalb von derzeit $80\mu s$ möglich (im Vergleich zu $1450\mu s$ im Standardfall).

1 Einleitung

Die Aktivitäten des Java-Grande Forums [6, 15] und Vergleichsstudien [13] belegen, daß ein wachsendes Interesse an Java für Hochleistungsanwendungen besteht, die Parallelrechner als Plattform benötigen. Aber während Java angemessene Mechanismen für internetweite Kommunikation bereitstellt, ist RMI [18] für Umgebungen mit kurzer Latenz und großer Bandbreite (z.B. Bündel von Arbeitsplatzrechnern, IBM SP/2) zu ineffizient.

1.1 Aufschlüsselung der Kosten von RMI

In einem dreistufigen Meßaufbau untersuchen wir die Zeit für einen entfernten Methodenaufruf mit drei verschiedenen Argumenttypen. Als erstes wird der Zeitbedarf eines entfernten Methodenaufrufs `ping(obj)` gemessen, der lediglich das übergebene Objekt wieder zurückliefert. Ein Teil der Zeit wird für die Serialisierung der Argumente und die Netzwerkkommunikation aufgewendet. Diese Zeiten werden separat gemessen, indem erstens ein Objekt des entsprechenden Typs über einen Socket-Objektstrom zwischen zwei Rechnern ausgetauscht wird

Tabelle1. Zeit für `ping(obj)` (μs) über RMI (=100%), Socket-Kommunikation und reine JDK-Serialisierung. Das Argument `obj` besitzt entweder 32 `int` Werte, 4 `int` Werte und 2 `null` Zeiger oder es ist ein balancierter Binärbaum bestehend aus 15 Knoten mit je 4 `int` Werten.

	μs pro Objekt	32 int		4int 2null		tree(15)		Meßgrundlage
PC	RMI `ping(obj)`	2287		1456		3108		zwei 350MHz Pentium II, Windows NT 4.0, verbunden über Ethernet, vom restl. Netz isoliert, Java 1.2 mit JIT
	`socket(obj)`	1900	83%	1053	72%	2528	81%	
	`serialize(obj)`	840	37%	368	25%	1252	40%	
DEC	RMI `ping(obj)`	7633		4312		14713		8er-Bündel von 500MHz Alphas, verbunden über FastEthernet oder ParaStation, Java 1.1.6 mit JIT
	`socket(obj)`	6728	88%	2927	68%	12494	85%	
	`serialize(obj)`	4332	57%	1724	40%	9582	65%	

und zweitens nur Serialisierung und Deserialisierung des Argumentobjekts ohne Kommunikation durchgeführt wird.

Tabelle 1 zeigt die Resultate; andere Objekttypen verhalten sich ähnlich. Der durch RMI verursachte Mehraufwand ist konstant, so daß bei größeren Objekten Serialisierung und Kommunikation dominieren. Als Daumenregel läßt sich ableiten, daß die Serialisierung mindestens 25% und mit wachsender Objektgröße bis zu 65% der Zeit verschlingt. Der Prozentsatz ist bei langsamen Java-Implementierungen noch größer. RMI verursacht einen Mehraufwand zwischen 0,4 und 2,2ms.

1.2 Gliederung des Beitrags

Wir arbeiten an allen drei Bereichen (Serialisierung, RMI und Netzwerksubsystem), um bestmögliche Geschwindigkeit zu erreichen. Nach einer Diskussion verwandter Arbeiten in Abschnitt 2 zeigt Abschnitt 3 die zentralen Ideen einer verbesserten Serialisierung. Abschnitt 4 bespricht den Entwurf unseres schlanken RMI, daß ausschließlich in Java implementiert und daher voll portabel ist. Abschnitt 5 stellt kurz das auf Myrinet-Hardware basierende ParaStation Netzwerk vor, welches wir im Austauch für Ethernet eingesetzt haben, um die Unabhängigkeit unseres RMI von TCP/IP-basierten Netzwerken zu demonstrieren. Der letzte Abschnitt 6 diskutiert quantitative Ergebnisse.

2 Verwandte Arbeiten

Thiruvathukal et al. [16] experimentierten mit expliziten Versenderoutinen, allerdings können wir zeigen, daß nur durch enge Zusammenarbeit mit der Pufferverwaltung erhebliche Verbesserungen erreicht werden.

Manta [17] ermöglicht einen effizienten entfernten Methodenaufruf (35μs für einen entfernten Null-Aufruf) allerdings nicht durch ein effizientes RMI-Paket, sondern indem eine Untermenge von Java direkt in nativen Code für ein PC-Bündel übersetzt wird. Zur Objektserialisierung werden explizite Versenderoutinen erzeugt, die die Kenntnis des Speicherlayouts der Objekte ausnutzen. Es ist unklar, welche Geschwindigkeit Manta bei der Serialisierung allgemeiner Objektstrukturen wie z.B. Graphen erzielt. Unsere Arbeit basiert hingegen ganz auf Java, und kann leicht auf jeder Plattform benutzt werden.

Breg et al. [2] haben eine Teilmenge von RMI auf das Nexus-Laufzeitsystem portiert. Unser Entwurf kann leichter auf andere Zielarchitekturen angepaßt werden und erreicht bessere Geschwindigkeiten.

Horb [5] und Voyager [11] sind alternative Technologien für verteilte Objekte in Java, die sich im Gegensatz zu unserer Arbeit weder einfach gegen RMI austauschen lassen, noch für Hochleistungsrechnen ausgelegt sind.

Es gibt weitere Ansätze zur Verwendung von Java auf Rechnerbündeln, bei denen aber Objektserialisierung keine Rolle spielt. *Java/DSM* [20] implementiert eine JVM aufbauend auf Treadmarks [8]. Dort ist keine explizite Kommunikation nötig, da alles transparent vom unterliegenden DSM erledigt wird. Es liegen uns keine Angaben über die Geschwindigkeit vor.

Ein dazu orthogonaler Ansatz vermeidet Objektserialisierung durch Objekt-Caching [9]. Objekte, die nicht verschickt werden, ziehen auch keinen Serialisierungsaufwand nach sich.

Es sind uns keine anderen Benchmarksammlungen für RMI bekannt, obwohl die meisten der obengenannten Gruppen quantitative, aber nicht direkt miteinander vergleichbare Ergebnisse veröffentlicht haben.

3 Effiziente Serialisierung

3.1 Grundlagen der Objektserialisierung

Als Kopie übergebene Objekte und primitive Typen werden durch die Serialisierung in eine Repräsentation als Byte-Feld überführt. Diese Kodierung wird auf der Empfängerseite in eine Kopie des Objektgraphen zurückverwandelt. Dabei können sogar zyklische Strukturen kopiert werden, da mehrfache Referenzen auf dasselbe Objekt mittels einer Hashtabelle aufgelöst werden. Bei jedem neuen Methodenaufruf muß diese Tabelle gelöscht werden, da sich der Zustand der übertragenen Objekte geändert haben könnte.

Die Serialisierung wird mittels dynamischer Typintrospektion für alle Objektklassen von einer Bibliotheksklasse erledigt. Der Programmierer kann jedoch eigene Serialisierungsmethoden schreiben (`writeObject` oder `writeExternal`), falls spezifischere Operationen notwendig sind oder eine bessere Geschwindigkeit erzielt werden soll. Manta erzeugt solche Routinen im Zuge der nativen Übersetzung. Auch wir arbeiten an einem Werkzeug, das effiziente Versenderoutinen für existierende Klassen generiert.

Im Rest des Papiers meint der Ausdruck „Serialisierung" das Schreiben und Lesen von Byte-Repräsentationen im allgemeinen. Die im JDK erhältliche Version der Serialisierung soll „JDK-Serialisierung" und unsere verbesserte Version soll „UKA-Serialisierung" heißen.

Die Abschnitte 3.2 bis 3.4 diskutieren die gemusterten Bereiche der Balken in Abbildung 1. Die UKA-Serialisierung kann alle diese Zeitanteile einsparen. Die

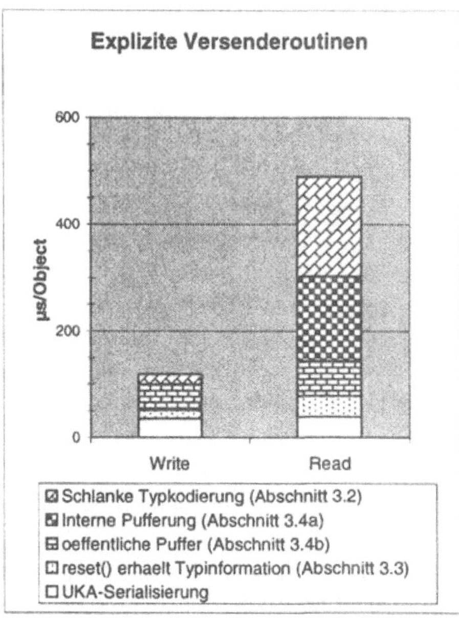

Die kompletten Balken geben die von der JDK-Serialisierung benötigte Zeit an, um ein Objekt mit 32 `int` Werten unter Zuhilfenahme von expliziten Versenderoutinen zu schreiben bzw. zu lesen. Unsere Umgebung bestand aus JDK 1.2beta3 mit eingeschaltetem JIT auf einer Sun Ultra Sparc IIi unter Solaris 2.6. (Ähnliche Ergebnisse haben wir auf PC und DEC mit anderen JDK-Versionen gemessen.) Die JDK-Serialisierung bietet zwei verschiedene Protokollversionen an. Obwohl die Version 2 die Standardeinstellung ist, benutzt RMI die etwas schnellere Protokollversion 1. Unsere Vergleichsmessungen benutzen ebenfalls Version 1. Die gemusterten Teile stehen für die Zeitanteile, die durch die einzelnen Optimierungen eingespart wurden. Auf diese Optimierungen wird in den Abschnitten 3.2 bis 3.4 näher eingegangen. Durch Verwendung aller dieser Optimierungen bleibt nur noch die Zeit übrig, die durch die kleinen weißen Kästen ganz unten angedeutet wird. Ähnliche Ergebnisse erhält man auch für andere Objekttypen, siehe Tabelle 2.

Abbildung 1. Serialisierungszeitanteile bei expliziten Versenderoutinen.

von der JDK-Serialisierung benötigten Zeiten, repräsentiert durch die komplette Säule, schrumpfen dabei auf die Anteile zusammen, die durch die kleinen weißen Kästen ganz unten angedeutet sind. Einzelheiten der UKA-Serialisierung und Vorschläge für weitere Verbesserungen findet man in [4].

3.2 Schlanke Typkodierung

Obwohl aus der Methodendeklaration die Parametertypen eines entfernten Methodenaufrufs statisch bekannt sind, muß beim Aufruf dennoch Typinformation übertragen werden, da zur Laufzeit beliebige Untertypen des statischen Parametertyps als Argument übergeben werden können. Allerdings ist für parallele Java-Programme auf Rechnerbündeln und DMPs eine äußerst schlanke Typinformation ausreichend, da keine Persistenz benötigt wird, die über viele Java-Versionen hinweg reichen muß, und alle Knoten Zugriff auf die selben Klassendateien über ein gemeinsames Dateisystem besitzen.

Die UKA-Serialisierung überträgt nur den vollen Klassen- und Paketnamen. Es sind aber noch kürzere Kodierungen denkbar. Die schlanke Typkodierung beschleunigt die Geschwindigkeit der Serialisierung deutlich, siehe Abbildung 1. Es zeichnet sich ab, daß Sun unsere Idee schlanker Typkodierung aufgreifen und in der nächsten JDK-Version optional zur Verfügung stellen wird.

3.3 Zwei Reset-Varianten

Um beim entfernten Methodenaufruf Kopiersemantik für die Argumente zu erreichen, muß jeder entfernte Methodenaufruf mit einer leeren Tabelle zur Zyklenerkennung beginnen. Nur so werden Objekte, die bereits in einem früheren Aufruf übertragen wurden, erneut mit ihrem aktuellen Zustand übertragen.[1] Die derzeitige RMI-Implementierung legt dazu für jeden entfernten Methodenaufruf ein neues Serialisierungsobjekt an. Alternativ könnte die `reset()`-Methode des Serialisierungsobjekts aufgerufen werden. Beide Ansätze haben den Nachteil, daß mit dem Löschen der bereits übertragenen Objekte auch alle Information über schon übertragene *Typen* gelöscht wird.

Die UKA-Serialisierung bietet daher eine neue Variante der `reset()`-Methode an, die zwar die Tabelle der bereits übertragenen Objekte löscht, die *Typ*information aber unverändert läßt. Die gepunkteten Bereiche in Abbildung 1 zeigen die dadurch eingesparte Zeit.

3.4 Verbesserte Pufferung

a) Interne statt externer Pufferung. Auf der Empfängerseite führt die JDK-Serialisierung keine eigene Pufferung durch sondern vertraut auf den unterliegenden `BufferedStream`. Dessen Pufferung ist allgemein und kann kein Wissen über die Länge der Byte-Repräsentation übertragener Objekte nutzen.

Die UKA-Serialisierung puffert selbst und kann Wissen über das Leitungsformat ausnutzen. Sofern möglich, werden immer ganze Objekte auf einmal gelesen und dadurch unnötige Abfragen auf Unter- oder Überlauf vermieden. Die mit 3.4a markierten Bereiche in Abbildung 1 zeigen den Effekt interner Pufferung.

b) Öffentliche statt privater Puffer. Die externe Pufferung erzwingt das Beschreiben der Puffer über den Umweg von Methodenaufrufen. Da die UKA-Serialisierung ihren eigenen Puffer implementiert, kann den expliziten Versenderoutinen direkter Zugriff darauf gewährt und eine Schnittstelle zum Puffermanagement angeboten werden. An dieser Stelle tauschen wir Modularität und Sicherheit des ursprünglichen Entwurfs gegen eine Geschwindigkeitssteigerrung ein. Die 3.4b markierten Bereiche zeigen die durch direktes Beschreiben der Puffer gewonnene Zeit.

3.5 Quantitative Verbesserungen

Tabelle 2 zeigt den Effekt der UKA-Serialisierung bei verschiedenen Objekttypen. Zur Serialisierung und Deserialisierung eines Objekts mit 32 `int` Werten werden anstatt $66+354=420\mu s$ auf einem PC ($2166\mu s$ auf einer DEC) mit der UKA-Serialisierung nur noch $5+15=20\mu s$ ($156\mu s$) benötigt. Die Einsparungen bei tiefen Strukturen sind etwas geringer (ca. 80%), weil der zur Zyklenerkennung notwendige Aufwand nicht reduziert werden kann.

---

[1] Objekt-Caching kann häufige Neuübertragung u.U. vermeiden, siehe Abschnitt 2.

Tabelle2. Verbesserungen bei verschiedenen Objekttypen analog Tabelle 1.

μs pro Objekt		32 int		4int 2null		tree(15)		Meßgrundlage
		w	r	w	r	w	r	
PC	JDK-Serialisierung	66	354	31	153	178	448	
	UKA-Serialisierung	5	15	3	11	41	107	siehe Tab. 1
Verbesserung %		**92**	**96**	**90**	**93**	**77**	**76**	
DEC	JDK-Serialisierung	700	1466	271	591	1643	3148	
	UKA-Serialisierung	54	102	32	71	216	397	siehe Tab. 1
Verbesserung %		**92**	**93**	**88**	**88**	**87**	**87**	

4 KaRMI: Effizientes RMI

Unter dem Namen KaRMI haben wir das RMI von JDK 1.2 neu entworfen
und neu implementiert. Die Idee dabei war, ein schlankes, schnelles Rahmen-
werk bereitzustellen, das durch Spezialmodule zu ergänzen ist. Dies können sowohl optimierte Komponenten mit voller RMI-Funktionalität, als auch solche
sein, die Teile der RMI-Funktionalität gegen eine Geschwindigkeitssteigerrung
eintauschen. Ebenso sind Komponenten möglich, die spezielle Kommunikationshardware unterstützen oder angepaßte Speicherbereiniger nutzen.

Die folgenden Abschnitte bieten einen Überblick über KaRMI und die
Gründe für die Geschwindigkeitssteigerung; sie diskutieren die Unterstützung
für Kommunikationshardware ohne TCP/IP-Protokoll und den in KaRMI ver-
folgten Ansatz alternativer verteilter Speicherbereinigungsalgorithmen.

4.1 Saubere Schnittstellen zwischen Entwurfsschichten

Wie beim Entwurf des offiziellen RMI gibt es bei KaRMI drei Schichten
(Stellvertreter/Skelett-, Referenz- und Transportschicht).[2] Im Gegensatz zur offiziellen Version bietet KaRMI klar dokumentierte Schnittstellen zwischen den
Schichten, was zwei entscheidende Vorteile hat: Erstens einen Geschwindigkeits-
vorteil, weil KaRMI bei einem entfernten Methodenaufruf mit lediglich zwei Methodenaufrufen an den Schnittstellen auskommt und keine temporären Objekte
erzeugt. Zweitens können weitere Implementationen für Referenz- und Transportschicht einfach hinzugefügt werden (siehe Abschnitt 4.3).

Der Kardinalfehler des RMI-Designs war das Offenlegen der Socket-Schnitt-
stelle für die Anwendung. Dadurch wird z.B. das Exportieren von Objekten an
festgelegten Ports möglich. Wenn Sokets aber für die Anwendung sichtbar sind,

---

[2] Für die nicht mit der Architektur von RMI vertrauten Leser: Die *stub/skeleton
Schicht* überführt einen spezifischen Methodenaufruf an die generische Aufrufschnitt-
stelle der Referenzschicht. Auf der Seite des Gerufenen erfolgt der Rückaufruf an die
Anwendung. Die *Referenzschicht* ist für die Aufrufsemantik zuständig. Hier wird un-
terschieden, ob es sich um einen einfachen oder einen replizierten Server handelt.
Die *Transportschicht* realisiert die eigentliche Netzwerkkommunikation auf unterster
Ebene.

muß jede RMI-Implementierung Sockets in der Transportschicht verwenden – auch dann, wenn das unterliegende Netzwerk Sockets nicht gut unterstützt. In diesem Fall müßte in der Transportschicht der RMI-Implementierung das TCP/IP-Protokoll nachgebildet werden, was für Hochleistungsanwendungen nicht nur unnötig, sondern auch zu langsam ist. Um Hochgeschwindigkeitsnetze auszunutzen, besteht der einzige Ausweg darin, die Socket-Funktionalität aus dem RMI-Design herauszunehmen.

4.2 Geschwindigkeitsverbesserungen

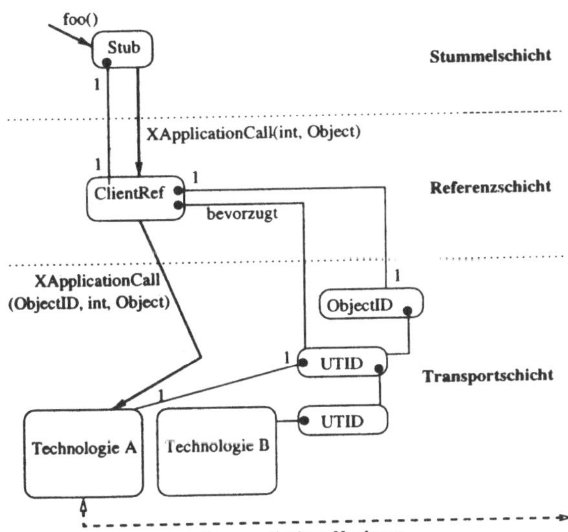

Die drei Schichten von KaRMI: Ein entfernter Methodenaufruf wird vom Objektstellvertreter zum entsprechenden Referenzobjekt (`ClientRef`) weitergerreicht. Das Referenzobjekt besitzt einen Identifikator `ObjectID`, der selbst auf eine Kette von `UTID`s zeigt, wobei jeder `UTID`-Identifikator auf das entsprechende Technologieobjekt verweist, welches für die Kommunikation mit der Netzwerkhardware zuständig ist.

Abbildung 2. Entfernter Methodenaufruf in KaRMI

Abbildung 2 zeigt die Aufrufseite eines entfernten Methodenaufrufs. Ein am Stellvertreter ankommender Methodenaufruf wird durch einen Aufruf von `XApplicationCall(int, Object)` zum Referenzobjekt (`ClientRef`) weitergeleitet. Normalerweise ist dabei das erste Argument die Methodennummer, das zweite die Argumentliste des Aufrufs; andere Semantiken sind denkbar. Indem mehrere Versionen von `XApplicationCall()` mit unterschiedlichen Rückgabetypen (verschlüsselt im `X` des Methodennamens) angeboten werden, vermeidet KaRMI im Gegensatz zur offiziellen RMI-Version, die nur `Object` als Rückgabetyp kennt, teures Verpacken primitiver Werte. Auf der Empfängerseite wird die entsprechende Version von `XdoApplicationCall(..)` aufgerufen.

Das Referenzobjekt ist für die Adressierung des entfernten Objekts zuständig und speichert dazu eine oder bei Replikation mehrere `ObjectID`s. Wie weiter unten genauer ausgeführt wird, ruft das Referenzobjekt die Methode

`XApplicationCall(ObjectID, int, Object)` eines geeigneten Technologieobjekts für die Netzwerkkommunikation auf. Einzelheiten der Adressierung und der Technologieobjekte werden in Abschnitt 4.3 erklärt.

Wo KaRMI für jeden entfernten Methodenaufruf ein einzelnes Objekt anlegt, erzeugt RMI ungefähr 25 Objekte, plus je ein Objekt pro Argument und Rückgabewert. Unsere verbesserte Implementierung vermeidet die häufige und langsame Objekt-Allokation und führt daher zu einer höheren Geschwindigkeit. Ferner realisiert KaRMI folgende Verbesserungen:

• RMI benutzt teure Aufrufe nativen Codes und den teuren Mechanismus zur dynamischen Typintrospektion, um mit primitiven Typen zurechtzukommen.[3] Pro entferntem Methodenaufruf werden fünf, pro Argument und Rückgabewert je zwei native Methoden aufgerufen. KaRMI benutzt hingegen native Methodenaufrufe lediglich zur Kommunikation mit dem Gerätetreiber.

• Im Gegensatz zu RMI erkennt KaRMI entfernte Objekte in derselben JVM und kappt die Aufrufkette beim Zugriff darauf. Natürlich müssen Argumente trotzdem kopiert werden, um die Semantik eines entfernten Aufrufs zu erhalten. Allerdings spart man dadurch einen Kontextwechsel und die Verwendung des „loopback"-Gerätetreibers.

• Die Architekten von RMI benutzen Hashtabellen auch dort, wo andere Datenstrukturen schneller sein könnten oder sie ganz vermeidbar gewesen wären. Obwohl das Löschen von Hashtabellen zeitaufwendig ist, löscht RMI Hashtabellen sogar nach der letzten Verwendung.

4.3 Technologieobjekte kapseln Netzwerkhardware

KaRMI unterstützt im Gegensatz zu RMI Netzwerke ohne TCP/IP-Protokoll und erlaubt die Verwendung mehrerer Netzwerkzugänge auf demselben Knoten. Zu diesem Zweck führt KaRMI den Begriff der Netzwerktechnologie ein. Bei der Initialisierung wird für jede auf einem Knoten `A` verfügbare Netzwerkhardware ein Technologieobjekt `T` angelegt. Dessen `UTID`-Objekt enthält alle Informationen, die ein anderer Knoten braucht, um `A` über `T` zu erreichen. Z.B. existieren auf einem Knoten, der sowohl über Ethernet- als auch über ParaStation-Hardware verfügt, zwei Technologieobjekte, die beide die Schnittstelle `XApplicationCall(...)` der Transportschicht implementieren. Abhängig vom zu erreichenden Objekt wählt die Referenzschicht das beste Technologieobjekt aus.

Zum Zeitpunkt des Bekanntwerdens eines Objekts auf einem entfernten Knoten werden die `UTID`-Identifikatoren für jede nutzbare Technologie mittels Serialisierung übergeben. Besitzen zwei Knoten eine gemeinsame Technologie, wird diese zur Kommunikation benutzt, ansonsten werden Brückenobjekte an Technologiegrenzen eingesetzt.

Zusätzlich zur Ethernet-Technologie haben wir eine optimierte Technologie für die ParaStation-Hardware implementiert (siehe Abschnitt 5). Die Optimierungen nutzen aus, daß ParaStation-Pakete immer korrekt und immer in der rich-

---

[3] Der Aus- und Wiedereintritt nach Java über JNI ist im derzeitigen JDK aufwendig.

tigen Reihenfolge zustellt werden. Knoten in unserem Rechnerbündel legen zwei Technologieobjekte an, eines für Ethernet und eines für ParaStation. Das zweite wird benutzt, wenn Kommunikation innerhalb des Rechnerbündels stattfindet, das erstere, um Knoten außerhalb anzusprechen, die nicht mit ParaStation-Hardware ausgestattet sind.

4.4 Einsteckbare verteilte Speicherbereiniger

Verteilte Speicherbereinigung ist schwierig, weil Pakete in verteilten Systemen evtl. vervielfacht, verspätet oder gar nicht ankommen oder ganze Knoten ausfallen. Die Speicherbereinigung in RMI ist für Weitverkehrsnetzwerke mit all diesen Problemen ausgelegt. In einem engverknüpften Rechnerbündel kann auf Zusatznachrichten zur Ausfallsicherheit zugunsten von besserer Geschwindigkeit verzichtet werden.

Da es für ausfallsichere Netzwerke effizientere Speicherbereinigungsalgorithmen gibt [14], bietet KaRMI die Möglichkeit, diese über eine saubere Schnittstelle ins System einzustecken. Es kann für jede Technologie ein anderer Speicherbereiniger verwendet werden. Die oben erwähnten an Technologiegrenzen eingesetzten Brückenobjekte bewirken eine korrekte Zusammenarbeit unterschiedlicher Speicherbereiniger.

4.5 Einschränkungen

Nach einer Änderung am BOOTCLASSPATH und der Neuerzeugung von Stellvertreter- und Skelett-Klassen kann ein existierendes Programm von KaRMIs Geschwindigkeitsverbesserungen ohne Neuübersetzung profitieren.

Dennoch muß man bei der Verwendung von KaRMI einige Einschränkungen hinnehmen. Die gravierendste ist wohl, daß KaRMI nicht mit Code zurechtkommt, der Port-Nummern oder die SocketFactory verwendet. Logischerweise kann KaRMI auch nicht mit Code benutzt werden, der undokumentierte RMI-Klassen verwendet (wie z.B. beim San Francisco Projekt der IBM). Weitere Einschränkungen der gegenwärtigen Implementierung sind in [7] diskutiert.

5 ParaStation-Netzwerk

ParaStation [19] ist eine Kommunikationstechnologie, um handelsübliche Arbeitsstationen zu einem Supercomputer zu kombinieren. ParaStation basiert auf Myrinet-Hardware [1] und skaliert bis zu 4096 Knoten. Die *user-level* Kommunikation von ParaStation rettet die kurzen Latenzzeiten der Hardware in die Anwendung, indem das Betriebsystem aus dem Kommunikationspfad herausgenommen wird. Trotzdem bleibt der volle Schutz einer Mehrbenutzerumgebung erhalten.

6 Benchmark-Sammlung und Ergebnisse

6.1 Benchmark-Sammlung

Für die quantitative Beurteilung von KaRMI haben wir eine Sammlung von
RMI-Benchmarks zusammengestellt: Verschiedene Kern-Benchmarks und einige
kleine Anwendungen. Die Anwendungen benutzen dabei entfernte Methodenaufrufe häufiger, als für die Lösung des Problems notwendig wäre und sind daher oft
langsamer als sequentielle Lösungen. Andererseits testen sie häufig vorkommende
Kommunikationsmuster oder messen die Geschwindigkeit von RMI im Zusam-
menspiel mit dem Prozessorzuteilungsverfahren oder der Synchronisierung. Wir
behaupten keineswegs, daß die Benchmarks eine repräsentative Sammlung von
RMI-Anwendungen sind, dennoch dienen sie als guter Startpunkt für die Bewertung der Geschwindigkeit der grundlegenden RMI-Funktionalität. Die Sammlung ist unter [7] öffentlich zugänglich.

Die Programme werden für jeden Parametersatz mehrfach ausgeführt, um
die Auswirkungen von endlicher Zeitauflösung, von Laufzeitschwankungen durch
Cache-Effekte oder JIT-Warmlaufphasen und von sonstigen Ausreißern durch
Betriebsystemunterbrechungen zu minimieren.

Für jedes Programm der Sammlung wird der Parameter `obj` durch eine simple Fabrik-Klasse erzeugt. Momentan stehen Fabrik-Klassen für die folgenden
Typen zur Verfügung:

`null`	null-Zeiger
`byte[`n`]` `int[`n`]`	Feld mit n Elementen
`float[`n`]`	(unsere Sammlung benutzt n=50,200,500,2000,5000,20000)
`4 int` `32 int`	ein Objekt mit 4 oder 32 `int` Werten
`tree(`n`)`	ein balancierter Baum aus Objekten mit 4 `int` Werten und insgesammt n Knoten (unsere Sammlung benutzt n=15)

a) Kern-Benchmarks mit zwei beteiligten Rechnern
- `void ping()`
- `void ping(int, int)`
- `void ping(int, int, float, float)`
- `void ping(obj) and obj ping(obj)`
- `void pingpong(obj) and obj pingpong(obj)`

Im Gegensatz zum einfachen `ping` findet bei `pingpong` auf der entfernten Seite
ein Rückaufruf statt, bevor beide Aufrufe zurückkehren.

b) Kern-Benchmarks für Serverlast bei konkurrierenden Aufrufen
- `obj star(obj)`

Alle Clienten warten an einer Barriere, bevor sie alle gleichzeitig eine bestimmte
Methode desselben Servers aufrufen.

c) Kleine Anwendungen
- Hamming's Problem [3]. Gegeben ist eine Reihe Primzahlen a, b, c, ... in aufsteigender Reihenfolge ohne Duplikate (in unserer Implementierung jede zweite

Primzahl). Gesucht sind, ebenfalls in aufsteigender Reihenfolge und ohne Duplikate, alle Zahlen der Form $a^i \cdot b^j \cdot c^k \ldots \leq n$.

• Erzeugung von Paraffin-Strukturformeln [3]. Gegeben eine Zahl n, liefere zu
jedem $i \leq n$ duplikatfrei alle chemischen Strukturformeln für Paraffinmoleküle
(C_iH_{2i+2}) und deren Isomere.

• SOR successive overrelaxation, ein iterativer Algorithmus zur Lösung von La-
place Differentialgleichungen auf einem 2D-Gitter. In jeder Iteration wird der
Wert eines Gitterpunktes augrund der Werte seiner vier Nachbarpunkte aktualisiert. Die RMI-Implementierung stammt von Maassen [10].

6.2 Ergebnisse

Wir haben vier Software- und drei Hardware-Konfigurationen untersucht. *Software:* reines RMI, RMI mit UKA-Serialisierung, KaRMI mit JDK-Serialisierung
und KaRMI mit UKA-Serialisierung. Bei jedem Durchlauf wurden 64 Programm-
me vermessen (jeder Kern-Benchmark mit jedem Objekttyp und die kleinen
Anwendungen). *Hardware:* Die in Tabelle 1 erwähnten Plattformen, wobei die
Alphas sowohl mit Ethernet als auch mit ParaStation-Netzwerk vermessen wurden.

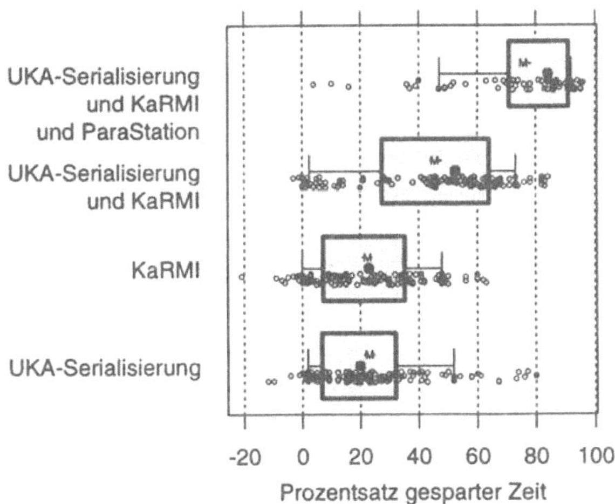

Die unteren drei „Zeilen" zeigen je $2 \cdot 64$ Meßergebnisse (Ethernet auf PC und Fast-Ethernet auf Alpha). Die unterste Zeile zeigt die erzielte Verbesserung von RMI mit UKA-Serialisierung. Die zweite Zeile zeigt die Verbesserung, die KaRMI zusammen mit der JDK-Serialisierung bewirkt. Die darüberliegende Zeile zeigt die kombinierte Wirkung. Die oberste Zeile demonstriert das Verhalten, wenn zusätzlich zur UKA-Serialisierung und KaRMI noch das ParaStation-Netz verwendet wird (64 Meßergebnisse).

Abbildung3. Prozentsatz eingesparter Zeit durch UKA-Serialisierung, KaRMI und
ParaStation-Netzwerk.

Jede gemessene Zeit ist durch einen kleinen Kreis repräsentiert, welcher den
Prozentsatz eingesparter Zeit gegenüber Standard-RMI angibt. M steht für den
Mittelwert und der dicke Punkt für den Median der Messungen. Die Rechtecke
umfassen die mittlere Hälfte aller Messungen. So spart man mit ParaStation in
der Hälfte der Messungen zwischen 70 und 90% der Laufzeit ein; bei einem Vier-
tel sogar über 90%. Die H-Linien geben das 0,1 und 0,9 Quantil der Messungen

an, so daß die kleinsten zehn Prozent der Meßwerte links des H liegen. Ein keiner Auzug der Meßdaten ist in Tabelle 3 abgedruckt.

Tabelle3. Auszug aus den Meßdaten. Sowohl einzeln als auch in Kombination sparen UKA-Serialisierung und KaRMI Laufzeit ein. Durch das ParaStation-Netzwerk ergeben sich weitere Verbesserungen.

Benchmark (μs)	PC gemäß Tabelle 1			DEC gemäß Tabelle 1		
	RMI	KaRMI	UKA + KaRMI	RMI	UKA + KaRMI	UKA + KaRMI + ParaStation
void ping()	745	385 (48%)	360 (52%)	1451	511 (65%)	117 (92%)
void ping(2 int)	731	619 (15%)	398 (46%)	1473	793 (46%)	194 (87%)
obj ping(obj)						
• 32 int	2287	1935 (15%)	674 (71%)	7633	1232 (84%)	328 (96%)
• 4 int, 2 null	1456	1104 (24%)	464 (68%)	4312	1123 (74%)	279 (94%)
• tree(15)	3108	2708 (13%)	1311 (58%)	14713	2485 (83%)	1338 (91%)
• float[50]	1462	1095 (25%)	859 (41%)	2649	1264 (52%)	483 (82%)
• float[5000]	37113	37123 (0%)	37203 (0%)	16954	12590 (26%)	8664 (49%)
paraffins (2PE)	19013	18350 (3%)	7121 (53%)	56870	15580 (73%)	19600 (66%)
paraffins (8PE)				42290	9450 (78%)	13860 (67%)

Abbildung 3 zeigt, daß die UKA-Serialisierung und KaRMI in fast allen Fällen die Geschwindigkeit erhöhen, sowohl wenn sie einzeln benutzt werden, als auch in Kombination. So kann ohne spezielle Kommunikationshardware ein Median von 45% der Laufzeit eingespart werden; in manchen Fällen sind Verbesserungen bis zu 71% möglich. Mit ParaStartion wird im Median 85% und maximal 96% der Zeit eingespart. Nur mit ParaStation ist es möglich einen entfernten Methodenaufruf innerhalb von 117μs auszuführen. (Mit einem neueren JIT von DEC, der allerdings noch zu fehlerhaft für eine durchgängige Verwendung ist, gelangen uns sogar 80μs.)

Jede Zeile in Abbildung 3 enthält Kreise nahe null. Diese stehen für Kern-Benchmarks mit Feld-Parametern. Bei der Übertragung großer Datenmengen ist die Kommunikationszeit der dominierende Faktor, der jegliche Geschwindigkeitssteigerungen im RMI und in der Serialisierung verdeckt (vergleich Tabelle 3 und Abbildung 4). Auf den PCs (links in Abbildung 4) geht die Verbesserung für große Felder gegen null; doch wegen der höheren Bandbreite sieht man auf ParaStation immer noch Verbesserungen von ca. 40%.

Interessanterweise spart die Implementierung für Fast-Ethernet bei der Paraffin-Anwendung mehr Zeit, als die ParaStation-Implementierung. Das hängt mit Prozessorzuteilungsproblemen in der ParaStation-Bibliothek zusammen, wo durch aktives Warten an der Kommunikationshardware andere Kontrollfäden am Weiterarbeiten gehindert werden.

Bei wenigen Messungen beobachtet man eine Verlangsamung bei alleiniger Nutzung von entweder der UKA-Serialisierung oder KaRMI. Für die UKA-

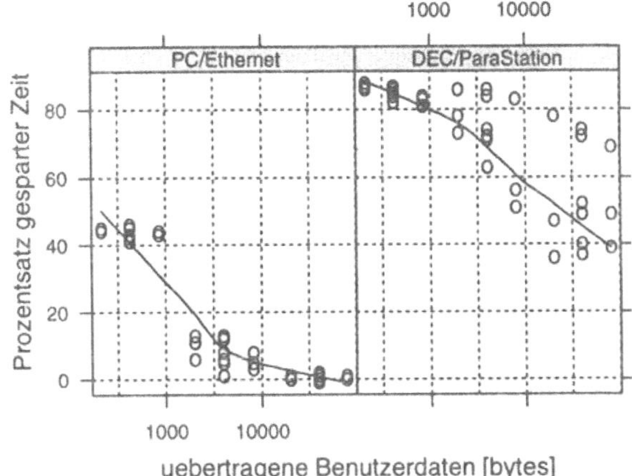

uebertragene Benutzerdaten [bytes]

Abbildung4. Der Geschwindigkeitsgewinn durch Kombination von UKA-Serialisierung und KaRMI sinkt mit wachsenden Feldgrößen.

Serialisierung liegt das daran, daß die JDK-Implementierung eine schnellere native Methode zur Erzeugung von uninitialisierten Feldern benutzt, wohingegen in der UKA-Serialisierung der Standard-Konstruktor aufgerufen wird.[4] Die Verlangsamung bei KaRMI beruht darauf, daß die Stellvertreter bei JDK 1.1.6 primitive Parametertypen etwas effizienter handhaben können. KaRMI wird aber deutlich gegenüber einer 1.2-Implementierung gewinnen, sobald eine solche für Digital Unix verfügbar sein wird.

Danksagungen

Wir möchten uns bei Lutz Prechelt bedanken, der uns bei der statistischen Auswertung der Meßergebnisse zur Seite stand. Matthias Gimbel war duldsamer Beta-Tester immer neuer Versionen. Das Java Grande Forum und Siamak Hassanzadeh von Sun Microsystems unterstützten die Diskussion von Unzulänglichkeiten der JDK-Serialisierung und des RMI finanziell.

Literatur

1. N.J. Boden, D. Cohen, R.E. Felderman, A.E. Kulawik, C.L. Seitz, J.N. Seizovic, and Wen-King Su. Myrinet: A Gigabit-per-Second Local Area Network. *IEEE Micro*, 15(1):29–36, 1995.
2. F. Breg, S. Diwan, J. Villacis, J. Balasubramanian, E. Akman, and D. Gannon. Java RMI performance and object model interoperability: Experiments with Java/HPC++. *Concurrency: Practice and Experience*, 10(11–13):941–956, 1998.

---

[4] Wir werden dieses Problem durch Aufruf derselben nativen Methode beheben.

3. J.T. Feo, editor. *A Comparative Study of Parallel Programming Languages: The Salishan Problems.* Elsevier Science Publishers, Holland, 1992.
4. B. Haumacher and M.Philippsen. More efficient object serialization. In *Parallel and Distributed Processing*, number 1586 in Lecture Notes in Computer Science, pages 718–732, Puerto Rico, April 12 1999. Springer Verlag.
5. S. Hirano, Y. Yasu, and H. Igarashi. Performance evaluation of popular distributed object technologies for Java. *Concurrency: Practice and Experience*, 10(11–13):927–940, 1998.
6. Java Grande Forum. http://www.javagrande.org.
7. JavaParty. http://wwwipd.ira.uka.de/JavaParty/.
8. P. Keleher, A.L. Cox, and W. Zwaenepoel. Treadmarks: Distributed shared memory on standard workstations and operating systems. In *Proc. 1994 Winter USENIX Conf.*, pages 115–131, January 1994.
9. V. Krishnaswamy, D. Walther, S. Bhola, E. Bommaiah, G. Riley, B. Topol, and M. Ahamad. Efficient implementations of Java Remote Method Invocation (RMI). In *Proc. of the 4th USENIX Conf. on Object-Oriented Technologies and Systems (COOTS'98)*, 1998.
10. J. Maassen and R.v. Nieuwpoort. Fast parallel Java. Master's thesis, Dept. of Computer Science, Vrije Universiteit, Amsterdam, August 1998.
11. ObjectSpace. Voyager. http://www.objectspace.com.
12. OMG. *Objects by Value Specification*, January 1998.
13. M. Philippsen, M. Jacob, and M. Karrenbach. Fallstudie: Parallele Realisierung geophysikalischer Basisalgorithmen in Java. *Informatik—Forschung und Entwicklung*, 13(2):72–78, 1998.
14. D. Plainfossé and M. Shapiro. A survey of distributed garbage collection techniques. In *Intl. Workshop on Memory Management*, Kinross, Scotland, UK, September 1995.
15. G.K. Thiruvathukal, F. Breg, R. Boisvert, J. Darcy, G.C. Fox, D. Gannon, S. Hassanzadeh, J. Moreira, M. Philippsen, R. Pozo, and M. Snir (editors). Java Grande Forum Report: Making Java work for high-end computing. In *Supercomputing'98*, Orlando, Florida, November 7–13, 1998. panel handout.
16. G.K. Thiruvathukal, L.S. Thomas, and A.T. Korczynski. Reflective remote method invocation. *Concurrency: Practice and Experience*, 10(11–13):911–926, 1998.
17. R. Veldema, R.v. Nieuwport, J. Maassen, H.E. Bal, and A. Plaat. Efficient remote method invocation. Techn. Rep. IR-450, Vrije Universiteit, Amsterdam, 1998.
18. J. Waldo. Remote procedure calls and Java Remote Method Invocation. *IEEE Concurrency*, 6(3):5–7, 1998.
19. T.M. Warschko, J.M. Blum, and W.F. Tichy. ParaStation: Efficient parallel computing by clustering workstations: Design and evaluation. *Journal of Systems Architecture*, 44(3-4):241–260, 1997.
20. Weimin Yu and A. Cox. Java/DSM: A platform for heterogeneous computing. *Concurrency: Practice and Experience*, 9(11):1213–1224, November 1997.

JRPC: Connecting Java Applications with Legacy ONC RPC Servers

Martin Gergeleit

University of Magdeburg
Computer Science Department, Distributed Systems Institute
gergeleit@ivs.cs.uni-magdeburg.de

Abstract. One of the benefits of Java is the ability to write GUI-interfaces for legacy services in a platform independent way. These Java front-ends allow for a seamless integration of these existing services into an intranet or even the whole internet. However, while Java was designed for network connectivity it initially suffered from a lack of supported middleware solutions. The current approach of integrating RMI and CORBA can be considered as an obvious sign for the need of this kind of integrating technology. However, even with this integration on its way, still a very large base of installed RPC systems, namely all services based on ONC (Open Network Computing) RPC, are still not covered. In order to fill this gap RPC for Java (JRPC) has been developed as the first full ONC RPC binding for Java. This paper describes the design and the implementation of this Java binding for ONC RPC and the enhancements to the standard functionality that were required for integrating RPC functionality in Web-based applications.

1 Introduction

Over the last years the Internet has become an important vehicle for corporate computing. Web services are now treated as business-critical systems. By building applications and accessing databases on corporate Intranets as well as the Internet, competitive advantage will be gained. The major issue concerning Internet application development for the Web is whether to build them from zero or to leverage existing technology and applications. Many companies will find more benefit from making the Web an extension of this proven foundation. Concerning Web application development, most IT-managers simply want to keep and extend their existing applications running properly on existing legacy servers. An Internet server along with smart Java Applets as clients will make perfect front-ends to these existing systems.

For accessing a DBMS from Java this problem has already been addressed with the introduction of JDBC. The situation is different for application servers. Servers that provide specific functionality via an RPC-style (Remote Procedure Call [Birell84]) interface are currently much harder to integrate, even if their invocation-oriented client/server computing paradigm is closely related to Java's object-oriented view [Aldrich97]. Standard Java RMI is out of scope for connecting existing servers, as it only provides Java-to-Java connectivity. Of course, the current efforts to establish

CORBA [OMG95] and the underlying IIOP protocol as the common infrastructure for a heterogeneous environment are a great step into a unified object-oriented world [JavaIDL98], but it does not solve the problem of integrating existing non-CORBA compliant servers into Java-based (Web) applications. The activities of a number of organizations, for making OSF/DCE (including its RPC) and also DCOM fully available for Java can be considered as an obvious sign for the need of this kind of integrating technology. But, probably the largest based of installed RPC systems, namely all services based on ONC (Open Network Computing) RPC [Sri95], are still not addressed by any of these approaches. Sometimes it is even not the actual server implementation that has to be preserved, but the existing interfaces and protocols described by an XDR specification. In other cases one might just want to have Java code, that can read and write XDR-streams, as other (C-) applications often use this platform independent encoding format for serializing data. In order to fill this obvious gap RPC for Java (JRPC) has been developed by the author as the first full ONC RPC binding for Java. It comprises a set of tools and libraries that enables Web application designers to create ONC RPC clients and servers in pure Java. A commercial implementation of ONC RPC for Java derived from JRPC is available from Distinct Corporation [Distinct98].

In the next section this papers shortly summarizes ONC RPC in general and explains the basics of building distributed client/server applications with RPC. Section 3 discusses the design of the Java binding for ONC RPC and the enhancements to the standard functionality that were required for integrating RPC functionality in Web-based applications. Section 4 describes in more detail implementation issues, presents performance figures and gives a short application example. Finally, section 5 concludes the paper with a summary.

2 ONC RPC

ONC RPC (formerly called Sun-RPC) and the related platform-independent data encoding standard XDR (eXternal Data Representation)[Sri95a, Sri95b, Sri95c] have been introduced by Sun Microsystems more than 10 years ago. It is now available for nearly any kind of computing systems, ranging from mainframes to embedded computers. Moreover ONC RPC has become part of the standard distribution of nearly any Unix-workstation. Some very well known services like NFS (Network File System) and NIS (Network Information System) are based on ONC RPC communication. The success of ONC RPC results from its easy paradigm, its simple C-like interface definition language, and its easily portable lightweight infrastructure that makes all heterogeneity transparent to the application programmer. Over the last decade ONC RPC has been used for many client/server application developments from nearly all problem domains.

The major advantage that has made RPC so popular compared to all other communication paradigms is the fact that it is nearly transparent to the application programmer and it provides the same synchronous invocation semantics as a local procedure call (or in the object-oriented case as a local method invocation). The RPC communication paradigm has been adopted by a large number of middleware solutions like ONC

RPC, OSF/DCE RPC, Java RMI or CORBA. When a client wants to use server functionality it simply calls a stub-procedure (or a "proxy") that has the same prototype (name and parameters) as the server procedure. The stub then encodes the call (basically an identifier for the desired procedure and the parameters) into a message using a platform independent data encoding format and uses the RPC runtime infrastructure to transfer the message to the server node. On that node the server RPC runtime receives the call message and passes it to the server stub that decode the call and its parameter. Finally, it calls the server implementing the real functionality. The results of this call are transferred back to the client using the same mechanisms and components in the opposite direction.

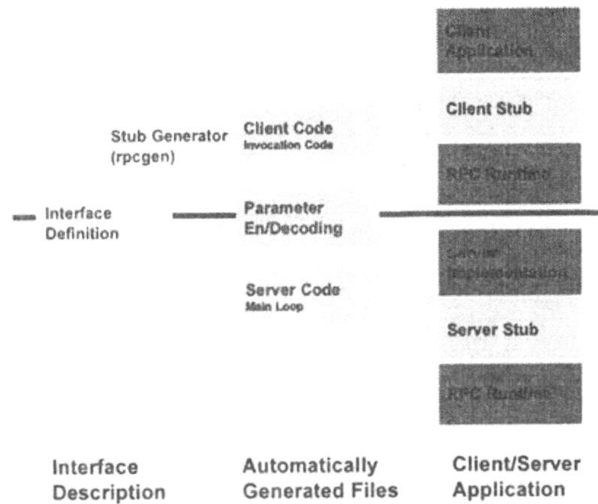

Fig. 1. Steps for building a client/server application with RPC

The client and the server stub are usually not hand-coded but automatically created from an interface definition by a special compiler, often called stub generator. The interface definition is written in a formal language (the IDL - Interface Definition Language, usually C/C++ alike) and it describes the data-types and function-prototypes used for interfacing the server. Given a server, its according IDL file and the RPC infrastructure the only thing one has to do to write a client application, is to run the stub generator on the IDL file, to write the client itself and link the pieces together. Fig. 1 shows these steps for building a client/server application and depicts the involved components.

3 Design of JRPC

In order to adapt an RPC system to a new platform and even to a new language, a new mapping between the IDL and the stubs in the destination language has to be defined. The mapping is then implemented by the stub generator. In addition, the RPC runtime library has to be ported to the new language/system environment. Consequently, JRPC consists of:

- The "jrpcgen" RPC IDL compiler for Java: jrpcgen translates standard RPC/XDR interface definition files into the sources of Java classes that implement the client and the server stubs as well as the XDR conversions for the defined data-structures.
- The JRPC package: The package contains the ONC RPC runtime library. Its API consists of classes that allow writing pure Java clients for standard RPC servers that can be embedded in applets and run by a standard Web-browser. It allows also for writing stand-alone ONC RPC server in pure Java. In addition to the original C-library JRPC supports not only TCP and UDP as transport protocols but it also supports a tunneling mode were RPC data is encapsulated in HTTP transactions.

Table 1. JRPC's type mapping from XDR to Java

XDR Type	Java Type
(unsigned) int	int
(unsigned) long	int
(unsigned) short	short
(unsigned) char	char
(unsigned) hyper	long
Float	float
Double	double
Bool	Boolean
String	String
Opaque	byte array
fixed length array	Java array
variable length array	Java array
optional data (pointer-like *x)	reference to an object of class x. If x is a basic type a special wrapper class XDRx is used instead
enum x	class x with member variable int value and one constant int per enum constant
struct x	class x with member variables for each struct member
union x	class x with member variables for each union member including discriminant. No overlaying of members is supported (neither for type conversion nor for saving space)
typedef x y	class x with member variable "value" of the redefined type y

3.1 The XDR to Java Type-Mapping

Besides the adaptation of the runtime library, the most important step in bringing ONC RPC to Java is the definition of a mapping of the XDR data-types to Java types and classes. While JRPC has been developed concurrently and independently from other middleware solutions like JavaIDL [JavaIDL98], it is interesting to see that the proposed solutions to the basic problem of expressing the C-style types is very similar (see also [Jain97]).

In many cases, like for the basic types and the C-like *struct*, the mapping is obvious even if in some cases the range of the data-types is different. Because Java has only signed integers, the handling of *unsigned* XDR types is critical. Like in JavaIDL the Java implementation has to insure that possibly resulting negative numbers are handled in the right way. The other possible solution, mapping unsigned types to the next "bigger" Java type (e.g. Java's *long* covers the complete range of XDR's *unsigned int*), has been abandoned as it does not solve the problem of different ranges in general and it introduces more overhead in the standard case.

XDR *struct*s and *union*s can be mapped directly to Java classes with member variables for each component including *union*'s discriminate. For *union*s no overlaying of members is supported, neither for type conversion nor for saving space, as both mechanisms are not appropriate in a Java environment.

The most notable difficulty in the Java type-mapping is the handling of *typedef*s and *enum*s. Java has neither a notion of type name aliasing nor an enumeration type. The only viable solution that preserves the type names of the XDR definition is the introduction of a new class. In the Java-mapping XDR *typedef*s and *enum*s are mapped to new classes that have only one data member, called "value". In case of an XDR *typedef* "value" is a variable of the redefined type. In case of an *enum* it is simply an integer and the class additionally defines one integer constant per XDR *enum* constant. Thus, the XDR definition "typedef int natural;" basically becomes "class natural {int value;}; in the Java mapping. A complete overview about the mapping is given in the Table 1.

3.2 JRPC inside Applets

JRPC classes and stubs generated by *jrpcgen* can be used inside a browser in an applet and in a stand-alone Java program without any difference. However, by default all Java-enabled browsers do not allow network connections to other hosts than the one an applet was loaded from. This means, as long as the Web-server and the RPC server are hosted on the same machine no difficulties occur. Only if they live on different sites, the Java security manager becomes a problem. In order to connect an applet running inside a browser to an RPC server on an arbitrary machine, additional actions are required:

- Either the JRPC application has to be installed in the local browser's CLASSPATH (not appropriate for a GUI application that is downloaded on demand, hard to maintain, therefore not recommended),
- or one of the certification/capabilities methods to load the applet as trusted code into a less restricted security domain has to be applied.

If both methods are not viable or if a Java client has to be connect to an RPC server that is protected behind a firewall the HTTP-tunneling protocol can be used.

3.3 HTTP-Tunneling Protocol

Most RPC applications have been designed for Intranets (even though nobody knew this term when ONC RPC was originally invented). This means, the RPC protocol doesn't work well over the Internet. On the internet connections to arbitrary ports (like those established by the RPC protocol) are usually blocked by firewalls for security reasons. This is a general problem of all RPC-like systems and is not limited to JRPC. Even if security of a certain RPC server isn't a major concern, the fact that RPC server ports are not known in advance makes it difficult to configure a firewall accordingly.

If this turns out to be a problem it might help to be able to configure the used ports statically. JRPC supports this additional feature for Java clients and servers. In addition, JRPC also has a powerful mechanism that encapsulates RPC requests in standard HTTP transactions. This mechanism enables execution of arbitrary RPC's despite of intermediate firewalls. It also allows calling RPC servers (from within a Java-applet) that are not located on the same host as the web server but elsewhere in the LAN. With this feature the Web-server and other application- or database-servers can easily be separated on different machines.

HTTP-tunneling is implemented by a special protocol-client ("JRPC.ClientHTTP") and a Servlet [Servlet97] (named *rpcgw*). It runs as an add-on to the Web-server at the server-site. The *rpcgw* Servlet translates and executes RPC's that are encapsulated in HTTP-requests. It uses the standard servlet interface for communication with the Web-server (a Java CGI version has also been implemented). *rpcgw* receives the RPC request encoded in an HTTP POST request. It decodes the request parameter, checks an access control list, creates an RPC connection, and forwards the request to the RPC server via the standard RPC protocol. It then waits for the reply and sends the return parameters encapsulated in an HTTP reply via the Web-server back to the JRPC runtime of original requestor. The *rpcgw* is a generic gateway in the sense that it does not know about the server interfaces and the parameter types. It simply forwards all requests. This means, there is no need to adapt *rpcgw* to a specific RPC server interface. In order to preserve the integrity and the privacy of the server's domain *rpcgw* uses a fine-grained access control list that allows specifying exactly which procedure of which RPC-program/version number can be executed on which host via which protocol. In addition it allows for logging all RPC activities to a local file. Typically, access control will be configured to be highly restrictive and will allow only access to those services, hosts and procedures that are really required by the application and that cannot be abused by an intruder. With this feature of JRPC, that is beyond a straight port of he ONC RPC protocol, a Web-server and other application-servers can separate on different hosts (however, with a significant performance penalty compared to the direct connection).

4 JRPC Implementation

In Fig. 2. an overview of the class hierarchy in the JRPC package is given. The package mainly consists of classes implementing four functional areas: the generic parts of the client and server stubs, the XDR en/decoding of standard data-types, error handling, and ONC RPC's naming service.

4.1 Client and Server Stubs

The generic parts of the client and server stubs are implemented by the two classes "JRPC.JRPCClient" and "JRPC.JRPCServer". They are providing the user APIs for configuration, initialization, naming and binding as well as the standard synchronous invocation of an RPC. Each client and server stub class generated by *jrpcgen* inherits

its basic functionality from one of these two classes and just extends it with the interface of the user-defined procedures.

JRPC Class Hierarchy

- class java.lang.Object
    - class JRPC.ClientGeneric (implements java.io.Serializable)
        - class JRPC.ClientHTTP
        - class JRPC.ClientTCP
        - class JRPC.ClientUDP
    - class JRPC.JRPCClient (implements java.io.Serializable)
    - class JRPC.JRPCServer (implements java.lang.Runnable, java.io.Serializable)
        - class JRPC.Portmapper
        - class JRPC.RPCBind
    - class JRPC.Pmap (implements JRPC.XDRType)
    - class java.lang.Throwable (implements java.io.Serializable)
        - class java.lang.Exception
            - class JRPC.RPCError
                - class JRPC.RPCDecodeError
                - class JRPC.RPCServerError
                - class JRPC.RPCTimeoutError
    - class JRPC.XDRStream
        - class JRPC.XDRInputStream
        - class JRPC.XDROutputStream
    - interface JRPC.XDRType (extends java.io.Serializable)
    - class JRPC.XDRboolean (implements JRPC.XDRType)
    - class JRPC.XDRfloat (implements JRPC.XDRType)
    - class JRPC.XDRint (implements JRPC.XDRType)
    - class JRPC.XDRstring (implements JRPC.XDRType)

Fig. 2. Basic JRPC class hierarchy (for a complete list see [Distinct98])

Below these higher level interfaces, client and server objects both use additional protocol objects that implement the actual request-reply protocol using the underlying transport layer (at the client site these are objects of subclasses of the public class "JRPC.ClientGeneric"). This two layer approach allows to configure dynamically the protocol used for transmitting RPCs. When extending the JRPC toolkit with the HTTP-tunneling protocol, this mechanism has proofed its flexibility, as it enabled the reuse of existing clients with the new transport without even the need for a recompilation.

At the server site there is typically a one-to-many relation between the higher-level server-object the lower-level protocol objects. Protocol objects are created dynamically, they are active (i.e. they contain a thread and are implementations of the java.lang.Runnable interface), and each active client connection is represented by one object. This can be used to increase the concurrency in the server (see 4.5).

4.2 XDR Types

All classes that implement the "JRPC.XDRType" interface are used for the XDR en/decoding of standard Java data-types. Using these classes, *jrpcgen* builds the XDR code for the elaborated user-defined data-types (like e.g. XDR "struct"s and "union"s). The interface "JRPC.XDRType" itself provides the polymorph coding and encoding methods, that are used at by the generic stub classes to handle invocation parameters of any type. It defines the two methods "xdr_encode()" and "xdr_decode()" that are used by the stub implementation for marshalling and unmarshalling the parameter into and from an "XDRStream" object.

4.3 Error Handling

The enhanced fault model is one of the main reasons that the use of an RPC instead of a local procedure call can never be completely transparent to the calling application. However, Java's exception handling allows to hide this additional complexity much better than the very basic error number approach in the C binding. JRPC introduces a new class of exception ("JRPC.RPCError") that can be thrown by any RPC invokation. It is subclassed into server, decoding, and timeout exceptions for more detailed error handling. A server exception is thrown if a server is unavailable during the bind phase, a decoding exception signals inconsistencies occurring during XDR decoding, and a timeout exception obviously indicates a timeout condition in the client while waiting for a server's reply.

4.4 Naming and Binding

The classes "JRPC.Portmapper" (RPCBIND version 2) and "JRPC.RPCBind" (RPCBIND version 3 and 4) (both subclasses of "JRPC.JRPCServer") and "JRPC. Pmap" at the client site are implementing the ONC RPC naming service [Sri95c], that is required for locating server port addresses. Like in the original ONC RPC C-binding this naming service itself is implemented as an RPC service (but with a well-known port number in order to avoid the recursive need for a naming service). Usually, naming and binding is hidden in the stubs, but sometimes it is useful for an application to use this interface directly.

4.5 Synchronization

In contrast to the standard C binding the JRPC implementation uses multi-treading. UDP requests and each single TCP connection to an RPC server are handled by separate threads. This introduces the need for synchronizing on global data structures of the server implementation. Currently this is accomplished by a single lock in the server stub that enforces mutual exclusion between invocations of application provided procedure implementations. This reduces server site concurrency but it simplifies server implementation as procedures can be written in strict sequential programming model. However, if performance is the key issue and if increased concurrency can help to speed up an I/O bound server, there is the option to skip this global lock and to implement more fine-grained synchronization at application level.

4.6 Performance

In order to evaluated the performance of JRPC it was compared with the original RPC 4.0 C-implementation. The round-trip time for an RPC using TCP has been measured with an increasing number of data bytes (0, 100, 1000, 2000, and 20000 bytes in both directions encoded as integers). All measurements have been made on two Celeron 400 Mhz PCs running Windows NT 4.0 connected by a switched 100 Mbit Ethernet. The Java code was executed by the Microsoft Java VM and the C code was compiled with the MS Visual C++ 6.0 compiler.

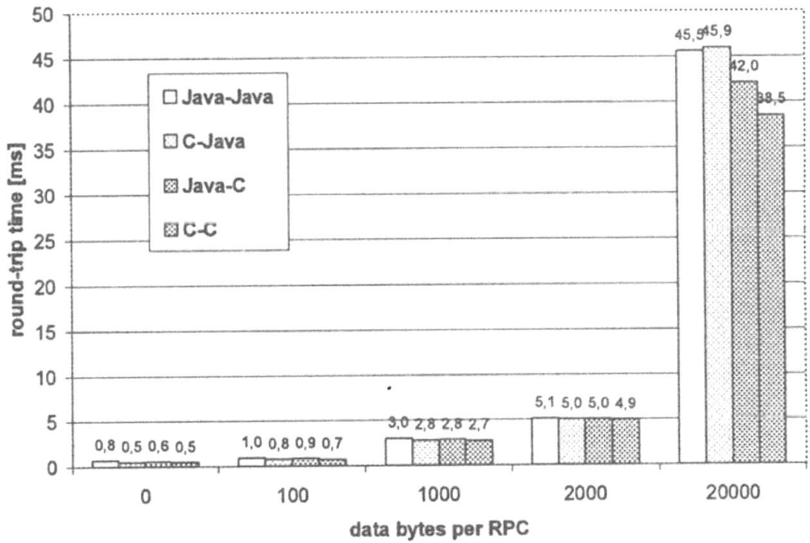

Fig. 3. Performance comparison RPC 4.0 (C) vs. JRPC

Figure 3 shows the performance results for all possible combinations of client and server-implementations. It turns out that for the typical case of a JRPC client and a C-sever the RPC performance is only about 10-20% slower than with a native C-implementation of the client. This is quite good result given that Java is not a compiled language and it will be encouraging for migrating C-applications to Java.

4.7 Example

Finally, we want to look at a short example in order to illustrate the Java language binding. Consider an RPC interface definition file "demo.x" as given in Figure 4. It defines a very simple service that returns a sequence of consecutive lines from a text. This interface definition file contains three type definitions ("struct request", "struct result", and "typedef res_list") and a program definition ("server interface DEMO_SERVER"). The program definition contains only one procedure ("get_line()"). In our example the input type of "get_line()" contains two integers specifying a range of lines (named "from" and "to"). The output type "res_list" is a pointer to a linked list of "result" structures. Each element of this list describes one line of the result (line number and content string). In this example it is important to define the "typedef result" because it is a restriction of ONC RPC that a procedure can have only plain type names in its signature (e.g. "result *get_line(request)" would be not allowed). However, as any level of typedefs are allowed this is not really a restriction of semantics.

```
struct request {
        int from;
        int to;
        };

struct result {
        string  line<>;
        struct result *next;
        };
typedef result *res_list;

program DEMO_SERVER {
        version DEMO_VERSION {
          res_list get_line(request) = 1;
        } = 1;
} = 0x20000023;
```

Fig. 4. Example interface definition file "demo.x"

Jrpcgen translates this interface definition into Java stubs (only the client stub is given here). It creates four Java classes (and thus, four files) that implement the client stub for calling the described "demo" service: one file per type definition (named "request.java", "result.java", and "res_list.java") and one client stub file (named like the XDR file: "demo.java").

The generated file "demo.java" is listed in Figure 5. An object of the defined stub class "demo" represents a client to a "demo" server. Without going into all details we can easily see, that this class consists of a number of constants, a constructors, and a public method "get_line_1()" that has the same signature as "get_line()" in the XDR file. Like all client stub classes in JRPC, the class "demo" is derived from the base class "JRPCClient". Similar to the C-binding of ONC RPC, the constants are the program's number and version as well as an ordinal number for each procedure. In order to build a new RPC client the constructor "demo()" simply needs a sever-address and a Boolean that indicates whether TCP or UDP should be used. Actually, *jrpcgen* creates a number of other, more sophisticated constructors, that also allow to configure the client object but they have been omitted here for simplicity. Finally, the "get_line_1()" method is the method we have to invoke when we want to interact with the server. The extension "_1" results from the fact that this is the implementation of version 1 of this "demo" RPC program (defined in the interface definition file). Like in the C-binding the version number from the XDR file is always appended after an underscore.

```java
import JRPC.*;
import java.io.IOException;
import java.net.InetAddress;

/**
 * This class was generated by Jrpcgen from the RPC/XDR file "demo.x"
 * It defines the client interface of the "demo" service.
 */
public class demo extends JRPCClient {

/** Program ID  and Version of the interface. */
public static final int DEMO_SERVER = 0x20000023;
public static final int DEMO_VERSION = 1;

/**
 * Creates and connects an RPC client for the "demo" interface.
 * Calls the Portmapper in order to get the port of the server.
 * @param host       The host on which the server lives.
 * @param stream     true for a TCP connection, false for UDP.
 * @exception        JRPC.RPCError The call failed for any reason.
 */
public demo(InetAddress host, boolean stream) throws
RPCError {
    super(host, DEMO_SERVER, DEMO_VERSION, stream);
}

public static final int get_line - 1;

/**
 * Stub method that invokes the server function
 * "get_line" (version 1).
 */
public res_list get_line_1(request arg) throws
                          RPCError, IOException {
        res_list retval = new res_list();
        GetClient().Call(get_line, arg, retval);
        return retval; }
};
```

Fig. 5. Client stub "demo.java" generated by jrpcgen

5 Summary

There is a clear demand for Java tools that allow for interfacing with any kind of legacy services. JRPC is the first tool that addresses one big part of these services, namely all ONC RPC based servers. It implements a Java-mapping of the ONC RPC interface definition language and it provides the required run-time support for building RPC applications in Java. Together with the enhancement of the HTTP-tunneling protocol it allows to develop fully ONC RPC compatible Web-based applications and front-ends that interact with RPC servers even over Internet WAN connections.

JRPC's run-time components as well as the stub generator *jrpcgen* are written completely in Java. In 1998 JRPC has been transferred into commercially available toolkit [Distinct98], that has been certified as "100% pure Java". In addition to the basic functionality described above the commercial toolkit also fully implements enhanced RPC features that are beyond the scope of this paper, like broadcast RPC, indirect RPC, and Secure RPC (a cryptography based authentication scheme, implemented using the JCE 1.2 API [JCE99]).

6 References

[Aldrich97] Jonathan Aldrich, James Dooley, Scott Mandelsohn, and Adam Rifkin: Providing Easier Access to Remote Objects in Distributed Systems, in the Engineering Client-Server Systems mini-track of the Software Technology Track of the 31th Hawaii International Conference on System Sciences in January, 1998

[Birell84] Andrew D. Birell and Bruce J. Nelson: *Implementing remote procedure calls*, TOCS., 2(1):39-59. ACM., Feb. 1984

[Distinct98] *Distinct ONC RPC/XDR Toolkit for Java, Distinct Corporation*, Product Documentation, Feb 1998, http://www.distinct.com/javarpc/javarpc.htm

[JavaIDL98] *Using CORBA and Java IDL*, Sun Microsystems Jan. 1998 http://java.sun.com/products/jdk/1.2/docs/guide/idl/jidlUsingCORBA.html

[JCE99] *JAVA™ Cryptography Extension 1.2*, Sun Microsystems Apr. 1999, http://java.sun.com/products/jce/

[Jain97] Prashant Jain and Douglas C. Schmidt: Experiences Converting a C++ Communication Software Framework to Java, The C++ Report, Jan. 1997

[OMG95] *The Common Object Request Broker Architecture, Revision 2*, OMG, 1995.

[Servlet97] *The Java™ Servlet API*, Whitepaper, Sun Microsystems Oct. 1997, http://java.sun.com/marketing/collateral/servlets.html

[Sri95a] R. Srinivasan: *RFC 1831 – RPC: Remote Procedure Call Protocol Specification Version 2*, Sun Microsystems, Aug. 1995, http://ds.internic.net/rfc/rfc1831.txt

[Sri95b] R. Srinivasan: *RFC 1832 – RPC: XDR: External Data Representation Standard*, Sun Microsystems, Aug. 1995, http://ds.internic.net/rfc/rfc1832.txt

[Sri95c] R. Srinivasan: *RFC 1833 – Binding Protocols for ONC RPC Version 2*, Sun Microsystems, Aug. 1995, http://ds.internic.net/rfc/rfc1833.txt

Evaluation of Java Messaging Middleware as a Platform for Software Agent Communication

Frank Kargl, Torsten Illmann, and Michael Weber

Distributed Systems Department, University of Ulm, 89081 Ulm, Germany
frank.kargl@informatik.uni-ulm.de
torsten.illmann@informatik.uni-ulm.de
weber@informatik.uni-ulm.de
WWW home page: http://www-vs.informatik.uni-ulm.de/

Abstract. In this document we introduce an infrastructure for personal agent communication and coordination. An essential part is the so called AgentBus, built on top of existing messaging systems that allows flexible communication between agents. We show how messaging differs from other communication mechanisms and describe our evaluation of several Java messaging systems like JMS, Corba Event and Notification Service or Softwired's iBus with respect to functionality and performance. We also describe the special requirements of agent communication and the design and performance of our AgentBus.

1 Introduction: The CIA Project

Our research group is currently studying different aspects of software agent systems in a project called CIA [1]. We are developing an infrastructure where software agents can easily be integrated. Java 2 is the platform for all our prototype implementations. In this project all agents belonging to one user form a so called AgentCluster. This cluster supports the agents with all kinds of commonly needed services. For all communication agents use the so called AgentBus that is implemented on top of an exchangeable messaging system. Therefore we have evaluated and tested different Java messaging systems.

2 Agent Communication

When we talk about agent communication, we find a lot of diverse communication patterns. Agents communicate with their users, with other agents (belonging to the own or another user), with services found at various places etc. We will first give an overview over different communication models in general and messaging in particular.

2.1 Messaging Oriented Middleware

"Traditional networking systems" like many Internet services (e.g. WWW) are build upon the client-server paradigm. A dedicated server offers services under a specific address. A client uses these services typically by sending a request to the server and yielding an appropriate response. These systems use a more or less direct addressing scheme. Peers or servers are contacted either by their address (e.g. 134.60.240.13) or by a indirect addressing using statically bound names (e.g. www.uni-ulm.de). Application specific protocols (e.g. http) are used for communication. Resolution mechanisms like portmappers or more dynamic name-servers (e.g. CORBA name-service) don't change the direct connection between the peers or the client and the server.

Sometimes it is desirable to decouple this strict relationship. Especially in an object-oriented environment with dynamic communication patterns, you can use so called *Message Oriented Middleware* (MOM). Typical applications that use MOM are characterized as follows [2]:

- Multiple client applications may be interested in the same object-initiated information.
- It is better to make the data objects actively share their information because clients may come and go dynamically.
- The objects can not afford to suspend execution while a given message is being transmitted to each interested party.

These messaging systems are peer-to-peer facilities where clients can send messages to and receive messages from any client. Clients connect to messaging agents that support creation, sending and reception of messages. Each system provides a way of addressing messages. When using MOM there are. typically two messaging styles offered [3]:

- *Point-to-Point* (PTP) systems use message queues that are associated with specific clients. Messages are addressed to queues. Clients extract messages from their queues.
- In a *Publish/Subscribe* (Pub/Sub) system clients take the role of either Publishers (Producers) or Subscribers (Consumers). Publishers send their messages to some named entity (e.g. a channel) from which clients can extract them. Most systems are capable of broadcasting or multicasting a message to many destinations at once (see Figure 1).

If messages are delivered *asynchronously* to clients as they arrive, we speak of *push* communication. If a client must (*synchronously*) request each message, it is called *pull* communication. Sometimes an immediate response to a message sent by one client is expected. Some messaging systems implement this as a so called synchronous request-reply communication which is similar to the communication mechanisms in traditional client server systems while still preserving the other advantages of a messaging system (no direct addressing etc.)

2.2 Requirements for Agent Communication

We have identified various aspects of agent communication that suggest the usage a messaging system as a base for a software agent communication infrastructure. We use these criteria as guidelines in our evaluation of different products:

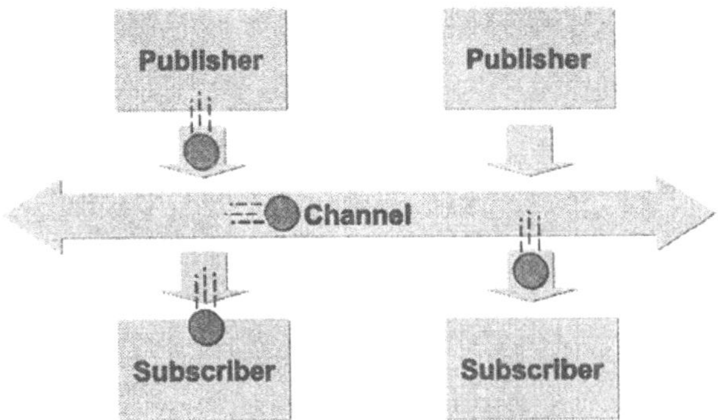

Fig. 1. Publish/Subscribe Model

- **Location transparency**. The composition of agents at one place may vary frequently. Mobile agents may come or go and certain agents may be started or shutdown by their user. Thus a mediating middleware is preferable above direct addressing.
- **Topic addressing**. An agent can not know which other agents are interested in the information the agent wants to make public or which other agents can respond to its request. Thus an addressing style based on topically named communication channels and not on single agents is preferable.
- **Message filtering**. Furthermore not all agents want to interprete all messages. So some kind of filtering mechanism should be realized directly within the messaging system.
- **Persistent messages**. Mobile agents or agents hosted on mobile systems like notebooks or PDAs may not always have a direct connection to the messaging system. Thus some kind of disconnected operation mode is needed where important messages are stored in a persistent manner within the messaging system and are delivered to the agents whenever they reconnect.
- **Quality-of-Service**. Not all messages have the same importance and therefor different qualities of service need to be implemented. Some messages e.g. may need high throughput but only few reliability whereas others have to be delivered with an exactly-once semantic.
- **Timing constraints**. Often an information has a certain lifetime. It is only valid after some initial date and no longer than it's expiration date. Such and similar timing constraints should be respected by the messaging system.
- **Secure communication**. Agents often deal with sensitive information about their user (like credit card numbers etc.). Secure and confidential communication should be implemented directly within the agent communication infrastructure.
- **Distributed architecture**. For reasons of scalability and resilience, the messaging system should work without any central components, like message

dispatchers or naming services.or at least these components should work redundantly.

- **Portability** As we want to use different platforms for our system, ranging from PDAs to PCs and workstations, the messaging system must be platform independent or easily portable.

Because of the last item and various other reasons a first decision was to use Java for our implementation prototypes. Next we have evaluated and tested common messaging systems for Java.

3 Messaging Systems for Java

3.1 Java Message Service

Sun has specified a special Messaging API called *Java Message Service* (JMS). The current version is 1.0.1 [3] . Sun plans to use JMS as the standard mechanism for asynchronous bean invocation with EJB. JMS provides a common way for Java programs to create, send, receive and read messages from various messaging systems. JMS therefore defines a common set of enterprise messaging concepts and facilities. These concepts are implemented by a specified messaging product and may be accessed using so called JMS Providers. Often these are written in 100% pure java and applications using JMS are thus portable among a wide range of platforms.

JMS has two messaging domains: the PTP and the Pub/Sub domain. JMS-compliant applications can only be ported directly across different JMS providers within their communication domain. Messages are produced by a MessageProducer and consumed by MessageConsumers. A JMS messages consist of a header and a body part. The header contains administrative information (Destination of message etc.) as well as simple QoS requirements (expiration dates, priority etc.). In addition to predefined header fields messages may contain user defined properties. Using Message Selectors, which are some kind of search expressions based on these properties, users can identify to the system what messages exactly they are interested in. The Body of a JMS message may be of type StreamMessage, MapMessage, TextMessage, ObjectMessage or ByteMessage, containing either a stream of Java primitive values, an associative map of name/value pairs, a `java.lang.String`, any serializable Java object or a stream of uninterpreted bytes. Many vendors have announced or already implemented JMS support for their messaging systems. We have evaluated one JMS implementation called FioranoEMS 3.1 [8].

Requirements: In respect to the requirements from the last chapter, JMS delivers topic based addressing, but no further filtering capabilities. Quality-of-Service and Security are not within the scope of the JMS API but JMS providers may implement their own proprietary extensions. JMS supports so called persistent messages with expiration dates and a transaction concept. As they are pure java JMS providers available, portability is good. Although JMS is only a specification and many different implementations are possible, many JMS providers

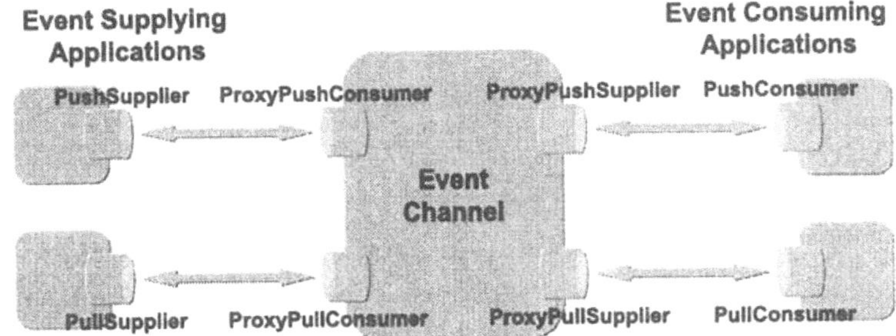

Fig. 2. CORBA Event Channel

(like Fiorano) use central components as dispatchers. Redundancy is possible nevertheless.

3.2 CORBA Messaging

The basic CORBA mechanism provides for synchronous execution of operations within remote objects (or remote method invocation). CORBA uses direct addressing via object references and is no messaging system in the sense used above. Nevertheless the OMG [4] has specified two additional services for CORBA that implement messaging systems: the **CORBA Event Service** [6] and the **CORBA Notification Service** [5].

CORBA allows a special kind of communication called event-style. When using event-style communication in push style, event-supplying applications send events to event-consumers by invoking a push operation on the latter, passing the event as an operation parameter. Pull style communication is similar, except for the consuming application invokes a pull operation on the supplier, which will return an event if one is available.

Although the mechanism described above provides basic support for event-style communication it does not support decoupled, asynchronous, multicast communication. However it is used to define an intermediary agent known as the Event Channel that satisfies these requirements (see Figure 2). An Event Channel is a standard CORBA object; communication with the Event Channel takes place using standard CORBA requests. It supplies platform and language independent, mixed push/pull, many-to-many communication within CORBA. In most implementations the Event Channel is implemented as a central dispatcher object, so scalability problems are likely to occur.

The **CORBA Event Service** suffers from some deficiencies [2]:

- It has no filtering capabilities. This may lead to heavy load or congestion as every consumer connected to a given channel receives a copy of every event delivered to the channel.

– Clients may want to specify their different quality of service requirements like fast, best-effort versus slower, guaranteed delivery.

So the OMG issued a Request for Proposal for an enhanced successor to the Event Service. The result is called **CORBA Notification Service** and is backward compatible with the original Event Service. It has two major improvements to overcome the named deficiencies:

– Clients can associate a set of filters with proxy objects. The proxy object will forward only those events that match at least one of the constraints associated with at least one of its filters.
– Clients can define quality of service requirements on a per event, a per proxy or a per channel base.

Quality of Service parameters that can be specified include reliability, priority, time constraints and user defined properties. Additional features of the Notification Service enhance its scalability, performance and usability. E.g. channels may inform event suppliers about the types of event in which consumers have interest in receiving and vice versa channels can inform consumers about types of events that suppliers intent to emit. In addition, the service defines special transactional proxies for transactional event transmission and a repository for the definition of application specific event types.

Requirements: The Event/Notification Service fulfills most of our requirements for agent communication. Topic based addressing can be realized using one channel object per topic. Filtering and Quality-of-Service were added with the Notification Service. Security may be realized by using IIOP via SSL connections. As CORBA is one of the leading industry standards many implementations (incl. pure Java solutions) are available. Event/Notification Services are often implemented as single dispatcher objects which has negative impact on scalability and resilience.

3.3 Softwired's iBus

iBus (current version 2.0.1) by Softwired Inc. [7] is a 100% pure Java messaging system. It provides publish/subscribe style of communication transmitting any kind of serializable Java objects. Events are sent either using IP multicast (many-to-many communication) or TCP PTP connections. In normal operation iBus provides asynchronous push of events using different channels named by URIs. There is also a fault tolerant multicast request/reply mechanism that allows synchronous request/reply communication. A request by one client is delivered to all potential repliers. After return the client gets an array of all responses supplied.

iBus has a flexible Quality of Service framework with an extensible protocol stack, allowing each application to tailor the QoS exactly to their needs. Applications can even supply their own stack modules implementing new and unexpected QoS characteristics. Applications may e.g. decide what kind of acknowledge mechanism they want to use (positive, negative, none at all), they can include a crypt stack module for online encryption of all iBus traffic or they can replace the IP multicast module with an ATM multicast module. iBus has no central components (like a naming service) and there is no central performance bottleneck. Clients can join or leave channels anytime and at any place within an IP multicast Intra-/Internet enabling what Softwired calls spontaneous networking.

Requirements: Most of our requirements are addressed with iBus. Topic based addressing is done using named channels. Flexible Quality of Service requirements are handled by the dynamic stack framework, although some aspects like timing constraints or security aspects aren't handled by the provided stack modules. Message persistence is announced as a separate product. As iBus is a pure java solution, portability is good.

4 CIA AgentBus

The CIA AgentBus is the central (and only) communication mechanism in our agent infrastructure. It may reside on top of any of the above messaging systems.

It consists of several agent channels that provide a topic based information exchange between clients. Agents, channels and the whole AgentBus are named using a URL like notation. An example may be·

```
cia:<qos>://frank.kargl@de:<pid>/dates/business/diary-agent
```

You can specify optional QoS parameters, your name, country and the optional personal id to identify your personal Agent Cluster. /dates/business denotes the name of a channel for exchanging date information. Finally diary-agent is the name of a specific agent communicating via this channel.

The primary design principal was to keep usage of the AgentBus by agent programmers as easy as possible. Agent programmers should focus on writing good agents and not on dealing with complex communication systems. For communication agents simply establish new AgentChannels or join existing ones by creating a new AgentChannel object with a specified AgentURL. The AgentBus knows three communication mechanisms:

- Asynchronous ChannelEvents that are directed to a channel and are seen by all consumers on this channel.
- Asynchronous ChannelMessages that are addressed to a specific agent on a channel and that are delivered only to this agent.
- Synchronous multicast request/reply. A client sends his request to a channel where a number of repliers may process it. Each replier may return a result. All supplied results are delivered to the client as an array.

Any of these mechanisms may be used in parallel within the same channel. The following code example illustrates how easy channels are created/joined and events are sent:

```
// create new AgentBusFactory using ibus implementation
AgentBusFactory myABF = new AgentBusFactory("ibus");
```

```
// create new AgentURL
AgentURL myAURL =
    new AgentURL("cia://frank.kargl@de/dates/business/diary-agent");
// create new Channel
AgentChannel myAC = myABF.newChannel(myAURL);
// create new Message
ChannelEvent myCE = new ChannelEvent("Test Message");
// send event
myAC.sendEvent(myCE);
```

Reception of events works via event handlers. Messages and Requests/Replies are used analogous. There's also a mechanism for event persistence. A special agent associated with each channel records all events for a specified lifetime and may retransmit them to any agents that join this channel at a later point in time. Encryption, reliability etc. may be encoded in the QoS specification in the AgentURL.

After comparing the different messaging systems described above we decided to use iBus as a first platform for implementing the AgentChannel. In fact the AgentBus design is partly influenced by the iBus architecture. We think iBus is a very lean and portable (100% java) concept with good built-in capabilities. More importantly we are able to integrate own features like new security mechanisms or new communication patterns using custom stack modules. As we don't want to depend on a single messaging system the AgentBus totally wraps all specific aspects of iBus. There is a factory for creating new AgentBus object instances that can work with any other implementation. We plan to implement at least three other alternatives for comparison: one based on the CORBA Notification Service, one JMS based solution and a completely independent implementation of a messaging system based on an ATM network that allows advanced QoS applications like video conferencing.

5 Performance Comparison

This chapter provides results of performance measurements with implementations of a Corba Event Channel (Visibroker for Java 3.4), iBus 2.0.1, JMS (Fiorano EMS 3.1) and our AgentBus 1.0. We have not tested a Corba Notification Service for availability reasons. Our AgentBus is included in the tests because we want to measure the overhead it produces compared to the iBus implementation. Since iBus allows to specify different QOS functionality for different communication channels, it is tested in a reliable and unreliable case. In the reliable case, we use fragmentation, a FIFO order, negative acknowledge and reachability, in the unreliable case only fragmentation.

The test environment allows to send events from one machine to another using the different services. It is done on a 10Mbit switched Ethernet with a PC 300 MHz PII as sender and a PC 366 MHz PII as receiver. In case of Visibroker and JMS where a central dispatching component is used, we use a PC 350 Mhz PII.

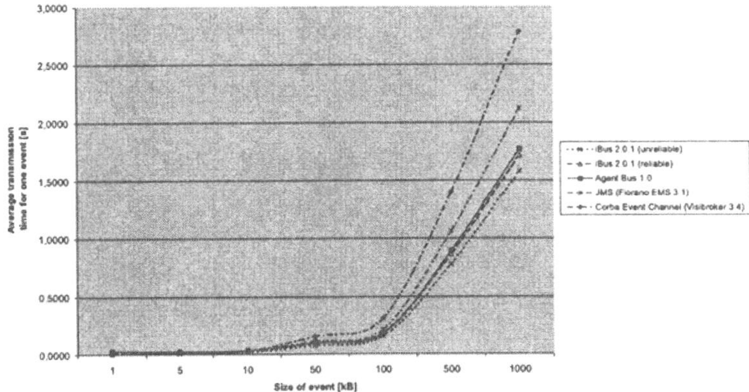

Fig. 3. Average transmission time of different-sized events

The first test scenario computes the average transmission time of different-sized events. In that scenario, the event size is varied from 1 kB to 1 MB to cover commonly used data size packages while the number of transmitted events remains constantly 500. The result, illustrated in Figure 3, shows that in all cases the average transmission time increases with the size of events. The best results obviously provides the unreliable iBus implementation. Reliable iBus communication reside on the second place. Here, iBus profits from not having a central dispatching componts as the others. From the systems using spepated (centralized) dispatching servers, the Fiorano EMS System returns better results than the Visibroker implementation. As expected, the transmission time of AgentBus events is insignificant higher than reliable iBus events since the test is based on top of the reliable iBus.

In the second test scenario, we compute the bandwidth reached during the transmission of events whereas the number of sent events varies from 10 to 10000 and the event size remains constantly 10kB. The results, illustrated in Figure 4, show that the bandwidth in the case of the CORBA Event Channel is the highest. The bandwidths using the iBus and AgentBus are approximately the same and are about the half of the one of the CORBA Event Channel. The similar results for AgentBus and iBus show that the AgentBus does not add any significant performance overhead to the underlying iBus system.

6 Conclusion & Outlook

Messaging Systems are a new and exciting way to realize new forms of networking in a very dynamic manner. Especially when used with software agents this will open possibilities for new applications that don't need any configuration

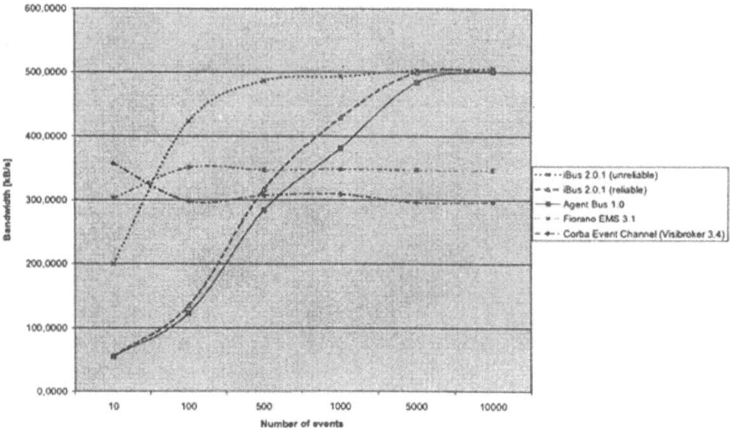

Fig. 4. Bandwidth of event transmission

for finding their communication partners. Quality of Service, Encryption etc. should be integrated directly into the middleware without changing the agents or applications.

With the CIA Agent Bus we have designed a powerful yet easy to use messaging system that is esp. suitable for agent communication. As it may reside on virtually any available Java messaging solution, we are very flexible in choosing and comparing different products. As we have demonstrated with our tests, our current base, iBus, can be adapted to different needs (performance vs. reliability) very well. Our future work will integrate more messaging products like Corba or JMS into the AgentBus. On the other hand we will add functionality like security or resilience features to the AgentBus.

References

1. Kargl, Illmann, Weber: CIA - a Collaboration and Coordination Infrastructure for Personal Agents. DAIS 99, Juni-July 1999, Helsinki, Finland
2. Notification White Paper. IONA Technologies PLC, 1998, Dublin, Ireland
3. Hapner, Burridge, Sharma: Java Message Service, Version 1.0.1. Sun Microsystems Inc., JavaSoft, 1998, MointainView, USA
4. Object Management Group. http://www.omg.org/
5. Telefonica, Hewlett-Packard: Joint submission to Notification Service RPC. 1998
6. CORBAservices: Common Object Services Specification, 4. EventService Specification. OMG, 1997, Framingham, USA
7. Softwired Inc. http://www.softwired-inc.com/
8. Fiorano Software, Inc. http://www.fiorano.com/

„Nicht verifizierter Code":
eine Sicherheitslücke in Java

Karsten Sohr

Fachbereich Mathematik und Informatik
Philipps-Universität
D-35032 Marburg
sohr@informatik.uni-marburg.de

Kurzfassung. In diesem Artikel wird eine Sicherheitslücke im JDK 1.1.x und in
Java 2 beschrieben, die Anfang März 1999 gefunden worden ist. Ursache für
diese Sicherheitslücke ist ein Implementierungsfehler im Bytecode-Verifizierer,
einer zentralen Komponente der Java-Sicherheitsarchitektur: Unter gewissen
Umständen wird Bytecode nicht mehr vollständig verifiziert, wodurch grundlegende Regeln der Sprache Java wie z.B. die Typsicherheit verletzt werden können. Dies kann zu einem Angriff auf den Netscape Communicator 4.x ausgenutzt werden, mit allen Konsequenzen bis hin zum Löschen wichtiger Daten.

1   Einleitung

Seit ihrer Einführung im Jahre 1995 hat sich die Sprache Java schneller verbreitet als
jede andere Sprache zuvor. Ein Grund hierfür besteht vor allem darin, daß sie aufgrund ihrer Plattformunabhängigkeit besonders zur Internet-Programmierung verwendet werden kann. Webseiten werden gerade dadurch für den Anwender interessant,
daß sie kleine Programme (sog. *Applets*) enthalten. Java bietet nun die Möglichkeit,
solche Programme schnell und bequem zu erstellen. Das Einbinden dieser Applets in
Webseiten hat allerdings in bezug auf den Sicherheitsaspekt besondere Konsequenzen.
Schließlich werden nun nach dem Aufruf einer Webseite Programme lokal auf dem
Rechner ausgeführt, deren Herkunft zumeist unbekannt ist. Hierdurch bieten sich für
einen Hacker neue Möglichkeiten, in ein System einzudringen, dort Viren einzu-
schleusen, geheime Daten auszuspionieren, Dateien zu löschen usw. Den Entwicklern
von Java sind die eben genannten Bedenken natürlich nicht verborgen geblieben. Aus
diesem Grund haben sie ein spezielles Sicherheitsmodell entworfen, das die Rechte,
die einem Applet zustehen, so einschränkt, daß dieses keinen Schaden anrichten kann.

In Abschnitt 2 soll zunächst auf die Grundlagen des Java-Sicherheitsmodelles (im
JDK 1.0x bzw. 1.1.x) eingegangen werden, soweit es für die Beschreibung einer Sicherheitslücke und eines daraus resultierenden Angriffs, der im März 1999 an der

Universität Marburg erfolgreich durchgeführt worden ist (s. [10]), erforderlich ist[1]. Dieser wird dann in Abschnitt 3 näher geschildert. Dabei wird gezeigt, daß das Sicherheitsmodell durchaus noch immer verwundbar ist, auch wenn es nicht einfach ist, einen solchen Angriff durchzuführen. Ferner kann man am Ablauf dieses Angriffs erkennen, daß die Folgen eines kleinen Implementierungsfehlers in der Sicherheitsarchitektur immens sein können.

2   Das Sicherheitsmodell von Java

Das Java-Sicherheitsmodell wird in seiner ursprünglichen Fassung im JDK 1.0.x (s. [11]) oft auch als *Sandboxmodell* bezeichnet. Dieser Begriff kommt daher, daß einem Applet nur eingeschränkte Rechte zugebilligt werden, d.h. sein Wirkungsbereich ist begrenzt („Sandkasten"). So ist es einem Applet beispielsweise nicht erlaubt, Dateien zu lesen (sonst könnte es beliebige Daten ausspionieren), zu löschen oder zu schreiben. Auch darf ein Applet nicht beliebige Netzverbindungen eröffnen; andernfalls könnte ein bösartiger Hacker eine Firewall (z.B. eines Intranets einer Firma) umgehen und somit Zugriff auf wichtige Firmengeheimnisse erhalten.

Das Sandboxmodell setzt sich aus vier Komponenten zusammen: Einerseits gehört dazu das Sprachdesign von Java, andererseits die Komponenten Verifizierer (*verifier*), Klassenlader (*class loader*) und Sicherheitsmanager (*security manager*). Nachfolgend sollen die einzelnen Komponenten näher erläutert werden. Wert gelegt wird dabei vor allem auf die Beschreibung der Bytecode-Verifikation, da dies für das Verständnis des Angriffs von zentraler Bedeutung ist.

2.1   Die Sprache Java

Die erste Komponente ist die Sprache Java selbst. Java gilt im Gegensatz zu C/C++ als eine sichere Sprache, da sie u.a.

- keine Zeigerarithmetik zuläßt,
- stark getypt ist und keine willkürlichen Typkonvertierungen (*type casts*) erlaubt,
- Arraygrenzenüberprüfungen (*array bounds checking*) vornimmt,
- einen Speicherbereiniger (*garbage collector*) besitzt, der selbständig den nicht mehr benötigten dynamisch allokierten Speicher wieder freigibt.

Da Java eine stark getypte Sprache ist, ist beispielsweise folgendes Programm nicht erlaubt und muß somit von einem Java-Compiler zurückgewiesen werden:

---

[1] Es wird allerdings auf eine detailliertere Beschreibung der Sicherheitsarchitektur von Java 2 (s. [5]) verzichtet, da Java 2 noch in keinem kommerziell vertriebenen Webbrowser eingebaut worden ist. Nichtsdestotrotz ist die Sicherheitslücke auch in Java 2 vorhanden und kann offenbar auch dementsprechend ausgenutzt werden (s. [10]).

```
int string2int(){
        String s = "I'm an integer!";
        return s; // Typfehler: nicht erlaubt
}
```

Offenbar liegt hier ein Typkonflikt vor, weil ein String zurückgegeben wird, obwohl das Java-System eigentlich einen Integer als Rückgabewert erwartet. Wären in Java solche Typkonflikte möglich, dann könnte es zu Inkonsistenzen kommen, die die gesamten Sicherheitsmechanismen von Java außer Kraft setzen könnten (s. Abschnitt 3.2).

2.2 Der Verifizierer

Üblicherweise werden Klassendateien (*class files*) durch Übersetzung von Java-Programmen erzeugt. Allerdings schreibt die Spezifikation der JVM (Java Virtual Machine) dies nicht unbedingt vor und läßt damit bewußt gewisse Freiheiten. Es gibt bereits Compiler, die Bytecode aus Ada- und C-Programmen erzeugen können. Darüber hinaus kann nicht einmal garantiert werden, daß die zur Erzeugung von Klassendateien verwendeten Compiler vertrauenswürdig sind. Man kann sogar Klassendateien direkt von Hand erstellen. Hierzu eignet sich z.B. der Bytecode-Assembler *Jasmin* (s. [8]), der weiter unten noch näher beschrieben wird.

Da die JVM nicht ohne weiteres erkennen kann, wer der Urheber der auszuführenden Klassendatei ist, ist in die JVM der sog. *Verifizierer*[2] als zusätzlicher Sicherheitsmechanismus eingebaut worden (s. [6]). Dieser überprüft, ob die wichtigsten Regeln der Sprache Java (wie z.B. die Typsicherheit, die richtige und vollständige Initialisierung von Variablen) auch in der Klassendatei eingehalten werden. Der Verifizierer nimmt sowohl Laufzeittests (dynamische Tests) als auch Tests beim Linken (statische Tests) vor. Im Prinzip wäre es vom Standpunkt des Implementierungsaufwandes am einfachsten, wenn alle Tests nur zur Laufzeit durchgeführt werden, da die entsprechende Information dort direkt zur Verfügung steht. Andererseits wäre hiermit ein deutlicher Effizienzverlust verbunden, da die entsprechenden Überprüfungen vor dem Abarbeiten *jeder* Bytecode-Instruktion immer wieder neu vorgenommen werden müßten. Wenn die benötigte Information direkt in der Klassendatei vorhanden ist bzw. daraus hergeleitet werden kann, können die Tests schon beim Linken vorgenommen werden, bevor das Programm ausgeführt wird. Insbesondere kann der Verifizierer bereits beim Linken u.a. sicherstellen, daß

1. die Klassendatei das korrekte Format besitzt (z.B. 0xCAFEBABE am Anfang),
2. jede Klasse eine Vaterklasse besitzt (mit Ausnahme von **Object**),

---

[2] Der Begriff *Verifizierer* sollte nicht mit dem gleichlautenden Begriff aus der theoretischen Informatik verwechselt werden: Es handelt sich nicht um den *formalen Beweis* gewisser Eigenschaften, die das Bytecode-Programm zu erfüllen hat, sondern lediglich um *ad hoc*-Tests, die informell in [6] spezifiziert worden sind. Im vorliegenden Artikel ist der Begriff Verifikation meistens in diesem informellen Sinne zu verstehen.

3. die Methoden mit den geeigneten Parametern aufgerufen werden,
4. Feldern nur Werte zugewiesen werden, die die korrekten Typen besitzen,
5. Variablen vor ihrer Verwendung initialisiert worden sind,
6. keine Überläufe und Unterläufe des Operandenstacks vorkommen.

Erkennt der Verifizierer, daß eine der obigen Bedingungen nicht eingehalten wird, dann wird der Lade- bzw. Linkvorgang der Klassendatei abgebrochen, und die JVM löst eine Ausnahme (*exception*) des Typs **VerifyError** aus. Während die ersten beiden Bedingungen einfach anhand der Klassendatei überprüft werden können, ist dies für die Bedingungen 3.-6. nicht so leicht möglich. Hierfür ist eine Daten- und Kontrollflußanalyse (s. [1]) erforderlich.

Im folgenden wird ein Beispielprogramm angegeben, das der Verifizierer beim Linkvorgang zurückweisen müßte. Es handelt sich hierbei um das Bytecodeäquivalent zum oben angegebenen inkorrekten Java-Programm (s. Abschnitt 2.1):

```
Method int string2int()
   0 ldc #14 <String "I'm an integer!">// push String
   2 ireturn
```

Ruft man im JDK 1.1 den Java-Interpreter mit der Option **-verify** auf, so erhält man in diesem Fall als Fehlermeldung: *„Expecting to find integer on stack!"*.

Darüber hinaus können nicht alle Tests beim Linken der Klassendatei durchgeführt werden. Außerdem werden andere Tests aus Gründen der Implementierung auf die Laufzeit verschoben, obwohl man sie beim Linken hätte durchführen können (s. [6]).

2.3 Der Klassenlader

Die nächste Komponente der Java-Sicherheitsarchitektur ist der *Klassenlader*. Seine Aufgabe besteht darin, Klassen über das Netz zu laden und dabei gleichzeitig zu verhindern, daß es zu Namenskonflikten und damit auch zu Typkonflikten kommt. Insbesondere darf ein Applet keine Systemklassen wie z.B. **FileInputStream** oder **SecurityManager** durch eine eigene Definition überschreiben. Auch darf es nicht zu Namenskonflikten zwischen Klassen verschiedener Applets kommen.

Jedes Applet besitzt seinen eigenen Klassenlader (**AppletClassLoader**), der die dazugehörigen Klassen in einem getrennten Namensraum installiert. Die Systemklassen besitzen einen besonderen Klassenlader und werden vom System installiert (Nullklassenlader). Auch hierfür gibt es einen separaten Namensraum. Eine Klasse wird nun nicht mehr nur durch ihren Namen, sondern zusätzlich durch ihren Klassenlader eindeutig bestimmt, d.h. es wird das Paar (*Klassenname, Klassenlader*) zur eindeutigen Identifizierung einer Klasse herangezogen.

Der Appletklassenlader ist im Gegensatz zum Verifizierer nicht direkt in die JVM integriert, sondern es handelt sich um eine Instanz einer Subklasse von **ClassLoader**.

2.4   Der Sicherheitsmanager

Wie bereits oben erwähnt, gelten für ein Applet im Sandboxmodell bestimmte Einschränkungen: Ein Applet darf gewisse gefährliche Operationen nicht durchführen. So ist es einem Applet u.a. nicht erlaubt,

* Dateien zu lesen, zu schreiben, zu löschen und zu verändern,
* beliebige Netzverbindungen herzustellen,
* beliebige Systemkommandos und –prozesse auszuführen.

Um dies zu gewährleisten, gibt es im Sicherheitsmodell von Java den sog. *Sicherheitsmanager*, der vor jeder Ausführung einer gefährlichen Operation überprüft, ob diese erlaubt ist. Ist dies nicht der Fall, so wird eine Ausnahme vom Typ **SecurityException** ausgelöst. Versucht also ein Applet eine Datei des lokalen Dateisystems zu löschen, so wird dies dadurch verhindert, daß der Sicherheitsmanager den Vorgang abbricht, wobei eine Ausnahme erzeugt wird.

Jeder Browser-Hersteller kann prinzipiell seine eigene Sicherheitsstrategie für Applets festlegen. Hierfür stellt die Java-Klassenbibliothek die abstrakte Klasse **SecurityManager** zur Verfügung, die der Browser-Hersteller dann noch gemäß seiner Sicherheitsstrategie implementieren muß. Der Sicherheitsmanager ist somit immer eine Instanz von **SecurityManager**.

2.5   Signierte Applets

In der oben beschriebenen Form erwies sich das Sandboxmodell als zu wenig flexibel; denn es waren hierdurch nicht einmal Standardanwendungen wie z.B. ein einfacher Texteditor als Applet möglich, da man hierzu die entsprechenden Schreib- bzw. Leserechte auf die Dateien benötigt. Aus diesem Grund hat SUN das Sicherheitsmodell um kryptographische Methoden vom JDK 1.1 an erweitert. Applets können jetzt mit einer *digitalen Signatur* versehen werden. Digitale Signaturen weisen ähnliche Eigenschaften wie Unterschriften auf, mit denen man Textdokumente unterzeichnet (z.B. die Möglichkeit einer eindeutigen Identifizierung des Unterzeichners). Mit Hilfe der digitalen Signatur kann der Anwender entscheiden, ob er dem Applet alle Zugriffsrechte gewährt oder nicht, je nachdem, ob er dem Unterzeichner vertraut oder nicht. Es handelt sich somit um ein Schwarz-Weiß-Modell, bei dem ein Applet entweder alle oder aber nur die Rechte der Sandbox besitzt.

In Java 2 und auch im Netscape Communicator 4.x ist dieses Modell noch einmal dahingehend erweitert worden, daß auch Zugriffsrechte feinerer Granularität eingerichtet werden können. So kann man z.B. einem Applet nur Leserechte (aber keine Schreibrechte) auf Dateien geben. Die Entscheidung, welche Rechte eingeräumt werden sollen, kann der Anwender davon abhängig machen, welche Funktionalität das Applet haben soll und wer dieses signiert hat. Zur Implementierung dieser Erweiterung stellt beispielsweise Netscape die sog. *Capability Classes* – ein API im Package **netscape.security** - zur Verfügung (s. [9]). Dabei konsultiert der Sicherheitsmanager einen Privilegmanager, der mit Hilfe einer Zugriffsmatrix bestimmt, *welches* Applet *welche* Zugriffsrechte besitzt.

3 Der Angriff auf das Java-Sicherheitssystem

Nachfolgend soll das Prinzip eines erfolgreich durchgeführten Angriffs auf das Java-Sicherheitssystem (s. [12]) beschrieben werden. Hierbei handelt sich jedoch nicht um den ersten Angriff dieser Art. In den letzten drei Jahren sind knapp 20 ähnliche Angriffe vorgenommen worden, wobei die meisten davon von Forschern der Universität Princeton (s. [2], [7]) stammen. Die Konsequenz der meisten dieser Angriffe war die völlige Kontrolle über den attackierten Rechner bis hin zum Löschen wichtiger Daten, Ausführen beliebiger Betriebssystemkommandos etc. Während in der ersten Zeit nach der Einführung Javas fast monatlich eine neue schwerwiegende Sicherheitslücke gefunden wurde, sind in letzter Zeit erfolgreiche Angriffe immer seltener geworden. So stammt die letzte von SUN berichtete schwerwiegende Sicherheitslücke aus dem Juli 1998. Dies verleitete viele zu der Annahme, Java sei nun wirklich sicher, alle Fehler seien behoben worden. Das neuerdings gefundene Sicherheitsproblem beweist offenbar das Gegenteil: 100prozentige Sicherheit gibt es noch immer nicht und wird es wohl auch in der Zukunft nicht geben.

Der nun zu beschreibende Angriff nutzt einen Implementierungsfehler im Bytecode-Verifizierer aus. Dabei wird offenbar, daß eine kleine Lücke in einer der Komponenten des Sicherheitsmodelles zur völligen Lahmlegung des gesamten Sicherheitssystems von Java führen kann. Daß das gesamte Sicherheitsmodell funktioniert, kann nur dann gewährleistet werden, wenn alle Komponenten[3] korrekt arbeiten.

Der Angriff setzt sich aus zwei Teilen zusammen:

1. Erzeugung einer Klassendatei, die grundlegende Sicherheitsregeln der Sprache Java verletzt, aber trotzdem vom Verifizierer akzeptiert wird,
2. Ausnutzen dieser Sicherheitslücke zum Angriff auf den Netscape Communicator 4.x.

3.1 Der Fehler im Bytecode-Verifizierer

Ein wichtiges Hilfsmittel zur Aufdeckung des Verifizierer-Fehlers, der später in diesem Abschnitt näher beschrieben wird, war der Bytecode-Assembler *Jasmin* (s. [8]). Aus diesem Grund soll zunächst auf diesen eingegangen werden. Wie oben bereits erwähnt, kann man mit Hilfe von Jasmin bequem Klassendateien erzeugen, die keinem äquivalenten Java-Programm im Sinne der Java-Sprachspezifikation entsprechen und mithin grundlegende Regeln der Sprache Java verletzen. Jasmin wurde im Jahre

---

1996 von Jonathan Meyer entwickelt und ist ein Bytecode-Assembler mit einer Syntax, die der des Programmaufrufes von **javap** mit der Option **-c** ähnlich ist. Allerdings wurde diese Syntax noch um diverse Assembler-Direktiven (Anweisungen, die mit dem Zeichen „." beginnen) zur Darstellung von Meta-Level-Informationen erweitert. So gibt es z.B. die Direktiven **.method** (Deklaration einer Methode) und **.class** (Beginn einer Klassendeklaration).

Zur Illustration wird hier nun die Jasmin-Variante der (unkorrekten) Methode **string2int()** aus Abschnitt 2.1 angegeben:

```
.class Test
.super java.lang.object
.method string2int()I
.stack 2
ldc "I'm an integer!"
ireturn
.end method
```

Jasmin erzeugt aus dem eben angegebenen Code eine Klassendatei **Test.class**, wobei – wie schon angedeutet – nicht überprüft wird, ob sie den wichtigsten Regeln der Sprache Java genügt. Dies ist bekanntlich die Aufgabe des Verifizierers der JVM!

Man betrachte nun folgendes Bytecode-Programm (in **javap**-Syntax), das mit Jasmin erzeugt worden ist und keinem korrekten Java-Programm entspricht:

```
Method int string2int()
    0   aconst_null
    1   goto 10
    4   pop
    5   ldc #14 <String "I'm an integer!">
    7   goto 11
    10 athrow
    11 ireturn
Exception Table:
from      to      target      type
10        12      4           <Class java.lang.Exception>
```

Laut Deklaration müßte die Methode **string2int()** einen Integer-Wert zurückliefern. Betrachtet man aber den Programmablauf, so erkennt man, daß in Wirklichkeit ein String zurückgegeben wird; denn es werden die Bytecode-Instruktionen in der Reihenfolge 0-1-10-4-5-7-11 abgearbeitet. Es handelt sich demnach um einen klassischen Typkonflikt. Ein Bytecode-Verifizierer müßte obiges Programm aufgrund des Typkonfliktes als unkorrekt zurückweisen, und zwar während der Link-Phase bei der Datenflußanalyse (s. Abschnitt 2.2).

Nun akzeptieren aber die Verifizierer des JDK 1.1.6, von Java 2 und des Netscape Communicators 4.x (x < 6) obiges Bytecode-Programm ohne Beanstandung. Weitere Untersuchungen ergaben, daß zwischen den beiden **goto**-Anweisungen jede beliebige Bytecode-Sequenz eingefügt werden kann, die eigentlich vom Verifizierer während der Phase der Datenflußanalyse als unzulässig erkannt werden müßte. Hierzu gehören u.a.

- das Verwenden von nicht initialisierten Variablen,
- die Erzeugung beliebiger Typkonflikte,
- die Erzeugung von Operandenstacküberläufen und –unterläufen und
- der Zugriff auf nicht erlaubte Register (*locals*).

Es sieht demnach so aus, als ob der Verifizierer irrtümlicherweise den Code zwischen den beiden **goto**-Anweisungen für toten Code hält und somit auf eine weitere Verifikation verzichtet. Bei der Implementierung des Verifizierers ist offenbar ein Sonderfall in der Spezifikation der JVM (s. [6]) übersehen worden, daß nämlich die Obergrenze des durch einen Ausnahmebehandler (*exception handler*) geschützten Bereiches gleich der Codelänge sein darf (im obigen Beispiel haben die Codelänge und die Obergrenze **to** jeweils den Wert 12). In [6] findet man dazu die folgende Festlegung, wobei **end_pc** die Obergrenze des geschützten Bereiches ist: *„The value of end_pc either must be a valid index into the code array of the opcode of an instruction or must be equal to code_length, the length of the code array."* Eine Obergrenze, die der Codelänge entspricht, ist laut Spezifikation demnach zugelassen.

Insgesamt zeigt sich an dieser, aber auch an einigen anderen in den letzten Jahren gefundenen schwerwiegenden Sicherheitslücken, daß der Prozeß der Bytecode-Verifikation fehleranfällig ist. So wurde der Klassenladerangriff der Universität Princeton vom März 1996 erst durch einen Fehler in der Bytecode-Verifikation ermöglicht (s. [2, 3]). Auch die Ergebnisse des Projektes *Kimera* der Universität Washington deuten in diese Richtung (s. [7]). Offenbar steckt bei der Bytecode-Verifikation der Teufel im Detail: Die grundlegende Strategie ist zwar korrekt implementiert, es gibt jedoch immer wieder kleine Lücken. Aber genau hierin liegt die Problematik im Java-Sicherheitsmodell (in allen Versionen): Aufgrund der Abhängigkeiten der einzelnen Komponenten kann ein kleiner Fehler zur völligen Außerkraftsetzung aller Sicherheitsmechanismen führen. Dies soll unten noch weiter verfolgt werden.

3.2 Durchführung eines Angriffs

Nachfolgend soll anhand eines *fiktiven* Beispieles näher erläutert werden, was passieren kann, wenn keine Typsicherheit durch die JVM garantiert wird. Angenommen, man hat zwei Klassen **SecurityManager** und **SpoofSecurityManager** (s. Abbildung 1). In beiden Klassen ist dabei das erste Datenfeld (**FileAccessAllowed**) jeweils vom Typ **boolean**. Das erste Datenfeld von **SecurityManager** ist privat (*private*), während das Gegenstück von **SpoofSecurityManager** öffentlich (*public*) ist. Man beachte ferner, daß die JVM für Objekte ein ähnliches Speicherlayout wie die Sprache C verwendet, bei dem alle Datenfelder der Reihe nach hintereinander angeordnet sind.

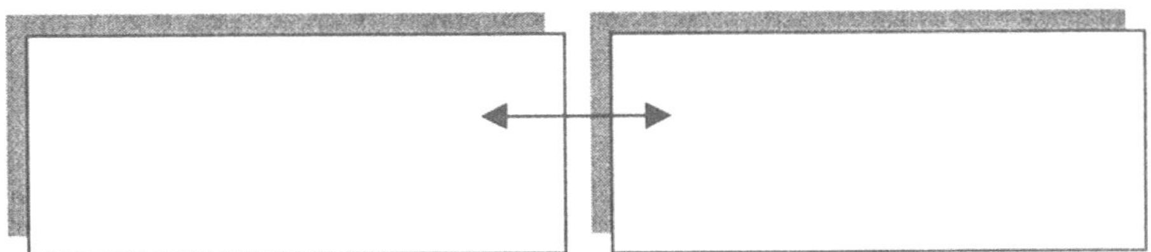

Abbildung 1. Die Klassen *SecurityManager* und *SpoofSecurityManager* besitzen beide als erstes Datenfeld ein Boolesches Datenfeld. Bei einem Typkonflikt kann man dies ausnutzen, um auf die private Membervariable *FileAccessAllowed* auch außerhalb der Klasse *SecurityManager* zugreifen zu können.

Wenn die JVM beliebige Typkonflikte zuläßt (bei dem in Abschnitt 3.1 beschriebenen Fehler im Verifizierer ist dies der Fall), kann man z.B. ein **SecurityManager**-Objekt einer Variablen vom Typ **SpoofSecurityManager** zuweisen. Somit kann die Membervariable **FileAccessAllowed** von **SecurityManager** auf den Wert **true** gesetzt werden, obwohl diese eigentlich privat ist: Die JVM nimmt nämlich an, daß es sich um das erste Datenfeld von **SpoofSecurityManager** handelt und erlaubt mithin die Zuweisung.

Nachdem das Datenfeld **FileAccessAllowed** des Sicherheitsmanagers auf den Wert **true** gesetzt worden ist, erlaubt der Sicherheitsmanager (in unserem fiktiven Beispiel) beliebige Dateizugriffe, ohne daß einem Applet explizit entsprechende Rechte zugebilligt worden sind. Das folgende Codefragment soll noch einmal das Schema zeigen, wie ein Angriffsapplet aussehen könnte:

```
class AttackApplet extends Applet{
    public void init(){
        SecurityManager SM;
        SpoofSecurityManager SSM;  '
        // hole den Sicherheitsmanager des Webbrowsers
        SM  = System.getSecurityManager();
        SSM = SM; // Typkonflikt
        SSM.FileAccessAllowed = true;
        // => SM.FileAccessAllowed ist true
        ...
    }
    public void run(){
        // führe Angriff durch: z.B. Dateien löschen
        // Sicherheitsmanager erlaubt alle Dateizugriffe
    }
}
```

Zu beachten ist in diesem Zusammenhang, daß der Aufruf von **System.getSecurityManager**() den Sicherheitsmanager des Webbrowsers (Abschnitt 2.4) liefert. Anschließend wird also der Sicherheitsmanager des Webbrowsers manipuliert. Außerdem muß die Zuweisung **SSM = SM** in einer manuell erzeugten Klassendatei (nach dem Schema aus Abschnitt 3.1) vorgenommen werden, da ein korrekter

Java-Compiler obiges Programm wegen des Typkonfliktes zurückweisen muß. Beispielsweise könnte man sich mit Hilfe des Bytecode-Assemblers Jasmin eine Klassendatei erzeugen, die eine Methode **SM2SSM**() enthält und in der dann die entsprechende Zuweisung vorgenommen wird.

Neben dem Sicherheitsmanager ist auch der Klassenlader eine Instanz einer Java-Klasse. Somit wird klar, warum die Typsicherheit Voraussetzung dafür ist, daß das Java-Sicherheitssystem funktioniert. Da auch das Netscape-Modell intensiven Gebrauch von Java-Klassen macht (*Capability Classes*), gelten für den Netscape Communicator ähnliche Bemerkungen. Darüber hinaus wird an dieser Stelle offenbar, daß der Ausfall einer Komponente (in unserem Fall ist dies der Verifizierer) das gesamte Sicherheitssystem kompromittiert.

Weiter oben wurde ein fiktives Beispiel behandelt; der eigentlich erzeugte Typkonflikt, der für das Angriffsapplet ausgenutzt wurde, kann in diesem Rahmen aus Gründen der Sicherheit nicht beschrieben werden. Letztendlich zeigt aber obiges Beispiel das Prinzip, nach dem man Typkonflikte zum Erzeugen eines vollständigen Angriffs ausnutzen kann. Der eigentliche Angriff verlief analog. Es gibt allerdings noch weitere Möglichkeiten, Typkonflikte entsprechend auszunutzen. Eine davon besteht darin, Objekte für Integer-Werte zu halten und hierdurch Speicheradressen herauszufinden. In diese Speicherstellen kann man dann seinen eigenen Maschinencode plazieren, den man dann mit Hilfe eines Tricks direkt ausführen kann (s. [3]).

3.3 Die Folgen und die Reaktion von SUN und Netscape

SUN und Netscape haben den Fehler innerhalb kurzer Zeit bestätigt und die Ursache für diesen herausgefunden. Angeblich handelt es sich um einen Implementierungsfehler, der durch Hinzufügen einer einzelnen Programmzeile beseitigt werden konnte. Wir haben überprüft, daß der Fehler im JDK 1.1.8 und in Java 2 (SDK v1.2.1) von SUN nicht mehr auftritt. Auch in der JVM des Netscape Communicators 4.6 ist der Fehler behoben worden. Klar ist weiterhin, daß der Fehler nicht das gesamte Sicherheitskonzept von Java gefährdet.

4 Zusammenfassung und Ausblick

In diesem Artikel ist eine schwerwiegende Sicherheitslücke des Java-Sicherheitsmodelles vom JDK 1.1 und Java 2 beschrieben worden, die zum Erzeugen eines Angriffsapplets im Netscape Communicator 4.x ausgenutzt werden kann. Die Ursache für die Sicherheitslücke lag in der Implementierung des Verifizierers, wodurch keine Typsicherheit mehr garantiert werden konnte. Die Typsicherheit ist aber die Grundlage des Java-Sicherheitsmodelles, zumal integrale Teile der Java-Sicherheitsarchitektur (in *allen* Versionen) auf Java-Klassen beruhen.

Auch wenn es sich bei dem hier behandelten Fehler offensichtlich um einen relativ leicht zu behebenden Implementierungsfehler handelt, so sind auch in der Zukunft ähnliche Fehler nicht auszuschließen, da der Vorgang der Bytecode-Verifikation komplex und mithin fehleranfällig ist. Dies liegt vor allem daran, daß das Bytecode-Format eine lineare Programmrepräsentation ist. Eigenschaften wie die Typsicherheit müssen daraus mittels einer Daten- und Kontrollflußanalyse wiedergewonnen werden. Wenn man dagegen abstrakte Syntaxbäume als Zwischenformat gewählt hätte (die üblicherweise im Frontend eines Compilers erzeugt werden), dann wäre die Verifikation gewisser Eigenschaften wie z.B. der Typsicherheit einfacher und mithin weniger fehleranfällig. Denn dort sind die Programmeigenschaften des ursprünglichen Quellprogrammes direkt enthalten. Es gibt bereits das System *Juice*, das wie Java das Einbinden von Applets in Webseiten unterstützt, im Gegensatz zu Java aber komprimierte abstrakte Syntaxbäume als Verteilungsformat verwendet (s. [4]). Eine Übertragung dieses Ansatzes auf das Java-System wäre eine interessante Alternative zum Byte-code-Format.

5 Literatur

1. Aho, A.V., Sethi, R., Ullman, J.D.: Compilers: Principles, Techniques, and Tools. Addison-Wesley, Reading, 1988
2. Dean, D., Felten, E.W., Balfanz, D., Wallach, D.S.: Java Security: Web Browsers and Beyond. In Denning, D.E., Denning, P.J. (Herausgeber): Internet Beseiged: Countering Cyberspace Scofflaws. ACM Press, New York, 1997
3. Dean, D.: Formal Aspects of Mobile Code Security. Dissertation. Princeton, 1999
4. Franz, M., Kistler, Th.: Juice-Homepage. http://www.ics.uci.edu/~juice, 1997
5. Gong, L., Mueller, M., Prafullchandra, H., Schemers, R.: Going Beyond the Sandbox: An Overview of the New Security Architecture in the JDK 1.2. In: Proceedings of the USENIX Symposium on Internet Technologies and Systems, Monterey, 1997
6. Lindholm, T., Yellin, F.: The Java Virtual Machine Specification. Addison-Wesley, Reading, 1997
7. McGraw, G., Felten, E.W.: Securing Java: Getting Down to Business with Mobile Code. Wiley, New York, 1999
8. Meyer, J.: Jasmin-Homepage. http://mrl.nyu.edu/meyer/jvm/jasmin.html, 1996
9. Netscape Communications Corporation: The Java Capabilities API. http://developer.netscape.com/docs/manuals/signedobj/capsapi.html, 1999
10. Secure Internet Programming: History. http://www.cs.princeton.edu/sip/history/, 1999
11. Sun Microsystems: HotJavaTM: The Security Story. http://java.sun.com/sfaq/may95/security.html, 1995
12. Sun Microsystems: SUN Sets to Deliver Software Fix for Java Development Kit Security Bug. http://java.sun.com/pr/1999/03/pr990329-01.html, 1999

A Flexible Security Architecture
for the EJB Framework

Frank Kohmann[1], Michael Weber[2], Achim Botz[1]

[1] TPS Labs AG, Balanstr 49, D-81541 München
{frank.kohmann achim.botz}@tps-labs.com
[2] Abteilung Verteilte Systeme, Universiät Ulm, D-89069 Ulm
weber@informatik.uni-ulm.de

Since the Enterprise JavaBeans (EJB) specification 1.0 has been released in spring 1998, a great interest has been shown in this new technology. It is the first approach that defines a server-side component model for the Java platform. The EJB specification already has achieved a high grade of acceptance and will obtain an important role in the development of distributed applications in the future. Nevertheless, since EJB is a young technology it still has to struggle with several problems. One of these is security management. The issues concerning security that are covered by the specification are very basic. However, the distributed nature of EJB makes a sophisticated approach in regard to security indispensable. Due to this necessity, a flexible security architecture for the EJB framework is proposed within this work.

1 Introduction

The Enterprise JavaBeans (EJB) framework [1] defines a component model for the development and deployment of Java applications, focusing on the server-side. EJB makes it possible to develop server components and plug them together to entire server applications. The EJB framework provides low-level services, such as transaction management or object persistence. By providing such services at the framework level, it becomes possible to implement components, and in the end server applications, which are free of code concerning these services. Therefore, distributed applications become easier to develop, more flexible and more scalable. A separation between the business logic and the distribution services is gained. This new philosophy introduces an important alternative to the traditional client-server architecture. Since the specification has been released, a great interest in this new concept of distributed programming has been shown, not only from application server vendors, but also from server application and client application providers.

However, EJB is a young technology and still has to struggle with several problems. One of these is security management. The issues concerning security that are covered by the specification are very basic. However, the distributed nature of EJB makes a sophisticated approach in regard to security indispensable. Due to this necessity, a flexible security architecture, based on Java 2, for the EJB framework is proposed within this paper. A good understanding of EJB is presumed. For an introduction see [2] and [3].

The next chapter outlines the most serious drawbacks of the EJB specification 1.0. The first part of chapter 3 gives a general overview of the introduced security architecture, which then is described in more detail in the rest of that chapter. The final chapters are related work and a conclusion.

2 Security Concepts of EJB Specification 1.0 and its Drawbacks

The specification is not very detailed about security management. By leaving such details unspecified the development of code that is portable between different server or container implementations is hindered. This is obvious when looking at authentication, which is not specified at all.

The only feature concerning security that is part of the specification is authorization. The deployment descriptor allows associating an entire bean or a bean's method with one or more identities. At runtime, these specified identities are permitted to call the bean or the bean's methods while the access is denied to others.

When authorization is solved the associated problem of delegation must be taken into account. This is a broad field with a variety of different possible strategies. When looking at a chain of subsequent bean invocations, the main question is according to which privileges a bean should execute. Should the bean's privileges be used or the caller's rights passed to the bean in some manner? The only approach the specification provides, is the possibility to define an identity (the so-called RunAsIdentity) at deployment time under which the bean's methods always have to be executed.

From these basic concepts of security management that are defined by the current specification result the following serious drawbacks:

- No interfaces for server independent authentication are provided.
- Authorization can only be achieved through an ACL like approach (list of identities for a bean or bean's method). There is no possibility to implement other authorization strategies like, for example, label-based authorization.
- Access control decisions cannot be made on instances. This is essential for entity beans.
- There exists no concept of delegation.

3 A Possible EJB Security Architecture

The scope of this work is the introduction of an abstract security architecture with the according interfaces and a description of its behavior. No concrete implementation of a security solution is proposed to maintain the flexibility of implementing the architecture with different technologies. The actual specification does not provide the flexibility to plug in such a security solution. The major reason is the lack of specified interfaces and rules of interactions between container and server. Therefore, changes to the specification have been made in regard to the deployment descriptor and the objects EJBMetaData and EJBContext. Furthermore, additional responsibilities have been added for the container.

The security architecture provides a secure environment for the beans. The granularity the architecture has to deal with is on one hand the differentiation into beans and on the other hand the distinction of bean's methods. When dealing with security at method level, all methods of a bean instance are relevant. This not only includes the methods the bean programmer provides but also the methods inherited from EJBHome and EJBObject, like create() for example.

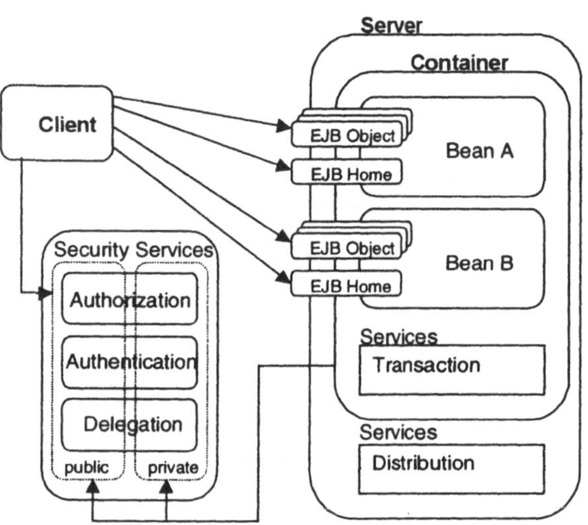

Fig. 1. The changed EJB Architecture.

The main idea is to provide a domain concept for the EJB framework that is similar to the one of the CORBA Security Service [4]. The notion of the domain is introduced to enable a better structuring of the different functionality the architecture has to meet. A domain implements a specific security policy according to a certain technology and provides an interface to access its services. A domain could, for example, implement password authentication or ACL-based authorization. Three different types of domains are introduced: authentication, authorization and delegation domains. Each bean has to be member of at least one domain of each type, but may be in multiple domains of the same type. If the latter is the case, one domain has to be marked as default domain. A domain provides two types of methods: Methods that are accessible to everybody, in particular to the client, and methods that are called by the container. The first type of methods provides functionality needed by the client like getting information about the domain or authentication methods. The methods called by the container are in charge to fulfill the policy of the domain. This splitting of the domain is made for security reasons. Both the client and the container need to access the domain but each with different intention. The client, for example, should not be able to gain information on details of the authorization algorithm.

All new functionality that is provided by this architecture (Figure 1) is plugged into the container. However, this functionality is not implemented within the container classes, but within the domain implementation. The container is only responsible to delegate security related tasks to the appropriate domain implementation at certain times. These domain implementations form the pluggable security service. Like the naming service it is independent of the EJB architecture. An EJB server is free to use any implementation of a security service. This could be a proprietary service as well as a service of another vendor.

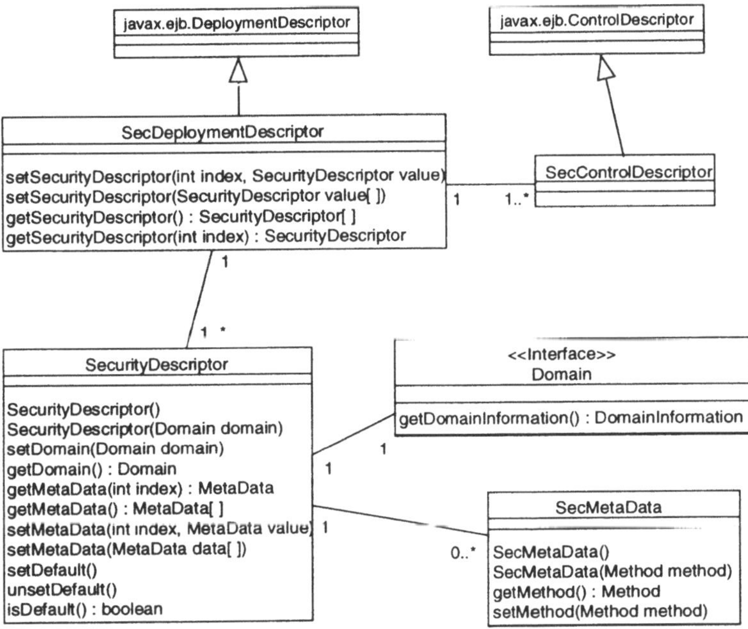

Fig. 2. Relation between domain and deployment descriptor. SecDeploymentDescriptor additionally has all methods of DeploymentDescriptor. SecControlDescriptor is the same as ControlDescriptor but without maintaining RunAsIdentity and RunAsMode.

The great advantage of separating the implementation of the security functionality and the container implementation is the flexibility gained. If there exists a variety of different container implementations, it would be very cumbersome, needing to make changes in the code of every container one wanted to enhance with the ability to deal with security. Moreover, for every change in the policy the container would have to be modified. The third reason for this architecture is the complexity of the security service's implementation. Authentication, authorization or delegation and their possible mapping to existing legacy or operating systems can be very complex. Therefore, in addition to the roles defined in the specification, the role of the security provider is defined. The security provider is responsible for the implementation of the security domains. To achieve this goal the specification needs to be changed in the way that the container supports the domain interfaces introduced in this work. These interfaces then provide the possibility to plug in the different implementations of the security domains.

The information on domain memberships of the beans as well as additional data required by the domain to implement the policy is maintained in a modified deployment descriptor (Figure 2). A security descriptor is introduced to be able to bring a domain in relation with a bean. Each security descriptor represents the membership of the related bean in the appropriate domain. Each domain might need different information connected to the bean or the bean's methods in order to fulfill the policy. In the case of an ACL-based authorization approach this might be the identities that are allowed to invoke the different methods while in a label-based solution only the value of the label is needed. To solve this issue the SecMetaData object has been additionally introduced. This object is like the domain itself provided by the security provider and is used to bring a bean or a bean's method in relation with domain specific data.

3.1 Authentication

Authentication is introduced for beans and clients. Since neither the container nor the server is concerned with security issues, authentication is not provided for these two objects. It is presumed that they are trusted and run with system level privileges.

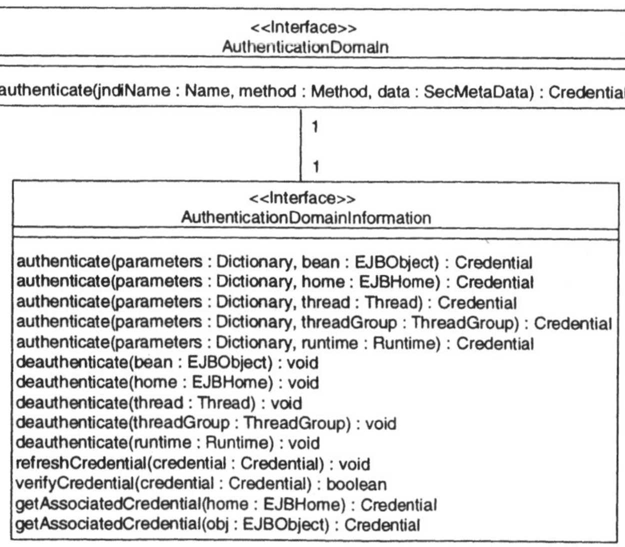

Fig. 3. Interfaces representing the authentication domain.

The main task of an authentication domain (Figure 3) is to establish a security context to be used when the authenticated object performs an action. This security context is the credential. It is a domain specific object that ensures the authenticity of the caller. In case of client authentication, the credential also is related to the runtime scope for which it was created. The client has the possibility to set certain information in the credential. If a bean is member of multiple delegation domains, for example, the client can specify here the domain that is to be useed. In addition to the authenticate() methods an authentication domain needs the method verifyCredential() in order to prove the validity of a credential. A refreshCredential() method is important for refreshing a credential without needing to perform the possibly time-expensive authentication procedure. Furthermore, the getAssociatedCredential() methods have to be implemented by every authentication domain. They are needed to ensure the interoperability of the classes provided by the container provider and those of the security provider. Although the stub does not know anything of the credential creation, it needs to propagate it to the container. By calling getAssociatedCredential() it obtains the credential that applies for the current execution context.

Bean Authentication. It is the responsibility of the container to authenticate a bean. This process is completely transparent to the client. It is up to the container whether the authentication takes place before the first invocation of an instance's method or at the time the bean is created.

Whether a method finally executes with the privileges of the credential it has been authenticated with or not, also depends on the delegation strategy used.

Bean authentication is an enhancement of the former possibility to set the RunAsMode or the RunAsIdentity and is necessary for delegation.

Client Authentication. A client can be any kind of Java application including applets or servlets. A bean as well can be a client. In this case, the security context established automatically by the container is overridden by the context created during the explicit client authentication. Client authentication is possible at five different levels:

- Runtime
- ThreadGroup
- Thread
- EJBHome
- EJBObject

The authenticate() methods take as parameter one of these scopes and some domain specific parameters. Latter are passed via a Dictionary object. A password authentication domain, for example, typically needs a password and the user id.

During authentication a credential is established. The credential is used for all invocations made within the scope in which it was created. This idea is straightforward for the authentication at the level of Runtime, ThreadGroup and Thread. If a client authenticates at thread level, for example, all further calls made to the EJB server within this thread are transparently extended with this security context. Calls from other threads are treated as unauthenticated calls. For authentication at level of EJBHome and EJBObject this means the following: If a credential is created at the level of an EJBHome object it is passed to the container for every method the client invokes on this home object. Additionally the same credential is used for method invocations on all beans created via the authenticated home. In case the client is authenticated only for a special bean, that is at EJBObject level, the resulting credential is used only when invoking methods on that bean.

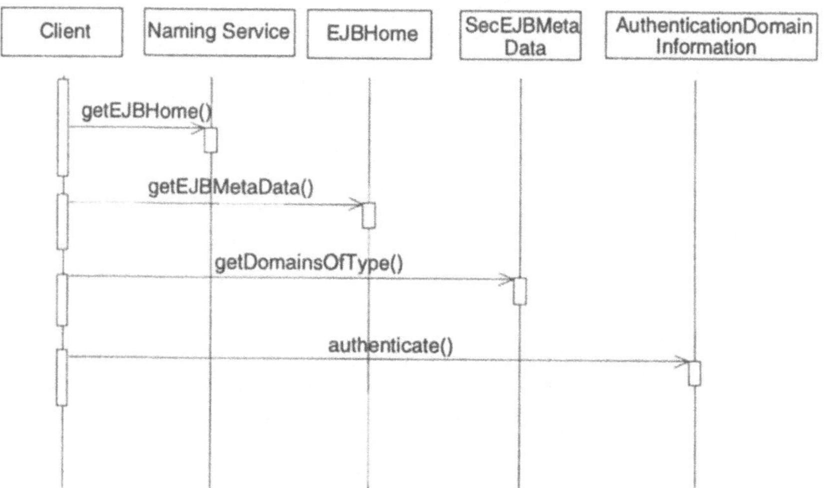

Fig. 4. Process of client authentication. SecEJBMetaData is EJBMetaData enhanced with the possibility to get information about domain memberships. AuthenticationDomainInformation represents the publicly accessible part of the domain.

Now it can happen that the client is authenticated at runtime level as well as at EJBHome level. In this case, the credential that was created in the most specific context is used to propagate the security context of the client to the container.

Authentication at the execution level of Runtime, Thread and ThreadGroup are indispensable for easy application authentication and in particular for multithreaded applications. The levels of EJBHome and EJBObject can be relevant for servlets. Since these objects can be shared among different clients each client request could be handled in a distinct thread context. Thus, a possibility to perform an authentication at a lower level than Thread level is needed. It should be kept in mind though that the performance of an application goes down if finer grained levels of authentication are used, since more objects have to be authenticated.

For the process of the client authentication see figure 4.

3.2 Authorization

The responsibility of the authorization domain (Figure 5) is to check whether the access to a bean's method is allowed or not. Before the container invokes a method on a bean's instance the authorization domain is consulted by invoking the checkAccess() method. Depending on the result the container can take the appropriate action, either continue or throw an exception.

<<Interface>>
AuthorizationDomain

---

checkAccess(credential : Credential,
jndiName : Name,
context :EJBContext,
method : Method,
data :SecMetaData,
parameters : Dictionary) boolean

Fig. 5. Authorization Domain interface. As parameters are provided the credential of the caller, the name and the method of the bean that has been called, information on the bean instance, data required by the domain and the parameters the method was in called with.

In order to work correctly, checkAccess() has to be provided with a couple of parameters. Some domain implementations might not need all of them. However, since this is a general interface all possibly needed information is provided.

A parameter that needs special attention is EJBContext. It provides the possibility to access a bean's instance and therefore provides the possibility to make access decisions on instances. This is very useful for entity beans. Checking access at class level is not convenient for sophisticated authorization policies. Some policies might want to deny access to beans due to the value of instance variables. Via the getPrimaryKey() or the getEJBObject() methods of EntityContext, which is derived from EJBContext, information about the instance can be accessed.

The whole authorization process is transparent to the client as well as to the bean. While this is wanted in the most cases, sometimes it might be useful if the bean implementation as well could perform some access control checks. The solution is to provide additional code within the bean itself. At the beginning of a method the bean can obtain the credential of the caller via the EJBContext. This is possible through the getCallerCredential() method that has been appended additionally to getCallerIdentity(). With the help of the credential the additional check can be performed. It is important to state that these checks are always additional to the checks performed by the domain.

3.3 Delegation

The delegation domain (Figure 6) decides in which context an operation of a bean is performed. Like stated before every object of the EJB framework is associated with a credential. When a client invokes a bean or a bean invokes another bean, the delegation domain decides which privileges have to be used by what bean to perform an operation. An easy policy could, for example, simply always use the privileges of the caller not caring about the privileges of the bean that has been called.

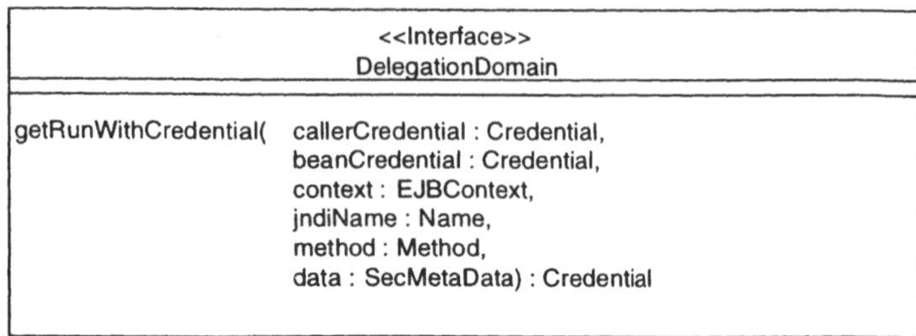

Fig. 6. Delegation Domain interface. As parameters are provided the credential of the caller, the credential of the bean that has been called, the name and the method of the bean that has been called and data required by the domain.

The delegation domain is called via the method getRunWithCredential(). It is called by the container after calling checkAccess() but before invoking the method on the bean's instance. The result of getRunWithCredential() is another credential. This credential represents the security context within which the bean's method is executed.

For an overview of the involved objects and methods upon a client invocation of a bean's method see figure 7.

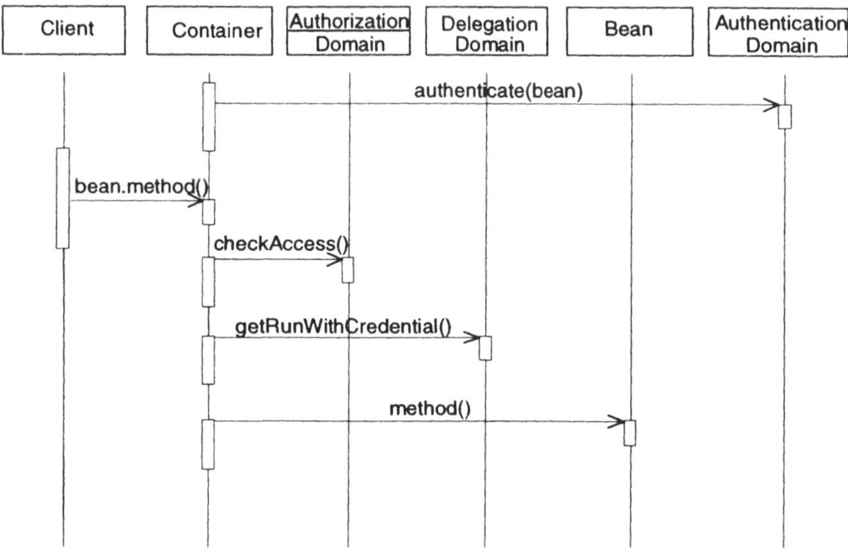

Fig. 7. Process of invoking a method on a bean's instance.

4 Related Work

A very important work to be mentioned is the Java Authentication and Authorization Service (JAAS) that recently has been proposed [5]. It deals with the issue of introducing client authentication and authorization into the Java environment. It is not an API yet, but rather a proposal that is under construction. While some basic approaches of both proposals are similar, like the independence of the implementation details for instance, they differ in several ways. The main difference is that the JAAS approach focuses more on the needs of non-distributed applications while this proposal focuses on the distributed nature of EJB. Nevertheless, it should be thought of combining the different concepts in order to provide a single security architecture for the Java environment in the future.

Our domain concept is similar to the one of the CORBA Security Service. However, the use of the domain concept in conjunction with the EJB framework is different to the envisaged deployment of the CORBA Security Service with the CORBA Component Model.

Further interesting research in regard to Java and security is being performed at the University of Erlangen-Nürnberg [6]. Here the idea of attaching meta-objects to Java references is investigated. This capability approach clearly separates the application code from security policies and is also very flexible. For the implementation of this strategy, the MetaJava system [7] is used, which allows the binding of meta-objects to conventional Java references. The use of this system however, implies the use of a package of native code.

5 Conclusions

A domain concept that is similar to the one of the CORBA Security Service has been developed for the EJB framework. Interfaces for domains have been introduced that can be of the types authentication, authorization and delegation. Each bean has to be member of at least one domain of each type. The implementation of the interfaces provides the realization of a certain policy.

Not only the client and the beans, but also the container are independent of the underlying domain implementation. The container's responsibilities change in the way that it has to make certain calls to the domain at certain times. General interfaces have been introduced to maintain such independence between the domain and container implementations.

Due to the complexity of the security issue, the new role of the security provider has been introduced additionally to the existing roles. The main responsibility of the security provider is the implementation of the domain interfaces that realize a certain policy. This also can include the mapping to existing security services.

The proposed architecture enriches the EJB framework with a flexible possibility to provide server applications with the security they need. At the same time, the beans as well as the client code can be kept independent of the implementation details of the domains. Furthermore, the most important aspect of EJB is maintained: Enabling the bean provider to focus on the business logic and not needing to care about security issues.

Acknowledgements

This work has been supported by TPS Labs AG (www.tps-labs.com). The authors would especially like to thank Günther Heiss and Ingo Körber for providing helpful feedback and useful discussions.

References

1. Sun Microsystems. Enterprise JavaBeans Specification 1.0., 1998. http://java.sun.com/products/ejb/docs.html
2. Mark Johnson. A beginner's guide to Enterprise JavaBeans. Java World, October 1998. http://www.javaworld.com/javaworld/jw-10-1998/jw-10-beans.html
3. Nova Laboratories. The Developer's Guide to Understanding Enterprise JavaBeans, 1998. http://www.nova-labs.com
4. Object Management Group. CORBAServices: Common Object Services Specification. 1997. http://www.omg.org/library/csindex.html
5. Sun Microsystems. Java Authentication and Authorization Service, 1999. http://java.sun.com/security/jaas
6. Thomas Riechmann, Franz J. Hauck. Meta Objects for Access Control: Extending Capability-Based Security. In Proc. of New Security Paradigms Workshop, 1997.
7. Jürgen Kleinöder, Michael Golm. Meta Java: An Efficient Run-Time Meta architecture for Java. In Proc. IWOOOS, 1996.

Verwaltung von Java-2-Zugriffspolitiken

Rainer Falk

Lehrstuhl für Datenverarbeitung
TU München
falk@ei.tum.de

Zusammenfassung. In Java 2 können für mobilen und lokalen Code feingranular Zugriffsrechte vergeben werden. Die Zugriffspolitik legt abhängig von der Code-Herkunft fest, auf welche Ressourcen zugegriffen werden darf.
In diesem Beitrag wird eine Methode vorgestellt, um auch komplexe Java-2-Zugriffspolitiken für eine große Anzahl von Systemen effizient verwalten zu können. Die in einem LDAP-Verzeichnisdienst abgelegten Zugriffspolitiken werden strukturiert, indem Politiken für Teilbereiche kombiniert werden. Die Administration der Zugriffspolitiken kann dezentral erfolgen, indem die Verantwortung für eine Teilpolitik delegiert wird. Beim Einbinden einer Teilpolitik kann eingeschränkt werden, für welche Code-Herkunft Zugriffsrechte vergeben werden können.

1 Einleitung

Java 2 bietet die Möglichkeit, feingranular Zugriffsrechte abhängig von der Herkunft einer Klasse (*Code Source*) zu spezifizieren. Die Herkunft ist durch die URL, über die eine Klasse geladen wurde, und durch die Signierer der Klasse bestimmt. In der Standardimplementierung wird eine einfache Textdatei zur Spezifikation der gewährten Zugriffsrechte verwendet.

In einem Netzwerk mit einer großen Anzahl von Rechnern, Benutzern und Java-Anwendungen (sowohl Applets als auch Applikationen) müssen viele Politikbeschreibungen aktuell gehalten werden. Der dazu notwendige Verwaltungsaufwand kann unakzeptabel hoch sein. Hinzu kommt, daß in mehreren Politiken oft identische Teilpolitiken vorkommen. Wenn Änderungen erforderlich sind, z. B. weil eine aktualisierte Version einer Anwendung andere Zugriffsrechte benötigt oder wenn neue Anwendungen verwendet werden, müssen viele Politiken aktualisiert werden.

Die Verwaltung der Java-2-Zugriffspolitiken kann vereinfacht werden, indem die einzelnen Politiken nicht als eine Einheit spezifiziert werden. Stattdessen werden sie aus Teilpolitiken zusammengesetzt. Diese können von mehreren Administratoren dezentral verwaltet werden. Die Politiken werden in einem LDAP-Verzeichnisdienst (*Lightweight Directory Access Protocol*) abgelegt. Beim Einbinden einer Teilpolitik kann eingeschränkt werden, für welche Code-Herkunft Ressourcenzugriffe autorisiert werden können.

Der Beitrag ist wie folgt aufgebaut: Abschnitt 2 beschreibt das Sandbox-Sicherheitsmodell und das Sicherheitsmodell von Java 2. In Abschnitt 3 werden rollenbasierte Prinzipien zur Rechteverwaltung kurz vorgestellt. Auf diesen basiert das Einbinden von Teilpolitiken, das in Abschnitt 4 beschrieben wird. Abschnitt 5 stellt das Schema für die Ablage von Java-2-Zugriffspolitiken in einem LDAP-Server und den implementierten Prototypen vor. Abschnitt 6 beschreibt, wie eine organisationsweit definierte Zugriffspolitik durchgesetzt werden kann. Abschnitt 7 endet mit einer Zusammenfassung.

2 Java-Sicherheitsmodell

2.1 JDK 1.0.2 und JDK 1.1

Das ursprünglich bei Java verwendete Sicherheitsmodell ist als Sandbox-Modell bekannt [4]. Dort wird Code als vertrauenswürdig oder als nicht vertrauenswürdig eingestuft. Vertrauenswürdiger Code darf uneingeschränkt auf Systemressourcen (z. B. Dateisystem, Netzwerkverbindungen) zugreifen, während nicht-vertrauenswürdiger Code nur auf wenige Ressourcen, die von der Sandbox bereitgestellt werden, zugreifen kann. Beim Sandbox-Modell sind die Unterscheidung in vertrauenswürdigen und nicht vertrauenswürdigen Code und die damit verbundenen Zugriffsrechte fest vorgegeben.

2.2 Java 2

Bei Java 2 gibt es keine festgelegte Unterscheidung zwischen vertrauenswürdigem und nicht vertrauenswürdigem Code. Stattdessen kann abhängig von der Code-Herkunft flexibel festgelegt werden, auf welche Ressourcen zugegriffen werden darf [4]. Die Code-Herkunft ist durch das verwendete Protokoll (z. B. HTTP), den Rechner, die Portnummer, den Dateipfad, über den eine Klasse geladen wurde, und den Signierer der Klasse bestimmt. Diese Sicherheitsarchitektur bietet folgende Möglichkeiten:

- *Feingranulare Zugriffskontrolle für alle Java-Programme.* Damit kann erreicht werden, daß lokaler und vom Netz geladener Code nur über die notwendigen Zugriffsrechte verfügt.
- *Konfigurierbare Sicherheitspolitik.* Auf welche Ressourcen eine Anwendung zugreifen kann, ist nicht fest vorgegeben, sondern kann von einem Benutzer oder Systemverwalter definiert werden.
- *Erweiterbare Zugriffskontrollstruktur.* Eine Anwendung kann eigene Zugriffsrechte definieren, die zusammen mit den von Java 2 definierten Zugriffsrechten einheitlich verwaltet werden können.

Durchsetzung zur Laufzeit. Eine geladene Klasse wird einem Schutzbereich (*Protection Domain*) zugeordnet. Alle Klassen, die dem gleichen Schutzbereich zugeordnet sind, verfügen über die gleichen Zugriffsrechte (vgl. Abb. 1).

Um die Zugriffsrechte einer Klasse zu ermitteln, wird die Methode `getPermissions(codesource)` der abstrakten Klasse `java.security.Policy` aufgerufen. Diese bestimmt die Menge aller Zugriffsrechte, die Code mit der Herkunft

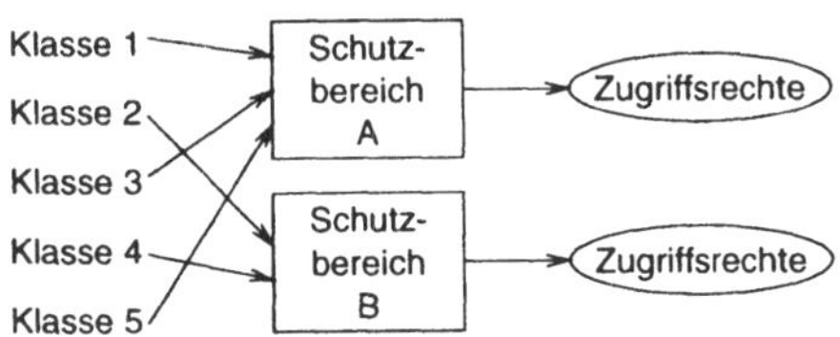

Abb. 1. Klassen, Schutzbereiche und Zugriffsrechte

`codesource` besitzt. Die in Java 2 vorhandene konkrete Implementierung der Klasse `Policy` liest die Politik aus einer Textdatei. Diese enthält einen *Keystore*-Eintrag, der angibt, wo die öffentlichen Schlüssel der im folgenden verwendeten Signierer zu finden sind. Es folgen beliebig viele Politikeinträge (*Grant Entry*). Ein Politikeintrag gewährt für die angegebene Code-Herkunft eine Menge von Zugriffsrechten.

```
grant codeBase "http://intraserv.in.de/apps/bib/-", signedBy "dbadmin" {
  java.net.SocketPermission "db.in.de:3000", "connect";
  java.lang.RuntimePermission "queuePrintJob";
};
```

Abb. 2. Politikeintrag (Beispiel)

Abbildung 2 zeigt ein Beispiel für einen Politikeintrag. Es werden Zugriffsrechte für Klassen gewährt, die von `http://intraserv.in.de/apps/bib/` oder einem Unterverzeichnis davon geladen wurden und die von `dbadmin` signiert sind. Solche Klassen dürfen eine Verbindung zu dem Rechner `db.in.de` auf der Portnummer 3000 aufbauen. Weiterhin dürfen diese Klassen einen Druckauftrag absetzen.

Die Angaben für `codeBase` oder `signedBy` können entfallen. Die angegebenen Zugriffsrechte werden dann allen Klassen unabhängig von der URL, von der sie geladen wurden, bzw. unabhängig von den Signierern gewährt.

Um für eine Klasse die gewährten Zugriffsrechte zu bestimmen, werden die in einer Politikdatei enthaltenen Politikeinträge der Reihe nach ausgewertet. Wenn die angegebenen Bedingungen für die Code-Herkunft erfüllt sind, werden die enthaltenen Zugriffsrechte gewährt. Die Menge der gewährten Zugriffsrechte ist die Vereinigungsmenge der von einzelnen Politikeinträgen gewährten Zugriffsrechte.

Die Konfigurationsdatei `${java.home}/lib/security/java.security` legt u. a. fest, welche Klasse zur Bestimmung der gewährten Zugriffsrechte verwendet wird und welche Politik-Dateien eingelesen werden. In der Standardkonfiguration werden eine systemweite und eine benutzerspezifische Politik ausgewertet.

3 Rollenbasierte Rechteverwaltung

Die Verwaltung von Zugriffsrechten für eine große Benutzerpopulation stellt eine große Herausforderung dar. Im kommerziellen Umfeld hat sich insbesondere eine rollenbasierte Rechteverwaltung als vorteilhaft erwiesen [2].

Bei einer rollenbasierten Rechteverwaltung werden Zugriffsrechte nicht individuellen Benutzern zugeordnet, sondern Rollen [10]. Eine Rolle entspricht einer Menge von Zugriffsrechten. Einer Rolle können einzelne Zugriffsrechte zugeordnet werden, oder sie kann die Zugriffsrechte einer anderen Rolle übernehmen. Rollen werden so definiert, daß sie den Aufgaben der Mitarbeiter entsprechen. Ein Mitarbeiter erhält die für seinen Aufgabenbereich erforderlichen Zugriffsrechte, indem er den entsprechenden Rollen zugeordnet wird.

Abbildung 3 illustriert den Zusammenhang zwischen Zugriffsrechten, Rollen, Rollenhierarchie und Benutzern. Christian ist der Rolle „Projektleiter Projekt A"

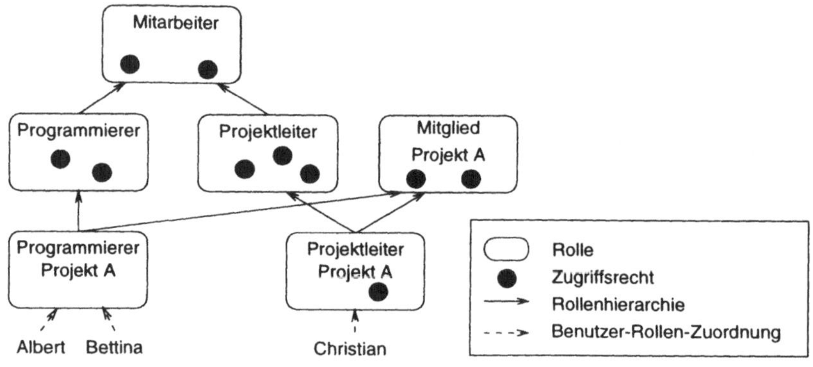

Abb. 3. Rollenbasierte Rechteverwaltung

zugeordnet. Dadurch erhält er die Zugriffsrechte der Rolle „Projektleiter Projekt A" und durch die Rollenhierarchie die Zugriffsrechte der Rollen „Mitglied Projekt A", „Projektleiter" und „Mitarbeiter".

4 Effiziente Verwaltung

Die Grundidee einer rollenbasierten Rechteverwaltung liegt darin, Zugriffsrechte so zu gruppieren, daß die Gruppen eine bestimmte höhere Bedeutung haben. Eine Gruppe von Zugriffsrechten ist nicht einfach eine beliebige Menge von Zugriffsrechten, sondern sie enthält diejenigen Zugriffsrechte, die zur Durchführung einer Aufgabe erforderlich sind.

Die Zugriffskontrolle von Java 2 unterscheidet sich jedoch in folgenden Punkten von einer Verwaltung von Benutzerrechten:

- Die Zugriffsrechte werden letztendlich nicht Benutzern zugeordnet, sondern Programmcode. Es geht bei der Zugriffskontrolle nicht darum, die Zugriffsmöglichkeiten für Benutzer einzuschränken, sondern der Benutzer (oder ein Systemverwalter) möchte die Zugriffsmöglichkeiten für mobilen Code unterschiedlicher Herkunft festlegen.
- Es gibt keine zentrale Instanz, die die Zugriffsrechte festlegt, sondern jeder Benutzer kann seine eigene Zugriffspolitik definieren.

In einem Intranet mit vielen Benutzern und Rechnern weist das Verwaltungsmodell der Standardimplementierung folgende Probleme auf:

- Es muß für jeden Benutzer und jeden Rechner eine Politik definiert werden. Diese sollte nur die jeweils erforderlichen Zugriffsrechte gewähren. Der damit verbundene Verwaltungsaufwand ist insbesondere in einer dynamischen Umgebung hoch, da bei Änderungen – z. B. durch die Installation neuer Programme oder geänderter Programmversionen – viele Politiken aktualisiert werden müssen.
- Ein Anwender, der kein Sicherheitsexperte ist, ist nicht in der Lage, die Konsequenzen einer Zugriffspolitik zu beurteilen. Von der spezifizierten Sicherheitspolitik ist nicht nur die Sicherheit des jeweiligen Arbeitsplatzrechners betroffen, sondern das gesamte Intranet. Eine vorhandene Firewall kann nicht vor Angriffen schützen, die von mobilem Code ausgehen, der auf einem Rechner im geschützten Netz ausgeführt wird.
- Bei einer komplexen Zugriffspolitik ist nur schwer nachvollziehbar, welche Zugriffsrechte tatsächlich gewährt werden.

Im folgenden wird ein Konzept vorgestellt, um Java-2-Zugriffspolitiken auch in größeren Netzen effizient spezifizieren zu können. Dieses bietet folgende Vorteile:

- Es besteht die Möglichkeit, von zentraler Stelle aus alle im Gesamtnetz benötigten Zugriffspolitiken zu definieren.
- Eine Politik kann durch das Einbinden von Teilpolitiken modularisiert werden. Eine Teilpolitik kann dabei als Baustein in mehreren Politiken verwendet werden. Durch die bessere Strukturierung ist die spezifizierte Politik leichter verständlich. Die Wahrscheinlichkeit von Fehlern wird verringert, und ein Überprüfen der Zugriffspolitik wird erleichtert.
- Die Administration von Teilbereichen kann auf mehrere Administratoren verteilt werden. Die Code-Herkunft, für die in einer Teilpolitik Zugriffsrechte gewährt werden können, kann festgelegt werden. Dadurch werden die Auswirkungen eines Fehlers beschränkt.

4.1 Erweiterung von Politikeinträgen

Bei dem in diesem Beitrag vorgestellten Konzept werden Politikeinträge erweitert: Ein Politikeintrag kann nicht nur eine Menge von Zugriffsrechten enthalten, sondern zusätzlich auch einen Verweis auf weitere Politikeinträge.

Um die Zugriffsrechte für eine Code-Herkunft zu ermitteln, wird für einen Politikeintrag wie bisher überprüft, ob die angegebenen Kriterien für die Code-Herkunft zutreffen. Im positiven Fall werden die im betrachteten Politikeintrag angegebenen Zugriffsrechte gewährt, und es werden rekursiv die Politikeinträge ausgewertet, auf die verwiesen wird. Andernfalls werden weder die Zugriffsrechte gewährt, noch werden die angegebenen Politikeinträge bearbeitet. Im Gegensatz zur Standardimplementierung werden dabei nicht alle vorhandenen Politikeinträge ausgewertet.

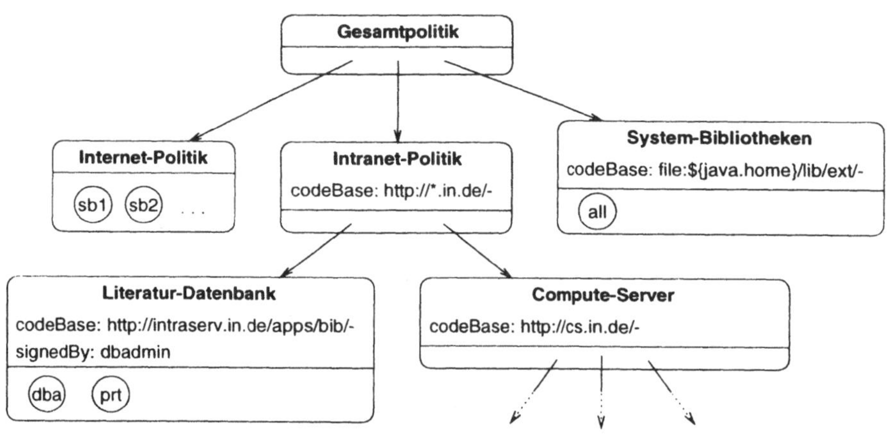

Abb. 4. Beispielpolitik

Beispiel. Das Einbinden von Politikeinträgen soll anhand der in Abb. 4 dargestellten Beispielpolitik erläutert werden. Ein Kasten stellt jeweils einen Politikeintrag dar. Oben steht fettgedruckt der Name des jeweiligen Politikeintrags. Durch `codeBase` und `signedBy` werden die Kriterien angegeben, die die Code-Herkunft erfüllen muß, damit ein Politikeintrag ausgewertet wird. Im unteren Teil, der durch einen Strich abgetrennt ist, werden die gewährten Zugriffsrechte durch Kreise dargestellt. Mit Pfeilen werden Verweise auf andere Politikeinträge symbolisiert.

Die *Gesamtpolitik* wird definiert, indem drei Teilpolitiken eingebunden werden. In *Gesamtpolitik* sind keine Einschränkungen für die Code-Herkunft angegeben. In den eingebundenen Politikeinträgen können also Zugriffsrechte für eine beliebige Code-Herkunft vergeben werden. Der linke Politikeintrag *Internet-Politik* gewährt unabhängig von der Code-Herkunft die Rechte *sb1*, *sb2*... Diese entsprechen den Zugriffsrechten, die Code besitzt, der bei JDK 1.0.2 in der Sandbox ausgeführt wird. Der rechte Politikeintrag *System-Bibliotheken* gewährt System-Bibliotheken das Zugriffsrecht *all*, das uneingeschränkten Zugriff auf alle Ressourcen ermöglicht. Der Politik-Eintrag *Intranet-Politik* gruppiert Politikeinträge für mehrere Intranet-Anwendungen. Dieser Eintrag gewährt selbst keine Zugriffsrechte. Die eingebundenen Politikeinträge *Literatur-Datenbank* und *Compute-Server* werden allerdings nur ausgewertet, wenn die Zugriffsrechte für eine Klasse bestimmt werden, die über HTTP von einem Rechner der Domäne `in.de` geladen wurde. Der Politikeintrag *Literatur-Datenbank* gewährt der Anwendung für den Zugriff auf eine Literaturdatenbank die erforderlichen Zugriffsrechte. Dazu muß der Code über HTTP vom Intranet-Server `intraserv.in.de` aus dem Pfad `/apps/bib/` (oder einem Unterverzeichnis) geladen werden und er muß von `dbadmin` signiert sein. Diesem werden die Zugriffsrechte `dba` zum Netzzugriff auf die Datenbank und `prt` zum Absetzen von Druckaufträgen gewährt. Entsprechend gewährt der Politikeintrag *Compute-Server* die Zugriffsrechte, die Anwendungen benötigen, die von dem Compute-Server `cs.in.de` geladen werden. Durch die Pfeile wird angedeutet, daß auf weitere, hier nicht dargestellte Politikeinträge verwiesen wird. Diese gewähren die jeweils erforderlichen Zugriffsrechte für unterschiedliche Anwendungen auf dem Compute-Server. In diesen Politikeinträgen können nur Rechte für Code gewährt werden, der über HTTP von `cs.in.de` geladen wurde. Selbst wenn in diesen Politikeinträgen für die Code-Herkunft keine Einschränkungen angegeben sind, werden diese Politikeinträge nur ausgewertet, wenn die Zugriffsrechte für Code bestimmt werden, die von dem Compute-Server geladen wurden.

5 Implementierung

Es wurde ein Prototyp entwickelt, bei dem die Zugriffspolitik in einem LDAP-Server abgelegt wird. Dazu wurde ein Schema definiert, das die Struktur der Information beschreibt. Für die Auswertung der im LDAP-Server abgelegten Politik wurde eine Unterklasse von `java.security.Policy` implementiert.

5.1 Ablage in Verzeichnisdienst

Bei LDAP wird die Information durch Einträge (*Entries*) dargestellt [5]. Ein Eintrag kann über einen eindeutigen Namen, den *Distinguished Name*, angesprochen werden. Ein Eintrag besteht aus mehreren Attributen, denen Werte zugeordnet sind. Durch Klassendefinitionen wird festgelegt, welche Attribute in einem Eintrag vorhanden sein müssen und welche vorhanden sein können.

Um die Zugriffspolitik von Java 2 in einem LDAP-Server ablegen zu können, wurden die in Abb. 5 gezeigten Klassen zur Darstellung von Zugriffsrechten (`javaPermission`), Politikeinträgen (`javaGrantEntry`) und einer Zugriffspolitik (`javaPolicy`) definiert. Das Attribut `cn` (*Common Name*) enthält den Namen des Objekts. Dieser ist Teil des *Distinguished Name*, über den das Objekt angesprochen werden kann. Im Attribut `description` kann ein erläuternder Kommentar abgelegt werden.

Ein Zugriffsrecht wird durch einen Eintrag der Klasse `javaPermission` dargestellt. Die Attribute `javaPermissionClass`, `javaPermissionTarget`, `javaPermissionAction` und `signedBy` spezifizieren das Zugriffsrecht.

javaPolicy	javaGrantEntry	javaPermission
cn	cn	cn
description	description	description
javaKeystore	codeBase	javaPermissionClass
javaKeystoreType	signedBy	javaPermissionTarget
grantEntry	permission	javaPermissionAction
	grantEntry	signedBy

Abb. 5. LDAP-Klassendefinitionen

Ein Eintrag der Klasse `javaGrantEntry` ist ein Politikeintrag. Die Attribute `codeBase` und `signedBy` spezifizieren die Code-Herkunft, für die ein Eintrag Zugriffsrechte gewährt. Das Attribut `permission` enthält die *Distinguished Names* der gewährten Zugriffsrechte. Über die Einträge des Attributs `grantEntry` kann auf weitere Politikeinträge verwiesen werden.

Eine Zugriffspolitik wird durch einen Eintrag der Klasse `javaPolicy` dargestellt. Durch die Attribute `javaKeystore` und `javaKeystoreType` wird festgelegt, wo und in welchem Format die öffentlichen Schlüssel der Signierer abgelegt sind. Das Attribut `grantEntry` enthält die *Distinguished Names* der zu einer Politik gehörenden Politikeinträge.

5.2 Zugriff auf Politik

Es wurde ein Prototyp einer Unterklasse von `java.security.Policy` entwickelt, die die Politikbeschreibung von einem LDAP-Server lädt. Als Parameter benötigt sie die Adresse und die Portnummer des LDAP-Servers und den *Distinguished Name* des gewünschten Politik-Objekts.

Für den Zugriff auf den LDAP-Server wurde das *Java Naming and Directory Interface 1.2* [13] verwendet. Als LDAP-Server kam *OpenLdap* [8] zum Einsatz.

5.3 Sicherheit des Verwaltungssystems

Die Sicherheit des Verwaltungssystems basiert auf den Sicherheitsmechanismen, die von dem Verzeichnisdienst bereitgestellt werden.

Kommunikationssicherheit. Die Verbindung zum LDAP-Server kann z. B. durch SSL (*Secure Sockets Layer*) [3] gesichert werden. Damit können der Server und der Client authentifiziert werden, und auf dem Übertragungsweg kann ein Mitlauschen oder Modifizieren der übertragenen Daten verhindert werden. Der verwendete LDAP-Server unterstützt jedoch – im Gegensatz zu kommerziell verfügbaren Produkten – kein SSL.

Zugriffskontrolle auf Teilpolitiken. Durch die von einem LDAP-Server angebotenen Zugriffskontrollmechanismen kann eingeschränkt werden, wer auf welche

Teile der im Verzeichnisdienst abgelegten Information in welcher Art zugreifen kann. Damit kann flexibel festgelegt werden, welcher Benutzer eine (Teil-)Politik anlegen, verändern oder auch nur lesen darf.

6 Durchsetzung einer organisationsweiten Sicherheitspolitik

Bei dem Administrationsmodell der Standardimplementierung kann jeder Benutzer selbst eine Java-2-Zugriffspolitik definieren. Ein Anwender, der i. a. kein Sicherheitsexperte ist, kann jedoch die Auswirkungen einer Sicherheitspolitik nicht beurteilen. Deshalb ist es in Firmennetzen sinnvoll, daß die Zugriffspolitik nur von einem Sicherheitsadministrator festgelegt werden kann. Auf den einzelnen Arbeitsplatzrechnern muß sichergestellt werden, daß diese Politik auch verwendet wird.

Bei Java 2 ist in einer systemweiten Konfigurationsdatei angegeben, welche *Policy*-Klasse verwendet werden soll und welche Politikbeschreibungen ausgewertet werden sollen. An dieser Stelle kann festgelegt werden, daß anstatt der Standardimplementierung die in Abschnitt 5 beschriebene Implementierung der Klasse *Policy* verwendet werden soll. Außerdem kann die auszuwertende Politik angegeben werden. Durch Dateizugriffsrechte, soweit sie von dem verwendeten Betriebssystem unterstützt werden, kann sichergestellt werden, daß nur Administratoren die Konfiguration ändern können. Ein Benutzer kann die festgelegte Konfiguration jedoch durch Aufrufoptionen umgehen. Um dies zu verhindern, muß der direkte Aufruf des Java-Laufzeitsystems unterbunden werden. Stattdessen kann ein Programm aufgerufen werden, das das Java-Laufzeitsystem erst nach einer Überprüfung und eventuellen Modifikation der Aufrufparameter startet.

Diese Sicherheitsmaßnahmen greifen nur, wenn die Benutzer auf ihren Arbeitsplatzrechnern keine Programme installieren können und wenn sie die Konfiguration des Java-Laufzeitsystems nicht ändern können. Ein anderer Ansatz kann für Applets verwendet werden, die aus dem Internet über eine Firewall geladen werden. Bei einem solchen Szenario kann ein Client im Intranet keine direkte Verbindung zu einem Rechner im Internet aufbauen, sondern nur zu einem Proxy-Server. Dieser lädt die angeforderten Dateien – HTML-Dateien und Java-Applets – und reicht sie an den Client weiter. Der Proxy-Server kann jedoch statt des angeforderten Applets zuerst ein Prüf-Applet an den Client schicken, das die Konfiguration des Clients überprüft. Neben der Integrität der sicherheitsrelevanten Komponenten der Java-Laufzeitumgebung kann auch überprüft werden, ob tatsächlich die an zentraler Stelle definierte Zugriffspolitik verwendet wird. Nur wenn die Prüfungen erfolgreich verlaufen sind, wird das eigentlich gewünschte Applet an den Client weitergeleitet. Die Überprüfung führt jedoch zu Verzögerungen. Um die Benutzerakzeptanz zu erhöhen, kann es sinnvoll sein, die Überprüfung nicht bei jedem Laden eines Applets durchzuführen, sondern nur in regelmäßigen Abständen. Vom Bundesamt für Sicherheit in der Informationstechnik wurde die Entwicklung eines solchen Werkzeugs in Auftrag gegeben [11].

7 Zusammenfassung

In diesem Beitrag wurden ein Konzept und ein Prototyp vorgestellt, mit denen Java-2-Zugriffspolitiken einfacher verwaltet werden können. In einem Politikeintrag können nicht nur Zugriffsrechte gewährt werden, sondern es kann auch auf weitere Politikeinträge verwiesen werden. Die Politikeinträge werden entsprechend der dadurch definierten Baumstruktur ausgewertet. Politiken, Politikeinträge und Zugriffsrechte werden in einem LDAP-Verzeichnisdienst abgelegt. Durch die Zugriffsrechte des LDAP-Servers kann festgelegt werden, wer welche Teilpolitiken modifizieren kann. Damit kann die Verwaltung auch auf mehrere Administratoren aufgeteilt werden.

Literatur

1. Falk, R., Trommer, M.: Nutzung von Verzeichnisdiensten zur integrierten Verwaltung heterogener Sicherheitsmechanismen. In P. Horster (Hrsg.), Proceedings of Sicherheitsinfrastrukturen, Hamburg-Harburg, DuD-Fachbeiträge, Vieweg (1999), 96–108
2. Ferraiolo, D. F., Barkley, J. F., Kuhn, D. R.: A role based access control model and reference implementation within a corporate intranet. ACM Transactions on Information and System Security 1(2) (1999) 34–64
3. Freier, A., Karlton, P., Kocher, P.: The SSL Protocol Version 3.0. Netscape Corp. (1996), http://home.netscape.com/eng/ssl3/
4. Gong, L.: Java Security Architecture (JDK1.2). Sun Microsystems, Version 1.0 (1998), http://java.sun.com/products/jdk/1.2/docs/guide/security/spec/security-spec.doc.html
5. Howes, T. A., Smith, M. C., Good, G. S.: Understanding and Deploying LDAP Directory Services. Macmillan Press, Basingstoke (1999)
6. Kassab, L. L., Greenwald, S. J.: Towards formalizing the Java security architecture of JDK 1.2. In Proceedings of European Symposium on Research in Computer Security (ESORICS'98), LNCS, Springer Verlag, Berlin (1998), http://www.gate.net/~sjg6/publications/ESORICS1998.ps
7. Nikander, P., Partanen, J.: Distributed policy management for JDK 1.2. In Proceedings of the 1999 Network and Distributed System Security Symposium, San Diego, CA, ISOC (1999), http://www.isoc.org/isoc/conferences/ndss/99/proceedings/papers/nikander.pdf
8. OpenLDAP Foundation, OpenLDAP 1.2 (1999), http://www.openldap.org/
9. Rubin, A. D., Geer, D. E.: Mobile code security. IEEE Internet Computing 2(6) (1998) 30–34
10. Sandhu, R.: Role-based access control. Advances in Computers 46 (1998), http://www.list.gmu.edu/articles/advcom/a98rbac.pdf
11. Schwigon, H.: Möglichkeiten und Grenzen der Abwehr von Sicherheitsbedrohungen über Internet-Dienste durch Java-Applets. In Proceedings of 6. Deutscher IT-Sicherheitskongreß, 17.–19. Mai, Bonn, Bundesamt für Sicherheit in der Informationstechnik, SecuMedia Verlag, Ingelheim (1999), 71–75
12. Sun Microsystems, Java 2 SDK Documentation. Version 1.2.1 (1999), http://java.sun.com/products/jdk/1.2/docs/
13. Sun Microsystems, Java Naming and Directory Interface 1.2 beta (1999), http://java.sun.com/products/jndi/1.2/index.html

A Jini-based Gateway Architecture
for Mobile Devices

Gerd Aschemann, Roger Kehr, and Andreas Zeidler

Darmstadt University of Technology, Department of Computer Science
{aschemann,kehr,az}@informatik.tu-darmstadt.de

Abstract. In the near future we expect a widespread deployment of
mobile computational resources including network-enabled end devices
like Laptops and PDAs. An interesting problem then and today is the
transparent change of locality. Traditionally several manual actions are
necessary to reconfigure the device and to rebind client-applications to
services available in the host network. This paper presents the architecture of a Jini-based Application Level Gateway (ALGW) which avoids
manual reconfiguration of a mobile device every time the user changes
the host network. To do so, the ALGW makes use of key technologies provided by Jini. Jini is used for dynamic looking up and binding to services
needed by the user and located in the host network. Moreover, Jini can
be used for value-added services like our authenticating SMTP-Service.

1   Introduction

There is a rapidly growing market for intelligent mobile devices. Devices such
as Laptops and Personal Digital Assistants (PDAs) are getting cheaper, smaller,
and more powerful. We expect a fast and wide proliferation of intelligent mobile
devices within the next few years.

Coupled to this development is a changing *pattern of usage* [13]. The user
of a mobile device – in contrast to the user of a desktop system – is moving
geographically, connecting the device often to different local networks in order
to fulfill different tasks. A salesperson, for example, needs to connect to the
Internet browsing for important information or use email for reporting the sales
of the day to the company's sales department. To do so, he or she can dial up an
Internet Service Provider (ISP) via modem but is hinged to the availability of
a particular ISP at the current location. More convenient would be to connect
directly to an available Local Area Network (LAN), e.g., of a customer or a
hotel. The same solution is desirable for people often changing between a fixed
number of different environments, e.g., the office and the home network.

Today, however, the change of network environments is linked to a number
of *reconfiguration* tasks to be done manually (Fig. 1). There is an obvious *gap of
transparency* between the need to change the network environments on the one
hand and the methods to support this change in a transparent and convenient
manner for the user on the other hand. One has to change various configuration
parameters such as the own IP address, the name of a local mailserver, or the

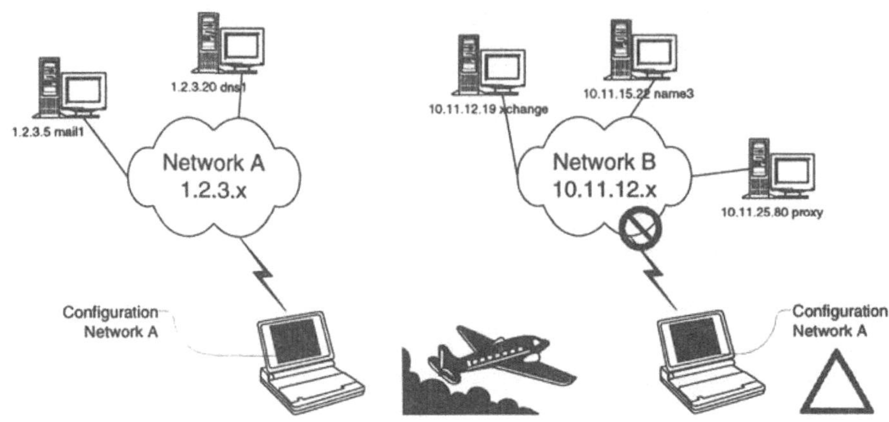

Fig. 1. Connecting to different networks

WWW-proxy configuration in the web-browser. Moreover, in a public accessible network environment there usually exists a level of distrust between the user on the one hand and the provider of the local network on the other hand. Both have an interest in security and privacy of the data and the integrity of the services they use or provide. A scheme of authentication and legitimation is needed.

To alleviate the lack of flexibility and transparency of reconfiguration for the user when changing the network environment, we propose a Jini [17] based gateway architecture preventing the user from reconfiguring his or her mobile device. To do so we are using *Application Level Gateways* and Jini as enabling infrastructure. In short, an application level gateway is a mediator between a mobile device and the local network and its available services. The purpose is to provide a mechanism which allows the user to use a single static configuration for every network. The application level gateway takes care of mapping services needed locally to services available in the network. To ensure transparency and security for the user, we employ some key features of Jini which will be introduced in greater detail throughout the next section.

The overall architecture, including requirements and solutions, is described in Sect. 3, while Sect. 4 gives an example of an enhanced email service using our proposal. Related work can be found in Sect. 5, and we finish with a conclusion and description of future work.

2   Key Concepts of Jini

Jini is a recently released service-based network infrastructure from Sun Microsystems. Jini is deliverd in the form of a Java API and relies on features available in the Java 2 platform only. It offers components we use in our architecture to enable our application level gateway to participate in a LAN without reconfiguration of the mobile device by the user. We give a short introduction of the key building-blocks of Jini.

Bootstrapping. Jini has a built-in bootstrapping mechanism called *Jini Discovery and Join Protocol* [18] based on multicast and unicast-communication. This set of protocols enables arbitrary Jini-enabled objects, i.e., hardware devices as well as software, to find the *Jini Lookup Service (LUS)* [19] and register their services and properties at the local *federation* of services. This allows for "spontaneous" networking of network components to find each other in a standardized manner.

Lookup Service. A Lookup Service acts as a central repository for services. Appropriate means are offered for clients to query and select registered services based on Java *interfaces* – describing the type of the service – and so-called *entries* – descriptive information or additional state information about a service in the form of serialized Java objects.

Additionally, clients can register interest in state changes of the lookup service – e.g., when a new service of a certain type registers or deregisters itself – to receive event notifications via remote listener objects.

Proxy Objects. Services upload serialized Java objects, called *service proxies*, to the lookup service. These objects can be downloaded to any client Java Virtual Machine (JVM) and invoked to access the service. The proxy acts as a mediator to the service itself, and may implement programmatic interfaces as well as graphical user front-ends for the service. The proxy encapsulates any protocol used for the actual communication between the proxy object and the service. This is a key feature when considering secure communication as we will see later.

Leases. Leases are time-based contracts between two objects within Jini. A lease grantor can bind a service to a lease holder for a certain amount of time. The lease holder can use the granted service within this period according to the contract made, but has to renew the interest for the service granted, i.e., renew the lease before it expires. Failing to do so automatically cancels the contract. Utilized appropriately we use leases for the detection of changes, e.g., the change of the network environment.

3 Architecture

The basic idea of our approach is to provide a generic application level gateway for all or most of the services a mobile device typically uses, e.g., WWW, printing, mail/pop etc. To put it simply, the application level gateway provides all the services locally, by installing a respective proxy as a server. If the service is used, the gateway has to care for a transparent hand over to a real service in the host network. However, this – at first sight – simple approach leads to some new problems:

1. **Finding the real services.** The application level gateway has to find real servers on the host network, sometimes to choose an appropriate one if there are more than one and to establish a connection to it.
2. **Transfer of data and mapping of protocols.** The gateway has to transfer the data back and forth between the real server and the application. Sometimes the client and the server will not use the same protocol, even if the provided service is the same in an abstract sense, e.g., UNIX systems and MS Windows Systems usually access printing services with different protocols. Therefore a mapping between the different protocols must be performed.
3. **Detection of locality changes.** A change of locality, i.e., a change of the host network, must be detected and appropriate action must be performed, e.g., the respective servers on the new host network must be found and rebinding or reconnection must take place.
4. **Reconfiguration of lower level services.** Some of the network changes are beyond the scope of the application level gateway, i.e., basic IP connectivity and configuration of basic IP services, e.g., Naming Service (DNS).

Furthermore we want to achieve two additional purposes:

– Our solution aims at the reuse of most client applications and their server counterparts without any implementation changes. The client applications are configured once to use the application level gateway on the local host as a proxy server and talk to it with their respective protocol. Reuse of legacy server implementations and even existing proxy applications can be obtained by another mechanism we will describe further down (see Sect. 3.2).
– We want to enable value added service implementations in some cases, like making a service fault tolerant or making a service and its usage more secure in terms of authentication, encryption, privacy protection or non-repudiation. In our example (see Sect. 4) we outline such a value added service implementation.

3.1 The Jini-based Approach

Fortunately, with Jini we have a valuable technology to solve these problems. Figure 2 shows the basic architecture of the gateway and how it provides access to the services of the host network to local client applications. For simplicity we assume that all service implementations are Jini-enabled, i.e., they are registered with the Jini Lookup Service and provide a proxy to plug them into the gateway.

1. **Bootstrapping and trading.** If the mobile device enters a network it uses the Jini bootstrapping mechanism to find a suitable LUS and then uses the Jini trading facility to obtain appropriate services.

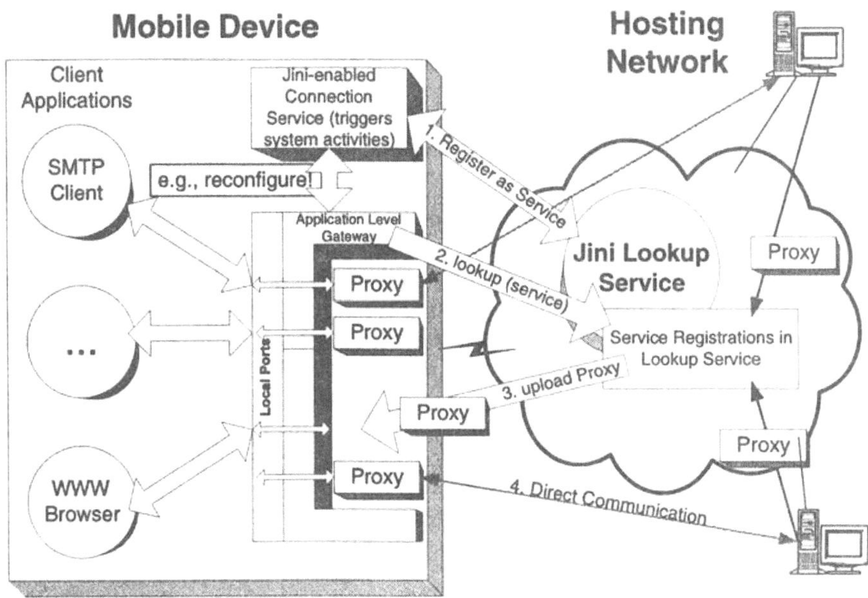

Fig. 2. Architectural overview of the gateway components

2. **Binding of services and bridging of data.** The respective proxies are loaded into the application level gateway and the client applications are able to use them. If the client application and the current service use the same protocol, the proxy functionality is reduced to forwarding of data which arrives at the local port to the host and port of the service. If they use different protocols the proxy must play the role of a protocol converter. Within the gateway the proxy can be plugged in in two different ways. If simple forwarding is desirable, the gateway simply hands over the data to a streaming interface of the proxy and accordingly expects the streaming interface to return data which are sent back by the real server. If protocol conversion is necessary, a programmatic interface of the proxy with certain operations due to the semantics of the provided service is used.

3. **Change Detection.** The Jini lease mechanism is used to immediately detect a locality change due to the fact that the user may spontaneously leave the network. Part of the gateway architecture is a connection service responsible for the detection of locality changes. It requests leases with a short duration, e.g., one minute, from the LUS. This requires regular short term renewal of the lease, i.e., some sort of a heartbeat. If the connection service fails to renew the lease, it may try to find another LUS. If this also goes wrong it is very likely that the device has left the host network and the connection service informs the application level gateway about this event. This information can be forwarded to currently plugged in proxies, which may take advantage of

it. Additionally it starts to periodically check for new Jini connectivity with the help of lower level services such as DHCP (see below) and also forwards this event to the application level gateway as soon as it has found a new LUS.

4. **Network Reconfiguration.** To obtain basic network connectivity, usually native services of the underlying operating system must be used. In the area of mobile devices DHCP (Dynamic Host Configuration Protocol) is often used to get an IP address and other bootstrap parameters from the network but such configuration is normally only performed at boot time. Since we can easily detect loss of network connectivity by the connection service, it periodically triggers the DHCP client application to check for new IP connectivity and reconfiguration of low level parameters, e.g., IP gateways, net-masks, naming services etc. If the connection service gets a positive return from the DHCP facility about a successful rebinding on the network level, it can go on to re-establish Jini connectivity as outlined above.

3.2   Legacy integration and enhanced features

If we want to reuse server implementations, it does not make sense to encapsulate each server within a Java/Jini proxy on its own. Moreover we provide a generic proxy which implements the streaming interface and is only parameterized with the actual values, i.e., host name and port of the real service. However, these proxies must be registered with the Jini Lookup Service. Since proper parameterization is necessary we have left this task to an extended version of our SCOT configuration repository [2], which is used to maintain service location within a network. It could easily be replaced by another mechanism, ranging from a simple service using file based configuration information up to an arbitrary complex service using relational databases or other repositories.

For some services we can reuse existing application level gateways, e.g., from firewall toolkits like DeleGate [7], classical daemons like the lpd printer spooler or standard WWW proxy servers like squid[1] [16]. This possibility is enabled by the application level gateway in terms of rewriting the respective configuration files and databases and restarting the application level gateways. Jini is only used to obtain the appropriate parameters from the host network.

4   Example
– An Authenticating SMTP Service for Mobile Users

To illustrate the idea of a Jini-based application level gateway consider a mobile user who usually writes her mail off-line and in case she joins a host network, e.g., in a hotel, at a customer, or her bureau, she wants to have her mail delivered

---

[1] It is obvious that laptops running standard open operating systems like Linux which incorporate such gateways in standard distributions are much easier to integrate into the future open networks than devices using proprietary operating systems.

immediately to the Internet via the host network. This assumes that the mobile user has some trust into the host network infrastructure, otherwise she would refuse sending mail from a network until she joins a trusted network again.

For various reasons such as mail spamming, mail relaying, and billing for the transmission the host network itself is likely to not allow anonymous sending of mail from arbitrary mobile users that have joined the network. This is a major difference to current practice in companies, universities, and other institutions where the machines connected to the network are mostly under control of some system administrator who is responsible for proper setup of the machines. Users authenticate to the system at login time and are afterwards "known" to the system. A mobile device, though, must first be considered to be not trustworthy since it is unknown who is the responsible principal for that device.

Though the details of such authentication schemes for mobile users are topics of current research, we can for the sake of simplicity assume that a mobile user authenticates himself with a certificate that is publicly known or signed by some authority of the host network that grants access to the services offered. For example, a hotel might sign certificates of all the guests that check-in at the reception. These certificates can be considered as "tickets" for using services, or might itself issue certificates, e.g., in the form of smart-cards.

Institutions that provide a public SMTP (Simple Mail Transfer Protocol [14]) service will probably introduce another authentication scheme for mobile users that are about to use the SMTP service. Surely, each institution is free to offer enhanced services such as an *authenticating* SMTP (ASMTP) service that extends the SMTP protocol with some form of authentication. As an additional requirement we are interested in providing a solution that enables to reuse existing components such as mail user agents (MUA) and mail transfer agents (MTA) to offer a smooth migration path into a future world of Jini-based services.

The general architecture of the ASMTP infrastructure is shown in Fig. 3. The client sends an e-mail to the application level gateway listening on the standard SMTP port. After the appropriate Jini mail-proxy has been downloaded, the ASMTP proxy uses the security API to digitally sign the mail before transmission. The digitally signed mail is then transferred together with the client's certificate to the ASMTP service.

The ASMTP server checks the digital signature with the client's certificate and additionally checks, by using some authorization database, whether the client is allowed to use the ASMTP service. After authorization was successful, the mail is handed over to the standard legacy SMTP service which then routes the mail into the Internet.

One advantage of our approach is that on both ends we can simply reuse existing applications such as the mail user agent on the client side and the SMTP service on the server side. We basically introduce another intermediate layer based on Jini that manages dynamic trading and implements additional features such as authenticated communication.

Another advantage is that we explicitly make use of the code shipping features of Java. The computation of the signature is initiated by the ASMTP proxy

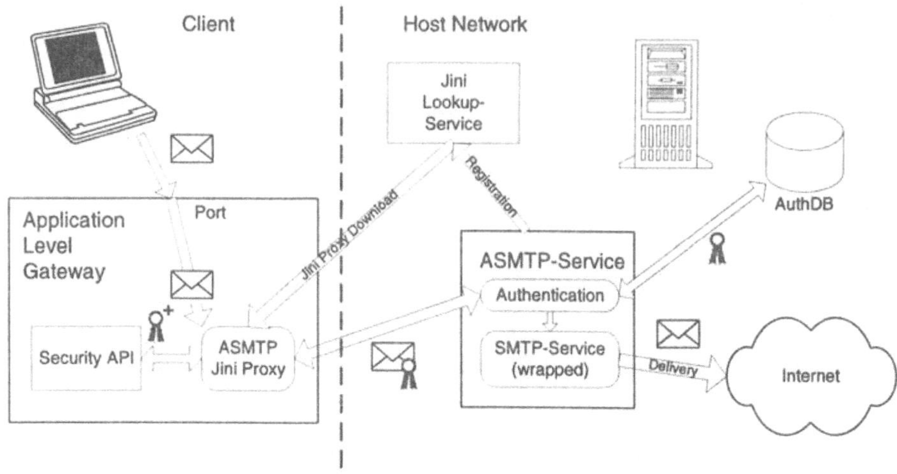

Fig. 3. Architecture for a Jini-based authenticating SMTP service

object but occurs entirely in the "trusted" environment of the client – seen from the client's perspective. Though the details of what degree of security can be achieved is beyond the scope of this paper, new interesting applications of proxy activities on the client side might arise.

5 Related Work

Recently, some new technologies were emerging aiming at the flexible and transparent integration of mobile devices and consumer appliances into different networked scenarios. Besides Jini there is ongoing work in the field of application level integration such like Ninja [11], or Millenium [15] but also in the field of network technologies, like Bluetooth [3], powerline networking [5, 9], or HAVi [4], for instance. Being in their infancy, we believe there are several migration steps in between – like ours – from todays configuration scheme to a fully automated integration promised by some of the technologies mentioned.

There are different approaches for service trading which could be used in general. We will briefly discuss selected examples:

- **Service Location Protocol**
  SLP [21] is a protocol which aims at the location of arbitrary services within an IP network. Its bootstrapping and trading facilities can be compared to Jini but it only provides information in the form of name-value lists instead of objects. In contrast to Jini, SLP can even be used in the absence of a central service registry.
- **Secure Directory Service (SDS)**
  SDS [6] is part of the ICEBERG project [8] located at the University of

Berkeley. Similar to the Lookup Service we use as part of Jini, the SDS acts as a distributed and fault tolerant repository for service announcements. XML is used for describing service properties and the matching of services in a SDS lookup call.

- **Universal Plug and Play (UPnP)**
UPnP [20] is a recently announced service trading infrastructure built on top of HTTP-based multicast-protocols. Services register their URL with a central Simple Service Discovery Server together with an IETF-standardized type description. Clients query this server to obtain URLs of the desired type. Similarly to SLP, UPnP defines means for service trading without a central registry.

- **CORBA Trading Object Service**
The CORBA Trading Object Service specified by the OMG [12] allows to register and find particular CORBA objects by specifying an arbitrary set of properties, such as type, name, location, costs etc. Compared to Jini, matching of properties is not restricted to exact and static values but allows for value ranges and dynamic property changes. A special language is defined for the specification of requests. Additionally a distributed implementation of the trading service is possible, which currently is not in the main scope of Jini. This CORBA service seems to be a more powerful mechanism than the Jini Lookup Service, especially with regard to scalability. However, in contrast to Jini, CORBA lacks a convenient or even portable bootstrapping mechanism, i.e., it is hard to obtain an initial reference of anything at all when a client enters an unknown network.

6 Conclusion and Future Work

We have shown that Jini is a valuable technology for the integration of mobile devices into arbitrary host networks, at least for stateless services or services which do not depend on long term network connections such as telnet or ftp. With our application level gateway it is not only possible to unburden the user of a mobile device from the awkward and error-prone reconfiguration of client applications, but also to allow for value added extension of certain services. A main advantage of our solution is to reuse both client and service implementations and to enable a seamless migration to future distributed infrastructures.

In the future we are planning to define a standard API for secure services, e.g., by using upcoming smartcard technologies like the Java Card API [10] for authentication purposes. Currently we have a focus on the transparent integration of a mobile device into its host network. To gain location-awareness it is possible to extend the connection service, e.g., in order to take full advantage of available services or contents. The big picture is an open network infrastructure integrating legacy devices and services (see [1]) as well as future component-oriented distributed applications. We believe that Jini is a well-suited enabling technology for our vision.

Acknowledgements

We would like to thank Friedemann Mattern for discussing an early draft of this paper.

References

[1] Gerd Aschemann, Svetlana Domnitcheva, Peer Hasselmeyer, Roger Kehr, and Andreas Zeidler. A Framework for the Integration of Legacy Devices into a Jini Management Federation. In *Proceedings of Tenth IFIP/IEEE International Workshop on Distributed Systems: Operations and Management (DSOM'99)*, October 1999.

[2] Gerd Aschemann and Roger Kehr. Towards a Requirements-based Information Model for Configuration Management. In *Proceedings of 4th International Conference on Configurable Distributed Systems (ICCDS'98)*, pages 181–189. IEEE Computer Society Press, May 1998.

[3] Bluetooth Consortium. The Bluetooth Project. http://www.bluetooth.com/, 1999.

[4] HAVi Consortium. *The HAVi Specification: Specification of the Home Audio/Video Interoperability Architecture Version 1.0 beta*, November 1998.

[5] Nor.Web Consortium. Nor.web's digital powerline solution. http://www.nor.webdpl.com/, 1999.

[6] Steven Czerwinski, Ben Y. Zhao, Todd Hodes, Anthony Joseph, and Randy Katz. An Architecture for a Secure Service Discovery Service. In *Fifth Annual International Conference on Mobile Computing and Networks (MobiCom'99)*, Seattle, WA, August 1999. Draft version, accepted for publication.

[7] DeleGate Home Page. http://www.delegate.org/.

[8] ICEBERG Project Home Page. http://iceberg.cs.berkeley.edu/.

[9] Siemens Inc. Powerline Communication. http://www.siemens.de/, 1999.

[10] Java Card Technology. http://java.sun.com/products/javacard/.

[11] Ninja Project Home Page. http://ninja.cs.berkeley.edu/.

[12] OMG. *CORBA Object Trader Service*, December 1997. Available at http://www.omg.org/.

[13] Charles E. Perkins. Mobile networking in the internet. *Mobile Networks and Applications*, 3(4):319–334, 1998.

[14] J. Postel. Simple Mail Transfer Protocol. Internet RFC 821, August 1982.

[15] Microsoft Research. The Millenium Research Project. http://research.microsoft.com/sn/Millenium/, 1998.

[16] Squid Internet Object Cache. http://squid.nlanr.net/Squid/.

[17] Sun Microsystems Inc. *Jini Architecure Specification – Revision 1.0*, January 1999.

[18] Sun Microsystems Inc. *Jini Discovery and Join Specification – Revision 1.0*, January 1999.

[19] Sun Microsystems Inc. *Jini Lookup Service Specification – Revision 1.0*, January 1999.

[20] Universal Plug and Play Homepage. http://www.upnp.org/, 1999.

[21] J. Veizades, E. Guttman, C. Perkins, and S. Kaplan. Service Location Protocol (SLP). Internet RFC 2165, June 1997.

Jini – ein guter Geist für die Gebäudesystemtechnik

Wolfgang Kastner[1], Christopher Krügel[1] und Heinrich Reiter[2]

[1] Technische Universität Wien, Institut für Rechnergestützte Automation
Treitlstraße 1, A-1040 Wien, Österreich
`{k,chris}@auto.tuwien.ac.at`
[2] European Installation Bus Association (EIBA)
Avenue de la Tanche/Tinklaan 5, B-1160 Brüssel, Belgien
`hreiter@eiba.com`

Zusammenfassung Die Anforderungen an die Elektroinstallation in Gebäuden und Wohnhäusern ist in den letzten Jahren dramatisch gestiegen. Da konventionelle Elektroinstallationen diesen Ansprüchen nicht mehr ausreichend gerecht werden können, wird der Ruf nach modernen, busfähigen Varianten immer vehementer. Eine dieser Varianten ist der Europäische Installationsbus (EIB). Welche vielfältigen neuen Möglichkeiten der Gebäudesystemtechnik und -automation offen stehen, wenn dieses Feldbussystem Jini-fähig gemacht wird (frei nach dem Motto: *The Network is the Device!*) und wie eine solche Integration funktionieren kann, soll dieser Artikel zeigen.

1 Einleitung

Der Begriff Jini [1] – ob Eigenname oder als Abkürzung für *Java Intelligent Network Infrastructure*, darüber sind sich selbst die Entwickler noch nicht einig – beginnt langsam aber sicher in der mittlerweile sehr großen Java Gemeinde Gestalt anzunehmen. Diskussionen und vereinzelte Fachbeiträge enden allerdings zumeist noch mit jener Zukunftsvision, in der Jini-fähige Drucker die Möglichkeit besitzen, sich, sobald sie an ein Netzwerk angeschlossen wurden, automatisch in einen bestehenden Rechnerverbund integrieren und sodann beginnen, anderen (Jini-fähigen) Komponenten ihre angebotenen Dienste anzubieten. Jini ist aber ein bei weitem mächtigerer Mechanismus, der über reine Druckerkonfiguration hinausgeht. Im Rahmen dieses Artikels soll gezeigt werden, daß in Jini ein in der Gebäudesystemtechnik und -automation lang ersehnter Mechanismus zu finden ist, der es ermöglichen könnte, unabhängige Gewerke zu vereinigen und bei weitem größere Zukunftsvisionen schon bald Wirklichkeit werden zu lassen.

Wir wollen daher zu Beginn dieser Arbeit einen kurzen Einblick in die Jini Technologie geben. Danach werden die vielfältigen Einsatzgebiete, die der Gebäudesystemtechnik und -automation offen stehen, diskutiert, zugleich wird gezeigt, daß es einer neuen Technologie bedarf, die es schafft, alle Bereiche auf einfache Art und Weise zu einem gemeinsam wirkenden Verbund zusammenzuschließen. Um diese Vermutung zu untermauern, greifen wir den Anwendungsbereich der Elektroinstallationen heraus und stellen ein Bussystem vor, dem in

Zukunft die größten Chancen eingeräumt werden, sich marktführend zu behaupten. Gezeigt werden soll, wie dieses Feldbussystem Jini-fähig gemacht werden kann und welche noch größeren Chancen sich für alle Jini-fähigen Geräte ergeben. Abschließend geben wir einen kurzen Ausblick, welche Ziele wir unter Zuhilfenahme von Jini weiterverfolgen werden.

2 Jini

Bei Jini, einem von Sun Microsystems entwickelten Produkt, handelt es sich um ein verteiltes System, das die Aufgabe hat, Leistungen und Ressourcen eines Netzwerks dem Benutzer einfacher als bisher zugänglich zu machen. Die Vorteile eines Netzwerks liegen im sogenannten *Resource Sharing* und der Möglichkeit von Benutzern, nichtlokale Daten und Dienste (*services*) von verschiedenen Punkten aus nützen zu können. Bei traditionellen Netzwerken tritt immer wieder das Problem auf, wie ein Dienstnehmer (*client*) seine gewünschten, von einem Dienstgeber (*server*) angebotenen Leistungen finden´kann. Dazu ist es meist notwendig, daß diese Verbindung manuell hergestellt und konfiguriert wird. Jini versucht, diese Einschränkung zu mildern, in dem Protokolle definiert wurden, die es dem Client ermöglichen, automatisch seine benötigten Services zu finden und augenblicklich zu verwenden. Natürlich wird es nicht immer möglich sein, daß eine Applikation vollautomatisch ein passendes Service selektiert. In diesen Fällen kann Jini jedoch eine Vorauswahl treffen und Angebote, die bestimmte Kriterien erfüllen, einem menschlichen Benutzer zur Auswahl anbieten.

Jini stellt eine Erweiterung von Java dar. Alle beteiligten Komponenten müssen eine Java Virtual Machine (JVM) bereitstellen, um am System teilzuhaben (Abbildung 1). Der Vorteil, der sich aus der Verwendung von Java als zugrundeliegendes Programmiermodell ergibt, liegt zum einen daran, daß Java das Erstellen von verläßlichen Anwendungen durch Sprachmittel unterstützt. Dazu gehört z.B. das strenge Typsystem und eine automatische *Garbage Collection*. Zum anderen wird die Entwicklung von verteilten Applikationen durch *Remote Methode Invocations* (RMI) und das dynamische Nachladen von Klassen (auch über das Netzwerk) komfortabel unterstützt.

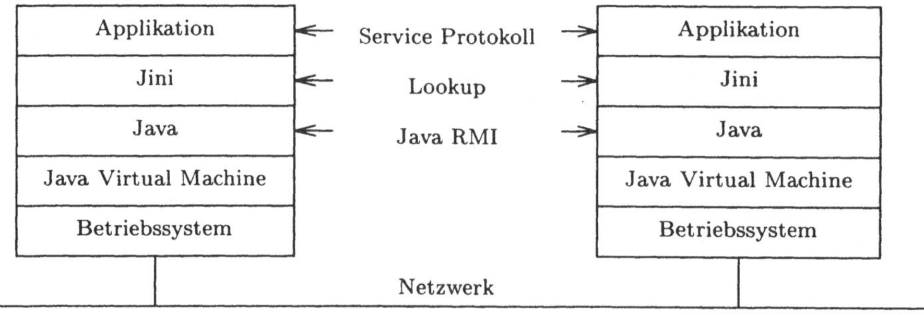

Abbildung1. Jini Modell

Jini, im sogenannten *middleware* Bereich angesiedelt, liegt als logische Schicht über den einzelnen JVMs, die über ein Netzwerk miteinander verbunden sind. Ein logischer Verband von Rechnern, auf denen Jini aufgesetzt ist, wird als *Djinn* bezeichnet. Grundsätzlich gibt es in einem solchen Verband drei unterschiedliche Klassen von Entitäten, die am Djinn teilhaben, nämlich *Services, Service User* und das sogenannte *Lookup Service*.

Ein Service ist ein abstrakter Begriff für eine Ressource, die über das Netzwerk in irgendeiner Form genutzt werden kann. Das kann z.B. spezielle Hardware (Sensoren oder Aktuatoren), Software oder auch ein Kommunikationskanal sein. Bei einem Service User handelt es sich um eine Entität, die ein (oder mehrere) Service(s) benützt. Dabei ist das Protokoll (*service protocol*) nicht fest vorgegeben, vielmehr besteht es aus einer Menge von in Java geschriebenen Schnittstellen (*interfaces*). Die tatsächliche Implementierung des Netzwerk-Protokolls und der Kommunikation zwischen Service und Service User kann vom Service selbst gewählt werden. Der dazu benötigte Code wird vom Service User dynamisch geladen. Ein Lookup Service ist letztlich jene Einheit, die zwischen einem Service und einem Service User vermittelt. Stößt ein Service neu zum Djinn, werden durch das *Discovery* Protokoll zunächst die verfügbaren Lookup Services gesucht. Danach meldet das Service seine Dienste mit den dazu passenden Attributen über das *Join* Protokoll an.

Ist nun ein Service User an einer bestimmten Leistung interessiert, so wird vorweg über das Discovery Protokoll eine Verbindung zu einem verfügbaren Lookup Service hergestellt. Daraufhin werden über das Lookup Protokoll und Suchkriterien (Attribute) die passenden Services herausgesucht. Der Service User kann die gewünschten Ressourcen nun direkt aufrufen oder durch die Angabe von weiteren Attributen und einer wiederholten Anfrage beim Lookup Service seine Auswahl verfeinern.

Zusätzlich zu dieser grundlegenden Vermittlungsfunktion, die das dynamischen Hinzufügen und Wegnehmen von Services innerhalb eines Djinns unterstützt, werden von Jini Netzwerk-Probleme wie der Ausfall einzelner Rechner und Netzabschnitte oder Sicherheitsaspekte wie das Übermitteln von Paketen über unsichere Leitungen behandelt. Die dazu verwendeten Konzepte sind *Leasing, Transactions, Security* und *Events*.

In den folgenden Abschnitten soll nun ein detaillierterer Blick auf die einzelnen Protokolle, die als Java-Klassen implementiert sind, gegeben werden.

2.1 Discovery Protokoll

Das Discovery Protokoll wird von Services und Service Usern zur Auffindung von Lookup Services verwendet. Dabei gibt es drei verschiedene Ausprägungen:

1. Multicast Request (`class net.jini.discovery.LookupDiscovery`)
2. Multicast Announcement (`class net.jini.discovery.LookupDiscovery`)
3. Unicast (`class net.jini.core.discovery.LookupLocator`)

Beim Multicast Request sendet jene Entität, die ein Lookup Service finden will, ein Multicast Paket an einen well-known Port am lokalen Netzwerk und wartet auf eintreffende Antworten von allen Lookup Services, die auf diesem Netzabschnitt lauschen und antworten dürfen. Um die Lookup Services vorweg einzuschränken, ist es möglich, eine Menge von Attributen (*groups*) anzugeben. Nur wenn diese Menge eine Übermenge der beim Multicast Request verlangten Attribute darstellt, darf ein entsprechendes Lookup Service antworten. Stößt ein neues Lookup Service zum Djinn, kommt das Multicast Announcement Protokoll zur Anwendung. Durch dieses Protokoll meldet der Neuankömmling seine Präsenz im Rechnerverbund an und erlaubt fortan allen interessierten Jini-Teilnehmern, seine Dienste zu verwenden. Da die beiden ersten Protokolle auf der Basis eines beschränkten Broadcasts funktionieren, gibt es zusätzlich die Möglichkeit einer direkten Kontaktaufnahme über das Unicast Discovery Protokoll, bei dem ein bestimmter Rechner, auf dem ein Lookup Service laufen muß, adressiert wird. Dies dient zur Überbrückung von Netzübergängen, die einen Multicast blockieren. Als Ergebnis eines Discovery Vorgangs erhält die suchende Entität ein *Proxy*-Objekt für jedes gefundene Lookup Service (`Interface net.jini.core.lookup.ServiceRegistrar`).

2.2 Join Protokoll

Das Join Protokoll wird von einem Service Provider verwendet, der sich beim Lookup Service registrieren will. Dazu wird über das Proxy-Objekt dem Lookup Service die Klasse, die das Service realisiert und die gewünschte Dauer, für die das Lookup Service die Klasse speichern soll (*Lease*) übergeben. Zusätzlich wird das Service noch mit einer Menge von Attributen versehen, die einem potentiellen Service User ein einfacheres Auffinden gewährleisten. Diese Attribute sind als Menge von Klassen gespeichert, deren Instanzvariablen die Attribute realisieren. Es handelt sich also eigentlich um eine Menge von sogenannten Entrys, die jeweils eine Menge von Attributen speichern. Ein *Entry* ist dabei eine Klasse, die das Interface `Interface net.jini.core.entry.Entry` implementiert und nur aus Instanzvariablen, die serialisierbar sind, bestehen darf.

2.3 Lookup Protokoll

Das Lookup Protokoll stellt das Gegenstück des Service Users zum Join Protokoll dar. Seine Aufgabe ist es, interessierten Jini-Teilnehmern zu ermöglichen, einen Verweis (*handle*) auf ein gewünschtes Service vom Lookup Service zu erhalten. Auch dazu werden Methoden des Proxy-Objekts (des Lookup Services) verwendet. Beim Lookup Prozeß kann die Auswahl des gewünschten Services entweder direkt über die Angabe einer, für jedes Service eindeutigen Servicenummer (`net.jini.core.lookup.ServiceID`) oder durch Attribute erfolgen. Dabei kann die Angabe der Attribute auf zwei verschiedene Arten erfolgen. Eine Variante ist das Festlegen des Types, den die gewünschte Klasse haben soll oder von dem sie abgeleitet sein muß. Die andere besteht in der Angabe von Attributen durch Entrys in der Form von Templates (`net.jini.core.lookup.ServiceTemplate`). Durch einen Matching Algorithmus werden jene Services ausgewählt, deren Attribute (Instanzvariablen der Entrys) mit denen des Templates übereinstimmen.

Bei der Beschreibung dieses Vorgangs fällt auf, daß ein Service User, um ein bestimmtes Service auswählen und verwenden zu können, zur Übersetzungszeit schon detaillierte Angaben über Methoden und Typ des Services benötigt. Da dies nicht immer möglich und gewünscht ist, muß nach Möglichkeiten gesucht werden, diese Einschränkung zu umgehen. Dazu gibt es zwei Wege. Einerseits kann das Service ein Applet anbieten, das die Kommunikation mit dem Benutzer abwickelt. Eine Einschränkung dieser Methode ist, daß ein menschlicher Benutzer über eine Benutzeroberfläche eine Auswahl treffen muß und das für eine völlig automatische Abwicklung ungeeignet ist. Dafür muß er/sie kein Vorwissen über die tatsächlichen Service Methoden besitzen. Die zweite Möglichkeit besteht in der Verwendung der *Reflection API*, die in Java implementiert ist. Dabei handelt es sich um eine Möglichkeit, zur Laufzeit Informationen über Klassen zu erhalten und Methoden aufzurufen, über die zur Übersetzungszeit nichts bekannt war. Dies würde ein automatisches Aufrufen von Services gestatten, ohne eine Benutzeroberfläche und menschliche Interaktion vorauszusetzen.

2.4 Service Protokoll

Ist die Auswahl des gewünschten Service-Objekts einmal abgeschlossen, erhält der Service User einen Handle auf das Service-Objekt. Der Aufruf erfolgt nun einfach wie ein Methodenaufruf. Intern kann dieser als RMI-Call oder über ein beliebiges, anderes Protokoll abgewickelt werden.

3 EIB-Gebäudesystemtechnik

In den letzten Jahren wurden speziell an die Elektroinstallation in Gebäuden immer höhere Anforderungen gestellt. War es früher bei weitem ausreichend, Geräte ein- und ausschalten zu können, ist es heute unumgänglich über Funktionen zum Bedienen, Steuern, Anzeigen, Überwachen und Melden zu verfügen. Auch Energie-Managementfunktionen spielen zusehends eine wichtigere Rolle. Wirtschaftlichkeit und Flexibilität sind weitere bedeutende Schlagworte.

Um die vielen verschiedenen Anwendungsgebiete (wie z.B. Beleuchtungs-, Jalousie- oder Heizungssteuerung, sowie Alarm- und Überwachungsanlagen) in den Griff zu bekommen, gab (und gibt) es "konventionelle" Insellösungen, die einen hohen Verdrahtungsaufwand mit einer Fülle von Leitungen nach sich ziehen. Zudem müssen diese Systeme einzeln installiert, konfiguriert und gewartet werden. Potentielle Nutzungsänderungen von Gebäuden erfordern klarerweise eine Neuverdrahtung und -konfiguration bestehender technischer Komponenten, die üblicherweise nur mit erheblichem Aufwand durchgeführt werden kann.

Zur Lösung dieser Problematik wurde der Europäische Installationsbus (EIB) entworfen [2]. Im Gegensatz zu den zuvor kurz diskutierten Insellösungen der herkömmlichen Elektroinstallation lassen sich mit seiner Hilfe alle betriebstechnischen Abläufe über eine, von allen Komponenten gemeinsam genutzte Leitung erfassen, schalten, steuern und überwachen.

Die Topologie des EIB ist durch eine übersichtliche, speziell für die Gebäude-systemtechnik ausgelegte Struktur gekennzeichnet, die linien-, stern oder baum-förmig ausgelegt sein kann. Die EIB-Teilnehmer sind in dieser Struktur in Linien und Bereiche geordnet. Jede Linie ist durch einen Linienkoppler von den anderen Linien getrennt. Bis zu 15 solcher Linien können zu einem Bereich zusammengefaßt werden. Bereichskoppler schließen bis zu 15 weitere Bereiche zu einem Gesamtsystem zusammen. Da eine Linie Platz für maximal 256 Geräte hat, kann ein komplett ausgebautes EIB-System somit theoretisch bis zu 57.600 Teilnehmer umfassen.

Diese Teilnehmer können nun beispielsweise dazu verwendet werden, Außen- und Innenleuchten zu schalten und zu dimmen oder Jalousien bzw. Rolladen zu bewegen. Darüber hinaus sind Heizungs- und Klimaanlagen, sowie Sicherungs- und Sicherheitsinstallationen perfekte Anwendungsgebiete. Geräte der letzten beiden Kategorien haben einerseits dafür zu sorgen, daß immer ein sicherer Systemzustand (also ein Zustand, von dem keine Gefährdung für Personen und Sachen ausgeht) vorliegt, andererseits sind sie dafür zuständig, daß Gebäude gegen unbefugtes Eindringen von Personen gesichert sind. Typische Vertreter solcher Anlagen sind Feuermelder im einen, wie Überwachungsanlagen und Zutrittskontrollen im anderen Fall.

Die Verbindung der Netzknoten erfolgt im "klassischen" EIB hauptsächlich über die (für Feldbussysteme typische) geschirmte Zweidrahtleitung. Auch andere Medien, wie Koaxialkabel, Lichtwellenleiter, Netzleitung, sowie Infrarot oder Funk sind vorgesehen bzw. bereits im Einsatz. In jedem EIB-Endgerät ist ein Microprocessor eingebaut, der für die geordnete, dezentral organisierte Kommunikation im EIB-System zuständig ist. Neben diesem Busankoppler bestehen die einzelnen Teilnehmer aus dem jeweiligen Anwendungsmodul (Sensor oder Aktuator).

Geräte können einzeln (physikalisch) oder zu Gruppen zusammengefaßt (logisch) adressiert werden. Die Zuordnung wird einfach per Programmierung (über das EIB-System) hergestellt. Veränderungen an bestehenden Systemen werden auf dieselbe Weise vorgenommen. Wird beispielsweise die Aufteilung eines Raumes (durch Einziehen einer Zwischenwand) geändert und sollen die vorhandenen Leuchten neu geschaltet werden, so ist keine Neuverkabelung notwendig. Die bestehende Installation wird ausschließlich durch die entsprechende Umprogrammierung der beteiligten Komponenten gelöst. Diese Umprogrammierung findet, wie gesagt, über das EIB-System statt.

Das Werkzeug, das für die Projektierung, Inbetriebnahme und Verwaltung der EIB-Endgeräte eingesetzt wird, heißt EIB Tool-Software (ETS). Kern der ETS bildet eine Produktdatenbank, in welcher bei der Installation eines neuen EIB-Produktes alle zum Betrieb notwendigen herstellerspezifischen Daten abgelegt werden.

Unser Projekt verfolgt nun das ehrgeizige Ziel, das EIB-System offen für andere Anwendungsbereiche zu gestalten. Darunter fallen unter anderem Gewerke der Hausautomation, die bereits mit Kommunikationsschnittstellen versehen und daher a priori für die Gebäudeleittechnik interessant sind, wie:

- der eigentliche *Haushaltsbereich* mit klassischen Haushaltsgeräten, also Maschinen wie Tiefkühltruhe, Geschirrspüler und Geräten, die "mobil" sind (Staubsauger und Bügeleisen),
- der *Unterhaltungsbereich* mit typischen Vertretern der Unterhaltungselektronik, die entweder in einigen wenigen Räumen konzentriert sind (Videorecorder, HIFI-Anlage, Spielekonsole) oder im Gebäude verteilt angetroffen werden können (portabler CD-Player),
- der *Informations- und Kommunikationsbereich* bestehend aus alteingesessenen Endgcräten (Telefon, Anrufbeantworter) und modernen informationsverarbeitenden Maschinen (Workstation, PC),
- der zusätzliche *Installationsbereich* (Gas, Wasser) mit dazugehörigen Geräten,
- der bereits zuvor angesprochene *Sicherungs- und Sicherheitsbereich*, sowie
- andere *Gewerke*, die in keine der oberen Anwendungsgebiete eingeordnet werden können (Aufzug).

Punktuell seien nun einige Fallbeispiele herausgegriffen, die sich bei einer Integration all dieser Anwendungsgebiete mit dem EIB-System ergeben könnten.

- Mit Hilfe der Fernbedienung des TV Gerätes kann die Heizung geregelt oder Rolläden gesteuert werden. Die Benutzcrführung erfolgt über das Fernsehgerät, auch Rückmeldungen der EIB-Geräte werden auf diesem ausgegeben.
- Wird das TV Gerät eingeschaltet, sollen die Leuchten im entsprechenden Zimmer gedimmt, bei Tageslicht gänzlich abgeschaltet werden.
- Sobald eine Person das Haus (oder für längere Zeit einen Teilbereich eines größeren Gebäudes) betreten hat, reagiert die Heizungssteuerung (natürlich in Abhängigkeit jener Werte, die von EIB-Wettersensoren aufgczeichnet wurden).
- Falls eine Herdplatte zu überhitzen droht, gehen alle Leuchten im Haus in kurzen Abständen an und aus, um auf die potentielle Gefahr aufmerksam zu machen. Reagiert der Hausbewohner nicht, wird nach gewisser Zeit automatisch ein Feueralarm ausgelöst.
- EIB-Bewegungsmelder schalten auf Wunsch in einem leerstehenden Haus in willkürlichen Räumen für kurze Zeit Unterhaltungselektronik-Geräte ein, um vorzutäuschen, daß sich jemand im Gebäude befindet.
- Ein Alarmtaster im Lift eines Gebäudes bewirkt ein Klingeln in jenem Appartment, in dem Personen vermutet werden, die zur Hilfe eilen können.
- Alle EIB-Funktionen, die lokal über entsprechende Bedienelemente eingestellt werden, sind auch über Internet (und somit von den entferntesten Orten) von autorisierten Personen steuerbar.
- usw.

Wünschenswert wäre nun, daß sich EIB-Komponenten, sobald sie an das Bussystem angeschlossen wurden, automatisch initialisieren, Jini-fähige Geräte suchen und im Bedarfsfall eine Verbindung zu ihnen öffnen, bzw. umgekehrt Geräte des Djinns via Jini Zugriff auf EIB-Komponenten erlangen können. Wie das vor sich gehen kann, zeigt das anschließende Kapitel.

4 Jini und EIB

Wir wollen nun eine Systemarchitektur vorstellen, die es ermöglicht, ein EIB-System Jini-fähig zu gestalten. Unser Ziel ist, beide Systeme so zu vereinigen, daß sie problemlos nebeneinander koexistieren und bei Bedarf die Services des jeweiligen anderen Systems nutzen können. Für den Benutzer soll der Eindruck entstehen, er hätte es mit einem homogenen Angebot an Diensten zu tun. Geräte, die Jini unterstützen, können Sensoren des EIB verwenden und EIB-Aktuatoren beeinflussen, EIB-Komponenten wiederum sollen bei Bedarf von allen Services, die im Djinn verfügbar sind, profitieren. Die grundsätzliche Idee besteht darin, daß Teile des EIB, die logisch zu einer Gruppe zusammengefaßt sind (z.B. Beleuchtung, Jalousien), über einen Group-Manager (GM) gesteuert werden. Dieser Group-Manager macht speziell jene Leistungen, für die er ausgelegt worden ist, über Jini verfügbar. Jeder Group-Manager besteht aus drei Teilen:

1. Djinn-Kommunikationsmodul,
2. EIB-Kommunikationsmodul und
3. Jini-Kontrollmodul.

Das Kommunikationsmodul zum Djinn dient dazu, die eigenen Services am Lookup Service zu registrieren und gewünschte Dienste zu suchen beziehungsweise diese aufzurufen. Das Kommunikationsmodul zum EIB übernimmt die Kontrolle der Feldbus-Logik (Abfragen von Sensoren, Steuerung von Aktuatoren). Nach der Installation einer (oder mehrerer) neuer EIB Komponenten im EIB-System übernimmt eine Steuerlogik (Jini-Kontrollmodul) die Aufgabe, die neuen Geräte über ihr EIB-Kommunikationsmodul zu konfigurieren und eine Anmeldung am Djinn über die Jini-Schnittstelle abzuwickeln. Die Steuerlogik wird in der ersten Ausbaustufe als eigenständiges Modul entwickelt, das unter anderem auch Zugriff auf die EIB-Produkt- und Projektdatenbank hat bzw. aktuelle Produktdaten auch aus dem Internet abfragen kann. In weiterer Folge ist eine Integration in die ETS-Software (z.B. als Plugin) vorstellbar und vorteilhaft.

Im laufenden Betrieb werden danach alle kommenden Anfragen aus dem Djinn via Jini-Kontrollmodul in Steuerbefehle für den EIB umgelegt; vom EIB kommende Anforderungen werden durch das jeweilige Steuermodul als Service Calls im Djinn durchgeführt. Da EIB-Anfragen über den Djinn abgewickelt werden, ist es auch denkbar, daß ein Group-Manager die Services eines anderen verwendet und damit die Konfiguration (ggf. auch die Kommunikation) von Devices am selben Bus oder über EIB-Busgrenzen hinweg transparent in Jini Service Aufrufe umgewandelt werden. Man beachte: auf diese Weise können EIB-Geräte unterschiedlicher Technologie miteinander in Kontakt treten, sodaß Group-Manager auch als kostengünstiges EIB-Gateway (z.B. Twisted Pair to Powernet) agieren.

Ein EIB/Jini-Manager besteht nun aus einer Reihe von Group-Managern (Abbildung 2). Da letztere modular aufgebaut sind und voneinander unabhängig agieren, ist es nicht weiter schwierig, neue EIB-Geräte (oder aber, wenn sich neue Anwendungsgruppen in einem bestehenden EIB-System herauskristallisieren, diese Bereiche) in einem eigenen Group-Manager zusammenzufassen, der dynamisch in das System eingebunden werden kann.

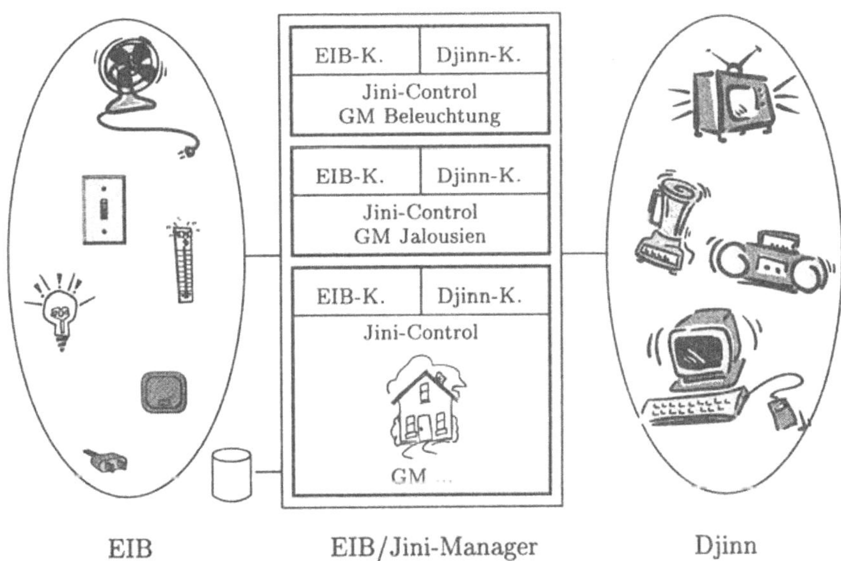

Abbildung2. EIB im Jini-Verbund

Das Hinzufügen einer neuen EIB Komponente in den Djinn läuft somit in zwei Schritten ab.

1. Physikalische Geräte-Installation im EIB-System
2. Integration des Group-Managers
   (a) EIB-Kommunikationsmodul übernimmt weitere Konfiguration im EIB
   (b) Djinn-Kommunikationsmodul meldet sich am Lookup Service an

Ein wichtiger Punkt ist die Modellierung der Group-Manager als Java-Klasse und die Definition einer geeigneten Klassenhierarchie. Da die unterschiedlichsten Hersteller und Geräte die Services eines Group-Managers nutzen wollen und zugleich Jini Services am effizientesten durch Angabe des gewünschten Typs gefunden werden, muß für den EIB (und auch andere Feldbussysteme der Gebäudeleittechnik) eine einheitliche Schnittstelle definiert werden.

Das aktuelle Konzept sieht vor, jede Gruppe von EIB-Services durch eine Basisklasse zu repräsentieren, von der wiederum Subklassen abgeleitet werden, die Sonderfunktionen bieten. Alle Klassen stammen von einer gemeinsamen, abstrakten Superklasse ab, die Basisfunktionen vorsieht. Bei diesen Methoden könnte es sich um eine textuelle Beschreibung der Komponente handeln (Hersteller, Aufstellungsort, Funktionalität), um ein Applet, das Statusinformationen anzeigt und um ein weiteres Applet, das eine manuelle Konfiguration des

EIB-Gerätes vorsieht. Dadurch ist auch eine Fernwartung gewährleistet. Diese
abstrakte Superklasse könnte folgendes Aussehen haben:

```
public interface eib_device {
  public String get_info();
  public Applet monitor_status();
  public Applet do_maintenance();
}
```

In einer abgeleiteten Klasse (z.B. einer Klasse, welche die Beleuchtung eines
Gebäudes zugänglich macht), müssen diese Services implementiert sein, zugleich
kann diese neue Klasse um spezifische Dienste erweitert werden:

```
public class lighting implements eib_device {
  ...                         // Implementierung Methoden der Superkl.
  public light_on(ID id);   // neues Service: Licht an
  public light_off(ID id);  // neues Service: Licht aus
  public set_lux(ID id);     // neues Service: Einstellen Helligkeit
}
```

5 Zusammenfassung

Jini ist – ohne Zweifel – ein vielversprechender und zukunftsträchtiger Mechanismus, der es gestattet, unterschiedliche Geräte einfach und elegant zu flexiblen
Föderationen zusammenzuschließen. Dieser Verbund findet automatisch und für
den Benutzer transparent statt. Voraussetzung dafür ist allerdings, daß alle beteiligten Komponenten Java-basierend ausgeführt sind.

Im speziellen Anwendungsfall der Gebäudesystemtechnik ist es unserer An-
sicht nach nicht notwendig (und auch gar nicht sinnvoll) jedes einzelne Gerät
Jini-fähig zu gestalten. Vielmehr bedarf es steuernder Instanzen, die auf das
zugrundeliegende Feldbussystem zugreifen und ganze Gerätegruppen dem Djinn
zugänglich machen. Somit ist es möglich, vorhandene Netzstrukturen beizubehal-
ten, deren Vorteile auszunutzen und gleichzeitig für größere Anwendungsbereiche
zu öffnen.

Das vorgestellte (allgemeingültige) aktuelle Konzept soll nun von reiner Theo-
rie in die Praxis umgesetzt werden. Wir haben dazu den (ebenso wie Jini)
zukunftsträchtigen Europäischen Installationsbus (EIB) ausgesucht. Wir hof-
fen demnächst, EIB-Geräte in einen bestehenden Djinn integrieren zu können,
wodurch der Gebäudesystemtechnik und -automation faszinierende neue Anwendungsgebiete offen stehen sollten. Die Präsentation dieser Implementierung
bleibt zukünftigen Arbeiten vorbehalten.

Literatur

1. Sun Microsystems: *Jini^{TM} Connection Technology*. http://www.sun.com/jini/
2. European Installation Bus Assocation: *EIB Introduction*. http://www.eiba.com/

Der Einsatz von Jini für die Realisierung durchgängiger Steuerungskonzepte in verteilten eingebetteten Systemen[*]

Stephen Schmitt[1] und Wolfgang Rosenstiel[1,2]

[1] Forschungszentrum Informatik
an der Universität Karlsruhe
Haid-und-Neu-Str. 10-14
D-76131 Karlsruhe
`sschmitt@fzi.de`,
WWW home page: `http://www.fzi.de/sschmitt.html`
[2] Eberhard-Karls-Universität Tübingen
Wilhelm-Schickard-Institut für Informatik
Technische Informatik
Sand 13, D-72076 Tübingen
`rosenstiel@informatik.uni-tuebingen.de`,
WWW home page: `http://www-ti.informatik.uni-tuebingen.de/~rosen`

Zusammenfassung Mit der zunehmenden Automatisierung von Produktionsprozessen, und den damit einhergehenden komplexeren Anforderungen, haben sich auch die Architekturen der Steuerungs- und Regelungskomponenten solcher Anlagen stark verändert. Vor allem die Vernetzung dieser eingebetteten Systeme hat ein weites Einsatzfeld aufgespannt. Zusätzlich ist durch die Vernetzung auch die Fernwartung, -diagnose und -test von eingebetteten Systemen möglich geworden.
Mit der Einführung von Jini hat sich für die Vernetzung von javafähigen Geräten eine neue Dimension eröffnet. Jini soll es ermöglichen, eine hochdynamische Infrastruktur von vernetzten Objekten zu schaffen, die robust, flexibel und skalierbar gehalten werden kann. Dieser Artikel soll anhand eines einfachen Anwendungsszenarios die Verwendung von Jini für die entfernte Steuerung und Beobachtung eines eingebetteten Systems beleuchten.

1 Einleitung

Betrachtet man die Entwicklung von eingebetteten Systemen im Verlauf der letzten drei Jahrzehnte, so ist festzustellen, daß sich deren Architektur grundlegend verändert hat. In den Anfängen elektronischer Steuerungen wurden einfache Schaltkreise, die meistens aus einigen wenigen Transistoren, Widerständen und Kondensatoren aufgebaut waren, für jede Steuerungsaufgabe neu entwickelt.

---

[*] Die Arbeit wurde mit Mitteln des Bundesministeriums für Bildung und Forschung unter dem BMBF Förderkennzeichen 01 M 3035 A im Rahmen des Projektes „Anwendungsbezogener Systementwurf (ABS)" gefördert.

Daran anschließend wurde mit Hilfe von speicherprogrammierbaren Schaltungen versucht, allgemeinere Steuerungen zu entwickeln, die sich leichter an unterschiedliche Systemumgebungen anpassen ließen. Heute werden für Steuerungsaufgaben moderne Mikrocontroller eingesetzt, die oft über eine moderne 32 Bit RISC-Architektur verfügen. Darauf aufbauend kommen auch verstärkt Echtzeitbetriebssysteme zum Einsatz. Diese sollen helfen, durch einheitliche Systemschnittstellen die Portabilität der Software zu erhöhen, und damit die Kosten für die Softwareentwicklung zu senken.

Solche modernen Echtzeitbetriebssysteme verfügen auch über die Möglichkeit, über eine TCP/IP-Verbindung mit der Umgebung des eingebetteten Systems zu kommunizieren. Über diese Schnittstelle kann das eingebettete System dann an ein Intra- oder das Internet angeschlossen werden. Durch diese Option wird es möglich, von jedem beliebigen Ort der Welt aus, auf das eingebettete System zuzugreifen, wenn ein internetfähiger Browser zur Verfügung steht. Somit kann die Infrastruktur des Internet für die Fernwartung, -diagnose und -test von eingebetteten Systemen genutzt werden. Dies bringt mehrere Vorteile mit sich. Zum einen entfallen teure Reisekosten für den Fall, daß Personal für die Wartung oder zur Fehlersuche anreisen muß. Desweiteren lassen sich lange und teure Ausfallzeiten durch die Früherkennung von Fehlern vermeiden. Letztlich können durch diese ortsungebundene Form der Wartung und Bedienung auch bewegliche Systeme wie z.B. Züge oder Schiffe kontrolliert werden, ohne daß diese spezielle Servicestationen anlaufen müssen.

Innerhalb der Systemarchitektur von modernen *verteilten* eingebetteten Systemen lassen sich verschiedene Ebenen identifizieren, die sich in ihrer Leistungsfähigkeit und Aufgabenverteilung unterscheiden. Die *Führungsebene* nimmt dabei Aufgaben wie Visualisierung, Datenverwaltung oder die Archivierung von Daten wahr, und wird meistens durch PC's oder UNIX Workstations realisiert. Auf der *Steuerungsebene* werden dagegen komplexe Steuerungsalgorithmen ausgeführt, oder die Funktionalität des Gesamtsystems wird überwacht. Hier kommt dann beispielsweise ein Industrie-PC oder ein mit einem leistungsfähigen Mikrocontroller bestücktes Gerät zum Einsatz. Als unterste Ebene kann die *Sensor-* und *Aktorebene* betrachtet werden, die fest umrissene Aufgaben wie Messen, Steuern und Regeln durchführt.

In bisherigen Realisierungen solcher Systeme sind die unterschiedlichen Ebenen weitgehend voneinander abgeschottet, und nur durch proprietäre Protokolle miteinander verbunden. Dies hat negative Auswirkungen auf die Flexibilität, die Erweiterbarkeit und die Wartbarkeit des Gesamtsystems. Es müssen deshalb neue Technologien entwickelt werden, welche die unterschiedlichen Ebenen durchgängig durch ein einheitliches Steuerungskonzept miteinander verbinden, und dabei die Flexibilität und Skalierbarkeit des Gesamtsystems nicht aus den Augen verlieren. In der diesem Artikel zugrundeliegenden Arbeit wurde versucht, als Grundlage für ein solches System das Programmiermodell von Jini zu verwenden. Jini soll durch sein skalierbares und dynamisches Programmiermodell die oben angesprochenen Probleme beim Entwurf verteilter eingebetteter Systeme lösen helfen.

In Kapitel 2 werden zunächst grundlegende Architekturen moderner verteilter eingebetteter Systeme mit dem speziellen Augenmerk auf Fernsteuerung und Fernwartung diskutiert und deren Vor- und Nachteile aufgezeigt. Kapitel 3 stellt dann die Architektur und die wesentlichen Programmierparadigmen von Jini vor, bevor in Kapitel 4 die mit Hilfe von Jini entwickelte Anwendung eines über eine TCP/IP-Verbindung ansteuerbaren CAN-Netzwerkes diskutiert wird. Der Artikel schließt mit einer Zusammenfassung und einem Ausblick.

2 Moderne Architekturen eingebetteter Systeme

Wie oben bereits erwähnt, können moderne eingebettete Systeme hierarchisch aufgebaut werden. Die Funktionalität der einzelnen Hierarchiestufen unterscheidet sich dabei wesentlich. Abbildung 1 zeigt den Aufbau dieser hierarchischen Systemarchitektur.

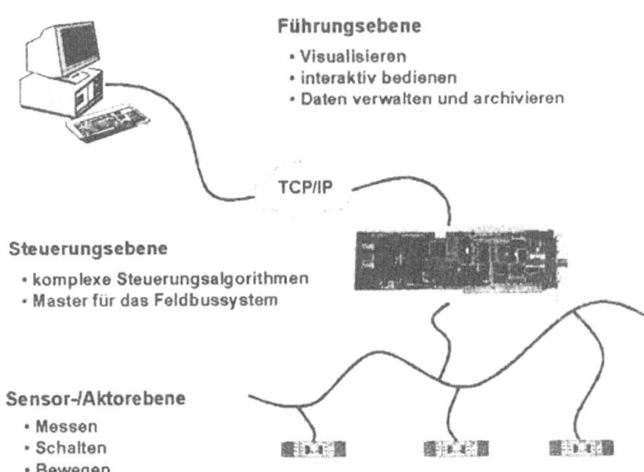

Abbildung1. Hierarchische Systemarchitektur moderner verteilter eingebetteter Systeme

Auf der untersten Ebene, der Sensor-/Aktorebene, kommen einfache Systemkomponenten zum Einsatz, die billig und robust sein müssen, da sie in sehr großer Stückzahl vorkommen, und an exponierten Stellen im System direkt am technischen Prozeß eingesetzt werden. Diese Komponenten können über Feldbussysteme miteinander vernetzt werden, und so Daten untereinander austauschen. Als Beispiel für ein Feldbussystem kann ein CAN-Bus herangezogen werden. CAN, ursprünglich für die Automobilindustrie entwickelt, wird auch in der Automatisierungstechnik mehr und mehr zu einem Standard. Viele Mikrocontroller haben inzwischen schon eine integrierte CAN-Schnittstelle auf dem Chip.

Auf der Steuerungsebene, die der Sensor- und Aktorebene übergeordnet werden kann, müssen komplexere Systemfunktionen ausgeführt werden können. Hier müssen dann auch leistungsfähigere Mikrocontroller eingesetzt werden. Auf dieser Ebene hält der PC in seiner Industrieform als Steuerzentrale Einzug, und wird mit dem Feldbussystem über eine spezielle Schnittstelle verbunden. Im Falle von CAN kann dies beispielsweise über eine PC-ISA basierte Einsteckkarte erfolgen. Auf diesen Rechnern kommen dann auch verstärkt Echtzeitbetriebssysteme zum Einsatz, die über eine TCP/IP-Schnittstelle verfügen.

Durch die zunehmende Verfügbarkeit der Ethernet-Technologie und TCP/IP auf der Steuerungsebene, läßt sich die Führungsebene, als nächsthöhere Systemebene, anbinden. Die Führungsebene ist für die Visualisierung, die interaktive Bedienung und die Datenverwaltung zuständig. Hier können die Grenzen zwischen der Führungsebene und der Steuerungsebene allerdings verschwimmen.

Ein Beispiel einer solchen Architektur ist das CLASS-System von Itschner, Pommerell und Rutishauser [1]. Systemdaten werden hier von Objekten, die die einzelnen Sensoren und Aktoren des Systems repräsentieren, in einer Datenbank abgelegt, die sich auf dem Rechner der Steuerungsebene befindet. Auf diesem Rechner kommt ein Server zum Einsatz, der diese Daten dann auf Anfrage an einen Klienten weiterreicht, der typischerweise als Browser auf einem entfernten Rechner realisiert ist. Das CLASS-System wurde ausschließlich für die Datenerfassung in eingebetteten Systemen entwickelt und kann deshalb nicht steuernd in einen Prozeß eingreifen. Auch sind die Daten nur bedingt aktuell, da sie zunächst in einer Datenbank abgelegt, und dann erst abgerufen werden können.

Ein internet-basiertes System, in welches über einen Browser steuernd eingegriffen werden kann, ist die Applikation von Hergenhan, Weiler, Weiß und Rosenstiel [2]. Hier kommt ein HTTP-Server auf dem eingebetteten System zum Einsatz, von dem ein Applet heruntergeladen werden kann. Über dieses Applet kann dann ein Hochregallager ferngesteuert bedient werden. Die Kommunikation wird durch den Austausch spezieller Signale zwischen dem Applet und einem Server auf dem eingebetteten System realisiert. Auf Führungsebene ist dann eine Workstation mit einem internetfähigen Browser angesiedelt. Diese ist über eine TCP/IP-Verbindung mit einem eigenentwickelten Board verbunden, welches die Steuerungsebene repräsentiert. Das Board steht dann über ein Aktuator-Sensor-Interface [3] mit der Sensor-/Aktorebene in Verbindung.

In beiden Systeme wird die Programmiersprache Java für die Realisierung der graphischen Benutzeroberfläche und für die Kommunikation zwischen dem entfernten Rechner und dem eingebetteten System verwendet. Die Programmiersprache Java eignet sich für diese Aufgaben besonders gut, da sie über umfangreiche Standardbibliotheken, unter anderem in den Bereichen Grafik und Netzwerktechnologie, verfügt.

Mit Jini, einer neuen Systemarchitektur für hochdynamische, vernetzte Systeme, gewinnt die Programmiersprache Java im Bereich eingebetteter Systeme noch mehr an Bedeutung. Deshalb wurde untersucht, in wieweit sich die oben angesprochenen Systeme mit Hilfe von Jini implementieren lassen. Ziel war es, die entfernte Überwachung eines auf CAN basierenden Sensor-/Aktornetzwerkes zu realisieren. Im folgenden Kapitel werden zunächst einige grundlegende Architekturmerkmale von Jini vorgestellt, bevor in Kapitel 4 die daraus resultierende

Systemarchitektur beschrieben wird. Damit ist es möglich, mit Hilfe der Programmiersprache Java ein durchgängiges, flexibles und skalierbares System zu entwickeln.

3 Jini-Grundlagen

Ende Januar hat Sun Microsystems mit der Version 1.0 von Jini [4] eine erste Implementierung eines einfachen Jini-Systems im Rahmen der Java Developer Connection [5] interessierten Entwicklern zur Verfügung gestellt. Mit Hilfe von Jini soll eine gemeinsame Benutzung von Systemkomponenten für Anwender und Geräte in einem globalen Netz stark vereinfacht werden, und mühsame Netzwerkkonfigurationsarbeiten der Vergangenheit angehören. An dieser Stelle wird oft ein Vergleich mit der Telekommunikationstechnik gezogen. Detailkenntnisse über die zugrundeliegende Technologie sind hier nicht notwendig, um als Endverbraucher am weltweiten Telefonnetz teilhaben zu können. Einstecken des Telefons in eine dafür vorgesehene Steckdose genügt hier.

Ein Jini-System kann im wesentlichen aus drei Sichten betrachtet werden, deren Grenzen allerdings verschwimmen. Jini besteht zunächst einmal aus sogenannten *Infrastrukturkomponenten* für die Zusammenführung von einzelnen Teilnehmern eines Jini-Netzes. Ohne diese Infrastrukturkomponenten ist ein Jini-Netzwerk nicht lauffähig. Eine solche Infrastrukturkomponente stellt beispielsweise der *Lookup Service* dar, der zum Auffinden von *Diensten* im Netz verwendet wird. Dienste sind die zweite Sicht, aus denen man ein Jini-System betrachten kann. Ein Dienst kann von einer Festplatte, über einen Drucker, bis hin zu einem elektronischen Wörterbuch alles sein. Genau genommen ist auch der *Lookup Service* ein Dienst, der anderen Teilnehmern das Mitwirken an einem Jini-Verbund ermöglicht. Die dritte Sicht wird durch das *Programmiermodell* von Jini gebildet. Dienste werden dabei durch *Java-Interfaces* repräsentiert. Ein Klient sieht dabei nur die Schnittstelle eines Dienstes und weiß nichts über die zugrundeliegende Implementierung.

Abbildung 2 zeigt prinzipiell ein einfaches Szenario einer Jini-Anwendung. In einem ersten Schritt meldet sich der Dienst bei einem *Lookup Service* an. Der *Lookup Service* kann dabei entweder über das *Unicast* oder *Multicast Discovery Protocol* aufgefunden werden (*Discovery*). Nachdem der *Lookup Service* aufgefunden wurde, überträgt der Dienst in der *Join*-Phase einen Proxy zum *Lookup Service* (1). Der Proxy dient dann später dem Rechner des Klienten als Stellvertreter für den Dienst. Ein Klient identifiziert wiederum über eine Anfrage an den *Lookup Service* einen für ihn in Frage kommenden Dienst (2), und lädt sich dessen Proxy herunter (3). Die Kommunikation zwischen Klient und Dienst wird dann über diesen Proxy abgewickelt (4).

Da sich hinter einem Dienst unterschiedliche Anwendungen verbergen können, sind auch unterschiedliche Formen von Proxies möglich. Ein Festplattengerät könnte zum Beispiel einen proprietären Treiber zum Klienten senden, und mit diesem über ein proprietäres Protokoll kommunizieren. Ein elektronisches Wörter-

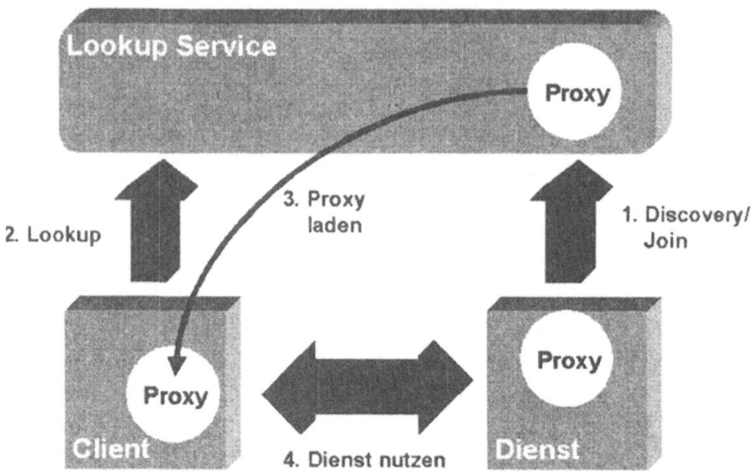

Abbildung2. *Lookup*, *Discovery* und *Join* innerhalb einer Jini-Anwendung

buch würde dagegen nicht seine gesamte Datenbank übertragen, sondern nur ein einfaches GUI als Proxy zur Verfügung stellen.

Zu den Infrastrukturkomponenten zählen auch verteilte Ereignisse. Diese besitzen zusätzlich zu ihrer Ereignisnummer eine Sequenznummer, über die ein Klient die Reihenfolge auflösen kann, in der ein bestimmter Ereignistyp aufgetreten ist. Im nächsten Kapitel wird aufgezeigt, wie mit Hilfe von Proxies und verteilten Ereignissen eine einfache Steuerung und Überwachung eines CAN-Netzes über eine Ethernet-Verbindung realisiert werden kann.

4 Jini-Ansteuerung von CAN-Netzwerken

4.1 Zugrundeliegende Systemarchitektur

Für die Anbindung eines Jini-Systems an ein CAN-Netzwerk wurde eine Systemarchitektur gewählt, wie sie in Kapitel 2 vorgestellt wurde. Abbildung 3 zeigt schematisch den Aufbau der Implementierung.

Für die Führungsebene können sowohl PC-basierte, als auch UNIX-basierte Lösungen verwendet werden, da die Benutzerschnittstelle komplett in Java implementiert wurde. Der dort verwendete Rechner wird dann über TCP/IP mit einem PC verbunden, der die Steuerungsebene repräsentiert. Für die CAN-Schnittstelle dieses PC's wird eine ISA-Einsteckkarte verwendet, die die Verbindung zu drei Boards der Sensor-/Aktorebene herstellt.

Bei den Boards handelt es sich um eine Entwicklungsplattform für eingebettete Systeme, welche am Forschungszentrum Informatik entwickelt wurde. Dieses Board verfügt über einen leistungsstarken Embedded PowerPC 403 Mikrocontroller sowie mehrere E/A-Schnittstellen. Neben der für die hier beschriebenen

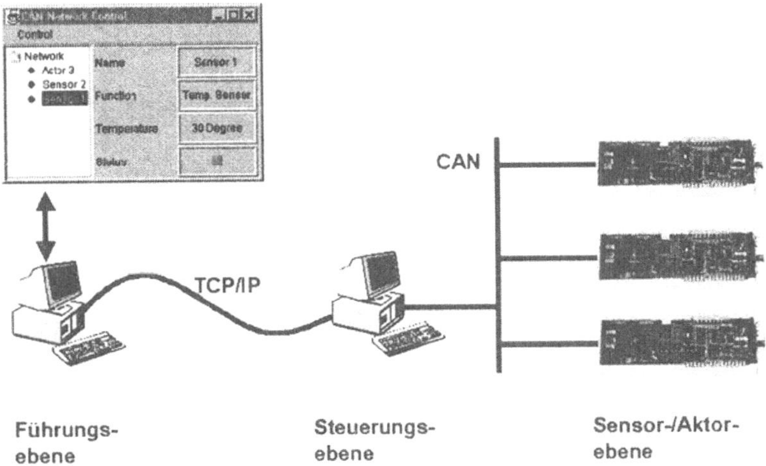

Abbildung 3. Systemarchitektur des Jini/CAN-Systems

Anwendung notwendigen CAN Schnittstelle besitzt das Board auch eine Ethernetschnittstelle. Auf dem Board steht VxWorks als Echtzeitbetriebssystem zur Verfügung. Es wird in der in Kapitel 2 beschriebenen Realisierung einer Hochregalansteuerung als Rechner der Steuerungsebene eingesetzt. Dies war in der hier entwickelten Anwendung nicht möglich, da auf dem Board keine JVM zur Verfügung stand, welche für die Verwendung von Jini unbedingt erforderlich ist.

4.2 Software-Architektur der Anwendung

Die Implementierung einer Jini-fähigen Netzwerkanwendung erfordert die Bereitstellung einer gewissen Infrastruktur. Zu diesen Infrastrukturkomponenten zählt unter anderem der *Lookup Service*. Bei ihm können sich Dienste registrieren lassen. Klienten wiederum erfragen beim *Lookup Service* mögliche zur Verfügung stehende Dienste. Für die Implementierung des *Lookup Service* wurde von Sun Microsystems eine Spezifikation herausgegeben, die von Jini-Implementierungen eingehalten werden muß. Der Version 1.0 von Jini, die Ende Januar von Sun freigegeben wurde, ist eine Beispielimplementierung eines *Lookup Service* beigefügt, die den Namen *Reggie* trägt. Reggie wurde in der hier beschriebenen Anwendung als *Lookup Service* genutzt, und kommt auf dem PC der Steuerungsebene zum Einsatz.

Ein auf dem Steuerungsrechner angesiedelter Geräteverwalter meldet die einzelnen Sensoren und Aktoren des CAN-Netzwerkes beim *Lookup Service* an. Er überwacht dazu das CAN-Netz und identifiziert neue Knoten anhand einer speziellen ID, mit der sich CAN-Knoten beim Anschluß an das Netz identifizieren. Diese ID gibt Auskunft über die Funktionalität des CAN-Knotens. Der Gerätemanager erzeugt dann für jeden identifizierten CAN-Knoten ein entsprechendes Stellvertreterobjekt, welches dann beim *Lookup Service* angemeldet wird. Die Kommunikation mit dem CAN-Knoten wird dann über dieses Stellvertreterobjekt realisiert.

Da sich die Funktionalität der einzelnen CAN-Knoten unterscheiden kann, existiert für jeden möglichen Knoten ein spezielles Objekt, welches dem Geräteverwalter bekannt sein muß. Einem solchen Objekt ist eine grafische Benutzeroberfläche, *Event Handler* und Code zugeordnet. Die grafische Benutzeroberfläche wird für die entfernte Beobachtung und Steuerung des CAN-Knotens verwendet. In Abbildung 3 ist die grafische Benutzeroberfläche eines Sensors im rechten Teil der Anwendungsoberfläche zu sehen. Das GUI eines Aktors könnte dagegen beispielsweise einen Schieberegler beinhalten, über den ein anderer Temperaturwert eingestellt werden kann.

Sowohl die grafische Benutzeroberfläche als auch zum CAN-Knoten gehörige *Event Handler* werden dem *Lookup Service* als *Entry Items* zusätzlich zum Proxyobjekt übergeben. Ein Eintrag im *Lookup Service* besteht deshalb aus dem Proxy des CAN-Knotens und Bytecode für das GUI und *Event Handler*, die auf entfernte Ereignisse reagieren können. Da die Behandlung entfernter Ereignisse innerhalb eines Jini-Systems für die entfernte Steuerung und Kontrolle von besonderer Bedeutung ist, wird dieser Punkt im nächsten Abschnitt noch gesondert behandelt.

Wird auf dem Rechner der Führungsebene die Anwendung für die entfernte Beobachtung und Steuerung eines CAN-Netzes gestartet, muß zunächst die Adresse des Rechners der Steuerungsebene, auf dem der *Lookup Service* abläuft, angegeben werden. Zum Auffinden des *Lookup Service* wurde hier das *Unicast Discovery Protocol* verwendet. Dies ist ausreichend, da einer Firma in der Regel bekannt ist, wo ihre Produkte stehen, und so die Rechnernamen bekannt sind. Grundsätzlich wäre es aber auch möglich, über das *Multicast Discovery Protocol* den *Lookup Service* zu lokalisieren. Wurde der *Lookup Service* gefunden, wird dort nach gemeldeten Sensoren und Aktoren nachgefragt.

Abbildung 3 zeigt ein Szenario, in welchem drei CAN-Knoten gefunden wurden. Diese werden auf der linken Seite der Anwendungsoberfläche angezeigt. Die grafische Oberfläche des gerade angewählten CAN-Knotens erscheint zusätzlich im rechten Teil des Fensters. Dort ist exemplarisch die Schnittstelle eines Temperatursensors dargestellt.

4.3 Behandlung verteilter Ereignisse

Der grafischen Oberfläche des Temperatursensors ist ein *Remote Event Listener* zugeordnet, der auf Temperaturänderungen am Sensor reagiert. Über ein entferntes Ereignis wird die Ausgabe der aktuellen Temperatur gesteuert. Zusätzlich läßt das entfernte Ereignis ein rotes Kästchen aufleuchten, wenn eine kritische Schwellentemperatur überschritten wurde.

Für die Implementierung verteilter Ereignisse sind mehrere Objekte notwendig. Ein *Event Generator* ist für die Erzeugung eines entfernten Ereignisses und die Benachrichtigung der entsprechenden *Remote Event Listener* zuständig, die sich bei ihm angemeldet haben. Der *Event Generator* wurde ebenfalls auf dem Rechner der Steuerungsebene implementiert, und wird vom Geräteverwalter bei der Erzeugung des Systems beim *Lookup Service* angemeldet. Für Sensoren und Aktoren können unterschiedliche *Remote Event Listener* implementiert werden, die alle die Schnittstelle `RemoteEventListener` und dessen `notify`-Methode implementieren müssen. Dieser *Remote Event Listener* wird dann zusammen mit dem Sensorobjekt und dessen GUI beim *Lookup Service* angemeldet und vom Klient abgeholt. Der Klient erzeugt dann eine Instanz des *Remote Event Listeners*, und meldet diese beim *Event Generator* an. Eine Referenz auf den *Event Generator* erhält der Klient dabei ebenfalls vom *Lookup Service*. Der *Remote Event Listener* beinhaltet eine Referenz auf das ihm zugeordnete GUI und kann bei einem Ereignis, den er vom *Event Generator* erhält, entsprechend das GUI neu setzen.

5 Zusammenfassung

Die Architektur von eingebetteten Systemen hat sich im Laufe der letzten Jahre stark verändert. Inzwischen sind vernetzte eingebettete Systeme keine Seltenheit mehr. Innerhalb dieser Systemarchitekturen lassen sich verschiedene Hierarchiestufen mit unterschiedlicher Funktionalität ausmachen. Auch unterscheiden sich die Kommunikationsprotokolle zwischen den Hierarchien. Auf der oberen Ebene kommt zunehmend TCP/IP zum Einsatz, während auf den unteren Ebenen Feldbussysteme wie ASI oder CAN dominieren. Eine solche Systemarchitektur hatte die Verwendung von proprietären Protokollen zwischen den einzelnen Rechnern des Systems zur Folge.

Um in Zukunft die Entwicklungskosten für solche Systeme zu senken, müssen deshalb flexible, skalierbare und standardisierte Technologien für die Konzeption und Realisierung verteilter eingebetteter Systeme entwickelt werden, die diese neuen Strukturen berücksichtigen. In der hier vorgestellten Anwendung wurde deshalb der Einsatz von Jini für die entfernte Beobachtung und Steuerung eines CAN-Netzes untersucht. Jini ist aufgrund seiner dynamischen und skalierbaren Architektur für diese Aufgabe durchaus geeignet. Sollte die Java Technologie auch auf der untersten Sensor-/Aktorebene Einzug halten, lassen sich mit Jini sicherlich durchgängig in Java realisierte modulare Anwendungen entwickeln.

Aufgrund der noch relativ jungen Jini-Technologie ist zu vermuten, daß die Menge der möglichen Anwendungen noch lange nicht ausgereizt ist. Gegenstand zukünftiger Arbeiten am Forschungszentrum Informatik wird deshalb sein, mögliche Anwendungsszenarien von Jini für die entfernte Beobachtung und Steuerung eingebetteter Systeme zu untersuchen, und dafür geeignete Systemarchitekturen zu entwickeln.

Literatur

1. Itschner, R., Pommerell, C., Rutishauser, M.: CLASS: Remote Monitoring of Embedded Systems in Power Engineering. IEEE Internet Computing, **2(3)** (May/June 1998) 46–52

232

2. Hergenhan, A., Weiler, C., Weiß, K., Rosenstiel, W.: Internet-basierte eingebettete Systeme in der industriellen Automation. Tagungsband Java und Eingebettete Systeme. (1998) 19–31
3. Kriesel, W., Madelung, O.: Das Aktuator-Sensor-Interface für die Automation. Hanser Verlag.
4. Sun Microsystems. Jini. http://www.sun.com/jini/index.html (1999)
5. Java Developer Connection. http://developer.java.sun.com/ (1999)

Lava
Spracherweiterungen für Delegation in Java

Pascal Costanza, Günter Kniesel, Armin B. Cremers

Institut für Informatik III
Rheinische Friedrich-Wilhelms-Universität Bonn
Römerstraße 164
53117 Bonn
costanza@cs.uni-bonn.de, gk@cs.uni-bonn.de, abc@cs.uni-bonn.de

Zusammenfassung Im Gegensatz zu objektorientierten Programmiersprachen, die Vererbung auf Klassenebene realisieren, gibt es Sprachen, die dieses Konzept ausschließlich auf Objektebene verwirklichen. Dabei können „Unterobjekte" nicht nur Methoden ihrer „Oberobjekte" lokal „überschreiben" (*overriding*), sondern die Oberobjekte lassen sich auch zur Laufzeit gegen andere Objekte austauschen, wodurch sich leicht dynamische Verhaltensänderungen modellieren lassen.
Anhand einer Erweiterung der Sprache Java haben wir nun gezeigt, daß sich das Konzept der objektbasierten Vererbung in bestehenden klassenbasierten, streng typisierten Sprachen effizient und bei Bewahrung der Typsicherheit implementieren läßt.

1 Einleitung

Objektorientierte Programmiersprachen sind im Laufe des letzte Jahrzehnts zu etablierten Werkzeugen für die Implementation von Softwarelösungen geworden. Am weitesten verbreitet sind jene Sprachen, die *Vererbung auf Klassenebene* verwirklichen, wie z.B. C++ [Ellis 95] und Java [Arnold 96]. In Verbindung mit einem *strengen Typsystem* eignen sie sich hervorragend für die Implementation flexibler, aber dennoch effizienter und sicherer Systeme.

Auf der anderen Seite gibt es Sprachen, die *Vererbung auf Objektebene (Delegation)* verwirklichen; am bekanntesten sind SELF [Ungar 87], NewtonScript [Smith 95] und Cecil [Chambers 92]. Objekte können in diesen Sprachen Referenzen auf sogenannte Elternobjekte besitzen. Über solche Referenzen werden Eigenschaften der Elternobjekte geerbt, genauso wie in klassenbasierten Sprachen Klassen Eigenschaften der jeweiligen Oberklasse erben. Referenzen auf Elternobjekte sind, wie andere Referenzen auch, zur Laufzeit eines Programms veränderbar. Die Vererbungsbeziehungen innerhalb eines Programms sind demnach nicht wie in klassenbasierten Sprachen statisch zur Übersetzungszeit festgelegt, sondern können dynamisch zur Laufzeit verändert werden.

Das macht solche objektbasierten Sprachen besonders geeignet für die Modellierung von Anwendungsbereichen, in denen *dynamische Verhaltensänderungen* von Objekten eine Rolle spielen. Solche Konzepte lassen sich nur sehr umständlich in klassenbasierten Sprachen realisiseren.

Ein wesentlicher Nachteil, der bisher in objektbasierten Sprachen in Kauf genommen werden muß, ist ein *fehlendes statisches Typkonzept*, das es ermöglichen würde, zur Übersetzungszeit eines Programms festzustellen, welche Objekte welche Nachrichten verstehen. Daher können bestimmte Programmierfehler nicht bereits vom Compiler abgefangen werden.

In [Kniesel 95] wird ein Vorschlag gemacht, wie *klassen- und objektbasierte Vererbung in einer statisch typisierten Sprache* vereint werden können. Nach unserem Kenntnisstand ist dies der erste Vorschlag dieser Art. Mit der Programmiersprache Lava haben wir diesen Vorschlag als Erweiterung der Sprache Java verwirklicht und ein lauffähiges System aus Compiler (s. [Costanza 98]) und Laufzeitumgebung (s. [Schickel 97]) implementiert.

Im folgenden werden wir die wesentlichen Erweiterungen von Java vorstellen, die in Lava vorgenommen wurden. Anschließend werden wir diskutieren, in welchen Anwendungsfällen Lava u.a. eingesetzt werden kann.

2 Sprachdesign

In diesem Kapitel wird die Sprache Lava aus Anwendersicht beschrieben. Die grundlegenden Konzepte werden in Abschnitt 2.1 eingeführt. Ihre Benutzung wird anhand eines Design Patterns aus [Gamma 95] in Abschnitt 2.2 erläutert. Anschließend werden die im Sprachdesign sichtbaren Vorkehrungen zur Typsicherheit beschrieben (Abschnitt 2.3). Die Art, wie Lava die konfliktfreie dynamische Komposition unabhängig voneinander entwickelter Softwarekomponenten unterstützt, wird im letzten Abschnitt dieses Kapitels beschrieben.

2.1 Elternverweise

Verweise auf Elternobjekte unterscheiden sich zunächst einmal nicht von gängigen Referenzen auf Objekte in der Sprache Java. Insbesondere das Ändern eines Elternobjekts in einem Kindobjekt kann als einfache Zuweisung an ein Feld des Kindobjekts aufgefaßt werden, das einen Verweis auf ein Elternobjekt darstellt.

Ein Feld kann unter Verwendung des Schlüsselworts **delegatee** wie folgt als Verweis auf ein Elternobjekt deklariert werden:

```
class ChildClass {
  delegatee ParentClass parent; // "parent" verweist auf
                                // ein Elternobjekt vom Typ
                                // "ParentClass" in Instanzen
                                // von "ChildClass"
}
```

Semantik Durch die Annotation **delegatee** wird in obigem Beispiel die Schnittstelle der Klasse ChildClass (in der das Feld **parent** deklariert ist) wie in einer Klassenvererbungsbeziehung um die sichtbaren Elemente des Klassentyps ParentClass erweitert.[1] (s. Abb. 1 c)

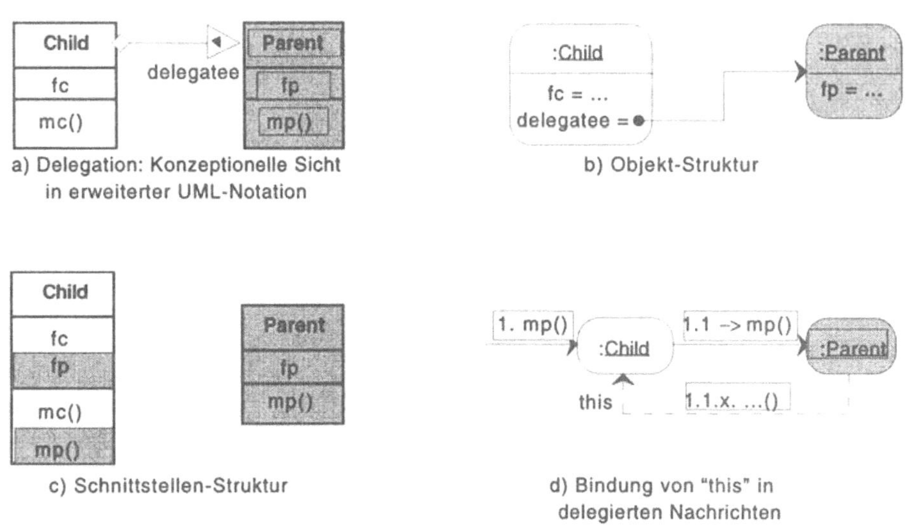

Abb. 1. Semantik der Annotation **delegatee**

Die zusätzlichen Elemente behalten in ChildClass den Sichtbarkeitsstatus, den sie in ParentClass haben, d.h. public Elemente von ParentClass sind auch in ChildClass public, usw. Der Sichtbarkeitsstatus des Felds **parent** bezieht sich nur auf dieses Feld selbst, nicht auf die darüber „geerbten" Elemente des Typs ParentClass.

Multiplizität In einer Klassendeklaration können mehrere Felder mit der Annotation **delegatee** versehen werden. Ggfs. resultieren dadurch Namenskonflikte, die in der aktuellen Version von Lava durch explizite Umbenennung aufgelöst werden müssen (s. auch [Meyer 92]).[2] Im folgenden wird der Einfachheit halber stets davon ausgegangen, daß sich keine Namenskonflikte ergeben.

Delegation Im Gegensatz zur klassenbasierten Vererbung, wo Instanzen einer Unterklasse die Elemente (Felder und Methoden) aus der Oberklasse enthalten, stellt bei objektbasierter Vererbung ein Kindobjekt zwar die Schnittstelle seines

---

[1] Es handelt sich hierbei um die public und protected Elemente von ParentClass, sowie um die paketweit sichtbaren Elemente von ParentClass, wenn ChildClass und ParentClass im gleichen Paket definiert sind.

[2] Für zukünftige Versionen von Lava wird aber auch über andere Alternativen zur Auflösung von Namenskonflikten nachgedacht.

Elternobjekts ergänzt durch seine eigene Schnittstelle zur Verfügung, enthält jedoch tatsächlich nicht die entsprechenden Elemente aus der Elternklasse; stattdessen werden bei Zugriffen auf Feldern oder Aufrufen von Methoden der Elternklasse die entsprechenden Elemente des aktuell referenzierten Elternobjekts adressiert, sie werden an das Elternobjekte *delegiert* (s. Abb. 1 b).[3]

Redefinitionen Eine Methode aMethod, die aus ParentClass geerbt wird, kann in ChildClass redefiniert werden. Wenn aMethod in einer Instanz instance von Child-Class aufgerufen wird, so wird bei einer Redefiniton von aMethod in ChildClass die redefinierte Version ausgeführt. Ansonsten wird wie gewohnt die entsprechende Methode des Objekts aufgerufen, das an parent gebunden ist.

In letzterem Fall wird jedoch die Pseudovariable this nicht an das parent-Objekt gebunden, wie man zunächst in einer klassenbasierten Sprache vermuten würde. Stattdessen bleibt this an den ursprünglichen Empfänger der Nachricht gebunden, in diesem Beispiel also an instance (s. Abb. 1 d). Dadurch hat eine Redefinition einer Methode aus einer Elternklasse einen ähnlichen Effekt wie eine Redefinition einer Methode aus einer Oberklasse: Immer wenn das Elternobjekt Nachrichten an this sendet, werden die im Kindobjekt redefinierten Methoden ausgeführt, sofern sie vorhanden sind.

Explizite Delegation Da Methoden von Elternobjekten redefiniert werden können, wird eine zu super-Aufrufen bei klassenbasierter Vererbung analoge Aufrufmöglichkeit für Methoden aus Elterntypen angeboten: Es handelt sich um die sogenannte *explizite Delegation*, die einem Methodenaufruf ähnelt, dabei aber die Bindung von this unverändert läßt. Eine Methode aMethod, die über parent aus ParentClass geerbt wird, kann in Methoden von ChildClass mit Hilfe von parent <- aMethod () aufgerufen werden. Bei einer solchen expliziten Delegation wird die Definition von aMethod() ausgeführt, die an das Objekt gebunden ist, auf das parent verweist. Redefinitionen von aMethod() in ChildClass werden dabei ignoriert.

2.2 Anwendungsbeispiel *Strategy Pattern*

In Lava kann eine Klasse für Textformatierung (Formatting), die dynamisch zwischen verschiedenen Strategien für Zeilenumbrüche (Typ LineBreaking) wechseln können soll, mit Hilfe von Delegation wie folgt implementiert werden:

```
public class Formatting {
   // Zeilenumbrüche werden an "lineBreaker" weitergeleitet
   delegatee LineBreaking lineBreaker;
   // Erzeugen eines Objekts mit Default-Strategie
```

---

[3] Erst durch diese Semantik der objektbasierten Vererbung wird gewährleistet, daß eine solche Vererbungsbeziehung zur Laufzeit geändert werden kann.

```
public Formatting() {
    lineBreaker = new SimpleLineBreaking();
}
// Wechseln der Strategie
public void setLineBreaker(LineBreaking lb) {
    this.lineBreaker = lb;
}
// Um wieviele Pixel können einzelne Buchstaben gedehnt werden.
// Redefiniert entsprechende Methode aus "LineBreaking".
public int getStretchability(...) {
    ... lineBreaker <- getStretchability(...) ...
}
}
```

Die Klasse Formatting kann alle Methoden aus LineBreaking verwenden, als wären sie lokal definiert, bzw. aus einer Oberklasse geerbt, jedoch mit dem wesentlichen Unterschied, daß hierfür andere Methoden ausgewählt werden können, indem einfach ein anderes Objekt eines Subtyps von LineBreaking dem Feld lineBreaker zugewiesen wird. Wie in Unterklassenbeziehungen kann eine Feinabstimmung des Verhaltens von LineBreaking-Objekten durch Redefinition einzelner Methoden erzielt werden. Beispielsweise wurde im obigen Beispiel angenommen, daß der Zeilenumbruch u.a. mit Hilfe der Methode getStretchability(...) bestimmt wird. Diese Methode legt fest, um wie viele Pixel einzelne Textelemente gedehnt werden können. Eine Redefinition dieser Methode kann demnach schon ausreichend sein, um das Verhalten des lineBreaker-Objekts an die Bedürfnisse der Klasse Formatting (und anderer Klassen, die den Typ LineBreaking verwenden wollen) anzupassen. Bei der Redefinition kann die Implementation von getStretchability(...) aus dem Elternobjekt via expliziter Delegation aufgerufen werden.

Wesentlich ist, daß bei der Implementation der Klassen vom Typ LineBreaking keine besonderen Vorkehrungen getroffen werden müssen, damit deren Objekte als Elternobjekte eingesetzt werden können.

2.3 Erweiterung des Typsystems

Da durch die Deklaration eines Elternverweises die Schnittstelle einer Kindklasse durch die Elemente der Schnittstelle des Elterntyps erweitert wird, ist die Schnittstelle des Elterntyps also eine Teilmenge der Schnittstelle der Kindklasse. Somit ist bereits eine wichtige Voraussetzung erfüllt, damit die Kindklasse ein Subtyp des Elterntyps sein kann. Dies reicht jedoch nicht aus, da Elternverweise mit dem Wert null belegt sein können. In diesem Fall wird bei dem Versuch, eine Nachricht an dieses Feld zu delegieren, eine Ausnahme zur Laufzeit des Programms ausgelöst.[4] M.a.W., obwohl eine Methode in der Schnittstelle der Kindklasse enthalten ist, wird ggfs. keine Methode bereitgestellt, die ausgeführt werden kann. Daher kann die Kindklasse kein Subtyp des Elterntyps sein.

---

[4] Es handelt sich um die in Lava neu eingeführte, überprüfte Ausnahme ParentIsNull-Exception.

mandatory Felder Um dennoch eine Subtypbeziehung zwischen Kindklasse und Elterntyp zu etablieren, wurde in Lava eine Möglichkeit geschaffen, die garantiert, daß ein Feld zwar verändert, aber nicht mit dem Wert null belegt werden kann.[5] Dazu wurde die Feldannotation mandatory eingeführt, die genau dies sicherstellt. Zu diesem Zweck nehmen Lava-Compiler und -Laufzeitsystem besondere Vorkehrungen bei Zuweisungen und Initialisierungen vor.

Wird zur Laufzeit eines Lava-Programms der Versuch unternommen, einem mandatory Feld den Wert null zuzuweisen, so wird eine für diese Zwecke in Lava neu eingeführte AssignmentOfNullException ausgelöst.[6] Darüberhinaus muß gewährleistet sein, daß ein mandatory Feld explizit initialisiert wird, entweder durch einen Initialisierungswert bei der Deklaration des Felds, oder aber durch eine Zuweisung in einem Konstruktor.

Typsicherheit Aus den obigen Ausführungen ergibt sich, daß für Nachrichten aus der Schnittstelle eines **delegatee** Felds, das gleichzeitig mit der Annotation **mandatory** versehen ist, in Instanzen der Kindklasse Methoden des Elterntyps bereitgestellt werden. Genau dann wird in Lava die Kindklasse als ein Subtyp des Elterntyps betrachtet.

Wenn beispielsweise ChildClass wie folgt deklariert ist:

```
class ChildClass {
  // parent ist nach Initialisierung in einem Konstruktor immer != null
  mandatory delegatee ParentClass parent;
  ...
}
```

dann kann eine Variable vom Typ ParentClass sowohl Instanzen von ParentClass und Unterklassen von ParentClass, als auch Instanzen von ChildClass und Unter- oder Kindklassen von ChildClass referenzieren.

2.4 Unabhängige Erweiterbarkeit

Eine zunehmend wichtige Eigenschaft von Programmiersprachen ist die Möglichkeit der *unabhängigen Erweiterbarkeit* von Systemen (s. [Szyperski 98]). Insbesondere bei komponentenbasierter Software werden Programme aus unabhängig entwickelten Bausteinen zusammengesetzt, die darüberhinaus von verschiedenen Herstellern stammen. Daher muß gewährleistet sein, daß diese Komponenten wie erwartet zusammenarbeiten, und nicht unerwünschte Seiteneffekte allein aus der Tatsache entstehen, daß sie gemeinsam eingesetzt werden.

---

[5] Die Annotation final hilft hier nicht weiter, da sie nur bewirkt, daß ein Feld nicht geändert werden kann; sie garantiert jedoch nicht, daß ein solches Feld nicht null ist.

[6] AssignmentOfNullException ist eine nicht überprüfte Laufzeitausnahme.

Diesem Aspekt wurde in Lava besondere Aufmerksamkeit geschenkt: Angenommen eine Klasse ParentClass wird zum Einen durch eine Klasse SubClass erweitert; zum Anderen wird an Objekte der Klasse ParentClass von Objekten der Klasse ChildClass delegiert. Darüberhinaus existiert sowohl in der Klasse ChildClass, als auch in der Klasse SubClass eine Methode namens open(...).

Möglicherweise sind die beiden Klassen ChildClass und SubClass unabhängig voneinander entwickelt und übersetzt worden, beispielsweise von unabhängigen Programmierteams, die jeweils nur die Klasse ParentClass, nicht jedoch den jeweils anderen Subtyp kannten. Daher ist es sehr unwahrscheinlich, daß die Methoden open(...) in beiden Fällen dieselbe Semantik haben, selbst wenn sie die gleiche Signatur besitzen. Beispielsweise könnte in einem Fall das Öffnen einer Datei, und im anderen Fall die Eröffnung eines Spiels gemeint sein. Die Methode ChildClass::open als Redefinition von SubClass::open anzusehen wäre daher nicht wünschenswert, da dadurch die Semantik von SubClass::open unbemerkt geändert würde, was höchstwahrscheinlich zu schwer auffindbaren Fehlern führt.

Wäre andererseits die Methode open(...) bereits in der Klasse ParentClass definiert, so wäre sowohl den Entwicklern von ChildClass, als auch denen von SubClass diese Methode bekannt, und eine Redefinition von SubClass::open durch ChildClass::open wäre wiederum wünschenswert.

Aus diesen Beobachtungen läßt sich die Regel ableiten, daß eine Methode des Elternobjekts genau dann in einem Kindobjekt redefiniert wird, wenn sie in einem gemeinsamen Obertyp der entsprechenden Kind- und Elternklasse enthalten ist. Genau dieses Verhalten wird von Lava realisiert. (s. Abb. 2)

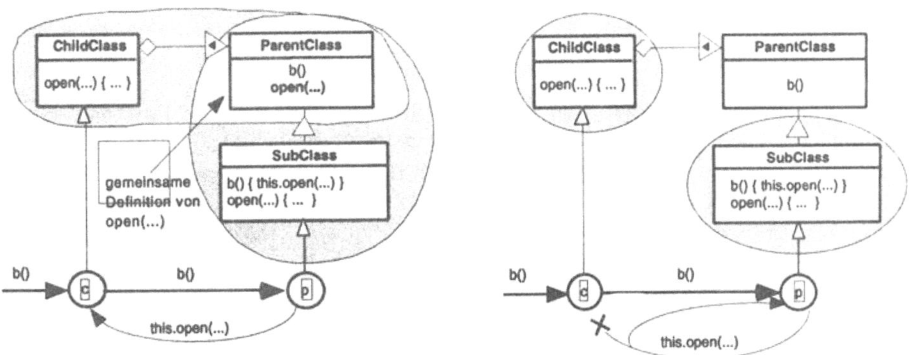

Abb. 2. SubClass::open wird genau dann durch ChildClass::open redefiniert, wenn open bereits in ParentClass definiert ist.

3   Diskussion

Die Art und Weise, wie das Konzept der Delegation in die Sprache Lava integriert wurde, bietet eine ganze Reihe von Vorteilen:

- Es ist generell anwendbar, da es sich mit beliebigen anderen Eigenschaften der Sprache kombinieren läßt (final, transient, mandatory Felder, Nutzung gemeinsamer Elternobjekte aus verschiedenen Kindobjekten (*sharing*), etc.)
- Es muß nicht vorhergesehen werden, an Objekte welcher Klasse delegiert werden kann, bzw. müssen solche Klassen zu diesem Zweck nicht geändert werden.
- Es müssen keine expliziten Methoden geschrieben werden, die lediglich Nachrichten an Elternobjekte delegieren. Außerdem müssen Nachrichten an this nicht explizit an ein möglicherweise vorhandenes Kindobjekt gesendet werden. Beides erspart erheblichen Kodierungsaufwand.
- Die Erweiterung des Typsystems bietet eine wesentlich erhöhte Flexibilität, da auch Objekte von Kindklassen zu einem Typ zuweisungskompatibel sind.
- Wegen der besonderen Berücksichtigung der unabhängigen Erweiterbarkeit ist es nicht möglich, daß Methoden unbeabsichtigt in Kindklassen redefiniert werden, sondern es ist immer klar ersichtlich, welche Methoden von einer Redefinition betroffen sind und welche nicht.

Das Konzept typsicherer dynamischer Delegation ist nicht nur eine Bereicherung des Wortschatzes objektorientierter Sprachen. Es bietet auch einen Beitrag zur konzeptuellen Modellierung: Die Verwendung von Delegation als Modellierungsmittel ist überall dort angebracht, wo ausgedrückt werden soll, daß verschiedene Objekte als eine Einheit zusammenwirken und für die Dauer des Zusammenwirkens nach Außen als ein einziges konzeptuelles Objekt erscheinen. Es gibt zwei typische Gründe für die Zerlegung eines konzeptuellen Objekts in Teilobjekte: Zum Einen die gemeinsame Nutzung eines Teilobjekts durch mehrere andere Teilobjekte und zum Anderen die dynamische Zusammensetzung und Austauschbarkeit von Teilobjekten.

Diese beiden Szenarien sind die Essenz einer Vielzahl von semantischen Beziehungen, die es in der Praxis zu modellieren gilt. Der Aspekt der gemeinsamen Nutzung von Teilobjekten taucht zum Beispiel bei der Modellierung von verschiedenen Sichtweisen / Perspektiven / Aspekten eines Konzepts auf (s. [Shilling 89, Marino 90, Richardson 91, Rieu 92]). Die dynamische Zusammensetzung von Teilobjekten ist wesentlicher Bestandteil bei der Modellierung von Rollen, die ein Objekt im Laufe seines Lebenszyklus annehmen und ablegen kann (s. [Smith 96, Pernici 90, Wieringa 94, Gottlob 96, Kniesel 96]).

Das vertrauteste Beispiel für beide Szenarien sind Personen: Personen können dynamisch neue Rollen und entsprechend neues Verhalten annehmen, z.B. als Studenten, Angestellte, Manager, Musikliebhaber, etc. Gleichzeitig können Personen zu jedem Zeitpunkt aus einer bestimmten, gerade dominierenden Rolle heraus agieren. Durch die damit verbundenen Änderungen ihres Verhaltens werden sie von ihrer Umgebung unter verschiedenen Sichtweisen / Perspektiven / Aspekten wahrgenommen. In [Kniesel 96] und [Sielski 98] wurde gezeigt wie sowohl Rollen als auch verschiedenen alternative Sichtweisen in Lava durch ein sehr einfaches Entwurfsmuster modelliert werden können.

Insgesamt hat die Einführung von Delegation in einer objektorientierten Sprache eine doppelte Wirkung: Einerseits ermöglicht sie die Modellierung semantischer Konstrukte (wie Perspektiven und Rollen), für die sonst spezielle Spracherweiterungen vorgeschlagen worden sind. Andererseits vereinfacht Delegation die Umsetzung vieler allgemein empfohlener Entwurfsmuster: Strategy, State, Decorator, Chain of Responsibility und Flyweight sind nur einige Beispiele von bekannten Design Patterns, die sich als triviale Anwendungen von Delegation herausstellen. Der Vorteil einer Sprache wie Lava besteht dabei, neben der Reduzierung des Implementierungsaufwands auf die Benutzung des Schlüsselworts **delegatee**, vor allem in der leichten Wartbarkeit der entstehenden Programme (s. [Kniesel 98]).

Zur Zeit existiert eine prototypische Implementierung von Lava (s. [Costanza 98, Schickel 97]) als Erweiterung des Compilers und des Laufzeitsystems des Java Development Kits 1.0.2. Es wurden einige wenige neue virtuelle Maschinenbefehle definiert, die eine Übersetzung der neuen Sprachkonstrukte in Bytecode vereinfacht haben. Dieser Prototyp wurde in [Sielski 98] zur Realisierung eines Rollenmodells benutzt und dabei im Vergleich zu einem rein Java-basierten Ansatz evaluiert. Die Erfahrungen aus diesen Arbeiten werden zusammen mit dem in [Kniesel 99a] im Detail ausgearbeiteten Objektmodell die Basis für die Weiterentwicklung der Sprache und ihrer Implementierung bilden. Konkret soll auf der Sprachebene u.a. die Behandlung von Namenskonflikten vereinfacht werden; auf der Implementierungsebene wird auf eine Erweiterung der Java Virtual Machine um neue Maschinenbefehle verzichtet, da hierdurch entgegen unseren ursprünglichen Annahmen keine wesentlichen Performanzeinbußen zu erwarten sind. Lava bildet darüberhinaus einen der Ausgangspunkte des in Kürze startenden Tailor-Projekts[7], in dem Spracherweiterungen für dynamische Komponentenanpassung (s. [Kniesel 99b]) entwickelt werden sollen.

Literatur

[Arnold 96] K. Arnold und J. Gosling, *The Java Programming Language*, Addison-Wesley, 1996.

[Chambers 92] C. Chambers, *Object-Oriented Multi-Methods in Cecil*, in Proceedings of ECOOP'92, Utrecht, Niederlande, Juli 1992.

[Costanza 98] P. Costanza, *Lava: Delegation in einer streng typisierten Programmiersprache – Sprachdesign und Compiler*, Diplomarbeit, Universität Bonn, 1998.

[Ellis 95] M.A. Ellis und B. Stroustrup, *The Annotated C++ Reference Manual*, Addison-Wesley, 1995.

---

[7] gefördert durch die Deutsche Forschungsgemeinschaft

[Gamma 95] E. Gamma, R. Helm, R. Johnson und J. Vlissides, *Design Patterns: elements of reusable object-oriented software*, Addison-Wesley, 1995.

[Gottlob 96] G. Gottlob, M. Schrefl und B. Röck, *Extending object-oriented systems with roles*, in ACM Transactions on Information Systems, Vol. 14, Seiten 268–196, 1996.

[Kniesel 95] G. Kniesel, *Implementation of Dynamic Delegation in Strongly Typed Inheritance-Based Systems*, Technischer Bericht, Institut für Informatik III, Universität Bonn, 1995.

[Kniesel 96] G. Kniesel, *Objects don't migrate! Perspectives on Objects with Roles*, Technischer Bericht, Institut für Informatik III, Universität Bonn, Bonn, April 1996.

[Kniesel 98] G. Kniesel, *Delegation for Java – API or Language Extension?*, Technischer Bericht, Universität Bonn, 1998.

[Kniesel 99a] G. Kniesel, *Darwin – Dynamic Object-Based Inheritance with Subtyping*, Dissertation (in Vorbereitung), Institut für Informatik III, Universität Bonn, 1999.

[Kniesel 99b] G. Kniesel, *Type-Safe Delegation for Runtime Component Adaptation*, in Proceedings of ECOOP'99, LNCS (in Vorbereitung), Springer Verlag, 1999.

[Marino 90] O. Marino, F. Rechenmann und P. Uvietta, *Multiple Perspectives and Classification Mechanism in Object-Oriented Representation*, in Proceedings of the European Conference on Artificial Intelligence, 1990.

[Meyer 92] B. Meyer, *Eiffel: The Language*, Prentice-Hall, 1992.

[Pernici 90] B. Pernici, *Objects with roles*, in Proceedings ACM-IEEE Conference of Office Information Systems (COIS), ACM Press, 1990.

[Richardson 91] J. Richardson und P. Schwarz, *Aspects: Extending Objects to Support Multiple, Independent Roles*, in Proceedings of the ACM SIGMOD International Conference on Management of Data, pages 298–307. 1991.

[Rieu 92] D. Rieu und G.T. Nguyen, *Object Views for Engineering Databases*, in Proceedings of 3rd International Conference on Data & Knowledge Systems for Manufacturing & Engineering, 1992.

[Schickel 97] M. Schickel, *Lava – Konzeptionierung und Implementierung von Delegationsmechanismen in der Java Laufzeitumgebung*, Diplomarbeit, Institut für Informatik III, Universität Bonn, 1997.

[Shilling 89] J. J. Shilling and P. F. Sweeney, *Three Steps to Views: Extending the Object-Oriented Paradigm*, in ACM SIGPLAN Notices, Proceedings of OOPSLA '89, 24(10):353–361, 1989.

[Sielski 98] A. Sielski, *Vergleichende Implementierung eines Rollenkonzeptes in verschiedenen Zielsprachen*, Diplomarbeit, Universität Bonn, 1998.

[Smith 95] W.R. Smith, *Using a Prototype-Based Language for User Interfaces: The Newton Project's Experiences*, in *OOPSLA '95 Conference Proceedings*, SIGPLAN Notices, ACM Press, 1995.

[Smith 96] R.B. Smith und D. Ungar, *A Simple and Unifying Approach to Subjective Objects*, in Theory and Practice of Object Systems (TAPOS), 2(3):161-178, 1996, Special Issue on Subjectivity in Object-Oriented Systems.

[Szyperski 98] C. Szyperski, *Component Software - Beyond Object-Oriented Programming*, Addison-Wesley, 1998.

[Ungar 87] U. Ungar und R. B. Smith, *SELF: The Power of Siplicity*, in OOPSLA '87 Conference Proceedings, Band 22 (12) von Special issue of SIGPLAN Notices, Seiten 227-242, ACM Press, December 1987.

[Wieringa 94] R. Wieringa, W. de Jonge und P. Spruit, *Roles and Dynamic Subclasses: A Modal Logic Approach*, in Proceedings of ECOOP'94, LNCS 821, pages 32–59. Springer-Verlag, Bologna, Italy, 1994.

Making Executable Interface Specifications More Expressive

Peter Müller, Jörg Meyer, and Arnd Poetzsch-Heffter

Fernuniversität Hagen, D-58084 Hagen, Germany
[Peter.Mueller, Joerg.Meyer, Arnd.Poetzsch-Heffter]@Fernuni-Hagen.de

Abstract. Executable interface specification languages allow for expressive documentation and efficient testing and debugging. Since they are based on expressions of the underlying programming language, they can easily be applied by programmers without requiring mathematical skills. In this paper, we present the core of an executable interface specification language for Java. Its main contributions are an extensive coverage of side-effects on object structures, and a clean semantics. The presented techniques can be implemented without modifications to the Java compiler or the virtual machine.

1 Introduction

Language support for the specification of methods and classes is one of the most wanted extensions to Java (cf. [Sun], Bug Id 4071460). This paper provides an overview over an interface specification language for Java. The presented techniques improve comparable approaches by making four contributions: (1) clarification of semantical aspects, (2) specification methodology for executable specifications, (3) specification techniques for expressing properties of linked object structures, and (4) a simple implementation technique for the developed features.

Interface specifications of object-oriented programs typically express method properties by pre- and postconditions and class properties by so-called invariants. Interface specifications are a precise means for documentation. They describe the contract between the user and provider of a software component (cf. [Mey92a]).

We distinguish between declarative and executable specifications (cf. [Luc90] for an approach to combine these techniques). Declarative specifications are based on an extended logical framework relating the operational world of programs to the declarative world of theorem provers (cf. [GH93], [PH97]). They are very expressive (e.g., universal and existential quantification over objects, explicit abstraction from the program level) and appropriate for mechanical theorem proving, but in general non-executable. In executable specifications, program properties are usually formulated based on the constructs of the underlying programming language, in particular by boolean expressions (cf. [FM98], [Mey92b]). In an object-oriented context, executable specifications have three important advantages over their declarative counterparts: (1) As direct extension of the underlying programming language, they are easier to learn and simpler to use. (2) They provide a powerful support for testing and debugging. (3) The OO-features of the programming language (in particular dynamic binding) can be exploited in specifications.

Executable techniques have two central drawbacks for the specification of OO-programs: 1. Abstraction cannot be expressed in the canonical way by functions from data objects of the programming language to values in an abstract domain. 2. Side-effects on and modifications of linked object structures are more difficult to handle. In this paper, we present new executable specification techniques to overcome these drawbacks without sacrificing the advantages of executable specifications.

Overview Section 2 explains the basic specification aspects. Section 3 concentrates on techniques for the specification of linked object structures. Section 4 describes the implementation method.

2 Specification Technique

This section explains our specification method, provides an overview over the Java interface specification language JISL, and illustrates the techniques by an example.

2.1 Specifying Interfaces

Executable interface specification languages typically use an extended expression syntax of the underlying programming language to specify method behavior and class invariants. Sometimes sophisticated additional constructs are provided for this purpose, e.g., to handle bounded quantification, object creation, reachability of objects, etc. (cf. [LBR99]). We make only use of quantification over finite integer ranges and so-called old-expressions of the form old(e) where e is an expression. old expressions may only occur in postconditions. The value of old(e) is the value of e evaluated in the corresponding prestate.

In this paper, we concentrate on aspects that we consider improvements compared to existing approaches, namely methodological issues, semantical aspects, and specification of side-effects on linked object structures. We illustrate our techniques by the following two class fragments taken from the Java AWT[1]:

```
class Component {
  Container parent;
  int x; int y;
  Object placeHolder;
  ... }

class Container extends Component {
  int ncomponents;
  Component component[] = new Component[4];
```

---

[1] The field placeHolder is used to represent all omitted fields.

```
public int getComponentCount()          { return ncomponents; }
public Component getComponent(int i)     { return component[i]; }
public Component add(Component comp)     { ... }
... }
```

Methodology. An interface specification language should support a specification methodology to provide guidance for developing specifications. In particular, the methodology should support data abstraction for expressing properties of classes without referring to the actual, possibly private implementation parts. In declarative specifications, abstraction (1) is implicitly assumed (cf. [GH93]) or (2) has to be described within the specification framework (cf. [PH97]). Both solutions are inappropriate for executable specification frameworks: The first one is incomplete and would destroy executability. The second cannot be used, because executable specifications based on Java expressions do not provide a sufficiently abstract language layer.

Therefore, we exploit the basic idea of observability in abstract data type theory: Instead of mapping object structures to complex values, abstraction of objects and object structures is expressed by so-called *observer methods* that allow one to inspect the states of objects and object structures without modifying them. The methodology is as follows: Each class has a set of observer methods (observers for short). E.g., a list has two observers: the length and the ith element with i less or equal to the length. Observers can be existing methods of a class or they can be introduced to characterize the abstract properties of a class. Observers are usually simple methods that correspond to informal properties of the abstract type implemented by a class. Observers abstract from the concrete implementation and allow one to change the implementation without affecting the interface specification by adapting the observers to the new implementation. Non-observer methods of a class are specified using the observers.

We add the following observers to the above classes.[2] The methods getComponentCount and getComponent of class Container are observers. The following specification of getComponent illustrates the application of observers:

```
public observer Component getComponent(int i)
  PRE  0 <= i  &&  i < getComponentCount()
  POST true
```

Furthermore, we add an observer contains that yields whether a Container object contains a given component:

```
public observer boolean contains(Component comp) { ... }
```

The well-formedness of components is expressed by wf which yields whether the component is correctly linked to its container:

```
public observer boolean wf()
  { return (parent == null || parent.contains(this)); }
```

---

[2] For reasons that are described later, we mark observer methods with the keyword observer.

A well-formed container must fulfill additional constraints which can be specified by overriding `wf` in `Container`:

```
public observer boolean wf() {
  for (int i = 0; i < ncomponents; i++)
    if (!(component[i] != null  &&  component[i].wf()  &&
        component[i].parent == this))             return false;
  return super.wf();            }
```

This example demonstrates another aspect of the abstraction provided by the observer technique: By overriding, observers can easily be adapted to the requirements of subclasses. Due to dynamic binding, a specification requiring e.g. the well-formedness of a parameter of static type `Component` will always refer to the appropriate definition of `wf`.

Clarification of Semantics. Executable interface specifications are checked at runtime. To be useful for testing and debugging, it is crucial that evaluating specifications does not affect program behavior (except for performance). Thus, specifications must not produce side-effects on the specified program. Although this rule seems almost trivial, it is not enforced by other executable specification languages. To guarantee the absence of side-effects during execution of specifications, we require that specifications do not contain writing field accesses. Since all observers are marked with a keyword, this property can easily be checked: Observers, pre- and postconditions must neither contain writing field accesses nor invocations of non-observer methods. This fairly strict but simple rule caused no problems in the examples we considered so far. A more elaborate technique would be to use data flow analysis to check that a specification does not affect the program behavior.

2.2 Example

To demonstrate the expressivity of our interface specification language, we specify the behavior of method `add` in class `Container`. This method is supposed to behave as follows (slightly simplifying the original AWT method):

1. The method guarantees the following properties under the precondition that both the container and the parameter component are well-formed upon invocation of `add`, and the component is not contained in any container.
2. The number of contained components is increased by one.
3. `comp` is added as component with highest index to `this`.
4. `add` returns `comp`.
5. Components contained before execution of `add` stay unchanged.
6. Except for the `parent` field, the parameter component is not modified.

Properties 1–4 are expressed by the following pre-post-pair (note that well-formedness of the container includes well-formedness of all associated components, in particular the `parent` field of `comp` has to be updated):

```
public Component add(Component comp)
 PRE  wf() && comp.wf() && comp.getParent() == null
 POST wf() && getComponentCount() == old(getComponentCount()) + 1  &&
      this.getComponent( old(getComponentCount())+1 ) == old(comp) &&
      result == old(comp)
```

The identifier **result** refers to the value returned by a method. Properties 5 and 6 cannot be expressed by the language features described so far since they require to compare whole object structures in two different execution states whereas **old** allows only for the comparison of values. We address this important aspect in the next section.

3 Specification of Frame Properties

In this section, we present a flexible technique for specifying the absence of side-effects on object structures. The basic idea is to explicitly mark those parts of the heap memory that are supposed to be left unchanged by method execution. Dynamic checks are used to detect modifications of marked objects.

3.1 Specifying the Absence of Side Effects

In this subsection, we argue that specification languages should allow one to specify the absence of side-effects and sketch two basic approaches to this task.

Malevolent Side-Effects. A side-effect is a modification of a field instance (a so-called *location*). In Java, side-effects are caused by field updates. The use of side-effects is very common in OO-programming since they allow for efficient implementations. However, many program errors are due to unwanted or overlooked side-effects. In contrast to errors in the functional behavior of methods, unwanted side-effects are very hard to detect since their malevolence often becomes evident long after the side-effect happened.

Therefore, an interface specification language should allow one to specify the absence of side-effects on certain object structures (so-called *frame properties*). Violations of these specifications should be detected as early as possible to inform the programmer or tester which field update caused the unwanted side-effect.

Approach. There are two basic approaches to the specification of frame properties: (1) One can explicitly mention those locations in the specification, that must not be modified by a method. (2) One can enumerate the locations that may be modified by a method in a so-called *modifies-clause*. All locations not contained in the modifies-clause have to remain unchanged. This technique is very common in declarative interface specification languages (cf. e.g. [MPH99]), but for OO-programs, it requires a rather complex specification framework. Furthermore, in the context of observer-based specifications, the first approach is more natural, since it uses observers that allow one to compare the value of a location in two different execution states (the pre- and poststate of a method). Therefore, we will elaborate on the first approach in this paper.

3.2 A Specification Technique for Frame Properties

Checking frame properties requires the ability to compare an object structure in two execution states. To do that, we introduce a specification primitive **unchanged**(S) where S denotes an object structure. In this subsection, we explain how object structures can be described in a flexible way, and how specifications containing **unchanged** can be dynamically checked.

Specification of Object Structures. An object structure is a set of objects linked by references. Since objects consist of locations which hold either values or references to other objects, object structures can be modeled as sets of locations and their values. Figure 1 illustrates the object structure of a **Container** which contains one **Component** (boxes denote locations, arrows denote references; the shaded areas depict objects).

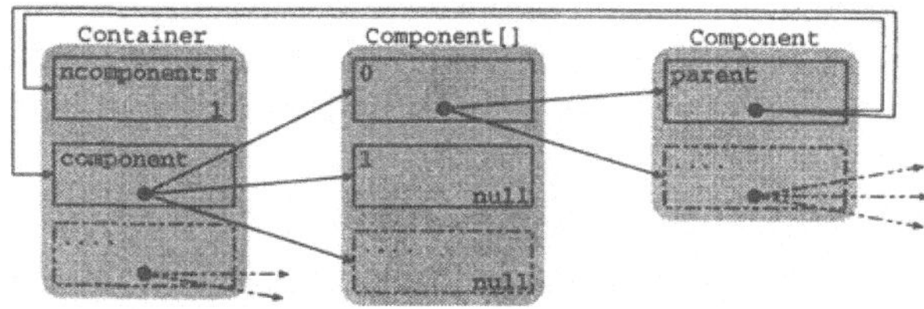

Fig. 1. Object Structure of a Container Object

The illustrated structure consists of all locations that are reached from a given **Container** object by following chains of references. Such structures are useful to specify that a whole object structure is not modified by a method. However, to specify that a method performs some updates on a structure but leaves the bigger part unchanged, means are required to describe restricted object structures. E.g., for method **setLocation** of class **Component** one would like to specify that the object structure of **this** is left unchanged except for locations **x** and **y**.

To allow programmers to specify arbitrary object structures in a flexible way, we introduce a primitive type **structure** with three operations: The empty structure is denoted by `<>`. `<e.f>` describes the structure consisting only of the location **e.f** where **e** is an expression and **f** is a field name. The join operation of two structures is denoted by `+`. Object structures are described in observer methods that consist only of a single return statement with a **structure**-valued expression (see below for an example). Restricting the body of such observers simplifies the implementation of JISL without seriously limiting the expressivity (the conditional operator `?` and method invocations can be used instead of conditional statements and loops). For a more convenient notation, we assume a public observer **getReachLocs()** to be predefined for every class. It describes the structure of all locations that are reachable from **this**.

To enable efficient checking of specifications, we do not really create values of type **structure** (cf. next section). For this reason, it is not allowed to use **structure** as type of local variables, formal parameters, fields, or anywhere else except as return type of observer methods.

The unchanged Expression. We express the fact that a structure S is left unchanged by a method m by adding `unchanged(S)` to m's postcondition. `unchanged` is an operator of the specification language which takes an argument of type `structure` and yields a boolean value. Since `unchanged` compares a structure in the prestate to the corresponding structure in the poststate, two restrictions apply: (1) `unchanged` may only appear in postconditions. (2) The argument of `unchanged` must be defined in both states. I.e., it must not contain `result`, and the ranges of quantified variables must stay unchanged during method execution. This can be achieved by using constants and `old` expressions to denote the ranges (see below for an example).

There are two possibilities for evaluating the `unchanged` operator:

1. Upon entry of a method the postcondition of which contains an `unchanged(X)` expression, the structure X is copied and stored. When the postcondition is checked, the stored structure is compared to the current structure of X. `unchanged(X)` yields whether both structures are identical.
2. When a method m with an `unchanged(X)` expression in its postcondition is entered, all locations of X are marked to be unmodifiable. Every writing field access is dynamically checked not to modify marked locations. Otherwise, an exception is thrown. When m's postcondition is evaluated, the marks are removed. This behavior guarantees that m does not modify the object structure X. Thus, `unchanged(X)` always yields true.

The above possibilities differ in two important aspects:

Semantics: Solution 1 allows one to temporary modify an object structure and re-establish its initial value before the postcondition containing `unchanged` is evaluated. This seems natural, but defers detection of unwanted side-effects until the postcondition is checked. That makes debugging difficult.

Performance: Solution 1 requires to store object structures for every incarnation of a method containing `unchanged` expressions in its postcondition. This is very time-consuming and leads to an extreme waste of memory, in particular for recursive methods. In contrast, solution 2 can be implemented with far less overhead: Each field has to be supplemented by a mark. Writing field access has to check for a mark before updating a location. That leads to a time and memory overhead of about 100%, which is an acceptable value for debug runs.

Therefore, we favor solution 2. Its implementation is described in Section 4.

3.3 Example

In this subsection, we revisit the example introduced in Section 2. In the following, we will specify the frame properties of `Container`'s `add` method: (1) The parameter component stays unchanged except for the `parent` field. (2) Components that are already part of the container are not modified.

For the first property, we specify a substructure for `Component` which contains the whole object structure except the locations reachable via the `parent` field:

```
public observer structure woParent()
  { return this.placeHolder.getReachLocs() + <this.x> + <this.y>; }
```

This observer method allows us to specify property (1) by conjoining
`unchanged(comp.woParent())` to add's postcondition.

Execution of **add** modifies the container in several ways (see Section 2). However, the object structures of components that are referenced by the container before **add** is invoked stay almost unchanged: only the enclosing container (reachable via **parent**) is modified. Thus, we can again use the **woParent** substructure to specify this behavior:

```
FORALL (i: 1..old(getComponentCount())):
                unchanged(getComponent(i).woParent())
```

This example demonstrates that the proposed specification technique is expressive enough to describe the absence of side-effects in an intuitive and flexible way, even for mutually recursive object structures. The next section will describe how our techniques can be implemented in Java.

4   Implementation Aspects

In this section, we describe the implementation of JISL. In particular, we present a purely Java-based technique to realize the **unchanged** operation with an acceptable space and runtime overhead.

Execution of Interface Specifications. To enable a purely Java-based implementation of JISL, a preprocessor translates specifications into Java code that is inserted into the specified program. The generated code checks the pre- and postconditions and throws a **RuntimeException** if a specification is violated.

In the following, we focus on the **unchanged** expression which is the most interesting specification primitive. For details on the implementation of the other constructs, the reader is referred to [Mül95].

Realization of the unchanged Operation. An `unchanged(X)` expression in a postcondition describes that the structure **X** has not been changed since the control flow has passed the corresponding precondition. As described in Section 3, this property can be checked by (1) marking all locations of **X** in the corresponding precondition, (2) allowing updates for unmarked locations only, and (3) unmark the locations of **X** when evaluating the postcondition. We explain the realization of these steps in the following.

Markers for Locations. To mark a location x.v, we associate each field v of a class with a mark **marker$v**, which has the same access modifier as v. Recursive or concurrent invocations of a method can lead to multiple marking of one location. Therefore, markers have to be realized as counters. We use marker fields of type **long**. Markers are initialized to zero. A location x.v is marked, if `x.marker$v` > 0 holds. E.g., for the **Component** class, the following markers are introduced:

```
long marker$parent=0;   long marker$placeHolder=0;
long marker$x=0;        long marker$y=0;
```

If the control flow of a thread reaches the precondition of a method whose post-condition contains unchanged(X), X is evaluated and the markers of all locations of X are incremented by one. When the corresponding postcondition is evaluated, all markers of structure X^3 are decremented. The code for the increment and decrement operations is derived from the structure specification (see below).

Controlling Write Access to Locations. Location updates must consider the value of markers of their target locations. This can be achieved by replacing all writing field accesses by invocations of appropriate access methods. These methods perform a normal location update for unmarked locations and throw an exception if the target location is marked. E.g., for Component's parent field, the following access method is introduced:[4]

```
static Container set$parent(Compoent obj, Container value)        {
    if (obj.marker$parent > 0) throw new UnchangedSpecException();
    else                       return obj.parent = value;         }
```

A field access c.parent = e is replaced by Component.set$parent(c, e).

Mark and Unmark Operations. As stated in Section 3, object structures are described by structure-valued expressions (*SE* for short). Structures are marked and unmarked as follows: Each *SE* is translated into a $\mathcal{M}$ark and an $\mathcal{U}$nmark statement. For every structure-valued observer m the methods mark$m and unmark$m are introduced. Essentially, the body of these methods is obtained by applying $\mathcal{M}$ and $\mathcal{U}$ to the expression returned by m. The following table shows the translation of an *SE* into the mark operation $\mathcal{M}$ (se_i denotes an *SE* and jexpr a Java expression; m is a structure-valued observer):

```
          <> → ;                                      // empty structure
          <jexpr.a> → jexpr.marker$a++               // instance field
jexpr.m(p₁, ..., pₙ) → jexpr.mark$m(p₁, ..., pₙ)    // method invocation
          se₁ + se₂ → M(se₁) ; M(se₂)                // structure union
```

For the observer woParent, the following mark statement is generated:

```
{ placeHolder.mark$getReachLocs(); marker$x++; marker$y++; }
```

Besides executing such statements, mark methods have to perform two tasks: (1) Marking and unmarking has to be synchronized to prevent concurrent threads from invalidation marking information. (2) The operations have to take care that cyclic object structures do not lead to non-terminating mark/unmark operations. This can be achieved by using standard techniques for graph traversal.

For each unchanged(X), $\mathcal{M}(X)$ and $\mathcal{U}(X)$ are executed when evaluating the precondition and the postcondition, resp. The expression itself always evaluates to true (see Section 3).

---

[3] Note that the postcondition refers to the structure computed in the prestate. I.e., unchanged(X) is equivalent to unchanged(old(X)).

[4] Access methods have to be static to simulate static binding of attributes in Java.

Problems and Workarounds. By the technique described above, JISL can be implemented as preprocessor without modifying the Java compiler or virtual machine. However, the simplicity of this solution entails some problems: (1) By means of native methods or reflection, programmers can update locations without using the access methods. To observe location updates by native methods, the virtual maschine has to be modified. For using reflection, the `Field` class has to be adapted such that it pays attention to marked locations. (2) The generation of marker fields and methods produces overhead for even those classes the fields of which are never marked to be unmodifyable (e.g., event objects). Enhanced static analysis of programs can reduce this overhead.

5 Conclusions

We presented an executable interface specification language for Java. Compared to existing languages, our proposal has three important advantages: (1) Our methodology provides abstraction from implementation details by using observer methods. (2) Interface specifications have a clean semantics since they are guaranteed not to have side-effects. (3) We have developed a new technique for specifying and checking frame properties of methods by describing and marking object structures. These features allow for expressive specifications and powerful testing and debugging support. An implementation of the interface specification language as described in Section 4 is considered further work.

References

[FM98]   C. Fischer and D. Meemken. JaWa: Java with assertions. In C. H. Cap, editor, *JIT '98 Java-Informations-Tage 1998*. Springer-Verlag, 1998.

[GH93]   J. V. Guttag and J. J. Horning. *Larch: Languages and Tools for Formal Specification*. Springer-Verlag, 1993.

[LBR99] G. T. Leavens, A. L. Baker, and C. Ruby. Preliminary design of JML: A behavioral interface specification language for Java. Technical Report 98-06c, Iowa State University, Department of Computer Science, January 1999.

[Luc90] D. C. Luckham. *Programming with Specifications: An Introduction to Anna. A Language for Specifying Ada Programs*. Springer-Verlag, 1990.

[Mey92a] B. Meyer. Design by contract. In D. Mandrioli and B. Meyer, editors, *Advances in object-oriented software engineering*. Prentice Hall, 1992.

[Mey92b] B. Meyer. *Eiffel: The Language*. Prentice Hall, 1992.

[MPH99] P. Müller and A. Poetzsch-Heffter. Modular specification and verification techniques for object-oriented software components. In G. Leavens and M. Sitaraman, editors, *Foundations of Component-Based Systems*. Cambridge University Press, 1999. (to appear).

[Mül95] P. Müller. Specification and implementation of an annotation language for an object-oriented programming language. Master's thesis, Technische Universität München, 1995. (In German).

[PH97]   A. Poetzsch-Heffter. Specification and verification of object-oriented programs. Habilitation thesis, Technical University of Munich, Jan. 1997. URL: `www.informatik.fernuni-hagen.de/pi5/publications.html`.

[Sun]   Sun. Java developer connection. Available from `http://java.sun.com/jdc`.

Komplexe Zahlen für Java

Edwin Günthner und Michael Philippsen

Universität Karlsruhe, Institut für Programmstrukturen und Datenorganisation
Am Fasanengarten 5, 76128 Karlsruhe
`http://wwwipd.ira.uka.de/JavaParty/`

Zusammenfassung Eine Voraussetzung für den Einsatz von Java im wissenschaftlichen Rechnen ist die adäquate Unterstützung komplexer Zahlen. Die vorliegende Arbeit stellt einen Präprozessor und dessen Übersetzungsschema vor, der einen neuen primitiven Datentyp `complex` mit zugehörigen Operatoren auf reguläres Java abbildet. Die offensichtliche Ersetzung einer `complex`-Variablen durch zwei `double`-Variablen reicht dazu bei weitem nicht aus.
Der vom Programmierer zu schreibende Code wird durch den primitiven Typ nicht nur lesbarer als methodenbasierte Operationen auf `Complex`-Objekten, sondern er wird auch schneller ausgeführt. Gemittelt über alle untersuchten Kern- und Anwendungs Benchmarks laufen die auf dem Basistyp `complex` basierenden Programmversionen um den Faktor 2 bis 21 (je nach JVM) schneller als die klassenbasierten Vergleichsversionen.

1 Einleitung

In Java besteht die einzig sinnvolle Möglichkeit zur Verwendung komplexer Zahlen darin, eine `Complex`-Klasse zu erstellen, deren Objekte zwei `double`-Werte enthalten. Komplexwertige Arithmetik muß dann umständlich durch Methodenaufrufe ausgedrückt werden, wie in folgendem Code-Fragment. Nicht gangbar ist die Alternative, per Hand überall dort zwei `double`-Variablen zu verwenden, wo ein komplexwertiger Wert benutzt werden soll.

```
Complex a = new Complex(5,2);
Complex b = a.plus(a);
```

Dies hat drei Nachteile: Ohne Operatorüberladung sind erstens arithmetische Ausdrücke nach ihrer Formulierung nur schwer lesbar. Zweitens ist wegen fehlender Sprach- und Übersetzerunterstützung sogenannter Wertklassen in Java das Anlegen eines Objekts viel langsamer und verbraucht mehr Speicherplatz als das Anlegen einer Variable eines primitiven Typs. Klassenbasierte komplexwertige Arithmetik ist dadurch erheblich langsamer als Javas primitivwertige Arithmetik. Dieser negative Effekt wird noch verstärkt, da durch die Formulierung mit Hilfe von Methodenaufrufen Hilfsobjekte angelegt werden, die bei Verwendung der Stapelmaschine zur Wertspeicherung gar nicht erforderlich wären. Drittens fügen sich klassenbasierte komplexe Zahlen grundsätzlich nicht voll in das übliche Erscheinungsbild der primitiven Typen ein: Sie sind nicht in die Typbeziehungen integriert, die zwischen Javas primitiven Typen bestehen, so daß z.B. die Zuweisung eines primitiven `double`-Wertes zu einem `Complex`-Objekt keinesfalls eine automatische Typkonvertierung auslöst, was bei primitiven komplexen Zahlen möglich wäre. Darüberhinaus ist bei einer klassenbasierten Lösung stets ein Konstruktoraufruf erforderlich, wo ein Literal zur Repräsentation eines konstanten Werts ausreichen sollte.

Da wissenschaftliches Rechnen nur einen unbedeutenden Anteil an der weltweit um sich greifenden Java-Nutzung hat, ist es sehr unwahrscheinlich, daß die Java Virtual Machine (JVM) bzw. der Bytecode um einen neuen primitiven Typ `complex` erweitert wird, was sicherlich das beste Vorgehen zur Einführung komplexer Zahlen in Java ist. Da ferner nicht abzusehen ist, ob und wenn ja wann, Java um allgemeine Überladbarkeit von Operatoren und um effiziente Unterstützung von Wertklassen erweitert wird, und da eine nahtlose Einbindung einer Klasse in das Erscheinungsbild existierender primitiver Typen grundsätzlich auch nach einer solchen Erweiterung nicht gegeben ist, ist es sinnvoll, Java auf andere Weise um den primitiven Typ `complex` zu erweitern. Sollten die genannten allgemeineren Spracherweiterungen für Java dereinst kommen, dann kann die hier vorgestellte spezifisch für komplexe Zahlen entwickelte Präprozessorlösung noch immer als ein Vergleichsmaßstab für die quantitative Bewertung der Effizienz der allgemeinen Implementierung dienen.

Im folgenden Abschnitt erfolgt eine Einordnung in das Umfeld verwandter Arbeiten. Abschnitt 3 gibt einen Überblick über den gebauten Übersetzer. Die zentralen Ideen des Transformationsschemas werden in Abschnitt 4 vorgestellt, Abschnitt 5 präsentiert die quantitativen Leistungsergebnisse.

2 Verwandte Arbeiten

Das von Sun Microsystems unterstützte Java Grande Forum [6, 10] versucht, die Tauglichkeit von Java auch für wissenschaftliches Rechnen zu verbessern. Die Schwierigkeit besteht darin, die Bedürfnisse dieser zahlenmäßig kleinen Gruppe von Java-Anwendern so aufzubereiten und zu bündeln, daß sie dennoch in der Weiterentwicklung von Java berücksichtigt werden.

Das Java Grande Forum arbeitet an einer Schnittstelle und Implementierung der Klasse `Complex`, die die klassenbasierte Formulierung komplexwertiger Arithmetik in Java ermöglicht [11, 5]. Die in der Klasse angebotenen Methoden gehen über einen ad-hoc-Ansatz hinaus, da besonderer Wert auf die numerische Stabilität der verwendeten Algorithmen gelegt wird. IBM erweitert ihren nativen Java-Übersetzer so, daß die Verwendung dieser Klassenbibliothek erkannt wird [12]. Dadurch können Methodenaufrufe und die Erzeugung von Hilfsobjekten weitgehend eingespart werden, so daß akzeptable Leistungen auch bei einer klassenbasierten komplexwertigen Arithmetik erreicht werden, allerdings nur auf einigen Rechnerarchitekturen der Firma IBM. Die übrigen Nachteile (keine Operatorüberladung und keine nahtlose Integration in den Kanon der primitiven Typen) bleiben bestehen.

Es werden Überlegungen angestellt, Wertklassen zu einem offiziellen Bestandteil von Java zu machen [4, 9]. Während die praktische Umsetzung aber auf sich warten läßt, wird im Borneo-Projekt [3] bereits versucht, Java um Wertklassen zu erweitern. Weil es bereits objektorientierte Sprachen gibt, die Wertklassen unterstützen, z.B. Sather [8], sind die grundsätzlichen Probleme einer Übersetzung in nativen Code als gelöst zu betrachten.[1] Offen ist allerdings, wie eine solche Spracherweiterung durch Rückführung auf die gegebene Ausgangssprache effizient erledigt werden kann. Auch helfen Wertklassen alleine für komplexwertige Arithmetik nur eingeschränkt, da Operatorüberladung und nahtlose Integration in den Kanon der primitiven Typen fehlen.

3 Der Übersetzer *cj* im Überblick

Nach unserer Erfahrung stößt eine Spracherweiterung nur dann auf Akzeptanz, wenn eine Transformation in reguläres Java existiert. Eine bessere Leistung wird allerdings erreicht, wenn gezielte Optimierungen bei der Bytecode-Erzeugung angewendet werden. Unser Übersetzer *cj*, der auf *gj* aufbaut [1], hat daher zwei Ausgabeformate, wobei wir in diesem Papier die Java-Lösung darstellen und die Optimierungen nur andeuten.

3.1 Eingeführte Sprachelemente

Die Menge der primitiven Typen wird von *cj* um den Typ `complex` erweitert. Ein Wert vom Typ `complex` repräsentiert, wie auch in Fortran und dem C9X-Vorschlag zur Fortentwicklung von C [2], ein Paar von Gleitkommazahlen mit den üblichen Operationen. Real- und Imaginärteil sind über die Felder `real` und `imag` ansprechbar. Man beachte, daß die Feldbezeichnungen selbst keine neuen Schlüsselworte sind. Der primitive Typ `complex` ist Obertyp von `double`, was sich durch implizite Typumwandlung bei Verwendung eines `double`-Werts in einem `complex`-Kontext bemerkbar macht. Mit einem zweiten neuen Schlüsselwort I (imaginäre Einheit) können konstante komplexwertige Ausdrücke und Initialisierungen wie in folgendem Beispiel-Code formuliert werden.

```
void foo(complex x, complex y) {
    complex const = 5.0 + y.real * I;
    complex sum   = const + x + y;
    ...
```

3.2 Eine dritte Transformationsphase für *gj*

Der Übersetzer *gj* enthält bereits zwei Transformationsphasen, die zusätzlich eingeführte Sprachmittel auf reguläres Java zurückführen. Innere Klassen werden wie in jedem Java-1.1-Übersetzer auf die Ausdruckselemente von Java 1.0 zurückgeführt. Vor dieser Rückführung geschieht in *gj* eine Transformation generischer Klassen auf den Java-1.1-Sprachumfang.

Cj ergänzt eine weitere Transformation vor der Auflösung generischer Klassen.[2] Die Grundlagen dieser Transformation werden in Abschnitt 4 erläutert.

---

[1] In C++ kann der Programmierer mit Hilfe des Wertübergabemechanismus die Wertklassensemantik nachempfinden.

[2] Zusätzlich muß die Typprüfung um den Basistyp `complex` erweitert werden.

3.3 Getrennte Übersetzung durch Namensmodifikation

Als `complex` definierte Programmelemente werden auf die in Java existierenden
Möglichkeiten abgebildet. Ein Teil der Transformation wird durch Modifikation
der vom Programmierer verwendeten Namen realisiert. Durch Anhängen von
`$cj$real` an einen vom Programmierer vergebenen Variablennamen wird z.B.
die real-Komponente nach der Transformation bezeichnet. Analog werden Methodennamen verändert, wenn ihre Signatur komplexwertige Parameter hat.

Da auch der Bytecode-Lader und die Typüberprüfung die Modifikationsre-
geln für Namen kennen, ist es möglich, einzelne Java-Programme auch dann
getrennt zu übersetzen, wenn `complex` im vorübersetzten Bytecode bereits aufgelöst worden ist. Wenn beispielsweise der Name einer modifizierten Methode im
Bytecode gefunden wird, dann wird für die semantische Prüfung ein zusätzliches
Methodensymbol angelegt, das die komplexwertige Originalsignatur hat.

4 Rekursives Übersetzungsschema für `complex`

Die Transformation komplexwertiger Berechnungen in einfache `double`-
Arithmetik verursacht folgende Schwierigkeiten.
• **Nicht-lokale Transformationen.** Wird ein komplexwertiger Ausdruck an
einer Stelle im Programmtext verwendet, an der nur ein *Ausdruck* zulässig ist,
kann dieser nicht durch eine Folge von Anweisungen aufgelöst werden.

```
while (u == v && x == (y = foo(z))) {...}
```

Wenn die komplexwertige Bedingung der `while`-Schleife in ihren real- und imaginär-Anteil aufgespalten werden soll, dann bleibt nur der Umbau der `while`-
Schleife unter Verwendung von Hilfsvariablen und deren Berechnung im Inneren
des Schleifenrumpfs.

Zur Auflösung komplexwertiger Ausdrücke in Anweisungsfolgen braucht man
nicht-lokale Transformationsregeln, die die umgebenden Anweisungen mit um-
bauen. Leichter in einen Übersetzer einzubauen und auf ihre Korrektheit zu
prüfen sind lokale Transformationsregeln, die komplexwertige Ausdrücke wieder
durch Ausdrücke (nicht Anweisungen) ersetzen.
• **Semantik.** Um die in Java übliche Semantik zu erhalten, kann nicht zuerst
der ganze real- und anschließend der imaginär-Anteil ausgewertet werden, da
arithmetische Ausdrücke strikt von links nach rechts ausgewertet werden müssen.
Ein Seiteneffekt während der Auswertung ist nur rechts von seinem Auftreten
sichtbar. Bei einer Ausnahmebedingung dürfen nur Seiteneffekte aus dem Teil
des Ausdrucks sichtbar werden, der links von der Auslösestelle liegt.

Die Aufspaltung der Berechnung in ihren real- und imaginär-Anteil ist aus
oben genannten Gründen nicht zulässig, ferner bleibt bei diesem Ansatz unklar,
was mit Funktionsaufrufen geschehen soll (`foo(z)` im obigen Beispiel). Wird `foo`
zweimal aufgerufen? Werden zwei Versionen von `foo` erstellt?
Eine Transformation komplexwertiger Arithmetik mit Java-gerechter Semantik muß für jeden Ausdruck sein Äquivalent in `double`-Arithmetik festlegen.

4.1 Sequenzmethoden

Um beide Kategorien von Schwierigkeiten zu umgehen, führen wir als eine der zentralen Ideen von *cj* konzeptuell sog. Sequenzmethoden ein. Jeder komplexwertige Ausdruck wird in eine Folge von Zuweisungen transformiert und diese in den Argumenten von sogenannten Sequenzmethoden versteckt, deren Rückgabewert zwar nicht `void` ist, aber trotzdem ignoriert wird. Dadurch bleibt ein Ausdruck ein Ausdruck und die Transformation ist lokal. Eine Sequenzmethode hat einen leerem Rumpf, die Operation selbst findet während der Auswertung der Argumente statt und zwar wie Java vorschreibt von links nach rechts.[3] Bei geschachtelten Ausdrücken sind die Argumente des Sequenzmethodenaufrufs selbst wieder Sequenzmethodenaufrufe für die Teilausdrücke. Damit wird es möglich, jeden einzelnen Knoten eines komplexwertigen Ausdrucksbaums einzeln bzgl. real- und imaginär-Anteil auszuwerten und dadurch die Sichtbarkeit von Seiteneffekten und Ausnahmebedingungen an die vorgeschriebene Auswertungsreihenfolge zu koppeln.

Bei der Generierung von Java-Code (*cj* als Präprozessor), bleiben die Aufrufe der (in der umgebenden Klasse `final` deklarierten) Sequenzmethoden erhalten und werden vom Just-in-Time-Übersetzer entfernt. Wenn *cj* selbst den Bytecode erzeugt, werden die Aufrufe der Sequenzmethoden wegoptimiert nur die Auswertung der Argumente bleibt.

In C/C++ könnte statt Sequenzmethoden der Komma-Operator verwendet werden; Java bietet jedoch kein derartiges Sprachkonstrukt an. Durch das Wegoptimieren der Methodenaufrufe kann *cj* aber Bytecode erzeugen, der ähnlich effizient ist, wie Bytecode, der aus einem Komma-Operator entstanden wäre.

4.2 Sequenzmethoden am Beispiel

Konzentrieren wir uns bei dem komplexwertigen Ausdruck z = x + y zunächst auf die rechte Seite der Zuweisung. Um sicherzustellen, daß keine Seiteneffekte auftreten, werden zunächst alle Operanden in Hilfsvariablen gesichert. Das folgende Code-Fragment ist das (vorläufige und un-optimierte) Ergebnis der Transformation der rechten Seite der Zuweisung.

```
seq(seq(tmp1_real = x_real, tmp1_imag = x_imag),
    seq(tmp2_real = y_real, tmp2_imag = y_imag),
    tmp3_real = tmp1_real+tmp2_real, tmp3_imag = tmp1_imag+tmp2_imag)
```

Im Beispiel würden im umgebenden Block 6 double-Variablen deklariert, was nicht gezeigt ist. Es werden zunächst die inneren seq-Aufrufe von links nach rechts ausgewertet: beide Anteile von x und y werden in Hilfsvariablen gesichert. Die äußere Sequenzmethode sorgt für die anschließende Addition (im dritten und vierten Argument). Eine nachfolgende Grundblockoptimierung entdeckt die Kopienfortschreibung und eliminiert passiven Code, so daß wir mit einer fast minimalen Zahl von Hilfsvariablen und Kopieroperationen auskommen. Im Beispiel bleiben zwei Hilfsvariablen und eine Sequenzmethode übrig.

---

[3] Ausnahmesituationen treten also nicht in der Sequenzmethode auf, sondern im Aufrufkontext; sie müssen nicht in der Signatur der Sequenzmethode deklariert werden.

```
seq(tmp3_real = x_real+y_real, tmp3_imag = x_imag+y_imag)
```

Betrachten wir nun die Zuweisung zu z, die zwei Einzelzuweisungen erfordert.

```
seq(seq(tmp3_real = x_real+y_real, tmp3_imag = x_imag+y_imag),
    z_real = tmp3_real, z_imag = tmp3_imag)
```

Auch hier führt die Grundblockoptimierung zur Reduktion der Anzahl der Hilfsvariablen und verhindert die Deklaration einer Sequenzmethode. Der resultierende Java-Code erfordert also keine Hilfsvariablen mehr und kommt mit der Deklaration einer Sequenzmethode in der umgebenden Klasse aus. Im allgemeinen Fall werden je nach den verwendeten Transformationen u.U. mehrere Sequenzmethoden erzeugt; die generierten Signaturen bzw. Typen der Parameter werden jeweils so gewählt, daß sie zu den tatsächlich vorkommenden Argumenten zuweisungskompatibel sind. Weil die Sequenzmethoden also benutzerdefinierte Typen in den Argumenten verwenden können, ist eine vordefinierte Zusammenfassung in einer Hilfsklasse nicht möglich.

```
seq(z_real = x_real + y_real, z_imag = x_imag + y_imag)
```

Wenn direkt Bytecode erzeugt wird, werden nur noch die Argumente der Sequenzmethoden ausgewertet, so daß der entstehende Bytecode der manuellen Auflösung der komplexwertigen Ausdrücke entspricht.

4.3 Einfache Transformationsregeln im Detail

Im folgenden betrachten wir einen Ausdruck E, der aus Unterausdrücken e_1, bis e_n zusammengesetzt ist. Die Umsetzungsregel $eval[E]$ beschreibt (rechts vom $\mapsto$-Symbol) die rekursive Transformation in reguläres Java, die wie jeweils angegeben $eval[e_i]$ für alle Unterausdrücke anwendet. Komplexwertige Ausdrücke werden von $eval$ meist auf Sequenzmethoden abgebildet, deren Resultat ignoriert wird. Manchmal ist es aber erforderlich, auf den real- oder imaginär-Anteil zuzugreifen. Dazu dienen $evalR$ und $evalI$, die prinzipiell dasselbe leisten wie $eval$, aber auf Sequenzmethoden (`seqREAL`) abgebildet werden, die den real- oder imaginär-Anteil zurückgeben statt einem unbeachteten Resultat. Werden $evalR$ bzw. $evalI$ auf ein komplexwertiges Feld angewendet, liefert die erzeugte Sequenzmethode ein Feld von `double`-Werten zurück. Siehe die Diskussion der Konstruktor-Methoden in Abschnitt 4.5. Nicht-komplexwertige Ausdrücke werden von $eval$, $evalR$ und $evalI$ unverändert beibehalten. Während das $=$-Symbol im Sinne der Programmiersprache verwendet wird, definiert $\equiv$ links einen Bezeichner, der durch den rechts angegebenen programmiersprachlichen Ausdruck zu expandieren ist.

Für die linken Seiten von Zuweisungen gibt es eine andere Transformationsregel: $access[E]$ liefert nicht den Wert sondern den kürzesten Zugriffspfad (nur höchstens eine Zeigerdereferenzierung) auf einen Unterausdruck.

Wie anhand des Beispiels weiter oben deutlich wurde, werden viele Hilfsvariablen in dem Block deklariert (und anschließend in der Regel wieder wegoptimiert), der den Ausdruck im Programmtext unmittelbar umschließt.[4] Die unten beschriebenen Transformationsregeln zeigen die Deklaration der Hilfsvariablen nicht. Stattdessen sind diese an der Namenskonvention zu erkennen: Für einen komplexwertigen Ausdruck e bezeichnen e_{real} und e_{imag} die zugehörigen beiden Hilfsvariablen vom Typ `double`. Auf zusätzlich benötigte Hilfsvariablen wird im Text hingewiesen. Komplexwertige Felder werden im nächsten, Methodenaufrufe im übernächsten Abschnitt gesondert diskutiert. Nicht gezeigt sind die recht simplen Transformationsregeln für unäre Operatoren, für Konstanten, für Literale und für initialisierte Konstanten in einem Interface. Details sind in [7] beschrieben.

- **Einfacher Bezeichner:** Für $E \equiv c$ lautet die Transformationsregel:

$$eval[c] \mapsto seq(E_{real} = c_{real}, E_{imag} = c_{imag})$$

Beide Komponenten des komplexwertigen Bezeichners c werden in den Hilfsvariablen gespeichert, die das Ergebnis des Ausdrucks E sind. Ist c das Ziel einer Zuweisung, dann genügt es, die gemäß der Namensmodifikationsregel gebildeten Namen zu benutzen.

- **Selektion:** Für $E \equiv F.e$ lautet die Transformationsregel:

$$eval[F.e] = seq(tmp = eval[F], E_{real} = tmp.e_{real}, E_{imag} = tmp.e_{imag})$$

Es wird F (einmal) ausgewertet und in einer Hilfsvariablen tmp gesichert, ehe es für den Zugriff auf beide Komponenten verwendet wird. Ist $F.e$ das Ziel einer Zuweisung, dann wird F in eine Hilfsvariable ausgewertet, die dann für die weitere Transformation der rechten Seite verwendet wird:

$$access[F.e] \mapsto tmp = eval[F]$$
$$\wedge \; E_{real}^{\downarrow} \equiv tmp.e_{real}, E_{imag}^{\downarrow} \equiv tmp.e_{imag}$$

Im Rahmen der Umsetzungsregel für die Zuweisung (s.u.) wird erstens der Programm-Code rechts vom $\mapsto$-Symbol dort eingesetzt, wo $access[F.e]$ ausgewertet wird, und zweitens sind die in dieser Regel verwendeten Bezeichner $E_{real}^{\downarrow}$ und $E_{imag}^{\downarrow}$ durch den Code textuell zu ersetzen, der nach dem $\equiv$-Zeichen angegeben ist. (Diese $\downarrow$-Notation und das textuelle Einsetzen von Programm-Code sollen helfen, die Diskussion der Zugriffspfadauswertung von der Diskussion der Zuweisung gedanklich zu trennen.)

- **Zuweisung:** Für $E \equiv e_1 = e_2$ lautet die Transformationsregel:

$$eval[e_1 = e_2] \mapsto seq(access[e_1], eval[e_2], E_{real} = e_{1real}^{\downarrow} = e_{2real}, E_{imag} = e_{1imag}^{\downarrow} = e_{2imag})$$

Erst wird der Zugriff auf e_1, dann die rechte Seite der Zuweisung ausgewertet. In den letzten zwei Schritten erfolgt die Zuweisung beider Anteile des komplexwertigen Ausdrucks. Da die Zuweisung selbst wieder ein Ausdruck ist, müssen zusätzlich die Hilfsvariablen gesetzt werden, die zu E gehören. Die $e^{\downarrow}$ werden gemäß der *access*-Umsetzung textuell eingefügt.

Beispielsweise wird aus `X.Y.z = x` nachdem die durch die Auswertung von `x` eingefügten Hilfsvariablen und Sequenzmethodenaufrufe wegoptimiert sind:

---

[4] Bei statischem Code oder der Initialisierung von Instanzvariablen werden die Hilfsvariablen nicht zu Instanzvariablen, sondern durch die Verwendung von statischen und/oder dynamischen Blocks mit eingeschränkter Lebensdauer und Sichtbarkeit versehen.

```
seq(tmp = X.Y, tmp.z_real = x_real, tmp.z_imag = x_imag)
```

Die Speicherung in der Hilfsvariablen `tmp` ist nur dann erforderlich, wenn `X.Y.` Seiteneffekte haben kann.

- **Kombination aus Zuweisung und Operation:** Für $E \equiv e_1 \diamond\, = e_2$, wobei $\diamond \in \{+, -, *, /\}$, lautet die Transformationsregel:

$$eval[e_1 \diamond\, = e_2] = seq(access[e1], e_1^{\downarrow} = eval[e_1^{\downarrow} \diamond\, e_2])$$

Die Adressse der linken Seite der Zuweisung wird ausgewertet; überall wo $e_1^{\downarrow}$ steht wird der resultierende Programm-Code textuell eingesetzt. Die Adresse geht als linker Operand in die Operation ein. Abschließend wird das Ergebnis der Operation an die zuvor berechnete Adresse geschrieben. Diese Reihenfolge ist nötig, um mehrfache Seiteneffekte bei der Berechnung von e_1 zu umgehen.

- **Vergleich:** Für $E \equiv e_1\, ==\, e_2$ lautet die Transformationsregel:

$$eval[e_1\, ==\, e_2] \mapsto seq_{\&\&}(eval[e_1], eval[e_2], e_{1real}\, ==\, e_{2real}, e_{1imag}\, ==\, e_{2imag})$$

Im Gegensatz zu den bisher verwendeten Sequenzmethoden hat diese einen nicht-leeren Rumpf. Zurückgegeben wird das Ergebnis einer logischen UND-Verknüpfung des dritten und vierten Argumentwerts. Es wird also **true** zurückgegeben, wenn die beiden komplexwertigen Ausdrücke e_1 und e_2 in ihren beiden Komponenten übereinstimmen. Analog erfordert die Ungleich-Verknüpfung eine $seq_{||}$-Sequenzmethode. Die Rümpfe beider speziellen Sequenzmethoden werden bei der direkten Erzeugung von Bytecode unmittelbar eingebaut („inlining").[5]

- **Addition und Subtraktion:** Für $E \equiv e_1 \diamond e_2$, wobei $\diamond \in \{+, -\}$, lautet die Transformationsregel:

$$eval[e_1 \diamond e_2] \mapsto seq(eval[e_1], eval[e_2], E_{real} = e_{1real} \diamond e_{2real}, E_{imag} = e_{1imag} \diamond e_{2imag})$$

- **Multiplikation:** Für $E \equiv e_1 * e_2$ lautet die Transformationsregel:

$$eval[e_1 * e_2] \mapsto seq(eval[e_1], eval[e_2], E_{real} = e_{1real} * e_{2real} + e_{1imag} * e_{2imag},$$
$$E_{imag} = e_{1real} * e_{2imag} - e_{1imag} * e_{2real})$$

- **Division:** Die Regel für die Division ist strukturell genau wie die für die Multiplikation, nur mit komplizierteren Ausdrücken. Neben der Standard-Divisionsregel, die numerisch instabil ist, bietet *cj* auch das langsame aber genauere Verfahren aus der Referenzimplementierung von [11, 2] an. Aus Platzgründen drucken wir hier keine der beiden Varianten ab. (Die Meßergebnisse in Abschnitt 5 beziehen sich auf die schnelle Division, außer wenn explizit *slowdivision* angegeben ist.)

- **Typwandlung:** Da `complex` als Obertyp von `double` definiert wird, werden automatische Typumwandungen eingefügt wo dies erforderlich ist. Ferner werden explizite Typumwandlungen nach `complex` entfernt, wenn der betroffene Ausdruck ohnehin komplexwertig ist. Lediglich für den verbleibenden Fall ($E \equiv (complex)\, e$) muß die Transformationsregel benutzt werden:

$$eval[(complex)\, e] \mapsto seq(eval[e], E_{real} = e, E_{imag} = 0)$$

- **String-Konkatenation:** Die wenig zeitkritische String-Konkatenation erledigt *cj* durch Erzeugung eines Objekts der Klasse `Complex` und den Aufruf der

---

[5] Im Beispiel der komplizierten `while`-Bedingung aus Abschnitt 4 resultiert in etwa:
```
while (   seq_&&(u_real==v_real,u_imag==v_imag)
      && seq_&&(eval[E ≡ y=foo(z)],x_real==e_real,x_imag==e_imag)) {...}
```
Aus Gründen der Lesbarkeit verzichten wir hier darauf, auch die Zuweisung und den Funktionsaufruf zu expandieren.

`toString`-Methode. Dadurch ist man ohne Änderung des Übersetzers in der Lage, das Ausgabeformat zu verändern. Die Transformationsregel lautet (analog für vertauschte Operanden und die +=-Operation):

$$eval[str + e] \mapsto str + (new\ Complex(evalR[e], e_{imag}).toString())$$

Durch $evalR[e]$ wird e ausgewertet und der real-Anteil zurückgeliefert. Darüberhinaus wird von $evalR$ die Hilfsvariable e_{imag} deklariert und mit dem imaginär-Anteil von e initialisiert. Die Asymmetrie ist erforderlich, um doppelte Auswertung von e zu verhindern.

4.4 Transformationsregeln für Felder

Während eine einzelne komplexwertige Variable sinnvollerweise durch ein Paar von `double`-Werten repräsentiert wird, ist die Lösung für komplexwertige Felder nicht offensichtlich. Es gibt zwei grundsätzliche Möglichkeiten: Entweder wird ein komplexwertiges Feld durch zwei `double`-Felder ersetzt oder es wird ein einziges `double`-Feld doppelter Länge benötigt.

Die Verwendung eines Feldes erhält die Anzahl anzulegender Objekte. Der Aufwand steigt aber bei jedem Feldzugriff, weil beim Zugriff auf ein komplexwertiges Feldelement zwei Bereichstests erforderlich sind. Ferner ist festzulegen, ob zusammengehörige `double`-Werte an benachbarten Feldpositionen abgespeichert werden, was eventuell Vorteile beim Cache-Verhalten bringt, oder ob erst alle real-Anteile im Feld angeordnet werden, ehe die imaginär-Anteile folgen.

Die Verwendung von zwei Feldern erzeugt zwei Objekte, was in der Regel etwas langsamer ist. Andererseits können wegen der exakt gleichen Größe beider Felder die doppelten Bereichstests von vielen JITs wegoptimiert werden, was bei einem Feld doppelter Größe nur schwer zu schaffen ist.

Weil zukünftige JITs bei der Objekterzeugung immer besser werden und immer mehr Bereichstests für Felder einsparen können und weil dann die Transformation einfacher zu implementieren ist, verwenden wir zwei Felder.

- **Feld-Erzeugung und Initialisierung:** Java bietet verschiedene Syntax-Elemente an, um Felder zu erzeugen oder auch gleich zu initalisieren. Betrachten wir zunächst die Transformationsregel für die reine Felderzeugung:

$$eval[new\ complex[e_1]\ldots[e_n]] \mapsto$$
$$seq(E_{real} = new\ double[e_1' = eval[e_1]]\ldots[e_n' = eval[e_n]],$$
$$E_{imag} = new\ double[e_1']\ldots[e_n'])$$

Bei der Berechnung von E_{real} werden weitere Hilfsvariablen e_i' angelegt/benutzt, um die Größenangaben im imaginär-Anteil wiederzuverwenden. Für die Feldinitialisierung wird folgende Transformationsregel verwendet:

$$eval[new\ complex\ []\ldots[]\{e_1,\ldots,e_n\}] \mapsto$$
$$seq(E_{real} = new\ double[]\ldots[]\{evalR[e_1],\ldots,evalR[e_n]\},$$
$$E_{imag} = new\ double[]\ldots[]\{e_{1imag},\ldots,e_{nimag}\})$$

$EvalR$ kommt mit inneren Feldinitialisierungen zurecht, da es diese wie anonyme Feldinitialisierungen kleinerer Dimensionalität transformiert.

- **Feldzugriff als Ziel einer Zuweisung:** Solche Feldzugriffe könnten unter Seiteneffekten leiden, wenn die Auswertung eines Index-Ausdrucks das Feld selbst verändert. Daher ist im allgemeinen Fall die Speicherung der Referenz auf das Feld (bis zur innersten Dimension, e_{n-1}) in einer Hilfsvaria-

blen erforderlich. Für den allgemeinen Fall lautet die Transformationsregel:
$$access[F[e_1]\ldots[e_n]] \mapsto tmp = eval[F[e_1]\ldots[e_{n-1}]]$$
$$\wedge\; E^{\downarrow}_{real} \equiv tmp_{real}[e'_n = eval[e_n]],\, E^{\downarrow}_{imag} \equiv tmp_{imag}[e'_n])$$

Wiederum werden neue Hilfsvariable e'_i benutzt, um den Index-Ausdruck nur einfach auszuwerten, und mit Hilfe der $\downarrow$-Notation wird ausgedrückt, daß auf der rechten Seite einer Zuweisung die angegebenen Ausdrücke textuell eingesetzt werden. Für den Zugriff auf ein eindimensionales Feld gilt $tmp = eval[F]$.

- **Feldzugriff:** Für $E \equiv F[e_1]\ldots[e_n]$ lautet die Transformationsregel:
$$eval[F[e_1]\ldots[e_n]] \mapsto seq(eval[F], E_{real} = F_{real}[e'_1 = eval[e_1]]\ldots[e'_n = eval[e_n]],$$
$$E_{imag} = F_{imag}[e'_1]\ldots[e'_n])$$

4.5 Transformationsregeln für Methodenaufrufe

Bei Methodenaufrufen muß man komplexwertige Parameter und Rückgabewerte unterscheiden. Ferner erfordern Konstruktor-Methoden eine Sonderbehandlung.

- **Komplexwertiger Rückgabewert:** In Java können keine zwei `double`-Werte auf einmal aus einer Methode zurückgegeben werden. Der offensichtliche Ansatz, im Inneren der Methode ein Objekt einer `Complex`-Klasse oder ein zweielementiges `double`-Feld für die Rückgabe zu generieren, ist i.A. ungünstig, weil dann bei jedem Methodenaufruf ein Objekt erzeugt würde, das unmittelbar nach der Rückkehr verworfen werden kann. Die in *cj* verwendete Transformation deklariert für jeden textuell vorkommenden Aufruf einer Methode mit komplexwertigem Rückgabewert ein zwei-elementiges `double`-Feld. Die Deklaration erfolgt nicht im unmittelbar den Methodenaufruf umgebenden Block sondern am Anfang derjenigen Methode, die die Aufrufstelle umschließt. Anstelle der ursprünglich aufgerufenen Methode *foo* wird eine Methode $\widehat{foo}$ mit veränderter Signatur aufgerufen, der als zusätzliches Argument eine Referenz auf das Hilfsfeld übergeben wird. Das Hilfsobjekt wird pro Aufruf der umgebenden Methode nur einmal angelegt und evtl. wiederverwendet. Die Transformationsregel für $E \equiv foo()$ lautet (die Transformation von Parametern wird unten beschrieben):
$$eval[foo()] \mapsto seq(\widehat{foo}(tmp), E_{real} = tmp[0], E_{imag} = tmp[1])$$
Weil das Hilfsfeld erstens lokal zur umgebenden Methode angelegt ist und zweitens pro textuellem Aufruf von *foo* ein eigenes Hilfsfeld angelegt wird, sind rekursive Aufrufe unproblematisch. Auch wenn innerhalb der Methode mehrere Threads angelegt werden, landet das frisch angelegte Hilfsfeld im Inneren der `run`-Methode der Threads, so daß jeder Thread ein eigenes Exemplar nutzt.

Die veränderten Methoden haben nicht den Rückgabetyp `void` sondern geben einen Hilfstyp zurück, damit sie im Inneren von Ausdrücken verwendbar sind. Die `return`-Anweisungen im Inneren der Methoden geben `null` zurück, nachdem die Elemente des Hilfsfelds gesetzt worden sind.

- **Komplexwertiger Parameter:** Es wird die auf der Hand liegende Transformation durchgeführt. Die Signatur der Methode wird so geändert, daß statt eines komplexwertigen Arguments zwei `double`-Werte übergeben werden. Entsprechend werden die Aufrufstellen der Methode modifiziert. Wichtig ist, daß nicht nur die Parameterleiste der Methode sondern auch ihr Name verändert wird, um eine Kollision mit einer gleichnamigen Methode zu vermeiden, die zufällig die entstehende Parametertypisierung hat. Die Transformationsregel lautet (entsprechend für Methoden mit mehreren komplexwertigen Parametern):

$$eval[bar(e)] \mapsto \widehat{bar}(evalR[e], e_{imag})$$

- **Konstruktor-Methode:** Aufrufe von Konstruktor-Methoden lassen sich abgesehen von den unveränderten Methodennamen i.allg. nach dem selben Schema behandeln.[6] Lediglich der Aufruf eines anderen Konstruktors kann als erster Befehl einer Konstruktor-Methode einer Sonderbehandlung bedürfen wenn wie im folgenden Code-Fragment die Auswertung seiner Argumente selbst eine Transformation erfordert, die Hilfsvariablen einführt.

```
public Foo(complex x, complex z) {
  super((x+x)+z);
}
```

In diesem Fall würde die Transformation zur Auswertung des komplexwertigen Ausdrucks (x+x)+z Hilfsvariablendeklarationen *vor* dem super-Aufruf anlegen, die in Java dort nicht erlaubt sind. Als Ausweg wird (verkürzt dargestellt) eine zusätzliche Konstruktor-Methode erzeugt, die neben den Parametern des ursprünglichen Konstruktors (complex aufgelöst) noch die benötigten Hilfsvariablen enthält.

```
private Foo(double x_real, double x_imag, // Parameter des ersten
            double z_real, double z_imag, // Konstruktors
            double tmp1_real, double tmp1_imag, // Hilfsvariablen
            double tmp2_real, double tmp2_imag) {
  super(seqREAL(seq(tmp1_real = x_real + x_real,
            tmp1_imag = x_imag + x_imag),
            tmp2_real = tmp1_real + z_real,
            tmp2_imag = tmp1_imag + z_imag),
        tmp2_imag);
}
```

Der super-Aufruf wurde oben ebenfalls modifiziert, um statt eines komplexwertigen Arguments zwei double-Werte zu akzeptieren.

5 Leistungsmessungen

5.1 Meßaufbau

Für die Leistungsmessungen verwenden wir einen Pentium 100 mit 64 MB Hauptspeicher und 512 KB Cache. Auf diesem Rechner sind Linux 2.0.36 (Suse 6.0) mit einer Vorabversion des JDK 1.2 und Windows NT Version 4 (Service Pack 4) mit diversen JDKs installiert. Um eine möglichst allgemeine Aussage zum Leistungsverhalten machen zu können, untersuchen wir auf der Windows-Plattform SUN's JDK 1.2.1 (sogenanntes Java 2), das im Internet-Explorer (Version 5) eingebaute JDK, ein von der IBM herausgegebenes JDK und schließlich eine Beta-Version des HotSpot (neuer Just-in-Time-Übersetzer von Sun).

---

[6] Um trotz Namensgleichheit Kollisionen durch Veränderung der Parametertypisierung auszuschließen, ergänzt *cj* die Parameterleiste um einen neuen Hilfstyp. Dies fehlt im Beispiel.

Als Benchmark-Programme untersuchen wir diverse Kern-Benchmarks, welche Feldzugriffe, die komplexwertige Basisarithmetik und die Leistung von Funktionsaufrufen mit komplexwertigen Argumenten/Rückgabewerten messen. Ferner nehmen wir Zeitmessungen für einige Anwendungskerne (Microstrip-Potentialfeldberechnung, komplexwertige Matrixmultiplikation und komplexwertige FFT) vor. Für alle Programme haben wir mindestens zwei Versionen: eine Version verwendet den Basistyp `complex`, die andere ist klassenbasiert.

5.2 Ergebnis

Gemittelt über alle Benchmarkprogramme ergibt sich, daß die Versionen, die auf dem Basistyp `complex` beruhen, *im Durchschnitt 2 bis 21 mal so schnell* (je nach JVM) ausgeführt werden, wie die klassenbasierten Lösungen. Die kleinere Verbesserung wird von guten Java-Implementierungen erreicht (HotSpot und Internet-Explorer), die Optimierungen der Bereichsüberprüfung bei Feldzugriffen vornehmen, eine schnellere Objekterzeugung haben und Methodenrümpfe vermehrt einbauen („inlining"). Die größten Verbesserungen erreichen die Basistyp-Versionen in der Regel mit dem JDK 1.2 auf der Windows-Plattform.

5.3 Ergebnisse im Detail

In Abbildung 1 sind die Ergebnisse zusammengestellt – aufgeteilt nach den sechs verschiedenen Benchmarks (a) bis (f). In jeder der sechs Teilabbildungen gibt es fünf Balkengruppen, je eine für die fünf untersuchten JVMs. Eine Balkengruppe besteht aus einem schwarzen Balken, der die relative Laufzeit der Programmversion angibt, die auf `Complex`-Objekten basiert. Der Faktor, um den die von *cj* übersetzte Version mit primitivem Datentyp (benachbarter grauer Balken) schneller ist, kann über dem schwarzen Balken abgelesen werden. Bei manchen Benchmarks gibt es auch noch eine Programmversion, bei der `complex` manuell durch zwei `double` ersetzt wurde. Diese handoptimierten Programmversionen (weiße Balken) sind nur geringfügig schneller als der von *cj* generierte Code.

Es ist in Teilabbildung (a) und (c) zu beobachten, daß die Beschleunigung geringer ausfällt als in den übrigen Benchmarks. Ferner ist zu sehen, daß die guten Java-Implementierungen (Internet-Explorer und HotSpot) den Zusatzaufwand der Objekt-Erzeugung in klassenbasierten Lösungen recht gut eliminieren können. Die Leistung von *cj* ist aber noch immer um mindestens 10-40% besser.

Während in (a) und (c) der Aufwand für Zugriffe auf komplexwertige Felder und der Aufwand für den Methodenaufruf mit komplexwertigem Rückgabeparameter untersucht wurde, untersuchen (b), (d), (e) und (f) vorwiegend die Leistung der Arithmetik, wobei (d) und (e) auch ein gewisses Maß an Feldzugriffen haben. Hier fällt auf, daß durch den in *cj* realisierten Einbau aller Methodenaufrufe bei möglichst geringer Verwendung von Hilfsvariablen eine deutlich höhere Geschwindigkeit erzielt werden kann, als es bei klassenbasierten Lösungen möglich ist.

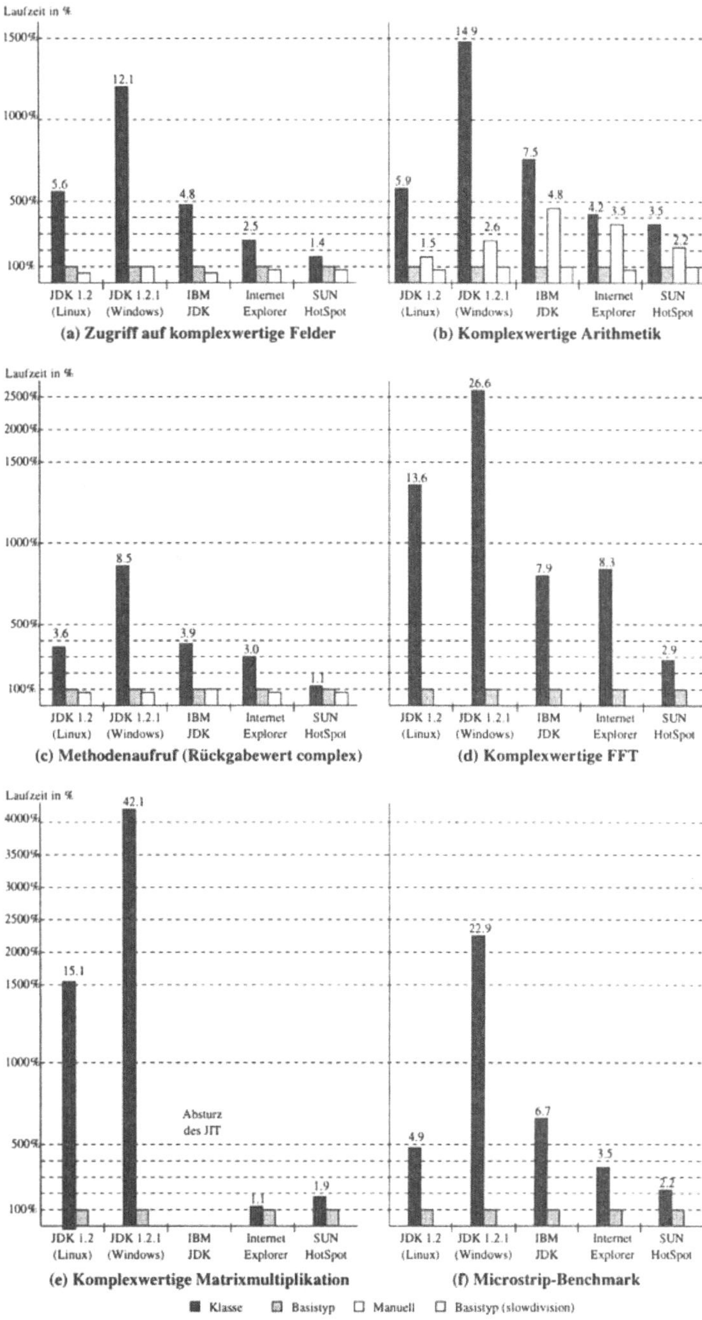

Abbildung 1: Leistung der Benchmark-Programme

Selbst die guten Java-Implementierungen werden mindestens um etwa Faktor 3 geschlagen. Mit den schlechteren Java-Implementierungen kann teilweise ein Faktor von über 26 erreicht werden. Dieses Optimierungspotential liegt wohl an den Methodenaufrufen und der zwangsläufig erforderlichen Instantiierung termporärer Objekte, die cj vollständig einsparen kann.

6 Zusammenfassung

Dieser Beitrag zeigt, wie komplexe Zahlen nahtlos und effizient zu Java ergänzt werden können. Wichtig dabei ist, daß die einfache Überführung in verdoppelte Operationen auf den real- und imaginär-Anteilen nicht ausreicht. Mit den Sequenzmethoden ist eine Notation für die erforderlichen lokalen Programmtransformationen vorgestellt worden. Die Technik zur Realisierung komplexwertiger Rückgabewerte aus Methoden zeigt sich als sehr effizient, weil die Erzeugung vieler temporärer Objekte eingespart werden kann. Insgesamt laufen die von cj übersetzten Programme 2 bis 21 mal so schnell wie klassenbasierte Vergleichsimplementierungen.

Danksagungen

Das Java Grande Forum und Siamak Hassanzadeh von Sun Microsystems unterstützten die Diskussion über mögliche komplexe Zahlen in Java finanziell. Martin Odersky gebührt unser Dank für das Bereitstellen von gj. Bernhard Haumacher und Lutz Prechelt gaben wertvolle Anregungen zur Verbesserung der Darstellung.

Literatur

1. G. Bracha, M. Odersky, D. Stoutamire, and P. Wadler. Making the future safe for the past: Adding genericity to the Java programming language. In *Proc. of OOPSLA '98*, October 1998. http://www.cis.unisa.edu.au/~pizza/gj/.
2. C9x proposal. ftp://ftp.dmk.com/DMK/sc22wg14/c9x/complex/ and http://anubis.dkuug.dk/jtc1/sc22/wg14/.
3. J. D. Darcy and W. Kahan. Borneo language. http://www.cs.berkeley.edu/~darcy/Borneo.
4. J. Gosling. The evolution of numerical computing in Java. http://java.sun.com/people/jag/FP.html.
5. IBM. Numerical intensive java. http://www.alphaWorks.ibm.com/tech/ninja/.
6. Java Grande Forum. http://www.javagrande.org.
7. JavaParty. http://wwwipd.ira.uka.de/JavaParty/.
8. S. M. Omohundro and D. Stoutamire. The Sather 1.1 specification. Technical Report TR-96-012, ICSI, Berkeley, 1996.
9. G. Steele. Growing a language. In *Proc. of OOPSLA '98*, October 1998. key note.
10. G. K. Thiruvathukal, F. Breg, R. Boisvert, J. Darcy, G. C. Fox, D. Gannon, S. Hassanzadeh, J. Moreira, M. Philippsen, R. Pozo, and M. Snir (editors). Java Grande Forum Report: Making Java work for high-end computing. In *Supercomputing '98*, Orlando, Florida, November 1998. panel handout.
11. Visual Numerics. Java grande complex reference. http://www.vni.com/corner/garage/grande/index.html, 1999.
12. P. Wu, S. Midkiff, J. Moreira, and M. Gupta. Efficient support for complex numbers in Java. In *ACM 1999 Java Grande Conference*, San Francisco, 1999. pp 109–118.

Byte Code Engineering

Markus Dahm

Freie Universität Berlin
dahm@inf.fu-berlin.de

Abstract. The term "Java" is used to denote two different concepts: the language itself and the related execution environment, the Java Virtual Machine (JVM), which executes *byte code* instructions. Several research projects deal with byte code-generating compilers or the implementation of new features via byte code transformations. Examples are code optimization, the implementation of parameterized types for Java, or the adaptation of run-time behavior through load-time transformations. Many programmers are doing this by implementing their own specialized byte code manipulation tools, which are, however, restricted in the range of their reusability. Therefore, we have developed a general purpose framework for the static analysis and dynamic creation or transformation of byte code. In this paper we present its main features and possible application areas

1 Introduction

Many research projects deal with extensions of the Java language [13] or improvements of its run-time behavior. Implementing new features in the Java execution environment (Java Virtual Machine, JVM) is relatively easy compared to other languages, because Java is an interpreted language with a small and easy-to-understand set of instructions (the *byte code*).

The JAVACLASS API which we present in this paper is a framework for the static analysis and dynamic creation or transformation of Java class files.[1] It enables developers to deal with byte code on a high level of abstraction without handling all the internal details of the Java class file format. There are many possible application areas ranging from class browsers, profilers, byte code-optimizers, and compilers, to sophisticated run-time analysis tools and extensions to the Java language [1, 21, 3]. Other possibilities include the static analysis of byte code [22], automated delegation [8], or implementing concepts of "Aspect-Oriented Programming" [16]. We think that the most interesting application area for JAVACLASS is meta-level programming, i.e. load-time reflection [18], which will be discussed in detail in section 3.1.

Our approach provides a truly object-oriented view upon Java byte code. For example, code is modeled as a list of instructions objects. Within such a list one may add or delete instructions, change the control flow, or search for certain patterns of code using regular expressions.

We assume the reader to have some basic knowledge about the JVM and Java class files. A more detailed introduction to the API and the Virtual Machine can be found in

---

[1] The JAVACLASS distribution, including several code examples and javadoc manuals, is available at http://www.inf.fu-berlin.de/~dahm/JavaClass/index.html.

[9]. The paper is structured as follows: We first give a brief overview of related work and present some aspects and technical details of the framework in section 2. We then discuss concepts of byte code engineering and possible application areas in section 3 and conclude with section 4.

1.1 Related work

The JOIE [7] toolkit can be used to augment class loaders with dynamic behavior. Similarly, "Binary Component Adaptation" [15] allows classes to be adapted and evolved on-the-fly. Han Lee's "Byte-code Instrumenting Tool" [17] allows the user to insert calls to analysis methods anywhere in the byte code. The Jasmin assembler [20] can be used to compile pseudo-assembler code. Kawa, a Java-based Scheme system, contains the gnu.bytecode package [5] to generate byte code. The metaXa Virtual Machine [12] allows to dynamically *reify* meta level events, e.g. instance field access.

In contrast to these projects, JAVACLASS is intended to be a general purpose tool for "byte code engineering". It gives the developer full control on a high level of abstraction and is not restricted to any particular application area.

2 The JavaClass framework

The JAVACLASS framework consists of a "static" and a "generic" part. The former is not intended for byte code modifications. It may be used, e.g., to analyze Java classes without having the source files at hand. The latter supplies an abstraction level for creating or transforming class files dynamically. It makes the static constraints of Java class files, like hard-coded byte code addresses, mutable. Using the term "generic" here may be a bit misleading, we should perhaps rather speak of a "generating" API. UML diagrams – unfortunately too large for this paper – describing the class hierarchy of the framework can be found in [9].

2.1 Static API

All of the binary components and data structures declared in the JVM specification [19] are mapped to classes, where the top-level class is called JavaClass, giving the whole API its name. Instances of this class basically consist of a *constant pool*, fields, methods, symbolic references to the super class and to the implemented interfaces of the class. At run-time, these objects can be used as *meta objects* describing the contents of a class. This possibility will be discussed in detail in section 3.1.

The constant pool serves as a central repository of the class and contains, e.g., entries describing the type signature of methods and fields. It also contains String, Integer, and other constants. Indexes to the constant pool may be contained in byte code instructions as well as in other components of a class file and in constant pool entries themselves.

Analyzing classes. Information within the class file components can be accessed via an intuitive set/get interface. Compilers may use the framework to analyze binary class files, e.g. in order to check whether they contain certain fields or methods. Using the provided class repository, implementing a simple class viewer is quite easy:

```
JavaClass clazz = Repository.lookupClass("java.lang.String");

System.out.println(clazz);               // Print class contents
Method[] methods = clazz.getMethods();

for(int i=0; i < methods.length; i++) {
  System.out.println(methods[i]);    // Print method signature

  Code code = methods[i].getCode(); // Print byte code of
  if(code != null)                  // non-abstract,
    System.out.println(code);       // non-native methods
}
```

JAVACLASS supports the *Visitor* design pattern [10], i.e. it allows developers to write their own visitors to traverse and analyze the contents of a class file. Included in the distribution, e.g., is a class `JasminVisitor` that converts class files into the Jasmin assembler language [20].

2.2 Generic API

This part of the API makes it possible to modify byte code components dynamically. The generic constant pool, for example, implemented by the class `ConstantPool-Gen`, offers methods for adding different types of constants. Accordingly, `ClassGen` offers routines to add or delete methods, fields, and class attributes.

Representation of types. We abstract from the concrete details of type signature syntax of the JVM [19] by introducing the `Type` class, which is used, for example, to define the types of methods. Concrete sub-classes are `BasicType`, `ObjectType` and `ArrayType`. There are also some predefined constants for common types. For example, the type signature of the `main` method is represented by:

```
Type    ret_type  = Type.VOID;
Type[] arg_types = new Type[] {new ArrayType(Type.STRING, 1)};
```

Generic fields and methods. Fields are represented by `FieldGen` objects. If they have the access rights `static  final`, i.e. are constants, they may optionally have an initializing value.

`MethodGen` objects contain routines to add local variables, thrown exceptions, and exception handlers. Because exception handlers and local variables contain references to byte code addresses, they also take the role of an *instruction targeter* in our terminology. Instruction targeters contain a method `updateTarget()` to redirect such references. The code of methods is represented by *instruction lists* that contain instruction objects. References to byte code addresses are implemented by handles to instruction objects. This is explained in more detail in the following sections.

Instruction objects. Modeling instructions as objects may look somewhat odd at first sight, but in fact enables programmers to obtain a high-level view upon control flow without handling details like concrete byte code addresses. Instruction objects basically consist of a tag, i.e. an opcode and their length in bytes. The instruction set of the Java Virtual Machine distinguishes its operand types using different instructions to operate on values of specific type. For example `iload` loads an integer value onto the stack, while `fload` loads a float value.

Our approach enables us to group instructions via sub-classing. For example, there are *branch instructions* like `goto` and `if_icmpeq`, which compares two integers for equality. They additionally contain an address (offset) within the byte code as the branch target. Obviously, this makes them candidates for playing an instruction targeter role, too.

For debugging purposes it may even make sense to "invent" your own instructions. In a sophisticated code generator, e.g., it may be very difficult to track back in which method particular code has actually been created. One could think of a specialized `nop` (No operation) instruction (which may be inserted anywhere without effect) that contains additional debugging information. One could also think of new byte code instructions operating on complex numbers that are replaced by normal byte code upon load-time or are recognized by a new JVM.

We will not list all byte code instructions here, since these are explained in detail in the JVM specification [19]. The opcode names are mostly self-explaining, so understanding the following code examples should be fairly intuitive.

2.3 Instruction lists

An *instruction list* is implemented by a list of *instruction handles* encapsulating instruction objects. References to instructions in the list are thus not implemented by direct pointers to instructions but by pointers to instruction handles. This makes appending, inserting and deleting areas of code very simple. Since we use symbolic references, computation of concrete byte code offsets does not need to occur until finalization, i.e. until the user has finished the process of generating or transforming code. Instruction handles can be used as some kind of symbolic addresses, for example in order to define the scope of an exception handler:

```
InstructionHandle start, end, handler;
... // Define start and end of handled area, and handler code
ObjectType ot = new ObjectType("java.io.IOException");
mg.addExceptionHandler(start, end, handler, ot);
```

We will use the terms instruction and instruction handle synonymously for the rest of the paper.

Appending instructions. Instructions can be appended before or after any given handle within a list. The default is to append the instruction to the end of the list. All append methods return a new instruction handle which may then be used as the target of a branch instruction, e.g..

```
InstructionList il = new InstructionList();
GOTO g = new GOTO(null);      // Target of branch not known yet
il.append(g);                 // Append it to the end of the list
...
g.setTarget(il.append(new NOP())); // Set branch target
```

Deleting instructions. Deletion of instructions is also very straightforward: all instruction handles and the contained instructions within a given range are removed from the instruction list and disposed. The `delete()` method may throw a `TargetLostException` when there are instruction targeters still referencing one of the deleted instructions. The user is forced to handle such exceptions and redirect those references where the necessary informations are stored in the exception object.

```
try {
   il.delete(start, end);
} catch(TargetLostException e) { ... }
```

2.4 Instruction factories

When producing byte code, some patterns typically occur very frequently, for instance the compilation of arithmetic or comparison expressions. One certainly does not want to copy the code that translates such expressions to every place they may appear. Instead, we supply instruction *factories* [10] and *compound instructions*. Instances of the latter may be appended just like normal instructions.

For example, pushing constants onto the operand stack may be coded in different ways. There are some "short-cut" instructions that can be used to make the produced byte code more compact. The smallest instruction to push a single 1 onto the stack is `iconst_1`, other possibilities are `bipush` (can be used to push values between -128 and 127), `sipush` (between -32768 and 32767), or `ldc` (load constant from constant pool).

Instead of repeatedly selecting the most compact instruction in, say, a switch, one can use the compound PUSH instruction whenever pushing a constant number or string. It will produce the appropriate byte code instructions when added to an instruction list and automatically insert entries into the constant pool if necessary.

```
InstructionList il = new InstructionList();
il.append(new PUSH(constant_pool, "Hello, world"));
il.append(new PUSH(constant_pool, 4711));
```

2.5 Representing exception handlers and local variables

In Figure 1 we present how the code of the `readInt()` method is mapped to an instruction list. The local variables n and e both hold two references to instructions, defining their scope. An exception handlers is displayed, too: it references the start and the end of the `try` block and also the handling code. Altogether, there are three kinds of instruction targeters: local variables, exception handlers and branch instructions.

```
private static BufferedReader in =
  new BufferedReader(new
    InputStreamReader(System.in));

public static final int readInt() {
  int n = 4711;

  try {
    n = Integer.parseInt(in.readLine());
  } catch(IOException e) {
    System.err.println(e);
  }
  ...

  return n;
}
```

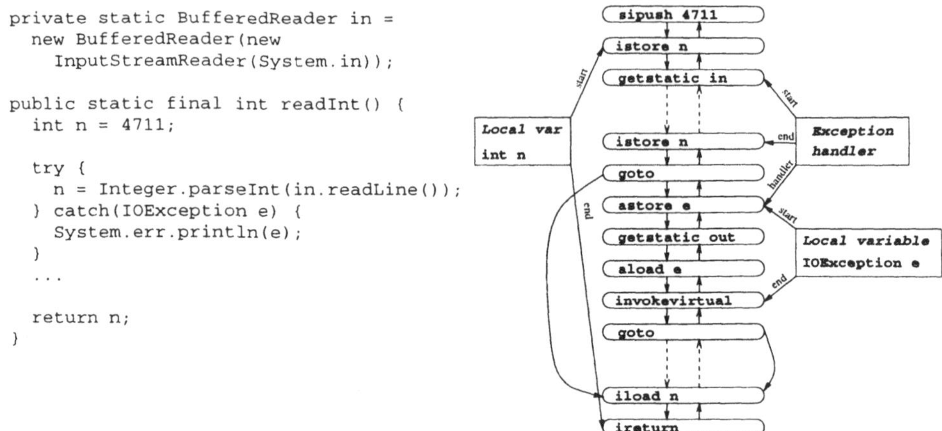

Fig. 1. Instruction list for `readInt()` method

2.6 Code patterns

When transforming code, for instance during optimization or when inserting analysis method calls, one typically searches for certain patterns of code on which to perform the transformation. In order to handle such situations JAVACLASS includes a novel feature: One can search for given code patterns within an instruction list using *regular expressions*. In regular expressions, instructions may be represented by symbolic names, e.g. 'IfInstruction' or 'ILOAD_'. Meta symbols like +, *, and (.. | ..) have their usual meanings. Currently we are using string literals to represent regular expressions, a future version of the API may introduce a more advanced data structure. Additional constraints to the matching area of instructions, which can not be implemented in terms of regular expressions, may be expressed via *code constraints*. Section 2.8 presents an example for the usage of this feature.

2.7 Example I: Compiling an `if` statement

The following example shows how a simple compiler would translate the Java statement

```
if(a == null)
  a = b;
```

into byte code:

```
InstructionList il = new InstructionList();
IfInstruction   i  = new IFNONNULL(null);


il.append(new ALOAD(0));    // Load local variable 0(a) on stack
il.append(i);               // Use negated condition
il.append(new ALOAD(1));    // Load local variable 0(b) on stack
il.append(new ASTORE(0));   // Store in a
// Define auxiliary target for the case a != null
i.setTarget(il.append(new NOP()));
```

2.8 Example II: Peep hole optimizer

In Java, boolean values are mapped to 1 and 0. Thus, the simplest way to evaluate boolean expressions like a == null during compilation is to push a 1 or a 0 onto the operand stack. But this way, the subsequent combination of boolean expressions (with &&, e.g) yields long chunks of code that push lots of 1s and 0s onto the stack. Additionally, one has to add a lot of nop operations as auxiliary branch targets.

Such code chunks can be optimized using a *peep hole* algorithm [2]: An IfInstruction, that either produces a 1 or a 0 on the stack and is followed by an ifeq instruction (branch if stack operand equals to 0) is replaced by the negated IfInstruction with its branch target replaced by the target of the ifeq instruction. Figure 2 illustrates the results of the algorithm: The left column shows the original Java expression, the middle one the naive translation into byte code, and the right one shows an optimized version.

```
if(a == null)     1:  aload_0         1:  aload_0
    a = b;        2:  ifnull    #5    2:  ifnonnull #5
                  3:  iconst_0        3:  aload_1
                  4:  goto      #6    4:  astore_0
                  5:  iconst_1        5:  nop
                  6:  nop
                  7:  ifeq      #10
                  8:  aload_1
                  9:  astore_0
                 10:  nop
```

Fig. 2. Optimizing byte code

This algorithm can be implemented like this:

```
FindPattern f = new FindPattern(il);
f.search("`IfInstruction'`ICONST_0'`GOTO'" +
        "`ICONST_1'`NOP'`IFEQ'", constraint);

InstructionHandle[] match = f.getMatch();
IfInstruction        if_   = (IfInstruction)match[0].
  getInstruction().negate();            // Negate instruction

match[0].setInstruction(if_);           // Replace instruction
if_.setTarget(match[5].getTarget());    // Update branch target
try {
  il.delete(match[1], match[5]);        // Remove obsolete code
} catch(TargetLostException e) { ... }  // Update targeters
```

Subsequent application of this algorithm removes all unnecessary stack operations and branch instructions from the byte code. If any of the deleted instructions is still referenced by an instruction targeter object, the reference needs to be updated in the catch-clause.

Code constraints. The above applied *code constraint* object ensures that the matched code really can be transformed, i.e. it checks the targets of the branch instructions:

```
CodeConstraint constraint = new CodeConstraint() {
  public boolean checkCode(InstructionHandle[] m) {
    IfInstruction if_ = (IfInstruction)m[0].getInstruction();
    GOTO          g   = (GOTO)m[2].getInstruction();
    return (if_.getTarget() == m[3]) &&
           (g.getTarget() == m[4]);
  }
};
```

3 Concepts of Byte Code Engineering

Byte code engineering techniques can be used in many application areas. We think that the most interesting application area is the user-transparent adaptation of existing code at run-time. For example, a profiling tool can dynamically insert calls to analysis methods without affecting the semantics of the original code. There are also cases where one has to adapt classes for a certain environment when the source code is not available.

3.1 Load-time Reflection

The terms *reflection* or *meta-level programming* are generally used to denote systems that have the ability to reason about themselves, where certain aspects of the system are *reified* as *meta objects* [6]. On the one hand, separating meta-level from base-level code can separate concerns, e.g., security or persistence aspects can be addressed in the meta-program, thus enhancing base-level code reusability. On the other hand, reflection can provide more flexibility and better adaptability to changing environments. One prominent application area for reflection are programming tools like browsers, debuggers, and prototyping environments.

Java itself provides an API for structural *run-time* reflection [14], which can be used to retrieve type information about objects, to dynamically invoke methods, or to access fields of a given object. Barat [4], in contrast, is an approach for *compile-time* reflection.

Using class loaders and JAVACLASS, one can add an additional level of reflection with Smalltalk-like features [11] to Java: *load-time* reflection. Class loaders are responsible for loading class files from the file system or other resources and passing the byte code to the Virtual Machine [18]. Custom `ClassLoader` objects may be used to replace the standard procedure of loading a class. A given runtime system can then access JAVACLASS meta-level objects created at load-time and adapt them to its needs, or even create them *ad hoc* without a source file. This is an elegant way of extending the Java Virtual Machine without actually modifying it.

Similar to metaXa [12], for example, it is possible to reify events like method calls, instance creations or field accesses, but without the need to change the Virtual Machine. The reification of such an event can be implemented by simply enclosing or replacing the actual byte code instruction with invocations of runtime system methods.

A possible scenario is described in figure 3: During run-time the Virtual Machine requests a custom class loader to load a given class. Before the JVM actually sees the byte code, the class loader makes a "side-step" to create the requested class or to perform some transformation to an existing class. To make sure that the modified byte code is still valid and does not violate any of the JVM's rules it is checked by the verifier before the JVM finally executes it.

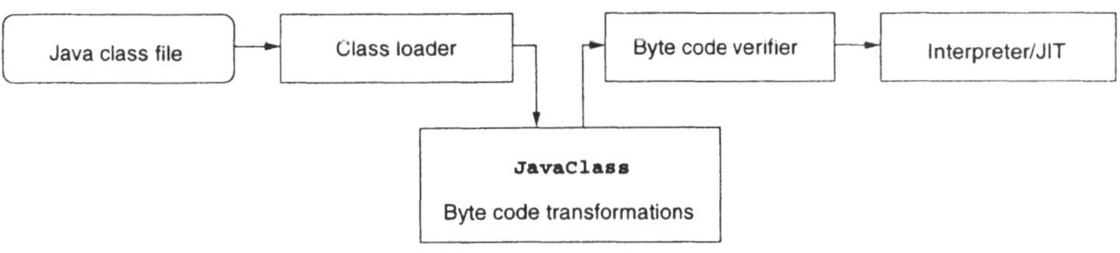

Fig. 3. Class loaders

3.2 Example III: "Reloading" classes

From the viewpoint of a run-time system it is sometimes desirable to reload a given class, i.e. to drop the old byte code and load a new implementation. This is not possible with the JVM, of course, but we can simulate the effect using byte code transformations. We illustrate this with the following simple example:

```
public class ReloadMe {
  public ReloadMe() { ... }
  public String foo(int bar) { ... }
}
```

We then implement a class loader that globally replaces all instance creations of this class with calls to an object factory. I.e., all statements like `o = new ReloadMe();` become `o = Factory.createReloadMe();` (on the byte code level). The factory is initialized with the class object of `ReloadMe` and uses it as a template for object creation (if the constructor takes arguments we have to use `Constructor` objects of the Java Reflection API as templates).

```
public class Factory {
  Class reload_me = ReloadMe.class;
  ...
  public static ReloadMe createReloadMe() {
    return (ReloadMe)reload_me.newInstance();
  }
}
```

When the run-time system decides to load a new implementation of `ReloadMe` it simply replaces the template class of the factory with a new class that extends the original one. This new class is generated using the JAVACLASS API and passed to the class loader:

```
JavaClass clazz = generateNew("ReloadMe");
Factory.reload_me = class_loader.load(clazz.getBytes());
```

Going even further we can reimplement the behavior of single methods, too, if we insert a *hook* at the start of every method whose behavior we want to adapt. The hook is inactive when it has a `null` value. Otherwise it redirects all incoming calls, i.e. we use delegation [10].

```
public String foo(int bar) {
  if(hook != null)
    return hook.foo(this, bar);
  ... // Old code becomes unreachable
}
```

It would be awkward to incorporate this explicit "reloading" and delegation code into the source of the original class. But on the meta (byte code) level we can easily implement user-transparent *behavorial* reflection features like the ones described.

Another useful example for the transformation of new statements may be to avoid costly thread creation operations by replacing them with factory methods that reuse old thread objects. This is also a good example of how to add optimizations on the meta level that are orthogonal to the original program and thus do not affect its semantics.

4   Conclusion and Future Work

In this paper we have presented the JAVACLASS framework, a general purpose tool for byte code engineering. It provides the developer with a completely object-oriented view upon byte code and allows him to conveniently analyze, transform or create classes. In combination with class loaders, JAVACLASS is a powerful tool to implement reflectional features on a meta level not visible to the user. There are many possible application areas ranging from class browsers, profilers, byte code-optimizers, and compilers to sophisticated run-time analysis tools and extensions to the Java language.

The framework has already proved its usefulness in several projects. We have been able, e.g., to implement the byte code-generating back end of a Java compiler within ten days. We plan to further enhance JAVACLASS with more support for load-time reflection and control flow analysis on the byte code level.

References

1. O. Agesen, S. N. Freund, and J. C. Mitchell. Adding Type Parameterization to the Java Language. In *Proceedings OOPSLA'97*, Atlanta, GA, 1997.
2. A. Aho, R. Sethi, and J. Ullman. *COMPILERS Principles, Techniques and Tools*. Addison-Wesley, 1985.
3. B. Bokowski and M. Dahm. Poor Man's Genericity for Java. In Clemens Cap, editor, *Proceedings JIT'98*. Springer, 1998.
4. B. Bokowski and A. Spiegel. Barat – A Front-End for Java. Technical report, Freie Universität Berlin, 1998.
5. Per Bothner. *The gnu.bytecode package*. `http://www.cygnus.com/~bothner/gnu.bytecode/`, 1998.
6. Gerald Brose. Reflection in Java, CORBA and JacORB. In Clemens Cap, editor, *Proceedings JIT'98*. Springer, 1998.
7. Geoff Cohen, Jeff Chase, and David Kaminsky. Automatic Program Transformation with JOIE. In *Proceedings USENIX Annual Technical Symposium*, 1998.
8. Pascal Costanza. *The ClassFilters package*. Universität Bonn, `http://www.cs.uni-bonn.de/~costanza/ClassFilters/`, 1998.
9. M. Dahm. Byte Code Engineering with the JavaClass API. Technical report, Freie Universität Berlin, 1998.
10. E. Gamma, R. Helm, R. Johnson, and J. Vlissides. *Design Patterns: Elements of Reusable Object-Oriented Software*. Addison-Wesley, 1995.
11. A. Goldberg and D. Robson. *Smalltalk – The Language*. Addison-Wesley, 1983.
12. Michael Golm and Jürgen Kleinöder. metaXa and the Future of Reflection. In *Workshop on Reflective Programming in C++ and Java*, 1998.
13. J. Gosling, B. Joy, and G. Steele. *The Java Language Specification*. Addison-Wesley, 1996.
14. JavaSoft. *Reflection API*. `http://java.sun.com/products/jdk/1.1/docs/guide/reflection/`, 1998.
15. Ralph Keller and Urs Hölzle. Binary Component Adaptation. In Eric Jul, editor, *Proceedings ECOOP'98*. Springer, 1998.
16. Gregor Kiczales, John Lamping, Anurag Mendhekar, Chris Maeda, Cristina Lopes, Jean-Marc Loingtier, and John Irwin. Aspect-Oriented Programming. Technical report, Xerox Palo Alto Research Center, 1997.
17. Han Bok Lee and Benjamin G. Zorn. BIT: A Tool for Instrumenting Java Bytecodes. In *Proceedings USENIX Symposium on Internet Technologies and Systems*, 1998.
18. Sheng Lian and Gilad Bracha. Dynamic Class Loading in the Java Virtual Machine. In *Proceedings OOPSLA'98*, 1998.
19. Tim Lindholm and Frank Yellin. *The Java Virtual Machine Specification*. Addison-Wesley, 1997.
20. J. Meyer and T. Downing. *Java Virtual Machine*. O'Reilly, 1997.
21. A.C. Myers, J. A. Bank, and B. Liskov. Parameterized Types for Java. In *Proceedings POPL'97*, Paris, France, 1997.
22. M. Thies and U. Kastens. Statische Analyse von Bibliotheken als Grundlage dynamischer Optimierung. In Clemens Cap, editor, *Proceedings JIT'98*. Springer, 1998.

Juggle: Eine verteilte virtuelle Maschine für Java

Michael Schröder, Franz J. Hauck

Universität Erlangen-Nürnberg
Lehrstuhl für Betriebssysteme – IMMD IV
Martensstr. 1, 91058 Erlangen
{schroeder,hauck}@informatik.uni-erlangen.de

Zusammenfassung Die Sprache Java dringt neben World-Wide-Web und Client-Server Anwendungen in immer neue Anwendungsbereiche vor. So werden auch Programme aus dem Bereich Hochleistungsrechnen in Java geschrieben. Für viele Probleme aus diesem Bereich reicht die Leistung eines einzelnen Rechners allerdings nicht aus, es muß deshalb mit Clustern von Rechnern gearbeitet werden. Für den Programmierer bedeutet dies allerdings einen nicht unerheblichen Mehraufwand, da er die Verteilungsaspekte und die unterschiedlichen Semantiken für verteilte Objekte mitberücksichtigen muß.
Das Juggle System bietet hierzu eine Alternative. Juggle implementiert eine verteilte virtuelle Maschine, die transparent für den Benutzer Objekte und Threads auf die beteiligten Rechner verteilt. Eine Codeänderung ist dabei nicht notwendig, so daß auch Programme oder Bibliotheken, für die keine Quellen erhältlich sind, verteilt ablaufen können. Durch eine geeignete Instrumentierung wird ständig zur Laufzeit die optimale Position für Objekt und Threads bestimmt und über Migrationen und Replikationen umgesetzt.

1   Einleitung

Die Programmiersprache Java hat sich in den letzten Jahren als Sprache für das Internet etabliert. Dies umfaßt neben Applets im World-Wide-Web auch Client-Server Anwendungen, die über standardisierte Schnittstellen wie RMI [Sun97] oder CORBA [OMG98] kommunizieren.

Es stellt sich die Frage, ob Java auch für die Lösung von Problemen aus den Naturwissenschaften geeignet ist, wo die Anwendungen sich durch extrem hohe Anforderungen an die Rechenleistung der Systeme auszeichnen (sogenanntes *High Performance Computing, HPC*).

Java bietet dem Programmierer Objektorientierung, Sprachkonstrukte für Threadprogrammierung und hohe Portabilität. Allerdings wurde Java als interpretierte Sprache entwickelt und kann auch trotz neuer *Just-in-Time* Compiler noch nicht mit der Leistung von Fortran- oder C-Compilern mithalten. Um diesen Leistungsverlust aufzufangen und darüber hinaus die Leistung vieler Recheneinheiten zu nutzen, ist der Einsatz einer verteilten Applikation, die auf einem Cluster von Rechnern läuft, naheliegend.

Die Programmierung einer solchen verteilten Applikation ist allerdings nicht trivial, da sich der Programmierer zusätzliche Gedanken über die Verteilung der Objekte auf die Rechnerknoten, die Verteilung der Threads und die Aspekte der Netzwerkschicht (Verhalten bei Netzproblemen, usw.) machen muß. Eine optimale Verteilung der Threads wird außerdem dadurch erschwert, daß Methodenaufrufe an entfernte Objekte ein "Auswandern" der Threads bewirken.

Ideal wäre eine verteilte Ablaufumgebung (*Java Virtual Machine*, JVM), die automatisch Objekte und Threads migriert und für eine optimale Auslastung der Knoten sorgt. Das *Juggle* System realisiert eine solche verteilte JVM. Mit Juggle kann eine beliebige parallele Java-Anwendung auf mehreren Rechnern verteilt ablaufen. Die virtuelle Maschine wurde instrumentiert, so daß während des Programmlaufes ständig günstige Positionen für Objekte und Threads errechnet werden. Die errechneten Konfigurationen werden über Migrationen und Replikationen umgesetzt.

Mittlerweile gibt es Werkzeuge wie 'javab' [BiGa97] und 'javar' [BiGa97a] aus dem *High Performance Java* Projekt, die ein sequentielles Programm in ein nebenläufiges umwandeln, so daß auch sequentielle Programme von der Verteilung auf mehrere Rechner profitieren können.

2   Das Design von Juggle

Bei Programmiermodellen für das Hochleistungsrechnen können zwei wesentliche Kategorien unterschieden werden: Systeme mit verteiltem gemeinsamen Speicher (Distributed Shared Memory, DSM) und Systeme, die mit Hilfe von Nachrichten oder entfernten Prozeduraufrufen kommunizieren. Im ersten Fall sind die Aktivitätsträger (Threads) über die beteiligten Rechner verteilt. Diese greifen auf gemeinsame Daten zu. Das Speichersubsystem verteilt meist auf der Basis von Speicherseiten die Daten auf die Rechner, auf denen Zugriffe stattfinden. Die Datenkonsistenz ist vom Speichersubsystem zu gewährleisten und wird aus Effizienzgründen oft aufgeweicht. Die Nachteile dieses Ansatzes sind zum einen die möglicherweise unglückliche Plazierung von Datenobjekten auf dieselbe Speicherseite. Zum anderen sind die Threads in solchen Systemen in der Regel vom Anwender statisch zu verteilen. Eine automatische Lastverteilung ist nicht möglich.

Bei Prozedur- oder Methodenaufrufen springt der aufrufende Aktivitätsträger konzeptionell an den Ort des Zielobjekts und kehrt dann an den Ausgangspunkt zurück. In der Implementierung bearbeitet im verteilten Fall jedoch ein anderer jeweils lokaler Thread den Aufruf. Ein Lastverteilungsalgorithmus steht daher vor dem Problem, daß seine Ergebnisse nur für eine kurze Zeitspanne Gültigkeit besitzen, da Threads blockiert werden und auf Ergebnisse eines Aufrufs warten oder neue Threads Aufrufe bearbeiten. Ähnlich verhält es sich bei reiner Nachrichtenkommunikation, wenn diese blockierend durchgeführt wird. Die Verteilung von Daten muß in diesem Programmiermodell immer durch den Anwender erfolgen.

Die statische Verteilung von Daten und Threads zu den Knoten hat zusätzliche Nachteile:

- Die Verteilung hängt von der eingesetzten Hardware ab (Kommunikationsnetzwerk, Prozessoren, Speicherausstattung) und muß daher für jede Konfiguration neu angepaßt werden. Ein NUMA Supercomputer ist nicht mit einem Workstationcluster vergleichbar.
- Eine hochwertige Verteilung wird oft durch die Eingabedaten beeinflußt. Moderne adaptive Verfahren erschweren zudem die Korrelation der Daten und der Zugriffsmuster.
- Viele Algorithmen arbeiten in Phasen, die jeweils andere Verteilung erfordern.
- Das Ändern eines Algorithmus kann großen Einfluß auf die nötige Verteilung haben. Die statische Verteilung muß dann ebenfalls geändert werden.

Juggle beschreitet daher einen anderen Weg. Das verwendete Programmiermodell ist das von Java, bei dem Threads Bestandteil der Sprache sind. Juggle besteht aus einer verteilten virtuellen Java Maschine, die auf allen beteiligten Rechnerknoten läuft und die für eine automatische Lastverteilung sorgt. Da Juggle selbst für die Verteilung der Objekte und Threads sorgt, kann jedes vorhandene parallele Java-Programm ohne Änderungen verteilt ablaufen. Daher können auch Programme und Bibliotheken, für die kein Quellcode zur Verfügung steht, von der Leistungsfähigkeit eines Hochleistungsrechners oder Compute-Clusters profitieren. Die Verteilung wird immer auf die augenblickliche Konfiguration der Juggle-Maschinen hin optimiert.

Ähnlich wie in DSM-Systemen ist jedes Java-Objekt in Juggle von jedem beteiligten Knoten aus ansprechbar. Im Gegensatz zu DSM-Systemen werden die gesamten Objektdaten aber nicht notwendigerweise zu dem zugreifenden Knoten verschickt. Stattdessen wird bei einem Zugriff auf eine Instanzvariable das entsprechende Datum von dem Knoten angefordert, auf dem die Objektdaten im Moment gespeichert werden. In Juggle können daher die Daten eines Objekts transparent migriert werden.

Da viele Objekte nur einmal modifiziert werden und danach nur noch lesend auf sie zugegriffen wird (dies gilt insbesondere für die Objekte, welche die Eingabedaten repräsentieren), macht es Sinn, solche Objekte nicht zu migrieren sondern zu replizieren. So kann jeder Knoten seine eigene Kopie der Objekte benutzen und muß nicht zeitaufwendige Zugriffe auf andere Knoten durchführen. Wird auf ein repliziertes Objekt schreibend zugegriffen, werden zuerst alle Replikas vernichtet bevor der Zugriff durchgeführt wird.

Beim Aufruf von Methoden wird im Gegensatz zu gängigen verteilten Objektsystemen kein entfernter Aufruf durchgeführt. Stattdessen wird der Methodencode lokal ausgeführt, unabhängig davon, ob die entsprechenden Objektdaten lokal liegen oder nicht. Allein der Zugriff auf die Instanzvariablen (bzw. die Instanzvariablen des Klassenobjekts) führt zu einem Nachrichtenaustausch. Der Programmcode wird dafür auf alle beteiligten Knoten repliziert (Code braucht normalerweise deutlich weniger Speicher als die Daten). Der Vorteil dieses Ansatzes ist, daß die Position eines Threads weder vom abgearbeitetem Code noch von den zu bearbeitenden Methoden und der Verteilung der zugehörigen Objekten abhängt.

Die Verteilung von Objektdaten und Threads kann nun beliebig erfolgen und wird von Juggle in folgender Weise dynamisch und automatisch vorgenommen: Juggle optimiert die Verteilung der Objekte, indem es ein Maß für die Last der Threads auf die Objekte bestimmt. Hierbei werden für jedes Objekt die Anzahl der Zugriffe aller Threads in einer bestimmten Zeitspanne gezählt. Diese Anzahl ist ein Maß für die Last der Threads auf das Objekt. Es wird immer zu dem Thread migriert, der die größte Last erzeugt, da dieser Thread am meisten von einem lokalen Objekt profitiert.

Mit diesem Verfahren wird die Anzahl der Zugriffe auf entfernte Knoten stark reduziert. Unabhängig davon wird periodisch die Auslastung der Knoten überprüft und gegebenenfalls korrigiert. Dabei wird allerdings auch die Korrelation zwischen den Objekten und den Threads berücksichtigt: Threads, die auf die gleichen Objekte Last ausüben, werden möglichst auf den gleichen Knoten bewegt. Es wird also sowohl die Last auf die Knoten balanciert als auch die Anzahl der entfernten Objektzugriffe minimiert.

3 Implementierung der Juggle JVM

Die Juggle JVM ist eine völlige Neuentwicklung, da sich so die verschiedenen Objektverteilungsalgorithmen am besten integrieren ließen. Juggle wurde in Standard ANSI-C programmiert. Als Thread Bibliothek wurden POSIX Threads eingesetzt, um einfache Portierbarkeit zu gewährleisten. Die Juggle JVM bietet gegenüber einer nur lokal ablaufenden virtuellen Maschine einige spezielle Erweiterungen, die in den folgenden Abschnitten näher erläutert werden sollen.

3.1 Zugriffe auf entfernte Knoten

Einige Bytecodes greifen auf den Datenbereich von Objekten zu und können daher Interaktion mit anderen Knoten bewirken:

- `getfield`, `getstatic`, `putfield`, `putstatic` (Zugriffe auf Instanz- und Klassenvariablen)
- `?aload`, `?astore` (Zugriffe auf Arrays)
- `monitorenter`, `monitorexit` und Aufruf (Rücksprung) von `synchronized` Methoden.

Wenn die virtuelle Maschine einen dieser Bytecodes bearbeitet, muß überprüft werden, ob das angesprochene Objekt lokal oder auf einem entfernten Knoten liegt. Trifft letzteres zu, wird eine Nachricht zu dem betroffenen Knoten geschickt und der Thread solange blockiert bis die Antwort eingetroffen ist.

Einige *native* Methoden wie `arraycopy` und EA-Operationen können ebenfalls einen Nachrichtenaustausch bewirken.

Tritt ein Kommunikationsproblem auf (weil zum Beispiel einer der Knoten nicht erreichbar ist), bricht Juggle mit einer Fehlermeldung ab.

3.2 Instrumentierung

Da die virtuelle Maschine für jedes Objekt herausfinden muß, welcher Knoten
die größte Last auf es ausübt, werden bei jedem Objekt folgende Zusatzinforma-
tionen gehalten:

- ein Zeiger auf eine *node*-Struktur, die den Knoten beschreibt, auf dem sich
  das Objekt befindet. Ist das Objekt lokal, ist dieser Zeiger NULL.
- ein Zähler um die Zugriffe von lokalen Threads zu zählen (`lcnt`).
- ein Zähler für alle Fernzugriffe (`rcnt`).

Jeder Zugriff auf das Objekt bewirkt die Erhöhung von `lcnt` oder `rcnt`. Dabei reicht die Ermittlung der Größenordnungen aus, so daß es nicht nötig ist,
die Zähler durch ein Lock zu sichern. Erreicht die Summe beider Zähler einen
konfigurierbaren Schwellwert, wird die Position des Objektes neu bestimmt und
gegebenenfalls durch Migration oder Replikation angepaßt.

Wenn die Anzahlt der Zugriffe von lokalen Threads die der entfernten über-
wiegt (`lcnt >= rcnt`), bleibt das Objekt auf dem Knoten, auf dem es sich
befindet. Andernfalls ist es vielleicht sinnvoll, das Objekt auf einen anderen
Knoten zu verlagern. Zur Ermittlung dieses Knotens reicht ein einzelner Zähler
allerdings nicht aus, da die einzelnen Knoten unterschieden werden müssen. Daher wird das Objekt um einen Zähler für jeden Knoten erweitert. Dies wird erst
im Bedarfsfall gemacht, da auf eine sehr große Anzahl von Objekten nur lokal
zugegriffen wird und so signifikant Speicherplatz gespart werden kann.

3.3 Threadmigration

Für die Threadmigration müssen weiterhin die Verwandschaftsbeziehungen der
Threads ermittelt werden. Der Grad der Verwandschaft ist dabei umso höher, je
öfter die Threads auf die gleichen Objekte zugreifen. Hierzu wird ein Samplin-
galgorithmus eingesetzt: Jedes Objekt wird um ein zusätzliches Feld erweitert, in
dem die `ThreadID` des Threads gespeichert wird, der zuletzt auf das Objekt zugegriffen hat. Jeder Thread führt ein Feld von Zählern mit, das mit der `ThreadID`
indiziert wird. Bei jedem Zugriff wird der Zähler für die im Objekt gespeicherte
`ThreadID` erhöht und dann die eigene `ThreadID` im Objekt gespeichert.

Juggle überprüft periodisch die Positionen der Threads auf den Knoten. Dabei geht als Randbedingung ein, daß alle Knoten möglichst gleichmäßig mit
Threads belegt werden. Bei der Vergabe der Threads an die Knoten werden die
in jedem Thread gespeicherten und durch den zuvor beschriebenen Algorithmus
ermittelten Verwandschaftsbeziehungen berücksichtigt, so daß die Anzahl der
Nachrichten mitunter deutlich gesenkt werden kann.

3.4 Objektreplikation

Juggle repliziert ein Objekt anstelle es zu migrieren, wenn die Anzahl der Le-
sezugriffe nach dem letzten Schreibzugriff "genügend" hoch ist. Hierfür wird

ein weiterer Zähler verwendet, der bei jedem Lesezugriff erhöht und bei einem Schreibzugriff gelöscht wird. Soll ein Objekt migriert werden, wird überprüft, ob der Zähler einen konfigurierbaren Wert überschreitet. Ist dies der Fall, wird das Objekt repliziert.

Das System merkt sich pro Objekt über ein Bitfeld, welche Knoten Replikas besitzen. Wird ein Schreibzugriff durchgeführt, werden zuerst alle diese Knoten benachrichtigt und so die Replikas dort gelöscht.

4 Meßwerte

Die Juggle JVM besteht im Moment aus ca. 8400 Zeilen ANSI-C Code. Sie ist in etwa so schnell wie Suns Java-1.0 Version. Es spricht nichts dagegen, die Geschwindigkeit durch Integration eines *Just-in-Time* Compilers zu erhöhen.

Als Testprogramm wurde ein einfacher Raytracer implementiert (ca. 1300 Zeilen Java Code), der das von Eric Haines entwickelte *"Neutral File Format"* [Hain87] lesen kann. Damit kann der Raytracer die Testszenen aus Haines *"Standart Procedural Database"* Paket bearbeiten, die häufig zum Testen von Raytracern eingesetzt werden.

Für die Messungen wählten wir den "Balls" Datensatz, der aus einer Ebene, 10 Kugeln und drei Lichtquellen besteht. Um die Messungen einfach zu halten, verzichteten wir auf Spiegeleffekte. Die Szene wurde in vier Quadrate unterteilt, die jeweils von einem Thread berechnet wurden. Als Rechencluster wurden vier Sun Ultra-1 Workstations verwendet. Dies bedeutet eine gleichmäßige Verteilung der Threads auf die Knoten, ohne daß Threadmigrationen stattfinden.

Wir verwendeten für die Messungen drei Versionen von Juggle. Die einfachste Variante benutzt eine feste Zuweisung von Objekten an die Threads und damit an die Knoten. Die Position eines Objektes wird bei seiner Erzeugung festgelegt: es wird die Position des Erzeugerthreads verwendet. Jeder Zugriff auf Objekte, die von anderen Threads erzeugt worden sind, verursachen daher den Austausch von Nachrichten.

Die zweite Version arbeitet mit Objektmigration. Die Objekte, welche die Szenenbeschreibung repräsentieren und das Objekt, daß das errechnete Bild speichert, wandert von Knoten zu Knoten, um die Anzahl der Fernzugriffe zu verringern.

Schließlich wurde in der dritten Version auch Replikation erlaubt, um die Berechnung weiter zu beschleunigen. Die Meßwerte aller drei Berechnungen sind in Tabelle 1 zusammengefaßt:

Tabelle1. Ergebnisse für die "Balls"-Szene

	feste Position	mit Migrationen	mit Migrationen und Replikationen
Objekte		101331	
verteilte Objekte		188	
Migrationen		3302	54
Replikationen			251
lokale Zugriffe	$6,9 \cdot 10^6$	$12 \cdot 10^6$	$12 \cdot 10^6$
Fernzugriffe	$5,5 \cdot 10^6$	$0,41 \cdot 10^6$	$0,02 \cdot 10^6$

Die Meßwerte zeigen deutlich die Vorteile von Migrationen und Replikationen auf. Die Anzahl der Fernzugriffe konnte um einen Faktor von ca. 200 verringert werden.

Die Wirkungen der Migrationen und Replikationen auf die Objekte des Raytracers können in einfacher Form graphisch wiedergegeben werden. In den Bildern in Abbildung 1 ist die Aufteilung der Berechnung in die vier Bereiche zu sehen, die von den einzelnen Threads berechnet werden. Dabei wurden die Bildpunkte nur dann dargestellt, wenn das Objekt lokal lag, das für die Helligkeit des Pixels verantwortlich war (das sogenannte *Shader*-Objekt). Da das Bild zeilenweise von unten nach oben und jede Zeile von links nach rechts berechnet wird, spiegelt das resultierende Bild auch die Bewegung der Objekte über die Zeit wieder.

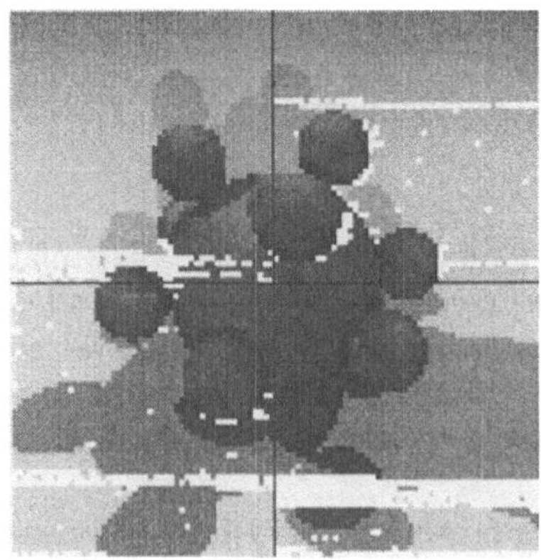

Berechnung mit Migrationen

mit Migrationen und Replikationen

Abbildung 1. Bildpunkte mit lokalen Shader-Objekten in der "Balls" Szene

Im linken Bild war Objektmigration erlaubt. Man kann erkennen, daß die Shader der Kugeln, die nur in einem Bildausschnitt liegen und daher nur von einem Thread angesprochen werden, schnell zu dem zugehörigen Knoten wandern. Andererseits springen Objekte wie die Ebene, die von allen Threads angesprochen wird, von Zeit zu Zeit auf andere Knoten.

Erlaubt man auch Replikationen ergibt sich das rechte Bild. Die Shaderobjekte werden schnell auf die Knoten repliziert, da bei der Bildberechnung auf ihre Daten nur lesend zugegriffen wird.

Zur Veranschaulichung der Threadmigrationen wurde der Raytracer erweitert, so daß zwei Bilder gleichzeitig berechnet und in einem Gesamtbild gespeichert werden. Für die Tests wurden 8 Threads eingesetzt, d.h. vier Threads pro Bild. Folgende Graphik gibt die Position der Threads auf den vier Rechenknoten wieder:

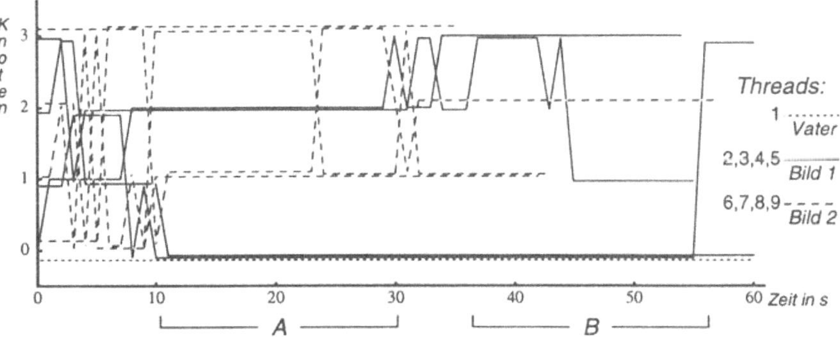

Thread 1 ist der Vaterthread der Arbeitsthreads. Seine einzige Aufgabe ist es, die Szenen einzulesen und die 8 Arbeiter zu starten. Danach wartet er, bis alle Thread fertiggerechnet haben und schreibt dann das Ergebnisbild. Während der Berechnung trägt er nicht zur Auslastung der Knoten bei und bleibt daher auf Knoten 0. Die anderen Threads werden durch den Threadmigrationsalgorithmus nach kurzer Zeit so verteilt, daß Threads, die das gleiche Bild berechnen, auf den gleichen Knoten arbeiten (Bereich *A*). Wenn einzelne Threads fertig gerechnet haben, werden die restlichen Threads so umverteilt, daß möglichst viele Knoten rechnen (Bereich *B*).

4.1 Speedupmessungen

Um Speedupmessungen durchzuführen benutzten wir eine etwas komplexere Variante der Balls-Szene mit 91 reflektierenden Kugeln:

Anzahl der Knoten	1	2	4
Dauer der Berechnung	120s	75s	56s
Speedup	–	1,6	2,14

Bei dem verwendeten Workstation-Cluster beträgt die durchschnittliche Dauer zum Senden und Empfangen einer Nachricht ca. zwei Millisekunden. Im Falle von vier Knoten verschickt jeder Knoten ca. 6000 Nachrichten, so daß allein für den synchronen Nachrichtenaustausch 12 Sekunden verbraucht werden.

Als zweites Testprogramm wurde ein Glättungsalgorithmus implementiert. Er glättet ein quadratisches Feld von Größen indem er jedes Element durch den Mittelwert seiner vier Nachbarn ersetzt. Für die Parallelisierung wurde das Feld in Streifen geteilt, die parallel geglättet werden. Dabei greift die Berechnung der Ränder eines Streifens auf den Nachbarstreifen zu. Abbildung 2 zeigt einen Plot einer Startmatrix und die zugehörige geglättete Matrix.

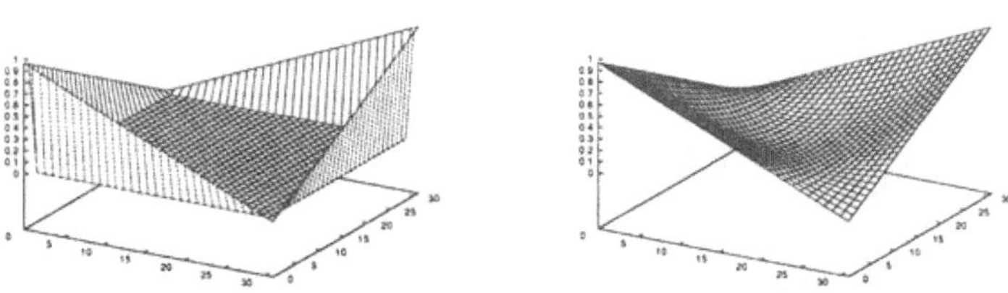

Abbildung 2. Eingangsmatrix und Ergebnis des Glättungsalgorithmus

Für die Messungen wurden 8 Threads eingesetzt, die eine 800×800 Matrix in 100 Schritten geglättet haben. Die Meßwerte sind in folgender Tabelle dargestellt:

Anzahl der Knoten	1	2	4	8
Dauer der Berechnung	520s	341s	208s	143s
Speedup	–	1,53	2,5	3,64

Die Rechenleistung bricht bei 8 Knoten deutlich ein, was sich durch Rechenzeitverlust beim Warten in einer globalen Barriere des Programmes nach jedem Glättungsschritt erklären läßt.

Insgesamt läßt sich sagen, daß die Leistung von Juggle nicht an durch den Programmierer verteilte Programme (z.B. über MPI) heranreicht. Dafür mußte an den Javaprogramm nichts geändert werden, um sie auf Juggle zum Laufen zu bringen.

5 Verwandte Arbeiten

Da Java eigens für den Einsatz in Netzwerken und dem WWW konzipiert wurde, beschäftigten sich schon frühere Arbeiten mit der Verteilung von Java-Objekten. Bei den meisten dieser Arbeiten muß der Entwickler sich selbst um die Verteilung von Threads und Daten kümmern.

Java RMI, Suns Remote Method Invocation [Sun97] erlaubt es, Methoden entfernter Java-Objekte aufzurufen. Die Syntax eines Aufrufes unterscheidet sich nicht von der bei lokalen Objekten. Realisiert wird dies durch Proxy- und Skeletonklassen, die automatisch erzeugt werden können. Für den Benutzer ergeben sich allerdings einige Unterschiede zu normalen Aufrufen:

- Ein verteiltes Objekt muß von einer speziellen Remote-Basisklasse abgeleitet werden. Weiterhin kann jeder Aufruf an ein verteiltes Objekt eine Remote-Exception verursachen, was häufig zu vielen `try-catch` Blöcken führt.
- Ein verteiltes Objekt kann nur über sein remote Interface angesprochen werden, daher müssen spezielle Methoden geschrieben werden, um auf Instanzvariablen oder statische Methoden zugreifen zu können.
- Es ist daher nicht möglich, Zugriffsbeschränkungen zu verwenden (`private` / `protected`).
- Javas Synchronisationsprimitive funktionieren nicht mit verteilten Objekten.
- Lokale Objekte werden als Kopie übergeben, alle verteilten Objekte per Referenz.

JavaParty [PhZe97] versucht viele der Einschränkungen von RMI aufzuheben Eine verteilte Klasse wird hier durch ein zusätzliches Schlüsselwort "`remote`" bei der Klassendefinition gekennzeichnet. Ein Precompiler erzeugt daraus normalen Java Code, der über RMI mit den verteilten JVMs kommuniziert. Wie bei lokalen Objekten können Instanzvariablen gelesen und verändert werden. Objekte können nach der Erzeugung zu anderen Knoten migriert werden oder direkt auf anderen Knoten angelegt werden. Es gibt allerdings einige Schwachpunkte:

- RMIs Probleme mit Javas Synchronisationsprimitiven gelten auch für Java-Party.
- Die Objektmigration geschieht nur applikationsgesteuert.
- Der statische Datenanteil einer Klasse kann nicht migriert werden.
- Jede remote Klasse wird durch den Precompiler zu **zehn** neuen Klassen umgesetzt.

Ähnlich wie JavaParty arbeiten *Do!* [LaPa98] und *Manta* [NMB+99] mit einem Präprozessor, der Zugriffe auf verteilte Klassen in RMI-Aufrufe überführt. Bei Do! sind keine Zugriffe auf Instanzvariablen erlaubt. Manta benutzt verschiedene Transportprotokolle, um die Kommunikation in einem weitverteilten System zu optimieren.

Auch *Remote Objects in Java* [NaSr96] bietet die Erzeugung verteilter Objekte an. Anstelle einer Methode wird aber ein neues Schlüsselwort "`remotenew`" verwendet, das einen neuen Opcode erzeugt. Es wird daher ein eigener Compiler und eine eigene JVM benötigt. Die Parameter bei Aufrufen an verteilten Objekten dürfen nur primitive Datentypen, also keine Objektreferenzen enthalten.

Anders als die auf Message Passing basierten Systeme beruht *Java/DSM* [YuCo97] auf einem zugrundeliegenden DSM-System (*Distributed Shared Memory*). Dieses ermöglicht direkte Speicherzugriffe auf gemeinsame Speicherbereiche.

Java/DSM benötigt eine eigene JVM, die den gemeinsamen Speicher für die Datenbereich der Java-Objekte benutzt und die Garbage Collection performant durchführen kann.

Hyperion [MMH98] bietet wie Juggle dem Benutzer die Sicht einer einzigen verteilten virtuellen Maschine. Hierbei wird der Java Code durch einen Präcompiler in C-Code umgewandelt. Jedes Objekt besitzt eine feste Zuordnung zu einem Knoten (es gibt also keine Objektmigration), wird aber bei Zugriffen von anderen Knoten grundsätzlich repliziert. Schreibzugriffe auf ein Objekt werden dabei erst zum Hauptknoten des Objekts übertragen, wenn ein Monitor betreten oder verlassen wird. Weiterhin werden beim Betreten eines Monitors grundsätzlich alle Replikas vernichtet, um einen konsistenten Blick auf die Instanzvariablen zu gewährleisten. Dies könnte bei Programmen, die viel mit Monitoren arbeiten, zu größeren Performanceproblemen führen. Hyperion bietet keine Möglichkeit der Threadmigration, da die feste Zuordnung von Objekten zu Knoten die Threads auch an die (lokalen) Objekte bindet.

Orca [BKT92] ist vom Aufbau am ehesten mit Juggle vergleichbar. In der Programmiersprache Orca beschriebenen *Distributed shared objects* werden entweder auf alle beteiligten Knoten repliziert oder auf genau einem Knoten plaziert, wobei diese Entscheidung dynamisch zur Laufzeit geändert werden kann. Die Grundlage für die Entscheidung bilden jedoch auch Ergebnisse aus einer Flußanalyse zur Compilezeit [BaKa93]. Im Gegensatz zu Juggle wird für den Fall eines nicht-lokalen Zugriffs ein entfernter Aufruf vorgenommen, während in Juggle der Thread lokal weiterarbeitet und lediglich die zugegriffenen Instanzvariablen übertragen werden. Außerdem kennt Orca keine Threadmigration.

6 Zusammenfassung

Juggle bietet dem Anwender die Abstraktion einer verteilten virtuellen Maschine. Um ein Programm auf mehreren Rechnern verteilt laufen zu lassen, ist also keine Codeänderung notwendig. Dies ist eine entscheidende Entlastung für den Programmierer, der sich so keine Gedanken über die Rechnerarchitekturen machen muß. Die Programme laufen unverändert auf Workstationclustern oder NUMA Supercomputern. Außerdem wird so der Einsatz von Funktionen aus Bibliotheken ermöglicht, für die keine Quellen verfügbar sind. Juggle erweitert also den Slogan von Java "write once, run everywhere" um die Dimension der Rechnercluster.

Literatur

[BaKa93] Bal, H.E.; Kaashoek, M.F.: Object distribution in Orca using compile-time and run-time techniques. *OOPSLA'93 Conference, SIGPLAN Notices*, 28(10), Oct. 1993, pp. 162-177.

[BiGa97] Bik, A.J.C.; Gannon, D.B.: Exploiting implicit parallelism in Java. *Concurrency, Practice and Experience*, 9(6), Jun. 1997.

[BiGa97a] Bik, A.J.C.; Villacis, J.E.; Gannon, D.B.: javar: a prototype Java restructuring compiler. *Concurrency, Practice and Experience*, 9(11), Nov. 1997.

[BKT92] Bal, H.E.; Kaashoek, M.F.; Tanenbaum, A.S.: Orca: a language for parallel programming of distributed systems. *IEEE Trans. on Software Eng.*, 18(3), March 1992, pp. 190-205.

[Hain87] Haines, E.: A proposal for standard graphics environments, *IEEE Computer Graphics and Applications*, 7(11), Nov. 1987.

[LaPa98] Launay, P.; Pazat, J.-L.: *Generation of distributed parallel Java programs.* Publication interne no. 1171, Feb. 1998.

[MMH98] MacBeth, M.W.; McGuigan K.A.; Hatcher, Ph.H.: Executing Java threads in parallel in a distributed-memory environment. *IBM Centre for Advanced Studies Conference, Toronto, Canada*, Nov.-Dez. 1998.

[NaSr96] Nagaratnam N.; Srinivasan, A.: Remote Objects in Java. *IASTED Intl. Conf. on Networks*, Jan. 1996.

[NMB+99] van Nieuwpoort, R.; Maassen, J.; Bal, H.E.; Kielmann, T.; Veldema, R.: Wide-area parallel computing in Java. *ACM Java Grande Conf.*, June 1999.

[OMG98] Object Management Group: *The common object request broker: architecture and specification.* Rev. 2.2, OMG Doc. formal/98-02-01, Feb. 1998.

[PhZe97] Philippsen, M.; Zenger, M.: JavaParty: transparent remote objects in Java. *Concurrency: Practice & Experience*, 9(11), Nov. 1997.

[Sun97] Sun Microsystems Comp. Corp.: *Java remote method invocation specification.* Rev. 1.4, JDK 1.1, 1997.

[LiYe97] Lindholm, T; Yellin, F.: *The Java virtual machine specification.* Addison-Wesley, 1997.

[YuCo97] Yu, W.; Cox, A.: Java/DSM: a platform for heterogenous computing. *Concurrency: Practice & Experience*, 9(11), Nov. 1997.

Careful Analysis of Type Spoofing

Akihiko Tozawa   Masami Hagiya

Department of Information Science,
Graduate School of Science,
University of Tokyo, Japan
{miles, hagiya}@is.s.u-tokyo.ac.jp

Abstract. Saraswat's type spoofing was one of the most long-lasting bugs in the JVM. Recently, its solution was proposed and implemented in JDK1.2. The correctness of this new feature, however, is non-trivial and required the formal soundness proof. Actually, during our work on it, two flaws inside the new JVM implementation were found. This paper briefly reports our work and results.

1   Introduction

The most popular but most serious attack to the Java security is the so-called type confusion or type spoofing. The attack destroys the fundamental type system of the JVM, and can modify any authorized system property. To implement a reliable system against these kinds of attacks, type theoretical approach as in our recent work [1] is required. This report briefly summarizes our achievements in the work.

Last year, a new version of Sun's official Java Development Kit, JDK1.2, was released. With respect to the type spoofing attack, one of its variations originally reported by Saraswat [3] was prevented. His problem had been remaining long time unfixed, since its root existed deeply in the basic design of class loaders. The new loader constraint scheme introduced by Sieng and Bracha [4] fixed the problem by imposing the minimum runtime checks on the JVM.

We also studied these type spoofing issues in our formal approach and discovered the same fix independently from Sieng and Bracha. We also worked on the soundness proof of our formal model of the JVM. This is the first achievement in our work [1]. We proved the soundness of our formalization including the new loader constraint scheme, i.e., we proved that any code never violates its type system.

However, JDK1.2, in particular its bytecode verification, slightly differs from our idealized model. There are at least two inconsistencies of JDK1.2 against ours, which are small and easily overlooked, but during the proof work we discovered that each of these was really a serious flaw. Our second achievement is the discovery of the new flaws in JDK1.2, which could only be found through the proof work. In this short report, we mainly focus on these new flaws, and discuss some issues in our formalization that are crucial to these flaws.

In the next section, we briefly explain Saraswat's problem and its solution by the loader constraint scheme. In Section 3, we introduce the requirements for the solution to be work properly, which are based on our formalization and proof work. In Section 4, the new flaws are described and explained in the light of the requirements.

2 Problem and Solution

This section briefly explain Saraswat's problem and its solution by the loader constraint scheme.

2.1 Saraswat's Type Spoofing

We use the term *context* instead of a class loader. It is well-known that each class c has its own class loader $c.\text{cl}$, which performs any class resolution related to c. Each class c is said to belong to its own context $c.\text{cl}$. In practice, each method m also has its own context $m.\text{cl}$, since it belongs to a certain class that defines it.

```
class RT { ....
    RR rr = new RR();
    R v = rr.getR();
    v.speakUp();
.... }
```

Look at the above erroneous code, originally written by Saraswat himself. The code by itself does nothing. But suppose there are two distinct loaders, one of which is the current context cl of the processed code. The other loader is getR.cl, which is the same context as that of its definer class RR. What happens is the following.

- At first, the JVM invokes **rr.getR()**, and returns a certain value v that has its type R brought from getR.cl.
- The JVM then invokes **v.speakUp()**, assuming value v has type R in context cl. Since in fact it was locally typed in context getR.cl, the JVM coredumps.

Note that each context has its own map *associating* static class names to dynamic class objects. Therefore, two distinct contexts — the current context cl and the method's context getR.cl — might associate the same name R to different dynamic classes.

This type spoofing was an essential flaw in JDK1.1, since, in general, the JVM can invoke any method in an arbitrary context from another absolutely unrelated context.

2.2 Loader Constraint Scheme

Sieng and Bracha introduced the loader constraint scheme into JDK1.2 in order to solve Saraswat's problem.

A loader constraint is of the form, $E \vdash cl \overset{R}{\sim} \mathsf{getR.cl}$ where E denotes the current environment of the JVM.

This constraint requires,

- Nothing, if either cl or $\mathsf{getR.cl}$ has not yet associated R to a certain class, i.e., the class is not yet loaded.
- Otherwise, both of them should associate R to the same class.

In the above Saraswat's example, this requirement will be unsatisfied at the invocation of $\mathsf{speakUp()}$. In this case, we say that the loading of R *violates* the loader constraint. It should be noted that the above constraint does not force any class loading.

In our work [1], loader constraints are defined as follows.

- For any classes c, c' where c' is a parent class of c, and any class name n appearing in descriptors of some method of c', the following constraint is introduced.
$$E \vdash c.\mathsf{cl} \overset{n}{\sim} c'.\mathsf{cl}$$

- For any occurrence of $\mathsf{invokevirtual}$ in class c, if its method is resolved in class sym(symbolically referenced class[2]), then for any class name n appearing in the descriptor of $\mathsf{invokevirtual}$, the following constraint is introduced.

$$E \vdash c.\mathsf{cl} \overset{n}{\sim} sym.\mathsf{cl}$$

- Relation $\overset{n}{\sim}$ is defined as the smallest transitive and reflexive relation satisfying the above conditions.

JDK1.2 allows neither any class loading nor any method resolution that violates loader constraints. Therefore, a loader constraint, as its name suggests, constrains class loadings. In the next section, it will be shown that the relation also has another meaning, i.e., a record keeping track of flow of values across contexts.

3 Requirements

The largest difficulty of the JVM lies in its mixture of two distinct features — the bytecode verification and the dynamic class loading. The former concerns with static typing, while the latter with runtime typing. In practice, once the JVM verifies the correctness of static typing in its bytecodes to be processed, it generally performs no more runtime checks on the dynamic types of internal values.

It is generally believed that static typing is enough to insure any runtime well-typedness. This is also what our soundness theorem states. More precisely:

– Any internal execution of the JVM preserves the invariant called *dynamic conformity.*

This invariant, defined in the next section, means that a runtime value is consistent with its static typing.

3.1 Dynamic Conformity

The dynamic conformity, denoted as $E \vdash v ::^{+}_{cl} n$, means that value v belongs to class n in context cl. It is formally defined as follows.

– There is another context cl', in which v statically typed with n (instantiated from n exactly in cl'), and the following constraint has been introduced.

$$E \vdash cl \overset{n}{\sim} cl'$$

3.2 Two Lemmas

Below are the descriptions of the two lemmas required to derive the soundness theorem. Each of these lemmas concerns with a method invocation of the JVM.

– The lemma, **Correctness of** invokevirtual, states that if the JVM is in a safe state, any method invocation peacefully succeeds.
– The lemma, **Existence of constraints**, states that if the JVM is in a safe state and about to invoke method m, there have already been introduced loader constraints between the current context cl and the invoked method's context $m.cl$

$$E \vdash cl \overset{n}{\sim} m.cl$$

for each class name n appearing in the descriptor of the method.

The first lemma will not be described in detail here. It is derived from the requirement on *method table compatibility* of the JVM and guarantees the safety of any next method invocation.

The second lemma implies that the JVM will be still in a safe state after the invocation of a method. As we noted, the root of Saraswat's bug lies in the fact that JDK1.1 does not relate the current context cl to $m.cl$ at the invocation of m. The lemma states that in JDK1.2, for any invocation, there have already been introduced such inter-context relations, namely, loader constraints.

Carefully examine the lemma. It will be understood that any value transferred across contexts by a method invocation satisfies the dynamic conformity invariant, if it is initially satisfied before the invocation.

3.3 Theorem (Subsumption)

For the proof of above lemmas, and also for the safety of any flow of values in a single context, the next theorem is very important.

- If the *implicit widening* relation between two names, $n \leq_{cl} n'$, holds in context cl, then,

$$\forall v.\ E \vdash v ::_{cl}^{+} n \implies v ::_{cl}^{+} n'.$$

The implicit widening $n \leq_{cl} n'$ means that either n is equal to n' as names, or the loading of n with cl results in a subtype of the loaded class of n' with cl. In particular, the proof of the theorem necessarily requires the above loading of n. The bytecode verification of the JVM is responsible for this loading, whose absence leads to the flaw in 4.2.

Just as we regard the last lemma as what, for inter-context flow of values, preserves the invariant, the subsumption theorem preserves it for intra-context flow. They are complementary to each other and either of them cannot be ignored. The next section describes what will happen if our requirement, in particular, this theorem is ignored.

4   New Flaws

During the proof work, we examined the implementation of JDK1.2 with respect to our idealized model, and found the following new flaws.

4.1   Type-Spoofing without invokevirtual

JDK1.2 has not implemented its bytecode verification, as our relation $n \leq_{cl} n'$ specifies.

```
public class D {
  static boolean t = true;
  public D() {
    A a;
    if (t) a = new B(); else a = new C();
    a.speakUp();
  }
}
```

Look at the above code declaring a class with single method D. When our model verifies the method, it will check the following widenings.

$$E \vdash B \leq_{cl} A \ \wedge \ C \leq_{cl} A$$

Remember that the first widening requires both class names B and A to be loaded. The verifier of JDK1.2, however, does not seem to load class name A in this case (though the JVM Specification [2] requires to do so). It merely checks that classes loaded for B and C have their least common superclass with its name A. Therefore, the value newly created by new B() is possibly not typed in context cl. If so, what results is the same as Saraswat's example, i.e., the JVM either coredumps or exposes a serious security hole[1].

---

[1] Gilad Bracha, the author of [4], agreed that this is a bug and promised that it will be fixed in future JDK releases.

4.2 System Class Verification

The above bug is not actually a variation of Saraswat's bug, because it has nothing to do with invokevirtual, which transfers values, and the JVM cannot utilize constraints. However, we have found another bug, considered to be a variation of Saraswat's bug. This bug is more subtle, but similarly (or even more, for its subtlety) important. It escapes loader constraints where they exist.

In practice, JDK1.2 does not verify its system classes. This obviously contradicts with our model, and we actually found some examples where this contradiction leads to bugs. The following code conceptually defines the system classes exloitable by the type-spoofing. There are several actual classes in the system library (Sun's JDK1.2.1), which have the similar functions and allow us to write the bug examples.

```
package java.lang;
public class A {
   public java.lang.C foo(java.lang.B x) { return x; }
}
```

Consider an invocation of method `foo` in system class `java.lang.A`, in which `java.lang.C` is assumed to be the parent class of `java.lang.B`. Just as in the last example, the method's verification had required `java.lang.B` to be loaded in the null context, i.e., by the bootstrapping loader. Suppose that this verification and therefore the loading of `java.lang.B` have not occurred here.

To invoke method `foo` from another context cl and with its argument v locally typed in cl, the following constraint should be checked.

$$E \vdash cl \overset{\texttt{java.lang.B}}{\sim} \text{null}$$

Whether it is violated or not is unknown at this moment, since `java.lang.B` is not loaded inside context null. The constraint will be judged at its loading which may never occur, and regardless of it, method `foo` will be invoked. Successively the method will return v as if it were of another type `java.lang.C` though v is not actually of that type.

In our model verifying any method, the above invocation with wrong argument v will immediately violate constraints.

5   Conclusion

If it is not implemented merely to check accidental mistakes, the loader constraint scheme should perfectly remove any possibility, including incidental attacks, of the type-spoofing by untrusted loaders. This means that its implementation hardly makes significance until any flaws are fixed. Furthermore, it is generally difficult to trust class loaders (*cf.* our work[1]), particularly, those in various recent applications of class loaders. All these problems suggest the requirement of the perfect scheme. We hope that our work would be its basis.

With respect to the formalization of th JVM, there have been many related work.

- Its bytecode verification and operational semantics are discussed[5][6][8][11].
- Its dynamic class loading is discussed[7][8][9].
- Its object initialization is discussed in detail[10].

Our formalization is built on these previous discussions.

6 Acknowledgment

We would like to thank Gilad Bracha, the author of the OOPSLA'98 paper[4], for giving us insightful comments and suggestions from the designer's viewpoint.

References

1. A. Tozawa and M.Hagiya, New Formalization of the JVM, *in preparation. Draft available from*
   http://nicosia.is.s.u-tokyo.ac.jp/members/miles/papers/cl-99.ps
2. T.Lindholm and F.Yellin, *The Java Virtual Machine Specification*, The Java Series, Addison-Wesley Longman, 1996.
   http://java.sun.com/docs/books/vmspec
3. V. Saraswat, Java is not type-safe, 1997.
   http://www.research.att.com/~vj/bug.html
4. Sheng Liang and Gilad Bracha, Dynamic Class Loading in the Java Virtual Machine, *OOPSLA'98, proc.*, pp.36-43, 1998.
5. M. Hagiya and A. Tozawa, On a New Method for Dataflow Analysis of Java Virtual Machine Subroutines, *SAS'98, Proc.*, LNCS 1503, Springer-Verlag, pp.17-32, 1998.
   ftp://nicosia.is.s.u-tokyo.ac.jp/pub/staff/hagiya/pro98/jvm-pro.ps
6. R.Stata and M.Abadi, A Type System for Java Bytecode Subroutines, *POPL'98, proc.*, pp.149-160, 1998
7. D.Dean, The Security of Static Typing with Dynamic Linking, *4th Conference on Computer and Communications Security, ACM, proc.*, 1997
8. A.Goldberg, A specification of Java Loading and Bytecode Verification, 1998
   http://www.kestrel.edu/HTML/people/goldberg/index.html
9. T. Jensen, D. Le Metayer and T. Thorn, Security and Dynamic Class Loading in Java: A Formalisation, *Proceedings of IEEE International Conference on Computer Languages*, pp.4-15, 1998
10. S.Freund and J.C.Mitchell, A Type System for Object Initialization in the Java Bytecode Language, *ACM Symp. OOPSLA'98, Proceedings*, pp.310-327, 1998
11. Z.Qian, A Formal Specification of Java Virtual Machine Instruction, 1997
    http://www.infomatik.uni-bremen.de/~gian/abs-fsjvm.html